国家社科基金后期资助项目
出版说明

后期资助项目是国家社科基金设立的一类重要项目，旨在鼓励广大社科研究者潜心治学，支持基础研究多出优秀成果。它是经过严格评审，从接近完成的科研成果中遴选立项的。为扩大后期资助项目的影响，更好地推动学术发展，促进成果转化，全国哲学社会科学工作办公室按照“统一设计、统一标识、统一版式、形成系列”的总体要求，组织出版国家社科基金后期资助项目成果。

全国哲学社会科学工作办公室

国家社科基金
GUOJIA SHEKE JIJIN HOUQI ZIZHU XIANGMU
后期资助项目

法治社会评估的
理论谱系和实施进路

The Evaluation of Law-Based Society:
Theoretical Framework and
Implementation Approaches

张新平　著

法律出版社
LAW PRESS·CHINA
——北京——

图书在版编目（CIP）数据

法治社会评估的理论谱系和实施进路 / 张新平著.
北京：法律出版社，2024. -- ISBN 978-7-5197-9296-1

Ⅰ. D920.0

中国国家版本馆 CIP 数据核字第 20240R4T08 号

法治社会评估的理论谱系和实施进路 FAZHI SHEHUI PINGGU DE LILUN PUXI HE SHISHI JINLU	张新平 著	责任编辑 翁潇潇 装帧设计 李　瞻

出版发行 法律出版社
编辑统筹 法规出版分社
责任校对 王晓萍　李慧艳
责任印制 耿润瑜
经　　销 新华书店

开本 710 毫米×1000 毫米　1/16
印张 19.75　　**字数** 331 千
版本 2024 年 10 月第 1 版
印次 2024 年 10 月第 1 次印刷
印刷 北京建宏印刷有限公司

地址：北京市丰台区莲花池西里 7 号（100073）
网址：www.lawpress.com.cn
投稿邮箱：info@lawpress.com.cn
举报盗版邮箱：jbwq@lawpress.com.cn

销售电话：010-83938349
客服电话：010-83938350
咨询电话：010-63939796

书号：ISBN 978-7-5197-9296-1　　**定价**：78.00 元

凡购买本社图书，如有印装错误，我社负责退换。电话：010-83938349

基金项目
国家社会科学基金后期资助项目，项目批准号：19FFXB038

目　录 Contents

第一章 问题提出与研究设计

第一节 问题引出

一、研究背景

（一）中国法治发展进入量化法治新时期

法治是国家治理的基本方式，法治现代化是国家治理现代化的核心内容。新中国成立以来，尤其是改革开放以来，伴随国内法治实践的加速推进和法治理论探究的纵深扩张，我国法治发展和法治建设的重心基本与经济社会发展步伐同步，在不断调适变化中朝着中国式法治现代化的目标加速迈进。从历史逻辑角度考察，我国法治发展经历了从关注单一法律制度体系到注重构建综合法治体系、从坚持“依法治国”到“全面推进依法治国”、从提出建设“法治国家”到深入落实具有中国特色的“法治中国”、从单纯强调法治之“法”到“法”与“治理”相结合的渐进转型过程。

法治发展是“由一定的国家法律制度、法律体系及其法律实践、法律思想、法律心理所联结而成的运动之网”①，具有鲜明的系统性、整体性以及协同性等特征②。以 1978 年党的十一届三中全会召开为我国法治建设的新起点，将加强社会主义民主法制建设作为坚定不移的方针确定下来，提出“有法可依，有法必依，执法必严，违法必究”的要求，明确将健全社会主义民主法制作为当时我国法治建设的重要任务，重视法律制度体系的建立健全。1997 年，党的十五大首次提出依法治国的基本方略，指明了要建设社会主义法治国家的前进方向，这意味着我国法治建设迈进新时期，其明确了须将政治、经济以及社会生活纳入法治化的轨道，逐步实现由“法制”向“法治”的转变。在此基础上，党的十六大、十七大进一步对加快建设社会主义法治国家、发展社会主义民主政治作出重大部署，强调“坚持依法治国与以德治国相结合”，“坚持党的领导、人民当家作主和依法治国有机统

---

① 公丕祥：《区域法治发展的概念意义——一种法哲学方法论上的初步分析》，载《南京师大学报（社会科学版）》2014 年第 1 期。

② 参见公丕祥：《论中国式法治现代化的本质要求》，载《法律科学（西北政法大学学报）》2023 年第 3 期。

一”以及“全面落实依法治国基本方略、加快建设社会主义法治国家”等。从党的十五大至党的十八大召开前的这一阶段，中国特色社会主义法律体系逐渐形成，依法治国基本方略得到贯彻落实，社会主义法治国家建设工作稳步有序推进。随后，以党的十八大为标志，我国法治建设进入了新的发展阶段。2012 年党的十八大明确提出要“全面推进依法治国”，将依法治国基本方略提至新高度，开创了我国法治建设的新局面，至此，“依法治国”方略在经历生根、破土、发芽、成长的过程后不断深化完善，于党的十八大走向成熟。

党的十八大后，习近平总书记从实现“两个一百年”奋斗目标、实现中华民族伟大复兴的中国梦出发，结合我国法治建设实践经验，进一步发表了关于法治的系列重要讲话，提出了一系列法治建设和发展的科学命题和理论观点，尤其是提出了要建设“法治中国”的重要论断。2013 年党的十八届三中全会作出的《中共中央关于全面深化改革若干重大问题的决定》正式把“法治中国”作为法治建设的目标，这意味着我国法治建设突破了“法制国家”“法治国家”的局限性，我国法治建设事业融贯了更加鲜明的中国特色，其“内涵更加丰富、思想更加深刻、形态更加生动、意义更具时代性”①。2017 年，在习近平总书记提出“中国特色社会主义进入了新时代”②这一重要政治论断的背景下，党的十九大从坚持和发展中国特色社会主义的历史性高度提出要进一步“坚持全面依法治国”。2022 年党的二十大更是在此基础上将“坚持全面依法治国，推进法治中国建设”作为专章进行论述，从国家、政府以及社会层面对法治中国建设进行综合部署安排，将“全面依法治国”同国家治理、政府治理和社会治理相结合，在深入推进治理现代化的进程中实现法治现代化的目标。由此可见，从党的十八大至今这一阶段，在习近平法治思想的指引下，我国始终坚定不移地沿着“全面依法治国”的道路稳步前进，法治建设和发展与法治现代化、国家治理等的结合愈加紧密，法治中国建设驶入“快车道”。

法治发展是法治现代化的必由之路。我国法治实践的多次历史性飞跃，既体现出中国法治建设过程和发展进路阶段性、渐进性的一面，也蕴含了法治叙事和理论探究延续性、统一性的特点。毫无疑问，这种着眼于国家顶层设计的角度，基于中国法治理论建构的统一性和完整性，以深入推进“法治中国”建设进程，贯彻落实“全面依法治国”战略为目标的法治观，对于我国整体的法治建设工作具有里程碑式的意义、决定性的影响和

① 张文显：《习近平法治思想的实践逻辑、理论逻辑和历史逻辑》，载《中国社会科学》2021 年第 3 期。

② 习近平：《决胜全面建成小康社会　夺取新时代中国特色社会主义伟大胜利——在中国共产党第十九次全国代表大会上的报告》，载《党建》2017 年第 11 期。

关键的引领作用,但同时其也存在一定的局限性。一方面,全面依法治国方略的实施是一项浩瀚庞大、复杂而艰巨的系统工程,法治实践也总是呈现出丰富多彩的样态;这种内嵌一体化和无差异化逻辑的法治观,在面对纷繁复杂的法治实践和多元交叉的法治场域时可能存在“力不从心”的风险。另一方面,法治的生命在于实施,故而国家法治建设顶层设计和宏观部署的落地实施和实践效果尤为重要,这就要求将“全面依法治国”“法治中国”等目标置于我国法治建设的具体实践中,结合法治的实践性和场域的多样性实现“顶层设计、整体规划转向具体对待、微观施策”①的过渡,保证国家各项法治建设顶层设计得到贯彻落实和全面实施并见到实效,以避免法治实效、制度与理论貌合神离情况的出现。② 基于此,在法治之理论探究、制度构建、实践成效三者有机结合分析框架下,基于法治内核之理论叙事和实践评估二分而存在的“量化法治”,迅速进入法学理论界和实务界的视野。

量化法治,是指以指标技术和现代统计方法为分析工具,采取定量分析技术确定法治内涵,并借助一套科学的指标体系和评估方法对法治实施的成效进行评估的公共参考系统,其能够更客观、直接地揭示法治实践的短板所在,具有明确的实践指向性,③是微观实验测量法治的有益实践尝试。④ 量化法治在全球的勃兴始于 20 世纪 90 年代。这一时期,受美国“社会指标运动”复兴的影响,国际社会越来越依赖统计手段来评估公共政策的绩效,衡量社会发展状态,民主指数、安全指数、廉政指数等量化评估体系应运而生。自此,评估学作为一门科学开始在西方萌芽。⑤ 其后,世界银行、世界正义工程等也开始将评估学研究的最新成果运用于对各国法治发展程度的评估中,并对各国有关法治的指标和数据进行分析、评价,甚至排名。正是在这一国际大背景下,量化法治也逐渐在我国法治建设的进程中“露面”,国内余杭法治指数、昆明法治指数、广东法治指数等地方性法治评估方案如雨后春笋般涌现。

此外,量化法治还受到了各级政府和有关部门的青睐。2002 年前后,在政府的委托或支持下,北京和上海等地的一些学者开始通过进行量化法治的研究工作来推动法治建设实践,法治评估正是借助理论研究的推

---

① 豆书龙、叶敬忠:《乡村振兴与脱贫攻坚的有机衔接及其机制构建》,载《改革》2019 年第 1 期。

② 参见付子堂、张善根:《地方法治建设及其评估机制探析》,载《中国社会科学》2014 年第 11 期。

③ 参见张志铭、于浩:《共和国法治认识的逻辑展开》,载《法学研究》2013 年第 3 期。

④ See Tom Ginsburg, *Pitfalls of Measuring the Rule of Law*, Hague Journal on the Rule of Law, Vol. 3, No. 2, p. 269(2011).

⑤ 参见[德]赖因哈德 · 施托克曼、沃尔夫冈 · 梅耶:《评估学》,唐以志译,人民出版社 2012 年版,第 39 页。

动和支持而诞生。2005年,我国的香港社会服务联会在借鉴国际评估经验的基础上,推出了香港法治指数。2007年,浙江省杭州市余杭区在借鉴香港法治指数的基础上,着手探索法治指数构建之路。余杭法治指数由钱弘道教授主持,作为内地第一个法治指数,它标志着中国法学研究进入数据思维和量化法治阶段。① 此后,北京、上海、江苏、湖北、深圳、温州、昆明等地都走上构建符合本地实际的法治指标体系新型模式的探索之路。许多省份或城市相继制定出台了符合各地需要的法治建设绩效测评指标体系,比较有代表性的有《广东省法治政府建设指标体系(试行)》(2013年)、江苏省《法治社会建设指标体系(试行)》(2015年)等。随着监测与评估指标的进一步完善和发展,2016年,上海首创政府"法治GDP"指标体系;该体系是由6个二级指标和20个左右的三级指标构成的"法治政府依法行政状况测评指标",具有客观性、典型性、可测性和可比性的特点。6个二级指标分别为"制度健全度、公众参与度、信息透明度、行为规范度、高效便民度、行为可问责度",每个二级指标由3—5个客观数据和社会满意度数据的三级指标构成。② 2016年,南京市出台了《法治南京建设监测指标(试行)》,由9个一级指标和50个二级指标构成的"法治南京建设监测指标",在全国15个副省级城市中率先构建了动态监测数据与模型,通过全面、客观、实时的监测数据,对法治南京建设的现状进行较长时间的实时监视来掌握其动态变化,准确测量和评估南京地方法治建设的绩效。其余代表性的项目还有2013年中国政法大学法治政府研究院的"中国法治政府评估"、2015年的司法文明指数以及四川、湖北等地的多个地方法治评估项目等,地方法治评估实践开展得如火如荼。大多数法治评估成果的共性目标是要检视特定地域/部门参与社会治理或法治发展中存在的问题,评估并反馈之后,服务并促进法治实施和法治监督。中国的法治评估实践,经历了立法司法领域的评估考察、法治评估的全面探索两个阶段,表现出"嵌入性"、政府主导、法治理解广义化、法治评估区域化等特征。③

量化法治在一定程度上为我国法治建设提供了更为微观具体、场域化的分析工具,其在"理论—制度—实践"框架下突出强调法治的落地见效,对法治国家、法治政府、法治社会一体建设,确保国家治理体系和治理能力早日实现法治化、现代化,推动"全面依法治国"战略贯彻落实和"法治中国"建设工作有序推进具有重要意义。然而,随着中国量化法治实践探索的动态演进和理论上对量化法治研究的不断深入,学界的观点和理论

---

① 参见钱弘道:《中国法治评估的兴起和未来走向》,载《中国法律评论》2017年第4期。

② 参见王海燕:《沪首创政府"法治GDP"指标体系》,载《解放日报》2016年1月15日,第1版。

③ 参见钱弘道等:《法治评估及其中国应用》,载《中国社会科学》2012年第4期。

也层出不穷。目前，学界对量化法治的理论叙事莫衷一是，主要存在三种代表性的观点。第一种观点认为，量化法治代表了全球法治发展的趋势：它既有助于改善投资环境，吸引外国投资；又有助于衡量本国法治发展水平，校准法治建设的局部目标定位。① 量化法治评估通过定性化的标准和标准的定量化实现了法律制度的符号化，使法治成为可以量化的正义。② 代表学者有钱弘道、蒋立山等。第二种观点完全反对量化法治的实践，认为量化法治以法治指数诱导地方政府推进法治的构想，有将法治建设务虚化、简单化的倾向；它存在利用专门术语来掩饰空洞的内容之嫌，看似专业，但实则多余甚至有害。③ 代表学者有陈林林等。第三种观点则认为，量化法治发展势不可挡，对于当下中国法治建设具有重要意义；但当前量化法治一方面存在价值判断的难题，另一方面也面临技术支撑不够的困境。④ 应充分反思法治指数设计中的虚与实等相关的思想维度。⑤ 代表学者有张志铭、侯学宾等。

总体看来，大部分中国学者对量化法治的开展持肯定、支持态度。不仅如此，近年来，以付子堂、徐汉明、张善根等为代表的一众学者更是在构建科学完备的量化评估体系上作出了一系列系统深入的理论挖掘和制度探索。概言之，一系列理论研究和区域实践都表明，量化法治在国内的发展经历了从无到有、从不被认可到如今蔚然成风的可喜局面，中国已经迈进关注量化法治评估新时期。

（二）中央顶层设计高度重视法治社会评估问题

党的十八大以来，以习近平同志为核心的党中央高度重视法治工作，强调国家按照经济、政治、文化、社会和生态文明“五位一体”的总体布局，推进法治国家、法治政府、法治社会一体建设，并从关系党和国家长治久安的战略高度对量化法治作出战略部署。例如，党的十八届三中全会明确提出，要“建立科学的法治建设指标体系和考核标准”⑥；又如，党的十八届四中全会进一步提出，要“把法治建设成效作为衡量各级领导班子和领导干部工作实绩重要内容，纳入政绩考核指标体系”⑦等。只不过，此时的量化评估与法治国家、法治政府建设联系更为紧密。随着国家法治建设理

① 参见钱弘道等：《法治评估及其中国应用》，载《中国社会科学》2012 年第 4 期。

② 参见钱弘道等：《法治评估及其中国应用》，载《中国社会科学》2012 年第 4 期。

③ 参见陈林林：《法治指数中的认真与戏谑》，载《浙江社会科学》2013 年第 6 期。

④ 参见张志铭、徐媛媛：《宣示法治：文本、立场与实践》，载《中州学刊》2014 年第 12 期。

⑤ 参见侯学宾、姚建宗：《中国法治指数设计的思想维度》，载《法律科学（西北政法大学学报）》2013 年第 5 期。

⑥ 《中共中央关于全面深化改革若干重大问题的决定》，2013 年 11 月 12 日。

⑦ 《中共中央关于全面推进依法治国若干重大问题的决定》，2014 年 10 月 23 日。

论和进路认知以及制度设计的日趋完善成熟,“法治社会”概念在“五位一体”总体布局以及法治国家、法治政府、法治社会一体建设中日渐成型。2012 年 12 月 4 日,习近平总书记在首都各界纪念现行宪法公布施行 30 周年大会上的讲话强调,要“坚持依法治国、依法执政、依法行政共同推进,坚持法治国家、法治政府、法治社会一体建设”。2013 年 2 月 23 日,习近平总书记在中共中央政治局第四次集体学习时再次强调,要“坚持法治国家、法治政府、法治社会一体建设,不断开创依法治国新局面”。同年召开的党的十八届三中全会就全面深化改革若干重大问题进行研究,会议通过的《中共中央关于全面深化改革若干重大问题的决定》中就“推进法治中国建设”作出部署,又一次指出:“建设法治中国,必须坚持依法治国、依法执政、依法行政共同推进,坚持法治国家、法治政府、法治社会一体建设。”之后,党的十八届四中全会就全面推进依法治国若干问题进行研究,进一步强调“坚持法治国家、法治政府、法治社会一体建设”的重要性,且将“增强全民法治观念,推进法治社会建设”列为全面依法治国的重大任务。此外,会议通过的《中共中央关于全面推进依法治国若干重大问题的决定》将“增强全民法治观念,推进法治社会建设”列为单独的部分进行深入论述。在党的十九大中,坚持全面依法治国被列入了新时代坚持和发展中国特色社会主义的基本方略之一,且又一次指出“坚持法治国家、法治政府、法治社会一体建设”对全面依法治国的重要作用,并明确从 2020 年到 2035 年,我国要基本建成法治社会。2019 年是新中国成立 70 周年,在此“两个一百年”的历史交汇点上,召开的党的十九届四中全会是一次具有开创性和里程碑意义的重要会议。会议通过的《中共中央关于坚持和完善中国特色社会主义制度 推进国家治理体系和治理能力现代化若干重大问题的决定》中就坚持和完善中国特色社会主义法治体系进行阐释,并在强调必须要在“坚定不移走中国特色社会主义法治道路”的基础上,“坚持法治国家、法治政府、法治社会一体建设”。2020 年 11 月 16 日召开的中央全面依法治国工作会议指明了法治的重要性,并发出建设更高水平法治中国“动员令”。在该会议上概括的新时代全面依法治国战略思想和工作部署的“十一个坚持”中就包括“坚持依法治国、依法执政、依法行政共同推进,法治国家、法治政府、法治社会一体建设”;且习近平总书记对法治社会进行深入论述,不仅阐明了法治国家、法治政府与法治社会三者间的关系①,而且还指出全民守法是法治社会的基础工程。在迈向第二个百年奋

① 三者间的关系是指“法治国家、法治政府、法治社会相辅相成,法治国家是法治建设的目标,法治政府是建设法治国家的重点,法治社会是构筑法治国家的基础”。参见习近平:《习近平著作选读》(第 2 卷),人民出版社 2023 年版,第 383 页。

斗目标的关键时刻召开的党的二十大中，习近平总书记就加快法治社会建设进行了深入论证，表明“法治社会是构筑法治国家的基础。弘扬社会主义法治精神，传承中华优秀传统法律文化，引导全体人民做社会主义法治的忠实崇尚者、自觉遵守者、坚定捍卫者。建设覆盖城乡的现代公共法律服务体系，深入开展法治宣传教育，增强全民法治观念。推进多层次多领域依法治理，提升社会治理法治化水平。发挥领导干部示范带头作用，努力使尊法学法守法用法在全社会蔚然成风”。此外，习近平总书记和党中央多次强调要坚持法治国家、法治政府、法治社会一体建设，法治社会作为法治中国的重要组成部分被关注并受到高度重视。①（见表 1-1）

① 如 2014 年 8 月 19 日，习近平总书记在主持中共中央召开的党外人士座谈会上强调：“全面建成小康社会、全面深化改革，都离不开全面推进依法治国。要旗帜鲜明坚持中国共产党的领导，坚定不移走中国特色社会主义法治道路，坚定不移推进改革，坚持依法治国、依法执政、依法行政共同推进，坚持法治国家、法治政府、法治社会一体建设，加快建设中国特色社会主义法治体系，建设社会主义法治国家。”2015 年 7 月 9 日，习近平主席在金砖国家领导人第七次会晤上的讲话中指出：“我们将坚持依法治国、依法执政、依法行政共同推进，坚持法治国家、法治政府、法治社会一体建设，实现科学立法、严格执法、公正司法、全民守法。”2015 年 9 月 22 日，习近平主席在华盛顿州当地政府和美国友好团体联合欢迎宴会上的演讲中指出：“全面依法治国就是要坚持依法治国、依法执政、依法行政共同推进，坚持法治国家、法治政府、法治社会一体建设，推动司法公信力不断提高、人权得到切实尊重和保障。”2017 年 8 月 29 日召开的中央全面深化改革领导小组第三十八次会议指出，要“坚持法治国家、法治政府、法治社会一体建设”。2017 年 9 月 11 日习近平主席在祝贺第二十二届国际检察官联合会年会暨会员代表大会的致信中强调：“中国政府高度重视全面依法治国，持续推进科学立法、严格执法、公正司法、全民守法，坚持依法治国、依法执政、依法行政共同推进，坚持法治国家、法治政府、法治社会一体建设，努力建设中国特色社会主义法治体系、建设社会主义法治国家。”2018 年 5 月 25 日习近平主席在祝贺第十三次上海合作组织成员国最高法院院长会议致信中强调：“中国正在建设中国特色社会主义法治体系，推进全面依法治国，坚持依法治国、依法执政、依法行政共同推进，坚持法治国家、法治政府、法治社会一体建设，全面推进科学立法、严格执法、公正司法、全民守法，营造法治化、国际化、便利化的营商环境，建设社会主义法治国家。”2018 年 8 月 24 日习近平总书记在其主持召开的中央全面依法治国委员会第一次会议上强调：“要推进法治社会建设，依法防范风险、化解矛盾、维护权益，加快形成共建共治共享的现代基层社会治理新格局，建设社会主义法治文化。”在 2019 年 2 月 25 日召开的中央全面依法治国委员会第二次会议上习近平总书记指出：“推进全面依法治国，要坚持法治国家、法治政府、法治社会一体建设。”2020 年 2 月 5 日习近平总书记在中央全面依法治国委员会第三次会议上的讲话指出：“要坚持依法治国、依法执政、依法行政共同推进，坚持法治国家、法治政府、法治社会一体建设，不断完善法律规范、法治实施、法治监督、法治保障和党内法规体系，汲取中华传统法律文化精华，吸收借鉴人类法治文明有益成果，坚决抵制西方错误思潮错误观点影响，加快建设中国特色社会主义法治体系。”此外，在第十三届全国人民代表大会设立了社会建设委员会，以加强社会建设，创新社会管理，更好保障和改善民生，推进社会领域法律制度建设。根据 2023 年 3 月发布的《党和国家机构改革方案》，组建中央社会工作部，负责统筹指导人民信访工作，指导人民建议征集工作，统筹推进党建引领基层治理和基层政权建设，统一领导全国性行业协会商会党的工作，协调推动行业协会商会深化改革和转型发展，指导混合所有制企业、非公有制企业和新经济组织、新社会组织、新就业群体党建工作，指导社会工作人才队伍建设等，作为党中央职能部门。

表 1-1 关于法治社会以及法治社会评估的文件、讲话或会议梳理

时间	文件、讲话或会议	相关内容
关于法治社会评估的论述		
2012 年 12 月 4 日	习近平在首都各界纪念现行宪法公布施行 30 周年大会上的讲话	坚持依法治国、依法执政、依法行政共同推进,坚持法治国家、法治政府、法治社会一体建设
2013 年 2 月 23 日	习近平在中共中央政治局第四次集体学习时的讲话	全面推进科学立法、严格执法、公正司法、全民守法,坚持依法治国、依法执政、依法行政共同推进,坚持法治国家、法治政府、法治社会一体建设,不断开创依法治国新局面
2013 年 11 月 12 日	党的十八届三中全会《中共中央关于全面深化改革若干重大问题的决定》	建设法治中国,必须坚持依法治国、依法执政、依法行政共同推进,坚持法治国家、法治政府、法治社会一体建设
2014 年 8 月 19 日	习近平总书记在主持中共中央召开的党外人士座谈会上的讲话	全面建成小康社会、全面深化改革,都离不开全面推进依法治国。要旗帜鲜明坚持中国共产党的领导,坚定不移走中国特色社会主义法治道路,坚定不移推进改革,坚持依法治国、依法执政、依法行政共同推进,坚持法治国家、法治政府、法治社会一体建设,加快建设中国特色社会主义法治体系,建设社会主义法治国家
2014 年 9 月 5 日	习近平在庆祝全国人民代表大会成立 60 周年大会上的讲话	我们坚持依法治国、依法执政、依法行政共同推进,坚持法治国家、法治政府、法治社会一体建设,全社会法治水平不断提高
2014 年 10 月 23 日	党的十八届四中全会《中共中央关于全面推进依法治国若干重大问题的决定》	第五部分“增强全民法治观念,推进法治社会建设”从推动全社会树立法治意识、推进多层次多领域依法治理、建设完备的法律服务体系、健全依法维权和化解纠纷机制四个方面展开。 全面推进依法治国,总目标是建设中国特色社会主义法治体系,建设社会主义法治国家。这就是,在中国共产党领导下,坚持中国特色社

续表

时间	文件、讲话或会议	相关内容
关于法治社会评估的论述		
		会主义制度，贯彻中国特色社会主义法治理论，形成完备的法律规范体系、高效的法治实施体系、严密的法治监督体系、有力的法治保障体系，形成完善的党内法规体系，坚持依法治国、依法执政、依法行政共同推进，坚持法治国家、法治政府、法治社会一体建设，实现科学立法、严格执法、公正司法、全民守法，促进国家治理体系和治理能力现代化
2014年10月23日	习近平总书记在党的十八届四中全会第二次全体会议上的讲话	准确把握全面推进依法治国工作布局，坚持依法治国、依法执政、依法行政共同推进，坚持法治国家、法治政府、法治社会一体建设…… 法治国家、法治政府、法治社会三者各有侧重、相辅相成。全面推进依法治国需要全社会共同参与，需要全社会法治观念增强，必须在全社会弘扬社会主义法治精神，建设社会主义法治文化。要在全社会树立法律权威，使人民认识到法律既是保障自身权利的有力武器，也是必须遵守的行为规范，培育社会成员办事依法、遇事找法、解决问题靠法的良好环境，自觉抵制违法行为，自觉维护法治权威
2014年10月23日	《中国共产党第十八届中央委员会第四次全体会议公报》	坚持法治国家、法治政府、法治社会一体建设。 全会明确了全面推进依法治国的重大任务，这就是：完善以宪法为核心的中国特色社会主义法律体系，加强宪法实施；深入推进依法行政，加快建设法治政府；保证公正司法，提高司法公信力；增强全民法治观念，推进法治社会建设；加强法治工作队伍建设；加强和改进党对全面推进依法治国的领导

续表

时间	文件、讲话或会议	相关内容
关于法治社会评估的论述		
2015年7月9日	习近平主席在金砖国家领导人第七次会晤上的讲话	我们将坚持依法治国、依法执政、依法行政共同推进,坚持法治国家、法治政府、法治社会一体建设,实现科学立法、严格执法、公正司法、全民守法
2015年9月22日	习近平主席在华盛顿州当地政府和美国友好团体联合欢迎宴会上的演讲	全面依法治国就是要坚持依法治国、依法执政、依法行政共同推进,坚持法治国家、法治政府、法治社会一体建设,推动司法公信力不断提高、人权得到切实尊重和保障
2017年8月29日	中央全面深化改革领导小组第三十八次会议	坚持法治国家、法治政府、法治社会一体建设
2017年9月11日	习近平主席祝贺第二十二届国际检察官联合会年会暨会员代表大会的致信	中国政府高度重视全面依法治国,持续推进科学立法、严格执法、公正司法、全民守法,坚持依法治国、依法执政、依法行政共同推进,坚持法治国家、法治政府、法治社会一体建设,努力建设中国特色社会主义法治体系、建设社会主义法治国家
2017年10月18日	党的十九大报告	坚持全面依法治国要坚持法治国家、法治政府、法治社会一体建设。明确从2020年到2035年,我国要基本建成法治社会
2018年5月25日	习近平主席祝贺第十三次上海合作组织成员国最高法院院长会议的致信	中国正在建设中国特色社会主义法治体系,推进全面依法治国,坚持依法治国、依法执政、依法行政共同推进,坚持法治国家、法治政府、法治社会一体建设,全面推进科学立法、严格执法、公正司法、全民守法,营造法治化、国际化、便利化的营商环境,建设社会主义法治国家

续表

时间	文件、讲话或会议	相关内容
关于法治社会评估的论述		
2018年8月24日	习近平总书记在主持召开的中央全面依法治国委员会第一次会议上的讲话	要推进法治社会建设,依法防范风险、化解矛盾、维护权益,加快形成共建共治共享的现代基层社会治理新格局,建设社会主义法治文化
2019年2月25日	习近平总书记在主持召开的中央全面依法治国委员会第二次会议上的讲话	推进全面依法治国,要坚持法治国家、法治政府、法治社会一体建设
2019年10月31日	《中国共产党第十九届中央委员会第四次全体会议公报》	必须坚定不移走中国特色社会主义法治道路,全面推进依法治国,坚持依法治国、依法执政、依法行政共同推进,坚持法治国家、法治政府、法治社会一体建设
2020年2月5日	习近平总书记在中央全面依法治国委员会第三次会议上的重要讲话	要坚持依法治国、依法执政、依法行政共同推进,坚持法治国家、法治政府、法治社会一体建设,不断完善法律规范、法治实施、法治监督、法治保障和党内法规体系,汲取中华传统法律文化精华,吸收借鉴人类法治文明有益成果,坚决抵制西方错误思潮错误观点影响,加快建设中国特色社会主义法治体系
2020年11月16日	习近平总书记在中央全面依法治国工作会议上的讲话	坚持依法治国、依法执政、依法行政共同推进,法治国家、法治政府、法治社会一体建设。全面依法治国是一个系统工程,要整体谋划,更加注重系统性、整体性、协同性。依法治国、依法执政、依法行政是一个有机整体,关键在于党要坚持依法执政、各级政府要坚持依法行政。法治国家、法治政府、法治社会相辅相成,法治国家是法治建设的目标,法治政府是建设法治国家的重点,法治社会是构筑法治国家的基础。 全民守法是法治社会的基础工程。普法工作要紧跟时代,在针对性和实效性上下功夫,落实"谁执法谁

续表

时间	文件、讲话或会议	相关内容
关于法治社会评估的论述		
		普法"普法责任制，特别是要加强青少年法治教育，不断提升全体公民法治意识和法治素养，使法治成为社会共识和基本准则。要强化依法治理，培育全社会办事依法、遇事找法、解决问题用法、化解矛盾靠法的法治环境
2020年12月7日	《法治社会建设实施纲要（2020—2025年）》	全文
2021年3月11日	《中华人民共和国国民经济和社会发展第十四个五年规划和2035年远景目标纲要》	坚定不移走中国特色社会主义法治道路，坚持依法治国、依法执政、依法行政共同推进，一体建设法治国家、法治政府、法治社会，实施法治中国建设规划
2022年10月16日	党的二十大报告	我们要坚持走中国特色社会主义法治道路，建设中国特色社会主义法治体系、建设社会主义法治国家，围绕保障和促进社会公平正义，坚持依法治国、依法执政、依法行政共同推进，坚持法治国家、法治政府、法治社会一体建设，全面推进科学立法、严格执法、公正司法、全民守法，全面推进国家各方面工作法治化。 加快建设法治社会。法治社会是构筑法治国家的基础。弘扬社会主义法治精神，传承中华优秀传统法律文化，引导全体人民做社会主义法治的忠实崇尚者、自觉遵守者、坚定捍卫者。建设覆盖城乡的现代公共法律服务体系，深入开展法治宣传教育，增强全民法治观念。推进多层次多领域依法治理，提升社会治理法治化水平。发挥领导干部示范带头作用，努力使尊法学法守法用法在全社会蔚然成风

续表

时间	文件、讲话或会议	相关内容
关于法治社会评估的论述		
2020 年 12 月 7 日	《法治社会建设实施纲要（2020—2025 年）》	健全责任落实和考核评价机制。建立健全对法治社会建设的督促落实机制，确保党中央关于法治社会建设各项决策部署落到实处。充分发挥考核评价对法治社会建设的重要推动作用，制定法治社会建设评价指标体系
2021 年 7 月 26 日	全国司法行政工作推进会	下半年司法部将统筹实施《法治中国建设规划（2020—2025 年）》《法治社会建设实施纲要（2020—2025 年）》和新一轮法治政府建设实施纲要，制定法治政府、法治社会建设评价指标体系，并要求各地结合实际制定贯彻落实方案

注：以上资料均来自相关文件官方文本。

相应地，基于量化评估对法治社会建设状况进行衡量评价的理念不断被接受，“法治社会评估”逐渐进入中央顶层设计视野并被纳入制度安排中。法治社会评估的目的不仅在于评价法治实施状况和衡量法治实现程度，更在于基于客观、中立、准确的结果对法治进行优化以提升法治水平和效能。换言之，法治社会评估的推进，既要推动法治社会建设，也要以法治化保障和促进社会建设各项事业高质量发展，且最终应满足人民群众对美好法治社会建设的需要。实际上，顶层设计对此已作出相关部署（见表 1-1）。例如，2020 年 12 月 7 日中共中央印发的《法治社会建设实施纲要（2020—2025 年）》中明确指出，要“充分发挥考核评价对法治社会建设的重要推动作用，制定法治社会建设评价指标体系”，强调应“健全群众满意度测评制度，将群众满意度作为检验法治社会建设工作成效的重要指标”。又如，在 2021 年 7 月 26 日召开的全国司法行政工作会议上将制定法治社会建设评价指标体系列入司法部的工作计划。

概言之，中央已就法治社会评估作出相关战略安排，并对法治社会评估的内容、形式以及作用等作出了具体部署。其中，（1）在法治社会评估内容层面，强调在法治社会建设中对群众满意度以及全民法治观念的测评。①

① 参见《法治社会建设实施纲要（2020—2025 年）》，2020 年 12 月 7 日。

实际上，无论是关于法治社会建设的阐释还是在法治社会评估的相关部署中，党和国家都始终坚持以人民为中心，强调人民群众在法治社会建设中的重要作用，不仅将全民法治观念的培养作为法治社会建设的重要内容，①而且注重群众对法治社会建设的评价与意见。(2)在法治社会评估形式层面，国家强调要构建法治社会评估指标体系，既包含了全面考评法治社会建设的成效及问题的要求，又表明这一考核评价并非简单的元素叠加，而应以内在统一的形式准确反映我国法治社会建设的实际情况。(3)在法治社会评估的重要性层面，相关文件指出法治社会评估对法治社会建设的推动作用。法治社会评估作为量化法治评估理论在社会层面的延伸，对法治社会建设成效进行评估，其所反映的结果是发现并解决我国法治社会建设存在的问题的重要依据，也是我国法治社会实践的珍贵结晶。可以说，法治社会评估是推进社会治理科学化、法治化、现代化和完善社会治理体系的必然选择。在国家的这一系列重大部署下，目前学界对法治社会评估的学理研究也在进一步深入之中。当然，中国的本土法治社会评估还有很长一段路要走，须在党中央的领导下，基于一体推进法治国家、法治政府、法治社会建设的宏观规划，积极探索新型评估方法的引入与实践，促进法治社会评估健康快速发展，为国内法治社会评估的繁荣提供持续的动力源。

二、研究价值

法治社会评估研究的开展既建立在学界有关法治模式、法治与善治、实施机制、评估范式的多学科、多领域基础理论研究的“法治思想风暴”②的背景之下，又建立在中国特色社会主义法治理论和社会治理理论基础之上。关注并研究法治社会评估问题，旨在建构科学完备的法治社会评估指标体系，提高社会法治化现代化水平，推进国家治理体系和治理能力现代化，既有深刻的理论意义，又蕴含丰富的实践价值。

(一)理论价值

第一，为法治社会评估研究提供共识性理论框架。法治是国家治理的基本形式，法治社会建设是“三位一体”建设的重要内容，推进国家治理现

① 如党的十八届四中全会通过的《中共中央关于全面推进依法治国若干重大问题的决定》第五部分即为“增强全民法治观念，推进法治社会建设”；中央全面依法治国工作会议也指出应“不断提升全体公民法治意识和法治素养”。

② 钱弘道等:《法治评估及其中国应用》，载《中国社会科学》2012 年第 4 期。

代化,必须加快社会法治化进程,提高社会法治化水平。① 纵观国内量化法治评估的理论和实践进程,在理论准备上,学界对于法治的概念和操作仍旧存在形式法治和实质法治的思维之争,对于如何定义法治存在理论虚置和操作上的技术障碍。尽管许多学者和评估主体试图跳出定义法治的思维误区,但是从国内法治评估的10余年实践来看,量化评估在法治的操作定义上目前仍然无法达成共识。法治评估的形式法治与实质法治的学理范式之争愈演愈烈。探索构建科学完备的法治社会量化系统,提出科学完备的社会治理法治建设评估指标体系和考核标准之设计构想,有利于为法治社会评估研究提供共识性理论框架,为顶层设计与基层实践搭建对话与统筹的平台,提高社会法治化水平,进而助推法治国家、法治政府、法治社会一体建设,促进国家治理体系和治理能力现代化。

第二,拓宽法治社会评估的理论空间。对于域内外法治社会评估发展的认识,在理论上仍存在分歧,法治社会评估在类型构造和进路选择上仍有橘枳之忧,研究方法混杂模糊。评估形式的多样化和评估功能的多元化看似推动了法治评估的蓬勃发展,但是隐藏在评估背后的理论虚置和功能错位恰恰影响了法治评估的实效发挥,亟须对其进行理论上的完善和实践上的导航。② 对于当前法治评估的理论辩难和分歧进行梳理和反思,有助于拓宽法治社会评估的理论空间。

第三,为法治社会评估区域性实践提供理论指导。地方法治指数的构建涉及多个部门,内容复杂,应考虑诸多因素,必须遵循一定的原则和理论指导,以求评估结果能够客观、真实地反映区域法治社会发展水平。因此,对评估的科学性、可操作性的追求应全覆盖于地方法治指数构建的过程,既要实现指数体系设计的科学,又要确保评估方法的科学。科学的指数内容可真实反映当地法治建设的原貌,并且具有一定的针对性。评估环节需要科学的评估方法对指数体系进行客观的考量,从而才能真正发现法治建设中的问题,并提出合理化的完善对策。对量化法治社会评估理论建构和制度设计的研究,能够为法治社会评估区域实践提供理论指导,不断提高地方法治社会评估实践的科学性、针对性。

(二)实践价值

第一,有利于法治社会评估指标体系和考核标准的完善。当前法治社

① 参见徐汉明、张新平:《提高社会治理法治化水平》,载《人民日报(理论版)》2015年11月23日,第7版。

② 参见康兰平:《法治评估理论的跃升空间:实效法治观与我国法治评估实践机制研究》,载《法制与社会发展》2017年第4期。

会评估理论研究尚不成熟,有待进一步完善,将宽泛模糊的概念精确化、准确化。量化评估从理论到实际的转化,既是当前研究的薄弱环节,也是学界研究全力攻克的重点难点内容。法治社会评估主要由法治社会评估指标体系和考核标准两大要素组成;基于评估组织和运行模式、适用范围、评估规范化程度、评估时间维度、评估实效类型等不同标准可对其作出不同的类型划分。指标体系的设计既要坚持全面与特色相结合、客观与主观相结合、科学与简便相结合、实用性与适用性相结合、可计量与可比较相结合等基本原则,又需考虑指标体系所应包括的内容及其框架体系和各个单项指标的含义、口径及计算方法,明确和细化法治社会建设的目标规划,分类设计各级指标,科学设定关键绩效(KPI)指标,确定具体指标的名称、含义和口径范围,构建多层次法治社会建设指标。法治社会评估的考核标准具有目标确定性、整体关照性、考核度量性、准确简约性等特征,通过对法治社会建设评估考核标准体系权重、程序和重点的考察,明确法治社会评估考核标准设置的原则和方法,根据明确的依据性、可操作性、实效性、衔接性等原则设计考核标准,有选择性地采用专家评定法、比较平均法、层次分析法、德尔菲(Delphi)法等设计方法,促进法治社会评估指标体系和考核标准的完善。

第二,有利于客观反映法治社会建设的真实状况。理论研究最终要落脚于实践成果。在当前部分地方法治社会评估实践中,考核主体往往"眉毛胡子一把抓",把与法治无关的事项纳入法治评估。譬如,余杭区、昆明市均将民主、经济发展、社会稳定等不属于法治建设的事项作为评估的重要指标。① 尽管上述考核事项在国家治理中同样举足轻重,但是如果将它们都视作法治指标,那么地方政府就可能运用其他方面的治理成效来掩盖法治建设的不足,使法治考核出现"重形式轻实质"的实践偏差。构建科学完备的量化法治社会评估体系,能够客观反映公众对法治建设的参与度和满意度,真实呈现地方法治建设的现状和水平。在现有充分理论研究的基础上,熟练运用新兴的计量技术、理论模型和定量方法,建立起一套科学合理的指标体系去衡量和评价特定区域或者领域的法治实施状况和真实水平。立足国内法治评估实践应用,将分散的法治评估资源集合起来,客观反映法治建设实况,达到量化法治评估的本质目的。地方法治社会建设的评估结果是否实际反映了法治实施情况、如何映射到基本的规范性概念

---

① 参见易卫中:《地方法治建设评价体系实证分析——以余杭、昆明两地为例》,载《政治与法律》2015 年第 5 期。

中以及是否能被运用到实际决策过程中，是我们在量化法治评估研究中要解决的问题。① 更进一步地，客观直观的评估结果不仅有利于法治社会建设，也有利于获得全社会民众的认可，进而发挥公众参与机制的优势，使人民群众切切实实感受到法治建设实效。

第三，有利于提高社会治理法治化现代化水平。党的十八届四中全会使“法治”成为全会公报的高频词，释放出“依法治国”的重要信号，全面推进依法治国具有重要的战略意义，是推进国家治理体系现代化的要求，是实现人民民主的重要保障，是深化经济体制改革的内在需求，是建设法治中国的必然要求，是实现公平正义的基本途径。仔细研读党的十八届三中全会关于“依法治国”的阐述，迈向回应型法治即“法治应当回应经济社会发展的需要”是现实的需要和当下的选择；而地方法治指数这样一项创新的实践活动，如因时因地制宜，补齐法治建设的短板，能够显著提升法治实施的效能。在依法治国的语境下，借由量化法治的具体实践，回应经济社会发展需要，提高社会法治化现代化水平，最终实现法治中国的美好愿景。

第四，有利于敦促各地方各部门整改法治社会建设各项工作。在法治评估实践中，法治社会评估是否能够成为中国法治实践的助力，关键在于理论界和实务界是否能够真正贯彻落实中央的顶层设计目标。法治社会评估的功能体现在法治评估机制能够推进法治建设的各项工作。具体而言，法治评估结果必然会给法治建设的各地方或各部门带来压力，由此迫使各地方和各部门改善法治建设方法，弥补法治薄弱环节，注重法治效果。然而，这是量化法治社会法治评估发生实效的理想状态，将这种良性机制转化为实际是我们的研究目的之一。以余杭法治指数测评为例，评估组出具评估报告都有具体的数据分析，都会根据数据反映的问题提出整改建议，余杭区委区政府根据这些建议进行整改，这是量化法治评估发挥作用的实证。② 要想将这种单一的例证有效地运用到中国的其他地方，完全照搬是不可取的，浅显地“照猫画虎”也是不能成事的，因而量化法治评估理论整合，有利于化零为整，激励指标体系在各地的广泛应用，既方便各地方政府根据地方特色建立起自己独立的指标体系，又给研究法治实践中的复杂现象提供充足的样本资料。

---

① 参见仇晓洁：《“一带一路”倡议中法治评估的理论逻辑与推进路径》，载《江海学刊》2019 年第 5 期。

② 参见钱弘道：《中国法治评估的兴起和未来走向》，载《中国法律评论》2017 年第 4 期。

三、正视法治社会评估问题

目前,法治社会评估仍是一个相对新颖的学术话题,专门以法治社会评估为研究对象的文献相对较少,可参考的资料有限。① 但是,由于法治社会评估是由传统法治评估发源而来,且法治社会作为整体法治建设的一部分,对其的评估已然包含在法治评估的部分中;因此,可从传统法治评估理论中抽离出法治社会评估的理论内容。具体而言,可分为以下研究进路:(1)关于法治社会评估内容的研究,主要分析评估法治社会时应将哪些领域纳入具体评估内容的范畴,目前共识性的评估内容有社会治理、人权保障等。② (2)关于法治社会评估效果的研究,主要采用验证因子分析法、探索因子分析法等对法治社会评估的有效性和准确性进行研究。③ (3)关于法治社会评估意义的研究,从加快法治社会建设、推动公众参与、减少社会矛盾等方面指出法治社会评估的重要意义。④ (4)关于法治社会评估方法的研究,多为阐述如何通过社会调查、主观指标等方式推动社会公众参与评估法治社会的活动。⑤ 这些研究具有以下特点:一是研究视角分散,大多基于法治社会评估的某一方面展开少量分析,缺乏对法治社会评估理论整体性、系统性的思考与梳理;二是基础理论研究薄弱,有关法治社会评估的理论内容仅作为传统法治评估理论的一部分,与法治评估共享一套基础理论体系,并未凸显法治社会评估的特色与不同之处,独立的法治社会评估理论体系尚待探索。

总体而言,现阶段我国法治社会评估的相关理论研究和实践探索仍处于艰难的初级发展阶段。这主要表现在以下几个方面:第一,法治社会评估在多数情况下仍被视为包含在传统法治评估内的一部分而存在,少有人将法治社会评估从中抽离出来作为一项专门的整体性课题来研究;⑥第

① 截至2022年9月,将“法治社会评估”或“法治社会评价”或“法治社会量化”作为主题在中国知网进行检索并筛选发现,CSSCI和中文核心期刊发表的学术论文共有8篇,其中博士论文0篇,硕士论文0篇。

② 参见李朝:《法治评估的类型构造与中国应用——一种功能主义的视角》,载《法制与社会发展》2016年第5期。

③ 参见曾赟:《法治评估的有效性和准确性——以中国八项法治评估为检验分析对象》,载《法律科学(西北政法大学学报)》2020年第2期。

④ 参见徐汉明、林必恒、张孜仪:《论法治建设指标体系和考核标准的科学构建》,载《法制与社会发展》2014年第1期。

⑤ 参见郑智航:《中国量化法治实践中的定性与定量——以地方法治评估实践为研究对象》,载《东北师大学报(哲学社会科学版)》2016年第6期。

⑥ 以“法治社会评估”为关键词在中国知网“主题”版块进行检索,仅有3篇文献与法治社会评估间接相关,3篇文献与法治社会评估直接相关。

二,专门对法治社会评估理论进行研究的文献少,基本还处于研究的初始阶段,仅有少数学者在研究法治社会建设时,提出要进行相应的评估活动以检验建设实效,①但是没有学者对此进行系统性研究,可参考文献少;第三,中共中央发布的《法治社会建设实施纲要(2020—2025 年)》中已经对评估内容有所涉及,法治社会评估的实践探索在一些省份和地区也已有之,如江苏省于 2015 年颁布了《法治社会建设指标体系(试行)》,但总体而言法治社会评估尚未得到相关部门足够的关注和重视。

法治社会评估问题未得到足够重视的原因是多方面多层次的,是多种因素综合作用的结果。但其中最为关键的原因在于:一方面,现有法治社会评估以及指标体系的研究,虽然有国际法治评估的成熟理论经验以及国内法治评估实践作为理论构建的重要参考,但完全照搬既有的法治评估指标体系,或试图从区域式、行业或部门式的法治指数设计中汲取相关经验,既无法满足构建科学规范的法治社会评估顶层设计的急迫现实需求,又难以从理论上有力指引法治社会评估基本问题的解决。另一方面,法治社会评估作为传统法治评估不断细化和接续演进的产物,仍然面临法治不可评估论者所认为的法治指数是一种"伪精准"科学的质疑,②其也同样面临实践中指标体系的设计、指标权重的赋予乃至数据的收集与筛选等量化难的问题。

立足于社会治理的法治化、现代化、智能化以及专业化,中国式现代化持续纵深推进的语境,建构科学完备的法治社会评估系统是大势所趋。故此,为进一步扎实推进法治社会建设工作,夯实法治国家建设的基础以推进国家治理体系和治理能力现代化,有必要将法治评估机制引入法治社会建设这一更为微观具象、更加贴近广大人民群众的法治建设领域,通过评估法治社会建设各项工作的进度及其实际成效并对其进行相应的反馈,弥补法治社会建设工作中存在的漏洞和不足,加快破解法治社会建设目标任务实施难题。在此背景下,法治社会评估相关理论研究以及指标体系和考核标准的构建显得尤为重要。换言之,在当前阶段,探索构建科学合理的法治社会量化评估系统,既是我国社会治理法治化面临的现实问题,也是当代中国加快推进法治国家、法治政府、法治社会一体建设任务的重要内容之一。

综上,本书试图在法治建设理论与实践相结合的分析模式基础上,以

---

① 参见崔亚龙:《论民法典时代的法治社会建设》,载《西部学刊》2021 年第 23 期。

② 参见伍德志:《论法治评估的"伪精确"》,载《法律科学(西北政法大学学报)》2020 年第 1 期。

法治社会为中心破解实践中法治社会评估指标体系以及考核标准的构建难题,提出科学完备的法治社会评估指标体系和考核标准的设计构想,为法治社会评估相关研究提供共识性理论框架,为顶层设计与基层实践搭建对话与统筹的平台,进而加快法治社会建设步伐,促进国家治理体系和治理能力现代化。

第二节　框架结构与研究方法

一、框架结构

本书旨在探究法治社会评估中存在的问题并试图寻找评估法治社会建设的路线方案,行文立足中国实际,以传统"问题提出"→"问题分析"→"问题解决"的一般逻辑为指导,以"提出问题"→"理论分析"→"制度构建"→"具体实施"→"未来展望"为思路展开研究,聚焦法治社会评估"理论谱系"和"实施进路"两大核心。其中,"理论谱系"主要是指"理论分析"部分,"实施进路"则主要由"制度构建"和"具体实施"两部分组成,理论谱系发源于法治社会评估实践又须回归法治社会评估实践,二者各自独立又相互贯通,始终保持着和谐有度的张力。

法治社会评估之"理论谱系"主要是在对法治社会评估的"理论意涵"、"理论演进"、"理论指引"、"理论构成"以及"理论考察"层层递进地梳理、分析和探讨中体现出来。具体而言:第一,理论意涵层面,对法治社会评估"理论谱系"命题的探讨首先须明确和厘定法治社会评估的理论意涵,因此,本书围绕法治社会评估本身的基础性问题如"法治社会评估是什么"等展开深入探讨,对法治社会评估的概念、特征、构成要素、类型以及功能等进行梳理分析和挖掘提炼。第二,理论演进层面,通过梳理域内外法治社会评估的理论演进过程,基于理论演进过程抽离出域内外法治社会评估理论层面的特点,并结合我国法治社会评估实践对现存问题进行理论考察,明确指出目前我国法治社会评估存在评估对象不清晰、评估指标设计难度大等难题。第三,理论指引层面,本书主要从马克思恩格斯经典作家的法治观、社会观以及二者关系的相关论述,中国特色社会主义法治理论、法治评估理论和习近平法治思想中寻找相关理论智识资源,并将其作为法治社会评估的指导理论,为法治社会评估提供符合客观规律的、科学的理论指引。第四,理论构成层面,法治社会评估的主体和对象是法治社会评估理论的两个核心命题,主要对法治社会评估主体和对象之理论构成进行深入系统分析，其中，从政府主导、第三方主导以及二者合作三种不同类型对法治社会评估主体进行理论分析，并创造性地以评估对象性质论、分量论之双重构造对法治社会评估对象进行研究。第五，理论考察层面，主要是指对法治社会评估系统内部的评估指标体系和考核标准进行理论观察和分析。对法治社会评估指标体系及考核标准相关理论进行深度观察思考和系统分析，发挥其对本书所研究的法治社会评估指标体系之具体构建和指标权重设定的理论支撑和指导作用。

法治社会评估之“实施进路”则主要通过法治社会评估的“制度构建”以及“具体实施”体现出来。具体而言：“制度构建”主要是指法治社会评估指标体系的建立以及其考核标准的确定，“具体实施”主要包含法治社会评估的基本原则以及实施的基本要求等。此外，在法治社会评估之“理论谱系”和“实施进路”重点研究内容之前和之后，分别以“提出问题”和“未来展望”作为研究的起点和终点，最终形成完整的“法治社会评估的理论谱系和实施进路”研究框架。基于此，本书对法治社会评估的理论演进和中国实践、中国问题以及中国方案进行全面深入系统分析和学术抽离。

总之，本书以法治社会建设和法治整体发展及法治评估规律为遵循，以现代法治文明、法治评估一般理论为指引，从我国法治社会建设实际和法治评估实践出发，剖析我国法治社会建设及其评估实践面临的现实不足之处，进而提出针对如何构建科学完备的法治社会评估指标体系和考核标准制度体系以及推进法治社会评估实施的具体建议。本书以法治评估的系统性、科学性为标准，坚持尊重历史、基于现实、面向未来的研究视野，围绕法治社会评估之“中国问题”提出“中国方案”，旨在建构科学完备的法治社会评估制度体系，不断提高社会治理法治化水平，推进法治社会建设。本书框架结构设计导图如图 1-1 所示。

第一部分，法治社会评估的提出。该部分为第一章，国家重视量化法治是本书的大的时代背景。本部分通过分析国家对法治社会建设问题重视程度不断加深，引出本书的核心内容即法治社会评估问题；在此基础上进一步指出法治社会评估在理论层面以及实践层面的重大价值，明确我们要重视法治社会评估问题。故而，立足于社会治理的法治化、现代化、智能化以及专业化，在法治国家、法治政府、法治社会一体建设和中国式现代化持续纵深推进的背景下，建构科学完备的法治社会评估体系是大势所趋。

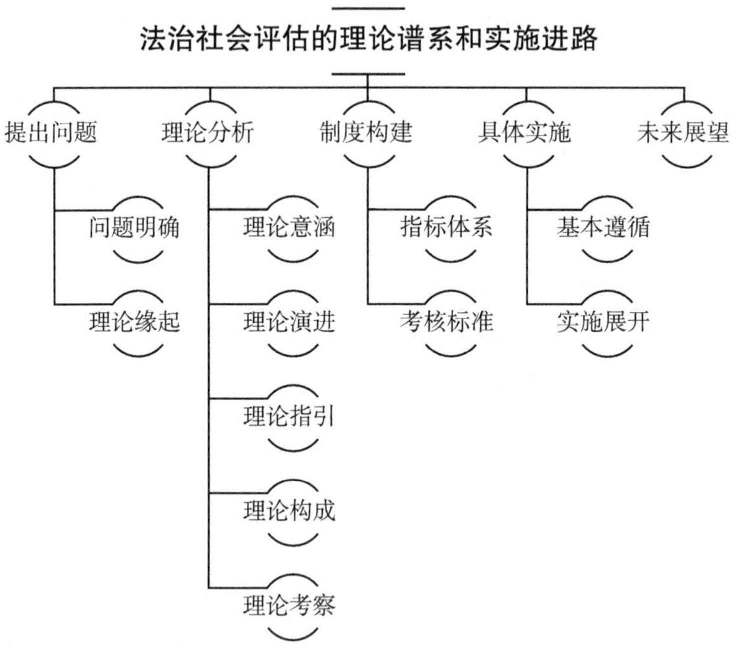

图 1-1 研究框架结构设计导图

第二部分,法治社会评估的理论分析。该部分有五章,分别为理论意涵(第二章)、理论演进(第三章)、理论指引(第四章)、理论构成即法治社会评估的主体和对象(第五章)以及指标体系和考核标准的理论考察(第六章):(1)理论意涵。解决的是法治社会评估是什么的问题,内容包括法治社会及法治社会评估的概念意涵、法治社会评估的特征、法治社会评估的构成要素、法治社会评估的类型以及法治社会评估的功能等。(2)理论演进。解决的是法治社会评估理论产生和演变问题,主要是论述域外法治社会评估理论演进及其成因和我国法治社会评估的演进历程及其内在逻辑,基于域内外理论与实践在横向层面的对比,检视法治社会评估现存理论困局。(3)理论指引。解决的是法治社会评估的理论指导引领问题,强调将马克思恩格斯经典作家与法治社会的相关论述及基本原理、中国特色社会主义法治理论、习近平法治思想和法治评估理论分别作为理论指导、基本遵循、行动指南和智识资源。(4)理论构成,即法治社会评估的主体和对象。解决的是法治社会评估的理论构成问题,通过论述评估主体之三分类型、评估对象之双重构造,勾勒出法治社会评估在理论层面的基本构成。(5)指标体系与考核标准的理论考察。主要对法治社会评估的指标体系的设计以及考核标准的设置进行了理论上的探讨,为后文法治社会评估指标体系以及考核标准的具体设计提供了一种理论模型。

第三部分,法治社会评估之指标体系和考核标准的制度构建。该部分有一章,为我国法治社会评估指标体系和考核标准的制度设计(第七章),主要内容包括根据对法治社会评估的指标及其评分等的学术分析,结合我国法治社会评估的实践探索,明确法治社会评估的具体内容,设计出理想的法治社会评估指标体系,并对各项指标设置相应的考核标准。基于样本选取、实证分析等,将法治社会评估指标体系的基本内容厘定为:推动全社会增强法治观念,健全社会领域制度规范,加强权利保护,推进社会治理法治化,依法治理网络空间,加强组织保障等。基于此,将法治社会评估指标设置为涵盖 6 个一级指标、31 个二级指标、140 个三级指标共计 200 分的指标体系和考核标准。

第四部分,法治社会评估的具体实施。该部分有两章,分别为基本遵循(第八章)和实施展开(第九章):(1)基本遵循。阐释法治社会评估实施的基本原则以及其实施的基本要求,包括须坚持党对法治社会评估的领导、坚持人民利益至上、坚持从法治社会建设实际出发、坚持法治统一,评估的目标须保持先进性、评估的推进须契合国家层面战略需求、评估的职责分工须具体清晰、评估的实施须有明确的时间期限等。(2)实施展开。包括法治社会评估的目标规划、具体程序和结果运用。法治社会评估的目标包括评估目标的确立、制定和展开。法治社会评估的程序包括确定法治社会价值基准、界定法治社会概念结构、制定并使用法治社会评估指标体系及考核标准、收集筛选信息以及对信息数据进行标准化处理并得出结果等。法治社会评估的结果运用包括对法治社会评估结果进行客观评价、优化法治社会建设后续工作等。

第五部分,法治社会评估的未来展望。该部分有一章(第十章),主要内容是对法治社会评估未来的发展前景进行预测和观望,从加强新型技术工具的应用以及建立完善的配套协同机制两方面,对法治社会评估进行完善。包括建立以大数据技术为核心的法治社会评估信息数据库、构建法治社会评估预警模型等,以及建立健全评估追责体系、建立专门的法治社会评估部门、完善监察审计体制和营造监督文化氛围等。

二、研究方法

任何研究的进行都离不开方法论的指导,科学的方法论来源于反复多次的研究,是对实践的凝练和升华。马克思主义法学方法论具备科学性和真理性,是进行一切法学研究的根本遵循,其主要包含研究方法和叙述方法两个部分;其中,“从具体到抽象”的研究方法以辩证唯物主义和历史唯物主义的科学世界观为基点，认为人们对于法的现象之意识的产生源于物质交往活动，是物质关系的产物。① 我国法治社会评估研究建立在社会发展的物质基础之上且以马克思主义法学方法论为根本指导，同时运用科际整合研究法、系统分析法、过程分析法、实证调研法、文献研究法等科学的研究方法。

（一）科际整合研究法

所谓科际整合研究法，是指在展开法治社会评估理论谱系和实施进路研究时，在立足法学学科特别是立法学的基本理论的基础上，进一步整合法学、社会学、管理学、经济学和政治学相关原理，形成法治社会评估的基本原理和制度构建方案的研究方法。法治社会评估的研究必然涉及法学、社会学、管理学、经济学和政治学等多学科知识。法治社会评估理论本身在一定程度上就是横跨多学科而存在的，科学合理地运用科际整合研究方法，有助于我们对法治社会评估理论体系以及实施进路形成综合性认识。因此，本书整合了多个学科，如法学、社会学、管理学、经济学和政治学的相关原理，运用交叉学科视角、跨学科方法和多学科文献资料展开研究；这既是研究科学性的体现，也是把握住其内在规律性进而实现对问题的有效根治的必然选择。

（二）系统分析法

系统分析法，是指将要解决的问题作为一个整体系统，将系统内部的各要素联系起来进行综合分析，以找出解决问题的最佳方案的研究方法。将系统分析法运用到以量化法治为标志的法治社会评估理论的研究中，就是将法治社会建设整体作为一个系统进行量化评价，本书正是在运用系统分析法对整个法治社会建设系统展开综合分析评判的基础上进行的。系统分析法在本书中的使用特别体现在法治社会评估指标体系设计中。具体而言，就是将法治社会建设及其评估视作一个紧密联系、有机统一的系统，在此之上将其划分为全社会法治观念、社会领域制度规范、社会成员权利保护、社会治理法治化、依法治理网络空间以及组织保障 6 个一级指标，进而再细化为 31 个二级指标和 140 个三级指标，实现对其的量化评估。当然，书中其他地方也多处运用了系统分析研究方法。

（三）过程分析法

过程分析法是理论研究中一种常见的分析方法，是通过对事物发展过程及其特性运用规定的方法进行观察，以判断是否合理或是否存在改进空

① 参见张文显：《法理学》，高等教育出版社、北京大学出版社 2011 年版，第 42 页。

间的分析方法。具体到本书中,过程分析法对于法治社会及其评估理论的研究具有重要意义。这是因为,一方面,法治社会建设实施是一个不断推进的过程,对法治社会评估的研究需要对每个阶段、不同环节进行评价;另一方面,评估系统本身是分阶段、分流程进行的,且每一流程都有各自的任务目标及不同的运行机制和运作过程,我们有必要运用过程分析法对法治社会评估理论体系中的不同部分进行过程性的单独分析,以践行具体问题具体分析的基本研究原则,实现系统内部的完善与改进。概言之,过程分析法是本书进行研究时运用的重要方法之一。

(四)实证调研法

实证调研法属于实证研究法的范畴,这种研究方法强调实践活动和客观事实的重要性,主张理论研究须建立在观察和实验的经验事实上,通过一定数量的事实观察,从个别到一般,归纳出事物的本质属性和发展规律,以保证结论的客观性、普遍性和科学性。法治社会建设属于法治建设实践活动的一种,其在实践中不断发展并自我改进。以法治社会建设成效为主要评估内容的法治社会评估也必然在对法治社会实践进行研究的基础上展开;且法治社会评估不仅是一套理论体系,其也在各地法治社会评估实践中获取信息、总结经验并最终形成科学合理的评估体系,最终投入实践中。可以说,对法治社会建设实践进行量化评估是本书的鲜明特色,本书正是在大量深入的实地调研、收集获取相关信息数据基础之上,进行归纳综合、统计分析和评价。

(五)文献研究法

大量阅读和细致梳理相关文献是本书研究得以开展所必须进行的工作,全书的研究处处都贯穿着法治社会评估相关文献阅读、梳理和对既有研究成果的汲取。法治社会评估理论谱系和实施进路研究需要厘清法治社会评估及其相关概念、准确把握法治评估理论和梳理既有法治评估研究的理论成果;这不仅为研究提供了充足的资料和理论储备,更是解决研究基本问题的必经环节。本书所用实体文献主要来源于学校图书馆、省图书馆的相关图书资源;电子文献主要来源于中国知网、北大法宝法律数据库、万方数据库、无讼法规数据库、国家互联网信息办公室统计数据以及Westlaw、Academic Research、Library Academic Search Premier 等,此外还通过 Wikipedia 信息搜索、Google 学术搜索、百度搜索等搜索引擎获取相关学术性、时政性资料。一定意义上,本书问题的提出和研究的展开正是建立在对既有文献成果的阅读、分析和启发之上的。

除主要使用了上述科际整合研究法、系统分析法、过程分析法、实证调研法、文献研究法外，本书还使用了概念分析法、比较研究法、语义分析法、价值分析法、案例分析法等一般理论研究方法。

第二章 法治社会评估的理论意涵

第一节 法治社会评估的概念意涵

对法治社会评估及其相关概念的科学界定，是进行法治社会评估相关理论研究、学术对话的基点。具体而言，首先，须对法治社会的内涵这一质的规定性问题进行概念界定，再从与法治国家、法治政府的区分上对其外延进行明晰，才能明确法治社会评估中“法治社会”的理论意涵。其次，在法治社会概念明晰的基础上，进一步分析法治社会评估质的规定性问题以及与法治社会评估、法治政府评估、立法评估和司法评估的区分问题，最终实现法治社会评估理论意涵的全面展开。总之，法治社会、法治社会评估这两个概念的内涵和外延的明确是法治社会评估理论研究的基石。

一、法治社会的内涵与外延

（一）法治社会概念的厘定

法治社会评估中的“法治社会”一词，最早可追溯至1959年在我国《现代外国哲学社会科学文摘》上发表的一篇关于国际法律会议的宣言报告。① 只不过，“法治社会”在该报告中仅是一个含义模糊不清的背景性词语，并未作为一个学术术语流传开来。其后，受“文化大革命”这一历史阶段影响，“法治”在我国的发展进入停滞阶段，法治社会概念发展及其实践拓展也相应进入了停滞阶段。在此之后，与我国改革开放大环境吻合，随着中国特色社会主义法治理论与实践的不断深入，法治社会的内涵和外延不断发展并日益丰富。概括起来，可将1959年至今法治社会概念内涵的演进变迁历程分为初始生发、丰富发展、落地推进三个阶段。

一是初始生发阶段。以1959年“法治社会”一词的首次出现为标志，法治社会概念开始在我国生根发芽。基于法治社会概念在我国的“从无到有”，可将“法治社会”一词的首次出现至其首次被写入中央文件的时段称为法治社会概念的初始生发阶段（1959—2012年），这一阶段又可以

① 参见炽亚：《国际法律学家会议发表德里宣言》，载《现代外国哲学社会科学文摘》1959年第5期。

具体分为两个时期：第一，基于西方话语进行模仿的初生时期。1959 年“法治社会”概念首次出现后，其在极少数的文献中作为解释西方法律体系语境中与“取得权力的意志”①相对应的概念被使用。“文化大革命”之后，“法治社会”一词并未再次出现，但是却出现了“法制社会”一词。其寓意为有法制的社会，用来与“文化大革命”时期的人治社会相区分。②如，1988 年春，乔石同志在中央党校开学典礼的报告中，将邓小平同志丰富的法制论述概括为“建立法制社会”的思想③；梅培华认为宪法和法律的修改有助于建设“法制社会”④。整体来看，这一时期我国的法治发展主要处于学习模仿西方的快速成长过程，也即“认识他人”⑤阶段，学习西方法治国家的经验建立起主观、照搬、模糊、粗糙的法制体系“在所难免、已属不易”⑥。相应地，“法治社会”一词虽然在我国首次出现，但是其先是源于对西方法律的解释，是与“权力”相对应的概念，后又拓展为与“人治”相对应的概念，最终形成了“有法律的社会”这一概念，具有鲜明的模仿性与模糊性。第二，注入中国特色的成型时期。伴随我国法治事业逐渐恢复走上正轨，学界对于法治有了更加深刻的理解，“法治社会”的内涵也不再局限于对西方的简单模仿，而是拓宽到整体的法治范畴。这一时期学界着重讨论“法治社会”中的“法治”，把社会视为一个整体宏观的概念，也即“中国社会”这一整体，进而强调中国“社会法治化”⑦。故此，法治社会可以界定为“有法治的中国社会”。本质上，这是中国传统社会文化在法治建设过程中的萌发，是传统“社会大同”概念在现代语境的再次发展，为法治社会概念注入了丰富的中国特色；但是也正是这一文化的影响，使“社会”的概念与“国家”发生了混同，少有人注意到“社会”与“国家”、“政府”等的区分，这进一步导致了“法治社会”与“法治国家”、“法治政府”等概念的混淆。在 20 世纪末，随着学界对于法治理论研究的进一步深入，一些学者意

---

① ［美］布利支：《安德生编：〈法律哲学研究〉》，王造时译，载《现代外国哲学社会科学文摘》1962 年第 3 期。

② 参见江必新、王红霞：《法治社会建设论纲》，载《中国社会科学》2014 年第 1 期。

③ 参见张正德：《论邓小平建立法治社会的思想》，载《中国法学》1995 年第 5 期。

④ 参见梅培华：《关于宪法和法律修改方式问题的探讨》，载《法学杂志》1985 年第 2 期。

⑤ 莫于川：《法治国家、法治政府、法治社会一体建设的标准问题研究——兼论我国法制良善化、精细化发展的时代任务》，载《法学杂志》2013 年第 6 期。

⑥ 2011 年 1 月 24 日于北京召开的形成中国特色社会主义法律体系座谈会上，时任全国人大常务委员会委员长吴邦国在专题讲话中曾就此指出，改革开放初期，无法可依的问题相当突出，我们提出“有比没有好”“快搞比慢搞好”，这是必要的，也是合理的。这是对那个时期立法工作基本状况的官方评价。

⑦ 参见周旺生：《让中国社会成为现代法治社会》，载《政治与法律》1996 年第 4 期。

识到了传统“国家文化”[①]的影响，强调将法治社会与法治国家分离开来，相对独立地在国家的社会层面提出并论述了法治社会问题。如1995年《法治国家与法治社会》一文中首次系统阐述了法治国家与法治社会的法理基础、逻辑关系，还对我国“法治社会”的发展趋势进行了精准预测，[②]这引发了学者们对“法治社会”与“法治国家”等关系的探讨，标志着法治社会经历了模仿西方、注入中国特色两个时期后，概念的萌芽生发正式完成，系统性法治社会内涵呼之欲出。

二是丰富发展阶段。基于法治社会概念在顶层设计中的“从无到有”，可将从2012年习近平总书记首次提出法治社会的概念[③]到2020年中共中央印发《法治社会建设实施纲要（2020—2025年）》划分为法治社会概念内涵的丰富发展阶段（2012—2020年）。2012年12月4日，习近平总书记于《在首都各界纪念现行宪法公布施行30周年大会上的讲话》中首次提出，要“坚持依法治国、依法执政、依法行政共同推进，坚持法治国家、法治政府、法治社会一体建设”，这是“法治社会”首次作为一个区分于“法治国家”和“法治政府”的相对独立的法治建设内容在顶层设计层面被明确表述。[④] 至此，法治社会正式成为我国法治建设顶层设计话语体系中的一个重要且准确的概念。基于此，学界逐渐认识到国家、政府、社会不同层面的法治内涵及外延的不同，在充分研究与探讨下，法治国家概念、法治政府概念与法治社会概念之间存在的联系及差异逐渐明晰。如余凌云提出要强调社会自治，“培养公民自治精神”[⑤]，又提出若社会自治部分涉及公共权力，则须归纳到行政法支配下，体现了其将法治社会与法治政府从自治和公共权力的角度进行区分；韩献珍从法儒融合的法治思想切入，分析了中国法治社会法儒融合的独特性；[⑥]莫于川分别提出了法治国家、法治社会建设、法治政府建设的标准，[⑦]体系地区别了三者的范畴，构建了三者的

① 郭道晖：《法治国家与法治社会》，载《政治与法律》1995年第1期。
② 参见张剑平、肖北庚：《论法治建设“一体三面”的解构与融通》，载《河北法学》2017年第11期。
③ 参见习近平：《在首都各界纪念现行宪法公布施行30周年大会上的讲话》，载《人民日报》2012年12月5日，第2版。
④ 参见胡建淼：《习近平新时代中国特色社会主义思想对依法治国基本方略的全面深化》，载《国家行政学院学报》2018年第1期。
⑤ 余凌云：《法治国家、法治政府与法治社会一体建设的途径》，载《法学杂志》2013年第6期。
⑥ 参见韩献珍：《法儒融合下的法治社会与思想政治工作》，载《中学政治教学参考》2017年第36期。
⑦ 参见莫于川：《法治国家、法治政府、法治社会一体建设的标准问题研究——兼论我国法制良善化、精细化发展的时代任务》，载《法学杂志》2013年第6期。

区分标准。与之相应,在强调三者之区分时,党中央也强调坚持法治国家、法治政府、法治社会一体建设。如 2014 年党的十八届四中全会以及 2017 年召开的党的十九大等都进一步强调了法治社会的重要性,保证在国家法治、政府法治和社会法治"一体推进,共同发展"的同时避免忽视法治社会的建设,注重从多层面多领域对我国整体法治建设进行全面部署和统筹规划。总之,这一阶段的法治社会概念在顶层设计中首次出现又快速发展,在强调其与法治国家、法治政府的区别时,又更加注重三者之协调推进,呈现出独立性、系统性、协调性的特征。

三是落地推进阶段。基于专门性法治社会建设纲领性文件的"从无到有",可将从 2020 年中共中央印发《法治社会建设实施纲要(2020—2025 年)》至今划分为法治社会概念的落地推进阶段(2020 年至今)。在这一阶段,法治社会概念历经曲折的初始生发和丰富发展阶段后,正式进入落地的全面推进时期。这表现为以下三个层面:首先,顶层设计层面。2020 年 12 月 7 日,中共中央印发的《法治社会建设实施纲要(2020—2025 年)》明确规划了"十四五"时期法治社会建设的时间表和路线图,提出了 2020—2025 年第一阶段的法治社会建设目标:建设信仰法治、公平正义、保障权利、守法诚信、充满活力、和谐有序的社会主义法治社会,并要求各地方持续贯彻落实。这标志法治社会这一概念进入了建设落地的全面推进阶段,拥有了纲领性指导且在顶层设计与基层落实中都被提上了议程,标志着法治社会正式成为一个时代命题。其次,实践展开层面。各地承接顶层设计,坚持法治社会建设中党的领导与体系性的规划,贯彻落实这一科学的理论指南,实现法治社会建设的纵深推进。立足于实践向理论的互动发展,法治社会概念落地的实践开展进一步引发了理论界对法治社会概念的探讨与丰富。最后,理论深入层面。为响应中央号召、回应地方实践,学界对法治社会概念的落地研究热情也日益高涨,法治社会研究进入了繁荣发展的时期。如方世荣等承接《法治社会建设实施纲要(2020—2025 年)》,在分析"共建共治共享"的基础上,提出了要充分促进公民参与社会建设的观点;①刘继同从社会福利服务的六个方面展开,深化了"中国特色现代社会主义福利国家与福利社会"②这一建设议题。此外,还有诸多学者从法

① 参见方世荣、孙思雨:《论公众参与法治社会建设及其引导》,载《行政法学研究》2021 年第 4 期。

② 刘继同:《社会福利服务、专业社会工作与中国现代社会福利制度建设目标》,载《暨南学报(哲学社会科学版)》2021 年第 8 期。

治社会建设的科技支持[①]、理论创新[②]、农村困境[③]等角度展开研究。可见这一阶段的法治社会概念的研究已经步入落地建设阶段,学者们拓展了法治社会的建设理论体系,并以具体建设目标的思考进一步丰富法治社会的概念。之后,党的二十大报告再次强调要"加快建设法治社会",足见党中央推进法治社会建设的决心。至此,法治社会作为重点建设目标稳步向前,法治社会概念历经生发、丰富、落地,逐渐具备了完整的理论体系,呈现出独立性、成熟性的特征。

纵览法治社会概念演进的曲折变迁历程,法治社会历经初始生发、丰富发展、落地推进三大阶段,形成了丰富而独特的中国式法治社会概念体系和理论意涵。对此,学界有不同的理论:(1)"一元论"主张,法治社会本质上是根据社会政治文化状况来划分的某种社会形态,[④]"是指法治得到全社会公认和践行的一种社会状态"[⑤],是"社会共同体行使社会公权力的法治化"[⑥],其核心是通过公民、社会组织等主体互动及其行为的法治化而达致社会治理的状态;(2)"三元论"主张,法治社会是制度上形成完善的社会规则系统、思想上增强全社会法治观念、秩序上型构政府治理与社会自治之合治的社会状态;[⑦](3)"四元论"主张,法治社会是社会成员守法信法,权利保护全面化,社会自治权力运行合规化,社会管理、服务、合作等治理法治化的社会状态。[⑧] 从上述不同定义来看,当前对法治社会的概念界定大多是从其外延出发,以具体的"公民、社会组织自治""社会制度规则""社会法治思想"等要素的理想状态为基础,由外向内构建法治社会的内涵。但正如习近平总书记所强调,"和谐社会本质上是法治社会"[⑨],法治社会的根本目标是建设和谐社会,具象化的社会状态包含了现阶段大众的合理期待。不能简单地列举大众构建的具象的社会状态为法治社会下定义,而应对法治社会这一概念本身进行思考与探索。因此,对法治社会这

---

① 参见付鉴宇:《论法治社会建设中的科技支撑功能及其实现》,载《广西社会科学》2021年第6期。

② 参见叶静漪、李少文:《新时代中国社会治理法治化的理论创新》,载《中外法学》2021年第4期。

③ 参见程静:《中国农村社会治理法治化面临的问题与应对策略》,载《农业技术经济》2022年第11期。

④ 参见郭道晖:《论法治社会及其与法治国家的关系》,载《社会科学战线》2015年第1期。

⑤ 张文显主编:《法理学》,高等教育出版社2018年版,第428页。

⑥ 姜明安:《论法治中国的全方位建设》,载《行政法学研究》2013年第4期。

⑦ 参见江必新、王红霞:《法治社会建设论纲》,载《中国社会科学》2014年第1期。

⑧ 参见陈柏峰:《中国法治社会的结构及其运行机制》,载《中国社会科学》2019年第1期。

⑨ 哲欣:《和谐社会本质上是法治社会》,载《浙江日报》2006年5月15日,第1版。

一概念的分析还需拨开大众期待之纷繁复杂表象,深入其内核。

具体而言,从语法角度拆解,法治社会是由“法治”与“社会”这两个词语的双向互动构成,换言之,其可以拆解为“法治的社会化”和“社会的法治化”,是法治在社会层面的深度展开和社会生活的全面法治化。从词源演变角度分析,前文详细梳理了法治社会概念演变历程,其最开始的相对概念是“权力”“人治”,后来是“公共权力”。可见,法治社会概念自诞生伊始就蕴含着与公共权力相区别的深层属性,成为一个不同于法治国家、法治政府等传统法治概念的独立范畴①,包含“与国家相分离的独立品格”之义。从马克思主义科学方法论角度分析,“社会”是指以一定的物质生产活动为基础而相互联系的人类生活共同体。此外,从马克思主义法哲学的视角来看,“正义是所有合法统治的基础”(justitia fundamentum regnorum)②,法治的根本目的是社会正义和人民福祉。结合分析可得,在马克思理论的维度中,法治社会是指按照促进正义与增进福祉的法治理念进行物质生产活动形成的人类生活共同体。

综上,法治社会可以定义为:独立于公共权力之外的,基于法治秩序进行生产、生活的社会生活共同体之间形成的新的社会关系格局和结构形态,其以和谐社会为根本目标,现阶段体现为以实现正义、增进福祉为目的构建的“法治”与“社会”相互运动的理想状态,这一状态又具象为“社会制度”“法治思想”“自治权力”等多个建设维度。具言之,法治社会的内涵可以从两个层面进行展开:(1)“法治”向“社会”的运动,也即法治的社会化。法治本质上是“以法治理想为归依的价值系统,以法律规范为核心的制度体系,以及以权力互治为表征的秩序状态”③,其核心是一种事物运行的秩序规律。法治的社会化本质上就是这一规律在社会层面的维度展开:其一方面体现为法治规律不断在社会实践中被运用,法治覆盖到社会生活的方方面面;另一方面则体现为社会实践对法治规律的不断完善,社会层面的民间规范、自治规章、宗族礼法、地区习惯等因素也会不断丰富充实法治维度。(2)“社会”向“法治”的发展,也即社会的法治化。一方面体现为社会物质生产活动的法治化,也即人们获取生产资料、进行物质生产、分配生产成果的全部流程的法治化。可以具象为社会成员都可安全、自由、公正地进行生产活动,所生产的成果可以相对公平地分配,一切侵犯他人财富与自由的行为都应当受到法律的惩戒。另一方面则体现为人类生活共同体

---

① 参见彭小龙:《法治社会的内涵及其构造》,载《中国人民大学学报》2023 年第 5 期。
② 张盾:《马克思唯物史观视域中的法治问题》,载《中国社会科学》2021 年第 2 期。
③ 於兴中:《法治东西》,法律出版社 2015 年版,第 11–17 页。

的法治化。首先是指社会成员间关系的法治化，也即社会关系由传统宗法社会关系向现代法治社会关系演变，社会成员相互关系遵循社会法治规则，具体包括权利义务关系受法律保护、由法律调整，法律面前社会成员人人平等。其次是指社会组织间自治关系的法治化，社会组织须依照法治进行自治建设，带领社会成员依法、自觉、自发、主动地参与社会治理，政府进行辅助、引导、监督。

概言之，从现阶段国情来看，法治社会可以理解为法治在社会层面的展开、社会生活的全面法治化；从长时期发展来看，法治社会本质上是独立于公权力之外的、依照法治进行构建的人类生活共同体间关系的理想状态。

（二）法治社会与法治国家、法治政府

法治社会与法治国家、法治政府三者有所区别，但又存在一定的联系。如前所述，在法治社会概念形成发展的过程中，法治社会与法治国家、法治政府的分野日渐明晰：其一，三者的内涵与外延不同。法治国家是指在国家领域内法治化的状态或法治化的国家，包括整个国家权力体系的法治化；法治政府是指“严格按照法定权限和程序行使行政权力、履行管理职责的政府”①，是整个公权力机关权力体系的法治化；法治社会则是“相对独立的实体”②，聚焦于社会领域，反映的是社会成员之间的生产生活规范有序，是整个人类生活共同体的个体权利及自治权力的法治化。法治本身是伴随权力与权力、权利与权利、权力与权利间的相互运动而形成的，法治国家、法治政府、法治社会三者的权力、权利运动各不相同，有各自的范畴与焦点，是独立并存的关系。其二，三者的运行理念不同。法治国家强调依法治国，强调对整个国家公权力的规范，重点在于具有统一性的治国理念，具备鲜明的政治色彩。法治政府则一方面强调政府行为的契约性，强调政府受宪法制约，国家权力由法律规范规定；另一方面则蕴含着尊重公民尊严和价值追求的价值观念，强调公民权利不受公权力的侵犯。法治社会的理念除包含对公权力的规范之外，更多地涵盖多元化的治理方式，特别是注重“社会自治”③，强调社会主体的作用。比较来看，法治国家、法治政府、法治社会的价值理念和侧重点各有区别，存在各自的价值区间。其三，三者的规范对象不同。本质上讲，法治国家、法治政府、法治社会其实

---

① 张清：《习近平“法治国家、法治政府、法治社会一体建设”法治思想论要》，载《法学》2022年第8期。

② 郭道晖：《论法治社会及其与法治国家的关系》，载《社会科学战线》2015年第1期。

③ 莫于川：《法治国家、法治政府、法治社会一体建设的标准问题研究——兼论我国法制良善化、精细化发展的时代任务》，载《法学杂志》2013年第6期。

都是法治这一治理方式在宏观、中观、微观层面的不同运用。在法治国家的语境中,法治的规范对象是国家公权力,侧重于整体性的国家法治化建设和国家职能的履行;在法治政府的语境中,法治规范的主要对象是政府公共权力,强调在行政机关与公民的互动过程中公权力不被滥用、政府积极履行职权与公民权利得到保障、义务依法履行;法治社会调整和规范的对象是社会组织和社会各成员的行为,其核心主体是社会自治组织,是"以社会自我立法为基础的法治形态"①,一方面侧重自治组织与法治的互动,另一方面则强调了自治组织与社会成员的互动。比较来看,法治国家、法治政府、法治社会三者的规范对象并不相同,这是三者最核心的区别。

此外,法治社会与法治国家、法治政府又具有不可分割的联系,总体上来讲,法治社会、法治国家、法治政府一体建设是实现全面依法治国的必然要求,三者是协调发展、分层推进的关系。具体而言:其一,从外部关系来看:法治国家、法治政府、法治社会分别是从宏观、中观、微观三个层面对法治的践行,其目标相同、指向一致。正如前文所述,法治国家、法治政府、法治社会三者的规范对象不同,但其本质上都是法治这一要素对不同对象的作用结果。可以说,法治国家是宏观层面对法治理想状态的追求,是国家公权力运行的理想状态;法治政府是中观层面对法治理想状态的追求,是政府公共权力运行的理想状态;法治社会是微观层面对法治理想状态的追求,是社会自治权力和公民权利运行的理想状态。三者的核心都是对法治的追寻,三者的内容都是法治在具体层面的深度展开。可以说,三者核心目的都是建设"外向型的、重规则、权威文本至上"②的中国特色社会主义法治文明秩序形态,根本目标是向更好、更和谐之未来迈进。其二,从内部关系来看:法治国家、法治政府、法治社会三者间相互影响、相互促进。首先,就法治国家与法治政府的关系而言,一方面国家是法治建设中最宏观的主体,其制度设计是政府行政机关存在和运行的前提条件,只有存在法治基础下的顶层设计,才可为法治政府的具体建设提供制度保障;另一方面行政机关作为我国规模最大、人数最多、职权最广的国家机关,其法治建设与国家层面的法治建设息息相关,行政机关的法治政府建设也可以为其他国家机关的法治建设提供示范,因此法治政府建设是法治国家建设的关键。其次,就法治政府与法治社会的关系而言,一方面,政府是社会的管理者,执法者与社会成员是管理与被管理的关系,而"管理"的核心含义即为

---

① 肖金明:《推进法治社会理论与实践创新》,载《法学杂志》2017 年第 8 期。

② 於兴中:《法治是人类最理想的选择吗——强势文化、二元认识论与法治》,载《法学》2002 年第 1 期。

保障和监督，这意味着政府对社会的发展和建设起着关键作用，法治政府是法治社会的保障；另一方面，政府管理社会的目的是建立一个民主、美好的和谐社会，建设政府也是为了建设美好社会，所以法治社会建设是法治政府建设的目标。最后，就法治国家与法治社会的关系而言，一方面，国家是社会的保障，若仅有高度法治化的社会却不存在法治国家，那么一切法治社会建设取得的成果都可能因国家的独裁等阻碍因素而无法存续，最终只能成为空中楼阁，因此法治国家是法治社会建设的基础；另一方面，法治社会注重提升社会的法治“软实力”和对社会成员法律权利的保障，如社会成员的法治精神和遵法用法守法的法治环境的构建等，只有加强法治社会建设才能从微观上提升国家公民的法治认同感，为法治国家的建设注入活力。综合来看，三者间相互影响，相互促进，协调发展。总之，法治国家、法治政府、法治社会三者相互联系、相互支撑、相辅相成，必须坚持三者同步规划、同步实施，推动三者相互促进、相得益彰。

二、法治社会评估的语义及其内涵

随着法治理念价值被广泛接受与认可，以及国际社会政治经济文化等方面的交流日益加深，一国的法治状况成为各国交往的重要依据，“法治指数化”运动由此兴起。① 在经济全球化浪潮的现实挑战与“依法治国”的宪法要求下，中国也开始了“法治评估”的实践探索。② 在此背景下，习近平总书记提出“坚持法治国家、法治政府、法治社会一体建设”的重要论述③，中共中央在《法治社会建设实施纲要（2020—2025 年）》中作出“制定法治社会建设评价指标体系”的重要部署，建设法治社会评估制度体系被提上议程。与实践的迫切需求相反，关于法治社会评估的概念研究较少，范围和深度不够，尚未达成共识。④

---

① 参见钱弘道等：《法治评估及其中国应用》，载《中国社会科学》2012 年第 4 期。

② 2005 年，我国香港法治指数出台，开启了我国量化法治实践先河。两年后，浙江省杭州市余杭区也着手探索法治指数构建之路。此后，北京、上海、江苏、湖北、深圳、温州、昆明等地都走上构建符合本地实际的法治指标体系新型模式的探索之路。

③ 参见习近平：《在首都各界纪念现行宪法公布施行 30 周年大会上的讲话》，载《人民日报》2012 年 12 月 5 日，第 2 版。

④ 参见徐汉明、张新平：《社会治理法治建设指标体系的设计、内容及其评估》，载《法学杂志》2016 年第 6 期；“中国社会管理评价体系”课题组、俞可平：《中国社会治理评价指标体系》，载《中国治理评论》2012 年第 2 期；许淼龙、欧阳胜银：《法治社会建设评价指标体系构建与初步分析》，载《法治湖南与区域治理研究》2011 年第 3 期；谭玮、郑方辉：《法治社会指数：评价主体与指标体系》，载《理论探索》2017 年第 5 期；彭莹莹：《社会治理评估指标体系的设计与应用》，载《甘肃行政学院学报》2018 年第 2 期。

关于法治社会评估内涵的研究主流观点有以下两种:(1)广义的法治社会评估。该观点认为法治社会包括立法、执法、司法等国家权力的法治化以及社会权力的法治化,与此对应,法治社会评估是指对立法、执法、司法等国家公权力法治化建设状况以及社会法治观念、权利保护、公共安全和社会公平等的法治建设情况予以客观评价的"大法治社会评估"。① 与一般的法治评估并无二致。(2)狭义的法治社会评估。该观点认为法治社会属于除立法、执法、司法等国家公权力之外的社会权力的范畴,与法治国家、法治政府并存且处于基础地位,法治社会评估是对国家公权力运作系统以外的社会权力以及社会生活法治建设情况予以评估的"狭义法治社会评估"。② 基于上述两种观点,结合习近平总书记"法治国家、法治政府、法治社会一体建设"的重要论述,本书的法治社会评估概念采用狭义的法治社会评估,即法治社会评估是以法治社会为评估对象,以我国法治社会建设状况为评估内容的量化法治系统。③

(一)法治社会评估以法治社会为主要评估对象

在政治和法律领域,建立量化评估体系最重要的一步就是将抽象的政治、法律理念具象为协调简约、明确实用且与其他概念明确区分的社会科学概念。④ 建立法治社会量化评估体系的前提是对法治社会这一评估对象概念的明晰。在前文已经指出,法治社会是独立于公共权力之外的,基于法治秩序进行生产、生活的社会生活共同体之间形成的新的社会关系格局和结构形态,其以和谐社会为根本目标,现阶段体现为以实现正义、增进福祉为目的构建的"法治"与"社会"相互运动的理想状态,这一状态又具象为"社会制度""法治思想""自治权力"等多个建设维度。在前文还详细地论述了法治社会的概念需要深化到其字义、词源、科学规律来进行把握;但就具体的法治社会评估而言,不仅需要明确抽象的法治社会概念,更需

① 参见李建兴、尹华广:《"法治社会"建设指标体系的构想——以浙江省为例》,载《中共南宁市委党校学报》2008 年第 1 期;许涤龙、欧阳胜银:《法治社会建设评价指标体系构建与初步分析》,载《法治湖南与区域治理研究》2011 年第 3 期;胡荣才、屈茂辉:《法治湖南建设评价指标体系的建构思路与框架》,载《湖南大学学报(社会科学版)》2014 年第 4 期;邱佛梅、谭玮:《"三位一体"法治建设背景下的法治社会评价体系构建》,载《法治社会》2018 年第 1 期。

② 参见谭玮、郑方辉:《法治社会指数:评价主体与指标体系》,载《理论探索》2017 年第 5 期;陶中怡:《区域法治社会建设指标体系的价值定位与实践探索——以江苏省为例》,载《山东行政学院学报》2021 年第 5 期。

③ 评估对象与评估内容并不属于同一的概念。评估对象是评估所指向的特定对象,此处即法治社会;评估内容则是对评估对象进行"概念操作—维度分解—指标设计"的演绎逻辑结果,此处为我国建设法治社会的需要。参见张德森、李朝:《中国法治评估指标体系的生成与演进逻辑——从法治概念到评测指标的过程性解释》,载《理论与改革》2015 年第 2 期。

④ 参见孟涛:《法治的测量:世界正义工程法治指数研究》,载《政治与法律》2015 年第 5 期。

要从其“社会制度”“法治思想”等具象建设维度进行范畴界定。这一方面可以通过对抽象概念的宏观把控进行具象构成的发现与分化，实现法治社会评估体系的全面化；另一方面则可以通过对“社会制度”“法治思想”等具象建设维度的不断丰富，进一步完善法治社会的概念内涵，使法治社会理论体系更加科学化。习近平总书记指出，法治社会应该是社会治理法治化、基层纠纷多元解决、法治文化建设健全、网络空间依法治理的社会状态，①可从此出发进行法治社会建设及其评估的具象维度展开。基于此，本书认为在法治社会建设新时代下，法治社会建设及其评估的目标应该是实现社会法治观念健全、社会规范齐全、社会治理法治化完全、权利保护周全、网络空间依法治理的和谐社会状态。

（二）法治社会评估以我国法治社会建设状况为主要评估内容

自1996年世界第一个法治指数诞生以来，世界各国便掀起了一股建设法治指数的热潮，各类指数都如喷涌之势，纷纷迸发而出。② 但这些法治指数如世界正义工程（WJP）法治指数、法治倡议（ROLI）、贝塔斯曼转型指数等都与美国等西方资本主义国家具有紧密的联系。主要表现为：形式上，这些法治指数诞生成长于美国等西方资本主义国家；实质内容上，亦以美国等西方资本主义国家的价值理念、问题为法治要素。③ 因此，直接将这些诞生成长于美国等西方资本主义国家的法治评估体系移植至我国，以西方资本主义国家法治评估的评估内容作为我国法治评估的内容势必会导致“水土不服”，不符合我国国情和实践的需要。与此同时，我国经历了由“政策之治”到“法制”再到“法治”的历史转型，现今正处于“全面依法治国”的重要历史节点。④ 与美国等西方资本主义国家通过数百年自下而上的社会演进模式建立起的较为完整的法治体系不同，⑤我国实施“全面依法治国”的时间相对较短，法治根基尚为薄弱，完成全面依法治国建设法治中国的任务尚重。⑥ 因此直接参考美国等西方资本主义国家基于其自身国情而设置的定性、定量法治评估等法治评价体系，并将其运用于我国

---

① 参见《习近平法治思想概论》编写组编：《习近平法治思想概论》，高等教育出版社2021年版，第185-192页。

② 参见孟涛：《法治的测量：世界正义工程法治指数研究》，载《政治与法律》2015年第5期。

③ 参见张琼：《法治评估的技术路径与价值偏差——从对“世界正义工程”法治指数的审视切入》，载《环球法律评论》2018年第3期。

④ 参见徐汉明：《保障宪法和法律统一正确实施》，载《光明日报》2013年10月13日，第7版。

⑤ 参见习近平：《论坚持全面依法治国》，中央文献出版社2020年版，第135页。

⑥ 徐汉明教授认为我国现今正处于“法治转型”的历史时刻，“法治中国”正是在此大格局中所提出的新命题。参见徐汉明：《保障宪法和法律统一正确实施》，载《光明日报》2013年10月13日，第7版。

法治社会评估体系的建设实践的做法，不符合我国法治社会发展的内在价值和实际情况，也难以有效衡量我国法治社会建设的真实成效，可能会忽略我国法治社会发展已取得的成就。① 因此，为保持"上坡精神"，致力于我国法治社会稳步建设，扫除英美西方法治话语"霸权主义"影响，唤起我国法治社会建设"主体性"自觉，②建立国家自信、民族自信，有必要从我国国情出发，以我国法治社会建设的实际情况为主要评估内容。

（三）法治社会评估与法治社会建设评估

所谓法治社会建设评估，通常是指一种转型时期的过渡性评估模式，其是以法制与法治理论、社会指标理论等为基础理论渊源，以可量化为核心，立足于法治社会建设实践情况、实际效果，以推动法治社会建设的评估理念、范式和制度。现阶段，关于法治社会评估与法治社会建设评估二者关系的问题，学界已进行了一定的研究，产出了一些文献成果，概括起来，主要有包含关系说和等同关系说两派观点。其中，主张包含关系说的多数学者认为，法治社会评估包括法治社会建设评估和法治社会环境评估，法治社会建设评估是法治社会评估的下位概念③，两者并不完全相同。支持等同关系说的学者则认为，建设评估在我国的应用最为普遍，不仅是法治社会环境评估，原来的法治评估如余杭法治指数、各种政府法治评估等都属于建设评估；基于此，主张我国的法治社会评估等同于法治建设评估。

法治社会评估须立足于法治社会建设实际，其最终目的在于进一步推进法治社会建设，可以说，法治社会评估就是法治社会建设评估。这是因为：(1)基于等同关系说进行考察，将法治社会评估等同于法治社会建设评估，有其自身的理论渊源和实践基础。④ (2)如前所述，法治社会评估是以法治社会为评估对象，以法治社会建设状况为评估内容，以我国法治社会建设过程中的重点难点作为评估要点的评估理念、范式和制度，法治社会评估理论体系亦是紧紧围绕法治社会建设而展开的。(3)在我国法治社会评估的实践探索、法治社会评估指标及考核标准体系等制度构建以及相关理论叙事进程中，《法治社会建设实施纲要（2020—2025年）》无疑是

---

① 以2014年为例，我国在政府行为规制、法治顶层设计以及立法、司法改革、公民权利保障、经济发展权等方面都得到充分的控制与发展。参见张琼：《法治评估的技术路径与价值偏差——从对"世界正义工程"法治指数的审视切入》，载《环球法律评论》2018年第3期。

② 参见徐汉明：《论法治建设指标体系的特性与功能》，载《法学评论》2016年第1期。

③ 参见程琥：《反思与建构：中国法治政府评估的转型》，载《中国法律评论》2017年第4期。

④ 参见王利军等：《法治建设指数评估创新实践研究——以河北省设区市法治建设指数评估为例》，"雄安新区建设法治保障——第八届法治河北论坛"会议论文，2017年12月于石家庄。

最直接的行动指南和基本遵循;故而有必要推动形成完备的法治社会建设规划体系,构建以法治规划引领法治社会建设的新格局,进而提升法治社会建设的水平和能力。概言之,虽然理论层面法治社会评估概念与精准的法治社会建设评估概念并非完全一致,二者有不一致的一面;但总体而言,二者作为我国法治社会建设及其评估的重要概念,更多表达出理论叙事的一致性。因此,我们将二者进行了等同使用,也即研究使用的法治社会评估指的就是法治社会建设评估。

三、法治社会评估与法治政府评估、立法评估和司法评估的关系

法治的基本精神是“规范公权,保障私权”①;其中,公权力是国家权力与社会权力的总称。② 由此,全面依法治国归根结底就是要规范国家机构依法行使立法权、执法权以及司法权等国家权力,社会主体依法行使三项国家权力之外的社会权利,最终实现保障私权利的目的。因而,明确法治社会评估概念的外延离不开对法治社会评估与法治政府评估、立法评估和司法评估四者关系的理性配置;四者各有侧重,同时并行、统一,共同构成了法治中国建设的考评机制,推动法治中国的整体性建设。

(一)四者各有侧重

立法评估侧重立法层面,法治政府评估侧重行政层面,司法评估侧重司法层面,法治社会评估侧重社会层面,四者各有侧重,相辅相成,共同构成法治国家评估体系:(1)立法“是社会主义法治建设的首要环节,是全面依法治国的起点”③,以立法为评估对象的立法评估自然是建设法治中国评估体系的首要工作,着力于“加强和改进立法工作,深入推进科学立法、民主立法、依法立法,不断提高立法质量和效率”④之建设,稳定政治经济文化社会生态建设之大局。(2)“法治政府是建设法治国家的重点”⑤,法治政府建设旨在严格执法,以依法全面履行政府职能、完善依法行政制度体系、严格规范公正文明执法、加强行政执法监督为主要内容,以此致力于建设法治政府。法治政府评估需要且必须着力评估政府权力的内部以及外部运行是否符合法律至上、依法办事的法治要求,政府权力的运行是否

---

① 王利明:《论民法典的民本性》,载《中国人民大学学报》2020年第4期。

② 参见姜明安:《论公法与政治文明》,载《法商研究》2003年第3期。

③ 刘炤:《坚持全面推进科学立法、严格执法、公正司法、全民守法》,载《人民日报》2021年3月18日,第16版。

④ 《习近平法治思想概论》编写组编:《习近平法治思想概论》,高等教育出版社2021年版,第194页。

⑤ 习近平总书记2020年11月16日在中央全面依法治国工作会议上的讲话。

制度化、规范化、程序化、法治化。(3)“理国要道,在于公平正直”,公平正义价值的宣扬来源于每一个公正的判决,正如习近平总书记所言,“公正司法是维护社会公平正义的最后一道防线”。① 为确保司法公正,司法评估必不可少,其对司法合理判决、司法责任制、司法人员管理制度、公益诉讼制度、监督制约实施等司法活动、制度进行评估,为公正司法的实现提供必要的保障评估,有利于维护司法正义。② (4)习近平总书记曾多次强调:“法治社会是构筑法治国家的基础。”③其中,全民普法和守法是依法治国的长期基础性工作,④社会领域制度规范建设是法治社会的良法保障,权利保护是基本价值取向,社会治理法治化是法治社会的基本要求。因此,引导全民守法、完善社会层面的良法善治制度规范、坚持权利保护的价值取向、推进社会治理法治化是建设法治社会评估体系重要乃至主要的内容。⑤ 法治社会评估与立法评估、法治政府评估、司法评估各司其职,有各自的运行领域,共同为法治国家建设添砖加瓦,提供坚实的制度保障。

(二)四者交织并行

四者交织并行,不偏不倚:(1)立法评估是首要工作,是其余三者评估的前提;立法效率和质量无法得到有效的保证,其余评估工作都无法有效进行。(2)法治政府评估是重心,通过明晰政府权力边界和执法行为的力度,为立法评估、司法评估和法治社会评估留下充足的制度空间。⑥ (3)司法评估是测量法治生命线的重要工具,亦是立法评估、法治政府评估和法治社会评估的生命线;如司法评估无法得到有效实施,司法正义便无法得到充分保障,其余三者发挥的作用再大,法治也不过是“一纸空谈”。(4)法治社会评估是基础,只有法治社会评估促进法治社会有效建设,全民守法工作稳步推进,“使尊法、信法、守法、用法、护法成为全体人民的共同追求”⑦,立法、法治政府和司法评估的生存空间才更加广阔,群众基础才更加坚实,才能为三者的推进提供深层次的持续源动力。

(三)四者有机统一

四者从不同层面推进法治中国的建设,并非截然对立;一定意义上,法

① 习近平总书记2013年2月23日在十八届中央政治局第四次集体学习时的讲话。

② 参见《习近平法治思想概论》编写组编:《习近平法治思想概论》,高等教育出版社2021年版,第201-204页。

③ 习近平总书记2018年8月24日在中央全面依法治国委员会第一次会议上的讲话。

④ 习近平总书记2014年10月23日在党的十八届四中全会第二次全体会议上的讲话。

⑤ 参见《法治社会建设实施纲要(2020—2025年)》,2020年12月7日。

⑥ 参见陈柏峰:《中国法治社会的结构及其运行机制》,载《中国社会科学》2019年第1期。

⑦ 习近平总书记2014年10月23日在党的十八届四中全会第二次全体会议上的讲话。

治是一个有机统一的系统工程，四者紧密联系，都是法治的重要方面。良好的立法评估、法治政府评估和司法评估的实施，可以为法治社会评估提供优良的外在环境和有力的制度保障；可以为法治社会评估的建设实施起到示范带动作用。反之，如果没有良好的立法评估、法治政府评估和司法评估的实施，法治社会评估也就无法发挥其最大化功效。

第二节　法治社会评估之特征

传统意义上，人们将法治限定在政府公权力运作的领域内；而社会则主要被视作一个自下而上组织起来的自治领域，其似乎与法治并无直接关联。因此，"法治社会"概念的提出催生出了这样一个疑问：一个自治的领域何以产生了法治的问题？① 随着学界对法治社会理论研究的不断深入，人们逐渐对法治社会形成了一个较为清晰的定义：广义上，法治社会本质上是"自治"与"法治"的高度融洽，其狭义概念则主要是为了与法治国家和法治政府区分开来；也即，如前文所述，法治社会评估是以法治社会建设为主要评估内容的量化法治系统。在这一背景下，法治社会评估具有其独特性。结合法治社会评估实践活动之展开及现有相关理论之研究，笔者试图从理念、内容、程序以及结果等角度切入，勾勒出法治社会评估所具备的几大基本特征。

一、价值理念的人民性

治国有常，利民为本。法治社会建设及其评估作为国家治理的重要方面，其在价值理念层面有鲜明的人民性特征。基于社会实践的需要和法治理论的分析，法治社会评估之价值理念的人民性主要体现在下列几点内容中：

第一，从实践层面看，法治社会与我国现代化进程相统一。国内目前主流的政府推进型的法治道路是由我国社会发展进程中特定的客观历史条件决定的。其具有历史逻辑的必然性，也具有实践方案的合理性；但是，传统的政府推进型的法治模式过分依赖国家（政府）单方面的努力，存在先天的动力单一的缺陷，同时也暗含着法治的悖论。② 在这种情境下，"自治"的力量无法得到发挥，评估过程中"利益相关者"的多元参与程度减弱，无法反映广大人民群众对法治社会建设的个体认知心理，进而无

---

① 参见杨建：《法治社会的内在逻辑》，载《东南大学学报（哲学社会科学版）》2020 年第 1 期。

② 参见周恒：《论法治建设先导区域概念的法治社会内涵》，载《政法学刊》2021 年第 5 期。

法促进法治社会建设的进一步展开。因此,要建立科学规范的法治社会评估体系,就必须注重人民的主体性、参与性,并且逐步减少传统的“政府推进型”法治模式的适用,真正发挥社会自治和人民主体的作用,进而提高评估的科学性和客观性,推动多元主体、多种方式协同共建、共治、共享的社会治理格局的形成。

第二,从理论层面看,法治社会本质上意味着在社会治理领域中,“法治”对“自治”的领导和统领。在这种情况下,“法治社会”逐步成为一个相对独立的部分,相关的专门性立法不断丰富,不再像之前一样作为“法治政府”的附庸,受政府的领导和管理,而是在法治的领导之下充分发挥自治的作用。法治社会本质上是“自治”与“法治”的高度融洽,是基于国家立法以及社会全员自觉积极贯彻法治的社会状态。① 因此,法治社会评估往往以自治与法治高度融合为基础,更加关注公权力以外的社会生活与自治,更多引入如人民群众满意度等具体评估指标,②强调自治与法治的合二为一。概言之,法治社会评估始终是为了人民并依靠人民,强调人民主体地位,在价值理念层面具有鲜明的人民性特征。

二、评估内容的体系性

法治社会评估本质上是一种“社会”之评估,而“社会”是一个统一整体。从“社会”一词的传播继受过程来看,1887 年定稿的《日本国志》最早将社会定义为“社会者,合众人之才力,众人之名望,众人之技艺,众人之声气,以期遂其志者也”③。从这一社会的概念出发,社会本质上是一个多主体、多社会关系的统一整体。进入现代社会后,法律治理成为社会治理的重要方式之一,在法治轨道上运行的社会(“法治社会”)自然涉及了更加多元化的法律关系以及法律关系主体。法律关系大致可分为两类:其一,从纵向关系层面看,包括执政党和政府在实施社会管理中自上而下所形成的领导关系、管理关系、服务关系、指导关系等;其二,从横向关系层面看,包括政府与社会公众在共同治理中形成的平等合作关系以及社会组织、公民之间的自我管理、自我服务关系等。综上,就法治社会评估之内容而言,其包含横纵二分层次,评估内容呈现出多维、多元的特征。但是,与法治政府评估主要针对政府法治行为的合法性及其实效不同,法治社会评

① 参见胡志明:《法治中国建设中的法治社会建设研究》,载《法制与社会》2021 年第 17 期。

② 参见张立伟:《论习近平法治思想中以人民为中心的法治观及其理论逻辑》,载《中国应用法学》2022 年第 2 期。

③ 黄遵宪撰:《日本国志》,上海古籍出版社 2001 年版,第 397 页。

估是对社会治理效果、法治建设实效和社会法治化水平的评价。① 法治社会评估虽然包含了多个层次、多元维度、多个主体，但是就整体而言，其评估内容之间处于一种相互联系、相互影响、相互依存的状态，是一个有机统一的整体。因此，法治社会评估相较于法治政府评估又具备了多元统一性、体系性的特征。

三、评估程序的严格性

法治社会评估必须遵守严格的程序，这主要体现在以下两方面：

其一，法治社会的实施过程实际上是信息系统中“信息”的流转过程；在这个过程中，法治社会评估主要为法治社会建设者提供各种关于法治社会制度规范、建设、实施、救济的信息。在这一信息“流转”的过程中，法治社会评估活动须遵守严格的程序，通过“程序完美”达致“实体完美”，使信息正确有效地流转。因此，法治社会评估必须以严格的程序为前提，基于合法的程序实现信息系统中的“信息”流转，进而将法治社会的规范体系、实施体系、监督体系、保障体系运行的效率、效益及价值的评判估算具象化，以此观察、监测、预警、评价法治社会建设的状况，对背离任务要求、违反职能职责的行为和现象进行查究矫正，最终实现法治社会评估“改进社会治理策略、提升社会治理能力、完善社会治理体系”之功能效用。

其二，事实上，并不是所有的制度都一定能够通过“程序完美”而实现“实体完美”，实践中往往会因为各种因素出现偏差和脱轨现象，但这并不意味着严格程序的非必要性。要减少失误和纠正偏差，就需要运用评估所内含的信息机制实现对法治社会的评估，使相关环节的信息通过评估这一工具和手段得以揭示，并反馈到评估者和决策者的信息处理系统中，从而分析现状、查找原因、对症下药，最终实现裁断程序矫正改进的目的。而作为一种裁断程序，法治社会评估程序必须遵循严格的法律规定，才能公正地达致正义。因此，法治社会评估程序具有严格性。

四、评估结果的明确性

法治社会评估是法治社会建设工作的“督导员”。通过使用科学规范的指标体系和考评标准对法治社会建设状况进行评估，不仅可以基于明确

---

① 参见郑方辉、邱佛梅：《比较视角的法治政府与法治社会评价实证研究——以 2017 年广东省为例》，载《法治社会》2018 年第 3 期。

且具象的评估等次与结果透视法治社会的建设实效,而且能够直接、真实、具体地反映各地在法治社会建设过程中存在的问题,为各地调整建设方向与方案提供参考依据。在法治社会评估中,应当注重评估结果的明确性。首先,要提高评估结果的可信度,即主体对同一评估对象运用相同评估标准进行评估的信度。若评估结果接近或者相似,则可认为评估结果的可信度较高,社会可接受性就较强。其次,评估结果的明确性中还包含有效性的内涵,即评估结果的有效程度或正确程度。法治社会评估中,评估主体设定的指标体系是否能够完整反映评估对象的真实情况是评估结果是否明确的关键。例如,法治指数的评估对象是"法治",那么该法治评估的指标内容能否与法治精神内核相吻合是值得探讨的问题,且评估指标的外在结构也需客观反映法治这一社会共识的结构。以上都是衡量法治社会评估结果有效性的依据。法治社会评估结果需做到既注重可信度,又具备有效性,才能真正符合明确性的要求。而在法治社会评估的具体实践中,只有先明确了评估对象,才能得到明确的评估结果。在评估指标的调研设计阶段,需要较有针对性地收集和整理在评估运行和应用过程中出现的偏差和问题,需要积累宝贵的法治指数评估实践经验和操作方法,为评估指标设计的可操作性提供实践支撑,最终才能得出科学明确、概括性强的法治社会评估结果。可以说,法治社会评估结果的明确性是其实现评价预警目标并在以后的法治社会建设过程中发挥对偏离法治轨道的问题不断进行矫正、调整优化功能的保证,从而推动法治社会建设能够达到合理预期。同时,法治社会评估结果明确的等次或分数,也能体现出各地之间法治社会建设存在的差距,通过分析不同地区评估结果的差异,有助于加强法治社会建设。具体而言,一方面,得分较高地区的成功经验可以使其他地区明确工作重点,改进治理策略;另一方面,得分较低地区的失败教训也可以警醒其他地区,避免其偏离法治社会建设的既定轨道。

五、评估系统的综合性

法治社会评估的系统具有综合全面性。系统是指各个要素之间的相互联系、相互影响的状态,是一定情境下各部分、各要素之间的互构;综合性就是把系统的各部分、各方面和各种因素联系起来,考察其中的共同性和规律性。法治社会评估系统具备综合性,这是由多个角度决定的。具体而言,其一,从宏观角度来看,作为全面依法治国的必然要求,法治社会评估与法治政府评估、立法评估和司法评估并列,四者既互相区别又互相联结,具有综合性。法治社会评估离不开法治政府评估、立法评估和司法评估,后三者在概念外延上可以作为法治社会评估的延伸和补充。在法治社会评估的具体方式上,法治社会评估也需要从后三者当中汲取经验,即法治社会评估方式一定程度上综合了立法、司法和行政方面的内容和指标。其二,从中观角度来看,法治社会评估的全流程是一个整体的系统,具有综合性。法治社会评估主要涉及建立评估体系、收集处理数据信息、分配权重、计算结果、公布结果、后续分析研究等程序。在这一过程中,法治量化方法的运用合理与否,将会直接影响评估本身及其结果的合理性、公信力与执行力;因此这一聚焦"信息"的评估方式与程序势必面面俱到,全面地覆盖各个方面,具有综合性。其三,从微观角度来看,法治社会评估的具体构成元素具有综合性。评估元素主要包括四大要点:评估主体、评估客体、评估技术和实施监督与样本复核。从横向角度来说,主体、客体、技术和监督与复核四大元素相互独立又平行,涵盖了法治社会这一概念中所有的要求和环节,具备全面性;从纵向角度来说,这四大元素以时间顺序贯穿法治社会评估的始终,先确定评估的主体和客体,才能运用具体的评估技术予以评估,最后设立实施监督和样本复核环节进行保障。这四大元素相互影响、相互关联,又共同遵循一定的规律,充分体现了法治社会评估方式的全面性和综合性。

第三节　法治社会评估之构成要素

一般认为,法治社会评估主要由法治社会评估指标体系和法治社会考核标准两大要素组成。①

一、法治社会评估指标体系

法治社会评估指标体系中的"法治社会评估指标"是一个反映社会法治状态总体水平并将其以数字形式表现出来的概念,②该指标由法治社会建设指标名称和法治社会建设指标数值两个部分构成。其中,法治社会建设指标名称能够表明法治社会建设过程中所确立的制度、理念、行为以及秩序等概念性规定,法治社会建设指标数值则能够对其进行量化或指标化的反映。通过这两部分的实施运作,可以将隐性的法治社会建设水平进行"显化"处理,使抽象的概念得以具象化。

---

① 参见徐汉明、张新平:《社会治理法治建设指标体系的设计、内容及其评估》,载《法学杂志》2016 年第 6 期。

② 参见王朝霞:《法治评估的量与质》,载《宏观质量研究》2016 年第 2 期。

法治社会评估指标应当具有以下特征：第一，明确性，只有指标概念是清晰确定的，后续的量化工作才能够顺利开展；第二，可衡量性，法治社会评估指标应尽量能够用一定的标准或尺度进行数字化衡量；第三，可获得性，法治社会评估指标应当是易于获取的，这样后期的数据收集、筛选工作才有必要的运作空间；第四，相关性，法治社会评估指标必须与法治社会建设有密切的相关性，使评估结果真实反映法治社会的建设水平；第五，时效性，法治社会建设是一项持续推进的工作，其具体工作内容随着阶段不同有所变动，相应地，法治社会评估指标也具有一定的“保质期”，应注重指标及时更新，确保其时效性。

法治社会评估指标体系是由数个法治社会评估指标组成的，包含由法治社会建设具体标准或依据构成的综合体系框架，①是一个相互联系、相互依存、相互影响且具有特定功能的法治量化系统，具有客观性、完备性和可比性等特征。其中，客观性是指法治社会评估指标体系须客观反映法治社会建设的核心价值取向和阶段性变化，对各类指标进行持续观测。完备性是指法治社会评估指标体系需根据评估目的或预设功能，在限定的评估范围内尽可能全面地设置具体的评估指标体系，避免因指标的缺失导致评估结果的效力下降。值得特别注意的是，完备性并不意味着指标越多越好。可比性要求法治社会评估指标体系在指标具体的分类属性、层次以及领域范围上须基本相同，如此才可将各地的法治社会评估指标体系放在同一层面上进行比较。此外，法治社会评估指标体系还具备动态性、系统性等特征。

二、法治社会评估考核标准

考核标准是法治社会评估的另一关键要素，其与指标体系共同构成了法治社会评估的总体框架。

首先，从《中共中央关于全面深化改革若干重大问题的决定》提出要“建立科学的法治建设指标体系和考核标准”开始②，法治建设的两大要素成为学界的共识，考核标准的定义也日渐清晰。所谓法治社会评估考核标准，是指在“全面与特色相结合、客观与主观相结合、科学与简便相结合、实用性与适用性相结合、可计量与可比较相结合”③等原则指导下，对法治社

① 参见周悦丽：《党内法规实施评估：内涵、现状、问题与完善理路——基于地方实践的观察与分析》，载《贵州省党校学报》2021 年第 4 期。

② 参见刘凯：《实质法治观视域下的法治政府绩效考核制度构建》，载《法学》2022 年第 5 期。

③ 徐汉明：《市域社会治理现代化：内在逻辑与推进路径》，载《理论探索》2020 年第 1 期。

会建设主体进行法治社会建设的各类职责工作进行考核的制度体系,以引导法治社会建设主体各司其职、各尽其力,进而形成建设合力;因此,从一定意义上讲,考核标准是决定评估结果效度的关键。

其次,深入法治社会评估考核标准内部,可依据不同标准对其构成要素进行分类。根据标准是否确定,可将法治社会评估考核标准分为绝对考核标准和相对考核标准。绝对考核标准是以事先确定好的评价尺度对法治社会建设整体状况或某一指标的实现程度进行度量评价的考核类型;相对考核标准则是在评估活动全面结束后,对结果进行比较后再确定评价尺度的考核类型。事实上,实践中的法治社会评估考核标准多数是从更加深层的角度型构,也就是将考核标准分为价值标准和数值标准两部分。其中,价值标准是最基本的标准。如果法治社会评估考核标准与最基本的价值标准相冲突,那么这一考核标准体系下得出的评估结果必然会丧失其信度和效度;可以说,其侧重于考核标准体系的目标任务"应当是什么"这一问题。数值标准相较于价值标准则更加具象,强调对各项法治建设任务应当达到什么水准进行权重系数赋值,使每一项指标实现可量化考核。因此,数值标准的设计更应当满足准确考核量化的要求,凡是可以量化的评价,应尽可能使用数值表示,其着重考察地区整体法治建设情况或某一特定法治指标"怎么样"这一问题。

除此之外,目前学界对于法治社会评估的构成要素研究较少,大多数学者仅针对法治社会的构成要素进行研究。如屈茂辉等提出了"法律之治、规范多元、共治秩序"①的法治社会构成要素,郑方辉等提出了"社会治理效果、法治建设实效和社会法治化水平"②等。可以说,现阶段学界对于法治社会评估构成要素的研究主要从法治社会构成要素出发,进而对法治社会评估要素进行简要的分析,在一定程度上存在对象混淆和研究不清晰的问题。

三、法治社会评估指标体系和考核标准之比较

法治社会评估指标体系和法治社会评估考核标准既体现评估者的主观需要,又与法治建设的客观规律相契合,两者构成了法治社会评估中体现评估功能及其价值的两大支柱。两者虽有一定的相似之处,但并非同一

---

① 屈茂辉、曾明:《法治社会的基本构成与新时代我国法治社会建设的基本路径》,载《湖湘论坛》2019年第6期。

② 郑方辉、邱佛梅:《比较视角的法治政府与法治社会评价实证研究——以2017年广东省为例》,载《法治社会》2018年第3期。

事物,其在概念及逻辑层面具有明显差异。首先,从概念层面考察,法治社会评估指标体系是评估主体以指标为基准,对一个地区、一定时期内法治社会建设状况进行测量评估的内容体系,强调从“哪些方面”对法治社会建设状况进行检测评价,解决的是“评估什么”的问题;法治社会评估考核标准则是法治社会评估指标体系的依据、准则和尺度,侧重于以数值形式对法治社会评估对象预期目标实现的程度、发展尺度是否吻合以及实际的运行状况进行展示,简言之,一个解决“是什么”的问题,一个解决“怎么样”的问题。其次,从逻辑顺序层面考察,法治社会评估指标体系先于考核标准存在,只有先明确法治社会建设究竟包括哪些方面并以指标的形式呈现出来,才能够分别赋予不同指标以标准尺度,这是一个不可违背的客观逻辑顺序。

第四节　法治社会评估之类型

在法治社会评估的具体实践中,由于评估目的、评估环境和评估要求存在差异,法治社会评估也相应呈现出多种实践类型。从不同的角度出发,依据不同的标准,我们可以将法治社会评估划分为以下几类。

一、基于法治社会评估主体的类型化归纳

目前,我国尚未形成统一的法治社会评估模式,以法治社会评估主体参与为标准,可将法治社会评估划分为自主体评估模式、他主体评估模式、多主体评估模式三种不同类型。

自主体评估模式,是指法治社会建设的主体对自身负责的法治社会建设的行为及其水平进行量化评估和考核的一种法治社会评估模式。具体而言,是指评估主持者根据自身部门性质、工作安排、法治建设目标等,或以部门为单位,或以系统为一体,制定法治社会建设评估指标体系及考核标准,并据此对本部门或本系统的工作进行评价的模式。如江苏省于2015年发布的《法治社会建设指标体系(试行)》就属于典型的自主体评估模式。实践中,自主体评估模式能够很好地帮助法治社会评估从法治社会建设本体展开,具备资料直接性、效能优先性、实践可行性等优势,但是这种模式也很容易面临“做自己的法官”的理论困境,往往会产生专业性不强的问题,进而影响到最终的评价效果。

他主体评估模式,是指与评估对象无直接利益关系的第三方,对法治社会建设状况进行评估,进而提出相关改进建议的模式。具体而言,实践

中的第三方主体主要有专业机构（大学院校和研究机构等）、社会组织、舆论界、中介组织或公众等。例如世界正义工程法治指数[①]、我国香港法治指数等，均采用了第三方主体的模式进行评估。相较于自主体评估模式，他主体评估模式通过第三方介入有效提升了法治社会评估的专业性、科学性、公平性，但是这种模式也存在一定缺陷，如自主体将评估委托给第三方，容易导致自主体懈怠、懒惰，更容易产生第三方由于对评估对象、评估内容的不了解进而导致评估实效差，评估内容和结果"两张皮"的现象。

多主体评估模式，是指自主体和他主体都充分参与的一种评估模式。据前文所述，自主体本质上是指与评估对象有直接利益关系的主体，他主体是指与评估对象并没有直接利益关系的主体，多主体评估模式实质是将二者进行了整合。简言之，多主体评估模式是指评估者、被评估者与其他"利益相关者"共同作为评价主体，按照"上下一体、内外协作、整体统筹"的程式，设计、实施、分析、解释、评价、贯彻、执行法治社会建设评估指标体系及考核标准的评估模式，具有多方参与性和结果有效性有机统一的特性。如实践中余杭法治指数通过"政府发起、专家主导、公众参与"的实践运行模式进行法治社会评估，多主体评估模式有利于充分发挥自主体和他主体的优势，使法治社会评估兼顾科学性、专业性、公平性与实践性、时效性。[②] 但是多方主体参与如何做到多方参与统一、多方效力发挥，是一个非常重要且亟待解决的问题。

二、基于法治社会评估目标的类型化归纳

实践中，出于评估目标的不同，法治社会评估所采用的方法和最终呈现的结果也不尽相同，以此可对法治社会评估进行目标上的类型化分析。

风险评价型评估以风险预测为目标，是指通过指标和指标权重的设定及相关数据分析，对法治社会建设过程中可能出现的风险进行预测，进而规避其不确定性，实现风险管理的评估模式。在这个过程中，往往需要非常复杂的科学评估方法和极其严密的计算方式来对每一个不确定性和可能性进行分析，[③]最终实现法治社会建设方案的风险评价目标。

塑造型评估以实践观测和塑造为目标，也可概括为指标观测型评

① 参见张琼：《法治评估的技术路径与价值偏差——从对"世界正义工程"法治指数的审视切入》，载《环球法律评论》2018 年第 3 期。

② 参见李瑜青、张玲：《法治评估实践的效度——基于"余杭法治指数"的文本研究》，载《常州大学学报（社会科学版）》2016 年第 5 期。

③ 如成对比较法、德尔菲法等方法，参见黄辉：《法治评估的范畴：内涵、价值和类型》，载《江西社会科学》2018 年第 4 期。

估,是指在法治社会建设的过程中,以特定的行为或现象为评估对象,对其进行系统化的分析和解构,设置具体的指标体系和考核标准,进而实现对法治社会建设实践的监测、预警和塑造的评估模式。对于塑造型评估来讲,其最关键的一环就是指标体系和考核标准的设置,而这一环节设置得科学与否,将会直接关系塑造型评估"监测、预警、塑造"的目标能否实现。

影响评价型评估以结果反馈为目标,是指在法治社会建设实践中,对法治社会建设行为所带来的社会环境、文化、政策、经济等方面的影响进行评估,采用综合评价的方式,得出法治社会建设对法治社会系统之外的因素的影响程度的评估模式。这种评估模式常见于法治社会建设的事后总结与归纳的过程中,以结果反馈为价值目标,通过此价值目标的实现,最终促进法治社会建设的进一步完善。

三、基于法治社会评估方法的类型化归纳

理论上,法治社会评估的方法不同,其最后产生的结果也不尽相同。评估一般以评估指标作为外在形式和具体化表现,而狭义的指标是一种量化的统计方法。① 从这个维度讲,法治社会评估的方法直接表现在法治社会评估指标确定的具体方法中,以定量分析的形式体现,但是在实践中,往往会有一些指标并不能够通过数量关系得以量化,而是需要通过多角度的描述对其进行定性,由此产生了定性分析方法和定量分析方法上的差异。因此,可以从定量分析和定性分析两个角度对法治社会评估进行类型化分析。

定量分析评估,是指通过设置一定权重指标的方式,来衡量法治社会建设的评估方法。其中,定量指标具备体系化、外显化、客观化、可量化等特征,评估结果往往通过具体的数值方式进行展现,能够直接明确地进行分析进而得出结论,且这一结论往往更具有透明性、更易被外界接受;但是其也存在灵活性不高、适用度低等问题。

定性分析评估,是指当法治社会评估的某些维度或指标无法通过定量分析而转化为具体数据时,往往采用概念界定、性质分析、多维评估、普遍共识探讨等方式方法进行判断,进而得出法治社会评估结果的评估方法。这一评估方法往往具有不透明性、主观性,在一定程度上会影响评估结果的科学性,但是其也具备了诸如灵活性高、实践性强、适用度广、综合性强

---

① 参见陈新:《职能转变视角下的政府绩效评估研究》,南开大学 2014 年博士学位论文,第 141 页。

等优势。

四、基于法治社会评估效力的类型化归纳

实践中,不同的法治社会评估主体、客体、程序的差异往往会导致法治社会评估效力的不同,基于法治社会评估效力的区别,可以对法治社会评估进行正式评估、非正式评估的类型化分析。

正式评估,是指通过事先预设的模型和方式对已经发生的法治社会建设实践进行评估,其评估主体、客体、对象、内容、程序都相对确定,评估的结果也相对来说更加具有"实效性",在实践中是一种更容易被党委、政府部门等公主体所接纳的法治社会评估模式。但是相对而言,正式评估的事先预设性,往往也会与实践中的灵活性冲突,最终导致一些"误差"的出现。

非正式评估,是指出于某些迫切的原因或社会实践的需要,临时组建和确认相关的评估主体、客体、对象、内容、程序等,对法治社会进行评估的一种模式。这种模式往往更具有"灵活性",其往往体现了当时当地法治社会建设的最新状况,但是也因为其标准、权重等设置的"随意性",这种非正式评估也会导致"实效性"的弱化,评估结果与法治社会实际建设状况出现误差的可能性也较大。

第五节　法治社会评估之功能

法治是人类文明的重要成果,是现代政治的基本标志,也是衡量国家和社会进步的现实标尺。随着各国法治建设的普遍完成,越来越多的学者的视野从"形成法治"转移到"衡量法治"上来。随着"衡量法治(法治评估)"这一研究的广泛展开,人们越发注意到了"衡量法治"的功能。所谓功能,是指"有特定结构的事物或系统在内部和外部的联系和关系中表现出来的特性和能力"①。法治社会评估作为具有中国特色的评估类型,在我国整体法治建设的推进过程中发挥着特殊的作用。法治社会评估的基础理论、概念特征、类型分化、实践运行等内在地彰显了其功能与作用,展示了其对法治社会建设"以目显纲""以目促纲"的现实时代意义。综上,可将法治社会评估的功能概括为以下几个方面。

① 冯契主编:《哲学大辞典》(上),上海辞书出版社2007年版,第448页。

一、实现法治理想在社会层面的权威认同

基于由宏观层面至微观层面的视角考察，对法治社会建设状况进行评估具有实现法治理想在社会层面的权威认同的功能。就法治社会评估特征而言，其主体参与具有人民性与独立性。实践中，人民主体参与通过公众满意度这一指标加以呈现。① 公众满意度，是指公众尤其是法治社会服务的对象对法治社会建设工作的效果满意的程度。② 在这个意义上，公众满意度背后凝结着的是人民主体对于法治的认可和评价，当认可程度到达一定高度时，法治信仰就此产生。可以说，法治信仰是主体之于法治的一种信仰和服从的状态，是主体对于法治的最高心理认同。③ 此外，就具体的概念来讲，法治信仰可以概括为：社会成员在对社会法治现象充分认识的基础上，通过理性思维产生的一种主观态度，是对法治的一种内心的积极正向的认可、信任与服从。概言之，法治信仰归根到底是全社会对于法治理想的认可和追求，是一种“主体关于法的主观心理状态的上层境界”④。因此，就法治信仰的相关概念和产生的逻辑进路而言，法治社会评估是衔接法治理想和法治社会的关键桥梁，这一桥梁又以具体的公众满意度的形式表现出来，体现在法治信仰这一具体概念之中。一方面，法治社会评估通过指标体系和考核标准两个要素使法治社会建设情况得以具象化，加深群众对于法治社会建设的理解，从而提升人民主体在法治社会评估中的真实参与度；另一方面，法治社会评估始终沿着“以评促建”的逻辑进路，以公众满意度这一形式反推法治社会建设。在这种双向互动的正向循环机制的作用下，法治信仰最终形成，法治理想最终在社会层面得到了人民的、大众的、普遍的认同。

二、实现多重利益价值在国家层面的平衡协调

基于由微观层面至宏观层面的视角考察，对法治社会建设状况进行评估具有实现多重利益价值在国家层面平衡协调的功能。法治社会评估的重要特征包括多层内容评估的统一性和严格评估程序的裁断性。法治社

---

① 参见谭玮：《法治社会评价体系研究》，华南理工大学2017年博士学位论文，第102页。

② 参见黄萍：《论政府绩效评估指标体系的构成与选取》，载《河南省政法管理干部学院学报》2004年第5期。

③ 参见屈茂辉、曾明：《法治社会的基本构成与新时代我国法治社会建设的基本路径》，载《湖湘论坛》2019年第6期。

④ 陈金钊：《论法律信仰——法治社会的精神要素》，载《法制与社会发展》1997年第3期。

会评估通过严格的程序对“社会治理效果、法治建设实效和社会法治化水平”①进行总体性、系统性的评价。具体来说，法治社会评估通过过程的严格运作与科学结果的展示，对法治社会建设过程中一些脱离法治轨道的现象进行预警、检测、评估，从而提供一些引导性、建设性的建议，使法治社会评估的功能得以彰显。在这个过程中，法治社会评估结果可以判断法治社会主体是否存在角色错位、越位和不到位等情况，法治社会建设是否符合预期目标，是否在实施的过程中形成了非正当程序或对国家、社会利益有害的秩序。此外，法治社会评估一方面避免了一些非正义事件的发生，避免制度顶层设计者为了自身利益“寻租偏向”；另一方面又推动各主体能够公正地参与到法治社会的建设进程中来，使每一主体可以通过特定的参与形式达致正义，在合法合理的范围内获得自己的应得利益，而不必付出多余的成本。概言之，法治社会评估有利于维护社会公平、正义、透明、权益保护等社会良善价值，这也最终实现了社会多重利益在国家层面的平衡和协调。

三、实现国家和社会在社会层面的良性互动

基于宏观层面与微观层面双向互动的视角考察，对法治社会建设状况进行评估具有实现国家和社会在社会层面良性互动的功能。法治社会本质上是法治与自治的结合，是一种“基于法治框架下的共治秩序状态”②。具体体现在以下维度：一是政府运用国家权力实现对社会的宏观治理，也即法治对自治的规范；二是通过社会权力实现对国家权力的制衡与监督，也即“自治”对“法治”的约束。在这种情境下，法治社会本质上是以国家和社会的互动为前提的，而法治社会评估则通过指标体系和考核标准将这种隐形的互动通过显性形式表现出来，最终促进国家和社会在社会层面的良性互动。在这种双向互动的机制中，法治社会评估还发挥了其他正向功能。第一，为受损的法律秩序提供救济机制。当法律所规定的制度的自治部分失灵、自我平衡机制失调，进而导致社会秩序崩溃时，法治社会评估可以从制度体系出发，以评估方式作为切入点，对法律实施过程中特定渠道中的失灵部分进行线性捕捉，并进一步以此为基点提出能够帮助解决法治社会建设实践过程中存在的问题的合理建议以及救济方式，为受损的法

① 郑方辉、邱佛梅：《比较视角的法治政府与法治社会评价实证研究——以 2017 年广东省为例》，载《法治社会》2018 年第 3 期。

② 参见屈茂辉、曾明：《法治社会的基本构成与新时代我国法治社会建设的基本路径》，载《湖湘论坛》2019 年第 6 期。

律秩序提供救济机制。第二,促进国家和社会层面的资源良性循环。法治社会评估一方面可以通过评估结果测评现阶段法治资源分配的不合理之处,引导国家资源在社会层面进行合理分配,降低法律实施主体因对法律制度的忽视而形成的凌驾于法律之上的相互掣肘机制进而产生的不必要的成本,缓解法治社会建设中各种利益与资源的冲突矛盾;另一方面又能通过法治社会评估过程运行形成的整体性制度合力,充分发挥社会各界的力量,推动法治社会建设蓬勃展开,使社会层面的法治资源凝聚成国家层面的法治资源。可以说,法治社会评估为法治国家建设、法治政府建设和法治社会建设提供了良好的沟通渠道,促进了国家和社会层面资源的良性循环。

总之,法治社会评估植根于中国特色社会主义的土壤,是对法治在社会层面的建设性实效的评估,其不仅在宏观层面发挥出独特的作用,也在微观层面促进了法治的建设,更重要的是其实现了法治在宏观层面和微观层面的双向互动。

第三章　法治社会评估的理论演进

第一节　域外法治社会评估研究

总体而言，法治社会评估由我国传统的整体性法治评估演化而来，二者都源于域外“社会指标运动”。

一、域外社会法治化评估的演进历程

在域内外互鉴互动的理论动态演进语境下，我国“法治国家”与域外“法治国”(state ruled by law)相对应，而我国“法治社会”却并未在域外找到全然对应的专业词汇，但这并不意味着域外不存在社会层面的法治和法治评估。从历史层面来看，西方法治产生的深层根源在于“国家与市民社会的分离和互动发展”①，也即行政权力与公民权利的分界和冲突导致了法律秩序的产生。基于此，与我国倾向于“社会成员利益”的法治社会相对应，域外则存在侧重“社会优位型”②的法治模式，也即市民社会的法治模式。从实践层面来看，西方法治经过长时期的发展，形成了诸如多党制、三权分立、权力制衡等以“法律的社会基础”③多元化为核心的法治模式，且此多元分化的底层逻辑就在于市民社会中利益的分化与阶级的对立。概言之，就西方法治的历史和实践而言，其存在“法治国”与“市民社会”两个相对应的概念，这正与我国的“法治国家”与“法治社会”相对应，甚至有学者认为，法治社会某种程度上是“市民社会或公民社会理论的逻辑结果”④。这警示我们对域外社会法治评估的研究不能局限于中国视角下的理论名词，从“法治社会”概念出发盲目研究，而应当深入西方市民社会发展中来，以明晰域外社会法治评估的具体演进。

中世纪特有的多元权力土壤为西欧城市市民社会提供了生长空间，新

---

① 马长山：《西方法治产生的深层历史根源、当代挑战及其启示——对国家与市民社会关系视角的重新审视》，载《法律科学(西北政法学院学报)》2001年第6期。

② [英]弗雷德里希·奥古斯特、冯·哈耶克：《自由宪章》，杨玉生等译，中国社会科学出版社1999年版，第279页。

③ 朱景文：《西方法治模式和中国法治道路》，载《人民论坛·学术前沿》2022年第2期。

④ 张善根：《找回“家国”：法治研究范式及话语体系的重塑》，载《政治与法律》2023年第1期。

兴资产阶级通过持续的议会斗争争取民主权利,要求国家权力服务于法律,将权利与义务纳入一致性、普遍性的法律规制框架中。近代以来,在启蒙运动和资产阶级革命的影响下,西方国家相继建立权力分立的政治体制,倡导"法治",重视"法律的社会基础",孕育并践行权利和契约、法律和秩序等思想观念。① 进入现代社会后,在经济危机、"二战"的接连冲击下,社会矛盾激化,社会运动频频爆发。为稳定动荡的社会局面,西方政权尝试通过对社会治理的量化评估把握社会现状,并以此为决策依据探寻综合性、全面性的社会发展计划。从此,一种以评估化、指标化为核心的量化运动于 20 世纪 60 年代中叶在西方开始兴起,并逐渐实现法治评估与社会治理评估相分离,具体而言,在不断发展演变历程中,尤以美国的"社会指标运动"和"法律与发展运动"最为典型。

(一)"社会指标运动"的起源和发展

"社会指标运动"是 20 世纪 60 年代发端于美国的一场关于社会指标及其构建研究的知识浪潮,其整体发展呈现阶段性的态势。总体而言,我国法治社会评估与传统的整体性法治评估的不断发展演进和域外的"社会指标运动"有较强的关联性。"社会指标运动"又可被划分为四个阶段,即经济指标主导的萌芽阶段、宏观把握的起步阶段、应用研究的发展阶段、日趋精细化的成型阶段。

一是经济指标主导的萌芽阶段。在"社会指标运动"之前,经济方面的社会指标及其研究占了统治地位,非经济方面的社会指标及其研究只居从属地位。② "二战"后的西方资本主义国家呈现百废待兴的局面,社会矛盾尖锐,经济秩序亟待整顿,政府继续采纳战时干预主义政策并企图以此重建经济,然而事与愿违,到 20 世纪 60 年代,种族歧视、环境污染等社会问题进一步加剧,区域发展不平衡问题越发凸显,国民叫苦不迭,由此发起一系列"争人权、争平等、争民主"的社会运动。以美国为首的西方资本主义国家为减少这种"单极畸形发展模式"对社会乃至经济带来的负面影响,意识到经济指标在反映和衡量整个社会基本状况和社会质量方面的双重局限性③,开始探寻综合性、全面性的社会发展计划,而社会指标(social indicators)正好能为这种社会发展计划提供决策依据。在此背景下,"社会指标运动"(social indicators movement)开始在西方资本主义国家中流行起

---

① 参见马长山:《西方法治产生的深层历史根源、当代挑战及其启示——对国家与市民社会关系视角的重新审视》,载《法律科学(西北政法学院学报)》2001 年第 6 期。

② 参见秦麟征:《关于美国的社会指标运动》,载《国外社会科学》1983 年第 2 期。

③ 参见秦麟征:《关于美国的社会指标运动》,载《国外社会科学》1983 年第 2 期。

来并进入萌芽阶段。

二是宏观把握的起步阶段。1966年鲍尔(Bauer)在其主编的《社会指标》一书中首次提出了“社会指标”这一概念,并指出应将多元目标纳入项目考核。① 从20世纪60年代末到70年代初的理论研究的起步阶段,研究者大力宣传加强社会指标研究的重要性,强调构建科学的社会指标体系,并在指标理论,概念辨析,理想的社会指标体系,社会指标的设计方法、内容、反馈机制等方面做出了大量基础性研究工作,为“社会指标运动”的广泛开展打下了坚实基础。在这一阶段,对法治状况的评估只是被作为政策评估而较少被涉及,但利用“社会指标运动”理论阶段的成果,法治评价在本体理论和方法论上都有了较大的发展。②

三是应用研究的发展阶段。20世纪60年代末到70年代初,“社会指标运动”广泛开展,进入快速发展阶段。对社会指标的理论研究无法稳定社会运动造成的动荡状态,在此背景下,研究人员重点关注社会指标的应用及其评价等方面,应用研究和方法论研究有了较大的进展。③ 由此,社会指标从“实验室”走向了“社会实践”,“社会指标运动”逐渐兴盛,相关的文章和著作如雨后春笋般地喷薄而出,运用指标衡量社会发展、改进政府政策的观念也很快被其他国家和一些国际组织所借鉴。此外,这一时期法治评价逐渐与“社会指标运动”相分离,美国学者伊万(Evan)构建了独立的“法治政府指标体系”,运用权力制约理论实证地描述和监督法治状况。④

四是日趋精细化的成型阶段。20世纪70年代后,有深厚理论基础与丰富实践经验的“社会指标运动”进一步发展完善,社会指标日趋精细化,无论是理论探究还是制度实践都不断走向成熟,有关社会治理的法治评估也初现雏形。例如,伴随社会运动加速推动福利国家的出现,研究人员的目光从观测社会变迁转向评价公民福利,视野扩展至人的生活质量上,⑤开创性地将感受性指标(perceptual indicators)纳入指标体系。20世纪80年代之后,随着相关理论叙事的不断深入和研究成果的大量涌现,美国政府和社会公众对社会指标的需求不断得到有效满足,学界对之关注度有所降低,但许多欧洲国家已将社会指标工作制度化,如法国的《社会数

① See Raymond A. Bauer(ed.), *Social Indicators*, M. I. T. Press, 1966, p. 1.

② 参见屈茂辉、匡凯:《社会指标运动中法治评价的演进》,载《环球法律评论》2013年第3期。

③ 参见秦麟征:《关于美国的社会指标运动》,载《国外社会科学》1983年第2期。

④ 参见屈茂辉、匡凯:《社会指标运动中法治评价的演进》,载《环球法律评论》2013年第3期。

⑤ 参见屈茂辉、匡凯:《社会指标运动中法治评价的演进》,载《环球法律评论》2013年第3期。

据》(*Données Sociales*)、荷兰的《社会与文化报告》(*Social and Cultural Report*)、英国的《社会趋势》(*Social Trends*)。此外,这一阶段国际组织对部分地区的治理评估活动也进行了有益探索,如20世纪70年代经济合作与发展组织(以下简称经合组织)提出的反映各国生活质量的"社会评价指标"开创性地涉及了"法治环境"的评价。

诚然,"社会指标运动"是一个不断趋向完备和科学的过程,各阶段之间并非截然对立、非此即彼,其不同阶段的嬗变,实质上是后一阶段对前面阶段的承接继受、改造调试及在此基础上创生新设的曲折动态演进。对我国而言,借鉴西方的有益经验对国内各类社会指标的研究与构建、法治社会评估的推进仍十分必要。

(二)"法律与发展运动"的全面推进

如果说"社会指标运动"是法治评估与社会法治化评估的理论源头,那么20世纪90年代至今的"法律与发展运动"(law and development movement)则推动法治评估进一步发展,使其从一国区域内评估延伸至全球性评估,推动不同国家或地区的法治对话、交流与合作。

进入20世纪90年代,西方国家从经济危机带来的巨大冲击中逐渐恢复到常态化,社会指标和法治评价活动随之以前所未有的发展程度和速度在国际社会推进。如欧洲开展了一系列社会指标研究和应用的活动,联合国、经合组织、世界银行、世界卫生组织等国际组织也针对各国社会发展、环境、妇女及人类生存与健康状况等社会发展议题推出了大量的社会指标。①

在国际组织层面,20世纪末,随着世界各国的经济联系日益密切,法治量化评估活动以前所未有的发展程度和速度在国际社会推进,国际组织相继推出有关社会治理与法治评估的指标,其中世界正义工程(WJP)法治指数、世界银行全球治理指数(WGI)和自由之家(FHI)自由度指数(Freedom House Index)因体系化的评估测量方法成为治理评估的标杆。世界正义工程法治指数是唯一专门测量法治水平的国际指数,涵盖了139个国家和司法管辖区,从"普通人的视角"出发,考察专家与社会公众对法治运行状况的感知。② 在明确测量对象即界定法治含义时,世界正义工程法治指数明确法治的原则包括"法律明确、公开而稳定,保障人身安全和财产安全在内的基本权利",并以此构建包含"基本权利"与"秩序与安全"在

---

① 参见彭宗超、李贺楼:《社会指标运动源起、评价及启示》,载《南京社会科学》2013年第6期。

② 参见鲁楠:《世界法治指数的缘起与流变》,载《环球法律评论》2014年第4期。

内的因子体系。其中,对“基本权利”的考察关注公民在社会活动中是否享有平等待遇与不受歧视,生命权、人身安全权、言论自由和隐私权等权利是否得到有效保障;对“秩序与安全”的测量则关注社会犯罪率、国内冲突发生频率以及社会主体行为的法治化,如人们是否会选择诉诸暴力发泄个人不满。① 相比于世界正义工程法治指数通过设定指标变量测量人们对法治的认知,进而运用统计学分析数据的线性计算方法,WGI 是在收集国际现有反映法治观念数据库的基础上,对数据库所反映的法治观念信息进行二次分析。② 结合其治理内容与治理指标,③WGI 将法治指标作为全球治理水平的重要衡量标准之一,关注言论自由、财产权利、社会中犯罪与暴力情况、人们对司法系统的信任程度以及对包括法律在内的社会规则的遵守程度等。④ 自由之家自由度指数关注的重点是“自由”,即“各种政治权利与公民自由权项”,该指标体系由“政治权利”和“公民自由”两部分组成,关注公民的政治权利与选举机会、表达与信仰自由、司法权是否独立、正当法律程序是否普遍存在以及不同阶层的人是否平等受法律约束等。⑤

在国家层面,各国开展的法治评估活动主要“以法治差异性为出发点”⑥、因地制宜,通常根据本国(地区)实际情况的不同制定自己国家层面的评估标准,而法治社会评估往往被包含在国家层面的法治指标发展过程中,并随着社会主体的参与而不断壮大。如阿根廷于 2009 年发布该国的法治指数,该法治指数围绕政府可信度、保护基本权利的公开而稳定的法律、开放公平且高效的法律程序和司法正义展开。其中,为符合法治精神,阿根廷强调法律应保护公民基本权利、人身安全和财产安全。⑦ 概言之,域外法治评估在国际社会层面的发展已经较为完善,测量法治水平的指标体系涵盖立法、执法、司法、守法各方面。和美国“社会指标运动”时期的法治评估相比,“法律与发展运动”这一阶段的法治评估虽然也重视公民的法治素养与守法程度以及良好法治环境的营造,但更强调对公民自

① See World Justice Project, https://worldjusticeproject. org/rule-of-law-index/factors.

② 参见王裕根:《量化“法治”:WGI 法治指数研究》,载《社会中的法理》2018 年第 1 期。

③ WGI 将“治理”定义为“一个国家权力运行的传统和机制”,包括三方面内容:(1)政府的选举、监督和替代的过程;(2)政府有效制定和推行合理政策的能力;(3)公民和国家得到调整经济和社会关系的制度的尊重。

④ See Worldwide Governance Indicators, WORLD BANK GROUP, http://info. worldbank. org/governance/wgi/Home/Documents.

⑤ 参见杜欢:《自由的指数与不自由的偏误——对〈世界自由报告〉的批判性透视》,载《国外理论动态》2018 年第 7 期。

⑥ 参见钱弘道等:《法治评估及其中国应用》,载《中国社会科学》2012 年第 4 期。

⑦ 参见赵昕:《阿根廷“2009 法治指数”》,载《人民法院报》2010 年 6 月 25 日,第 8 版。

由和基本权利的保障,即更重视对基本人权的尊重,更进一步确立了人的主体性地位。

此外,在实践中,由于各个国家(地区)和民族在历史文化、政治制度以及经济发展水平等方面存在巨大的差异,以及在数据的获取方式、数据来源的真实性以及“西方中心主义价值观”的片面性等多重因素的影响下,国际性治理评估并不能达致实质的客观、公正抑或权威,其评估结果也遭到了许多质疑,进而难以使被评估者及其他第三者所普遍接受。故近些年来,一些国际组织为了减少这些不良因素对评估结果的影响,正努力与主权国家或地区(如菲律宾、蒙古国和马拉维)合作,试图确立基于国别的国家治理评估系统,实现治理评估的普遍性与特殊性的有机结合,构建既能体现国际社会和全人类对“善治”共同价值追求,又可充分反映各个民族国家历史、文化、社会特点的评估体系。

纵观域外社会法治化评估的发展,虽然其并未形成明确性的“法治社会”概念,也没有明确化的专门性研究成果。不过,这并不代表着域外并无法治社会评估,相反,域外社会法治化评估经历了长时期的发展,在诸多法治评估与社会评估活动中都有所体现。

二、域外社会法治化评估的内在逻辑

近代以来,域外社会法治化评估经历了不断的发展,其指标体系和权重设计正不断优化完善并日趋成型。就域外社会法治化评估的整体性演进历程而言,其蕴含着以民主为价值基础、以市民社会为基本概念、以反馈型评估为主要模式的独特内在逻辑。

首先,以民主为价值基础。如前所述,域外社会法治化评估往往体现了一定阶段社会矛盾的碰撞和社会运动的成果,其核心就是对民主权利的不断追寻。就实践层面而言,诸如联合国奥斯陆治理研究中心的“民主治理测评体系”(measuring democratic governance)、非洲公共调查机构“非洲晴雨表”(Afrobarometer)发布的“Afrobarometer 指数”、易卜拉欣非洲治理指数、经合组织发布的“人权与民主治理测评”指标体系、透明国际的腐败认知指数、全球清廉指数等,都存在“民主”“自由”的价值导向。此外,就“社会指标运动”而言,其核心目的就是“运用一定的社会指标体系来测量社会民主程度、社会福利程度、人们的主观生活态度等”①,由此可见指标运动对民主价值的追寻。总之,域外社会法治化评估源于社会对民主的需

---

① 汪全胜:《法治指数的中国引入:问题及可能进路》,载《政治与法律》2015 年第 5 期。

要,又在不断完善和发展的过程中进一步推进"民主"价值在社会中的实现。

其次,以市民社会为基本概念。如前所述,在域外,并没有与中国的"法治社会"完全对应的概念,我国的"法治社会"狭义上是与公权力相对应,从这一意义上讲,域外法治产生于"国家与市民社会的分离和互动发展"①,"市民社会"的地位与含义与我国的"法治社会"存在一定的对应关系。因此,对域外社会法治化评估之研究要着眼于整个社会评估指标运动的发展,集中于市民社会这一线索,进而筛选、明晰、梳理评估的具体实践活动与理论演进历程。从这一层面讲,域外社会法治化评估本质上是以市民社会为基本概念的,其演进与发展可以概括为法治在市民社会领域的渗透以及市民社会的法治化演变,形成了市民社会与法治的双向互动关系,这一关系正是域外社会法治化评估的主要对象与核心。而从域外社会法治化评估的实践来看,域外社会法治化评估也正是以这一关系为线索,并在此之上不断丰富发展起来的。

最后,以反馈型评估为主要模式。在社会法治化评估的方法和技术运用层面上,域外社会法治化评估经历了多代评估理论的影响,形成了不同的评估模式,但就其发展历程而言,其内核是对人的主观层面的因素日益重视,这也是以第四代评估理论为核心的反馈型评估模式的主要观点。可以说,"第四代评估理论深刻地影响了社会指标浪潮和法治评价"②;第四代评估理论最典型的特征就是评价者与被评价者之间的协调和互动在不断的输出—反馈—再输出—再反馈的循环中,最终得出评价的结果。域外社会法治化评估在长时期的演变过程中,逐渐从绝对的科学主义转型为科学主义与主观合理性相结合,强调社会公民参与的主观感知。换言之,社会法治化评估受社会科学研究团体发起的"学术性的改革运动"影响,将传统社会"物质—经济视角"扩展为"幸福观视角",③更加强调人的主观性作用,基于此价值观念,反馈型法治评估模式逐渐成为域外社会法治化评估的主流方案与主要模式。

---

① 马长山:《西方法治产生的深层历史根源、当代挑战及其启示——对国家与市民社会关系视角的重新审视》,载《法律科学(西北政法学院学报)》2001 年第 6 期。

② 屈茂辉、匡凯:《社会指标运动中法治评价的演进》,载《环球法律评论》2013 年第 3 期。

③ 参见屈茂辉、匡凯:《社会指标运动中法治评价的演进》,载《环球法律评论》2013 年第 3 期。

第二节　我国法治社会评估研究

一、我国法治社会评估演进历程

纵观我国法治社会发展的历史进程,我国法治建设从提出“法治国家”(1997年)到建设“法治政府”(2004年),再发展到建设“法治社会”(2012年),①整体呈现出由宏观到微观,由片面到系统的演进脉络。相应地,我国法治社会评估理论的发展也与法治国家、法治政府、法治社会三者的概念演进息息相关,呈现出渐进发展的阶段性趋势。具言之,一方面,初期的相关理念并非真正意义上的法治社会评估,而是被包含在整体性法治评估或政府治理评估的部分指标和理论框架中,因此只能将其归入法治社会评估的早期蓄力阶段,考虑到理论的体系性、完整性以及研究的科学性、延续性,笔者将早期蓄力阶段一并纳入整个法治社会评估理论体系中。另一方面,随着法治社会概念的明确提出,真正意义上的法治社会评估作为一个时代命题被我国学界广泛关注,并进入加速发展的全新阶段,但总体而言仍处于发展阶段。

(一)早期法治社会评估理念的生发蓄力阶段

法治社会评估理念初现端倪。20世纪80年代初,中国社会科学院与联合国教育、科学及文化组织联合举办“社会经济指标研究班”。在此期间,国外有关方面的专家、学者将“社会指标”理论模型输入国内,法治社会评估的理念初现端倪,但尚未完全孕育成熟。这一阶段,虽然各式各样的评估多以外来指标为主,但我国理论和实践对“社会指标”的概念及其中国化产生了极大的兴趣。如在1981年,中国统计学会委托北京市统计学会建立了我国第一个“社会指标研究小组”,该小组对中国建立社会指标体系的意义、任务、研究对象、基本内容,以及中国社会指标体系的初步构想等问题进行了研究,并产出了《建立和健全中国社会统计指标体系的设想》等成果,初步拓展了我国社会指标的理论研究工作。② 此外,原国家统计局社会统计司也于1983年制定了社会统计指标体系(讨论稿),该体系包括15大类,1100多个指标,这一指标体系的建立进一步推动了社会指

---

① 参见郑方辉、邱佛梅:《比较视角的法治政府与法治社会评价实证研究——以2017年广东省为例》,载《法治社会》2018年第3期。

② 参见陈立新:《社会指标与社会协调发展》,湖南大学出版社2005年版,第87页。

标在我国社会主义实践中生根发芽。[1] 总之，这对推动我国开展社会经济指标的研究、借鉴外国的经验、建立起符合我国国情的社会经济指标的科学体系，进一步改进和完善我国的计划、统计工作，从而更好地制定我国的社会和经济发展战略，加快我国的法治化、现代化建设的步伐具有重要的战略意义。[2] 与此相应，这一阶段理论界的相关研究也逐步展开，但是其尚未聚焦于法治社会评估领域，存在一定的局限性。具言之，国内研究者们对指标体系、量化治理等的学术热情日渐高涨，如叶华国从社会指标的概念和功能出发，指出社会指标基本上是统计，其可以科学准确地描述社会发展现状，能够为国家制定社会发展计划服务；[3]张仙桥提出为完善我国社会指标体系，须结合我国实际，从完善和建立反映经济发展规模、人民生活水平的综合指标出发，并研究建立精神文明指标，以形成比较完整、全面的中国式的社会指标体系。[4] 总之，这一阶段我国的法治社会评估的理论与实践都尚未深入展开，但是受西方指标运动的影响，法治社会评估的相关理念已经初现端倪。

理论研究不断向法治社会评估转移。从 20 世纪 90 年代初的"社会发展与社会指标理论"的构建开始，到北京市率先提出"法治城市评价指标体系"、我国的香港社会服务联合会发布香港法治指数、深圳市出台法治政府建设指标体系、浙江省杭州市余杭区发布余杭法治指数等，法治社会评估仍然是仅作为整体性法治评估的一部分，但其逐渐完成了"从外到内"[5]，"从法治评估向法治社会评估"的巨大转型。整体而言，这一阶段我国的法治评估是一种整体性、统括式的评估，呈现出"本土化""特色化""社会化"的演进趋势。在实践层面，一方面，在这种大趋势的影响下，包含了经济社会各个方面内容的法治评估呈现出遍地开花、快速推进之景。尤其是伴随改革开放的时代浪潮，评估运动逐渐在北京、上海和广州等大城市演化展开，出现了许多不同的评估模式。但是，基于对具体指标设计的考察，这一阶段我国的顶层战略部署更多侧重于经济建设，对社会的关注度偏低，故而测量评价法治发展与实践状况的指标也更多涉及经济层面，社会层面的指标相比较而言不是太多。另一方面，虽然这一时期法治

---

① 参见何建章等编著：《中国社会指标理论与实践》，中国统计出版社 1989 年版，第 13 页。

② 参见陈乃醒：《我国第一次举办社会经济指标研究班》，载《经济学动态》1983 年第 5 期。

③ 参见汪子青：《叶华国教师谈社会发展与经济发展的关系》，载《社会科学》1982 年第 6 期。

④ 参见张仙桥：《社会指标简介》，载《城市问题》1983 年第 3 期。

⑤ 参见徐汉明、林必恒等：《论法治建设指标体系和考核标准的科学构建》，载《法制与社会发展》2014 年第 1 期。

量化评估设计考虑了大量体现产值产量的指标，关于生产关系、上层建筑、社会成员生活质量等的指标较少，加之这一时期统计数字不公开等多种因素，系统性、确切的、能有效反映社会问题的社会领域的指标尚未成型，但是在北京市、香港社会服务联合会等地方实践中存在个别的与法治社会评估相关的内容，在一定程度上从社会发展视角进行了相应的指标设计，我国实践已经出现了向社会指标转移的趋势。在理论层面，相关研究逐渐向法治社会评估进行转移。具言之，国内学术界关于社会治理指标设计、量化法治的学术产出和研究热情在 20 世纪 90 年代有所回落，但跨入 21 世纪后，随着实践中在目标导向、问题导向下治理实效的被重视与评估考核机制的应用，治理体系化、指标化和考评精准化再度引起了包括法学界在内的众多研究者们的关注。如钱弘道就治理体系化方面，指出法治评估体系的实施能够从整体上检查、监测治理对象所存在的问题，从而保障依法治理工作的开展①；朱未易就评估指标方面，通过研究地方法治评估实践，提出地方法治测评体系可以设置民主政治、法制完善、依法行政、公正司法、公民普法 5 个一级指标，并通过细分子目标细化测评标准。② 总之，这一阶段我国法治社会评估实践的繁荣发展引起了理论界关于法治社会评估的探讨，理论研究不断向法治社会评估转移，真正独立意义上的法治社会评估不断蓄力并即将诞生。

（二）法治社会评估理论探究的深入展开阶段

2012 年，习近平总书记在首都各界纪念现行宪法公布施行 30 周年的大会上正式提出了“法治国家、法治政府、法治社会一体建设”，基本界定了法治社会的内涵与外延，法治社会这一概念正式进入顶层设计层面。随着法治社会概念在顶层设计的正式提出以及对社会治安综合治理、法治政府等专项指标体系及考核标准的实践探索，中国法治社会评估正式形成。之后，党的十八届三中全会明确提出“建立科学的法治建设指标体系和考核标准”，党的十八届四中全会明确提出“把法治建设成效作为衡量各级领导班子和领导干部工作实绩重要内容，纳入政绩考核指标体系”，这进一步体现了顶层设计层面对评估工作的重视，其具体的评估内容也克服了上一阶段评估指标体系“重经济、轻社会”“不系统、不确切”的系列缺点，逐步形成科学合理的评估指标体系。为响应中央号召，各地方纷纷展开地方法治社会建设评估，通过法治社会评估测量地方法治建设的社会效果。同

---

① 参见钱弘道：《余杭法治指数的实验》，载《中国司法》2008 年第 9 期。

② 参见朱未易：《地方法治建设绩效测评体系构建的实践性探索——以余杭、成都和香港等地区法治建设为例的分析》，载《政治与法律》2011 年第 1 期。

时，理论界与实务界对法治社会评估的研究进入全新的时期。

在这一阶段，法治社会评估理论得以较为充分地展开，学者们从诸多层面进行了理论研究。(1)阐释性研究，多为阐述法治指数的意义、功能、原则、目标等，或为法治指数构建提供哲学层面的思想指引。如付子堂等详细分析了通过地方法治"先行先试"探索和创新中国特色社会主义法治发展模式的重要性，并进一步提出了同步构建法治建设的评估机制和评估指标体系的必要性；①侯学宾、姚建宗对法治评估本身作出概念界定，认为法治评估指的是在理论和实践的结合意义上建立并用来对一个国家、地区或者社会的法治状况进行描述和评估的一系列相对比较客观的量化标准；②李朝则对法治社会评估的特征进行概括，具体分为目标性、实证性、时效性、有限性等。③ (2)内容性研究，以设计政府、地方、行业法治评估指标体系为主要内容。如郑方辉等提出"评价是促进建设的基本手段"④，以2015年"法治广东"为实证研究，提出构建客观指标和专家评议、公众满意度等主观指标相结合的法治社会评价体系。(3)技术性研究，注重对评估技术与方法的介绍和探讨。如钱弘道等认为法治评估是运用运筹学、统计学等原理，采用指标体系和特定运算模式，按照合理的程序和方法，以量化形式对国家法治状况作出全面的、系统的客观评估。⑤ 总体来看，这些研究具有如下特点：第一，研究对象较少聚焦于法治社会评估。虽然这一阶段的法治社会评估已正式形成，但是学界并未对法治社会评估与法治评估做出严格的区分，整体研究还停留在法治评估层面，研究对象尚未聚焦于法治社会评估。第二，研究内容尚未形成理论体系。正如前文所述，这一阶段的具体研究主要集中于阐释性、内容性、技术性等基础理论的研究与构建，整体研究分散于统一理论的各个部分，尚未形成整体性的理论体系。第三，研究趋势尚未呈现谱系进路。这一时期的学界研究还处于研究域外法治社会评估理论阶段，这进一步导致要素与要素之间呈现出相互独立甚至割裂的情况。此外，部分评估要素的研究会因为国情的不同或早于或迟于当前法治社会评估的发展，这使渐进性谱系进路研究出现困境。此

① 参见付子堂、张善根：《地方法治建设及其评估机制探析》，载《中国社会科学》2014年第11期。

② 参见侯学宾、姚建宗：《中国法治指数设计的思想维度》，载《法律科学(西北政法大学学报)》2013年第5期。

③ 参见李朝：《法治评估的特征、构成与基本类型》，载《齐齐哈尔大学学报(哲学社会科学版)》2017年第7期。

④ 郑方辉、罗骁：《法治社会第三方评价：体系、实证与审视》，载《理论探讨》2018年第3期。

⑤ 参见钱弘道等：《法治评估及其中国应用》，载《中国社会科学》2012年第4期。

外,非政府主体进行的具有理论补充性质的法治社会评估活动也在不断拓展,如中国社会科学院国家法治指数研究中心研发的司法透明度指数、检务透明度指数、教育透明度指数,中国政法大学推动的法治政府评估(2013—2020),中国人民大学朱景文团队发布的法治满意度评估报告(2015—2019)等,都引起了理论界极大的反响。

总之,随着法治社会概念在顶层设计的展开,这一阶段专门的地方性法治社会评估的实践全面展开且更加专业化、专门化,且社会层面的法治评估已经在理论层面进行了部分展开,法治社会评估的理论探究进入深入探索阶段。

(三)中国式法治社会评估的加速发展阶段

2020 年,中共中央印发的《法治社会建设实施纲要(2020—2025 年)》指出,要"充分发挥考核评价对法治社会建设的重要推动作用,制定法治社会建设评价指标体系"。简言之,随着"法治社会"被正式提出以及法治社会建设的不断推进,系统、独立的法治社会评估逐渐从过去整体的法治评估中脱离出来并逐渐成型,其指标体系所指向的内容也越来越从"政府中心、经济为主"的国内生产总值(GDP)模式,转化为"人民中心、社会为主"的法治社会评估模式。现阶段,虽然并未有官方文件明确指出"法治社会评估"这一概念,但《法治社会建设实施纲要(2020—2025 年)》实际上认可了法治社会评估的存在。且在此之前,地方已有一些法治社会评估的实践探索,如 2015 年江苏省《法治社会建设指标体系(试行)》的颁布等。遗憾的是,正如前文所分析,彼时的理论研究尚且存在局限,法治社会评估并未全面铺开,相关研究也一直呈现不温不火的趋势。故此,笔者认为,可以以《法治社会建设实施纲要(2020—2025 年)》的颁行实施为典型标志,该文件的出台标志着我国法治社会评估正式进入接续发展的全新阶段。

在这一阶段,学界理论研究呈现新的特点及趋势:(1)更加重视从比较视角研究法治社会评估,更多地从全球视野出发,关注世界范围相关法治指数的特点、内容、局限、设计思路和方法等,以实现域内外评估研究的互动与发展。如杜维超将国际法治评估指标分为两大类,包括关注法治情况的专项评估,以及更为常见的作为二级指标纳入其他跨国制度评估的附属性评估,他认为国际法治评估与治理、人权、自由、民主、转型等其他类型的跨国制度评估之边界并不清晰。① (2)更加注重法治社会评估指标的公民参与和权利保护。如巢陈思认为地方法治评估的重要指标为权利指

① 参见杜维超:《国际法治评估中的技术政治及中国立场》,载《法学》2021 年第 2 期。

数，即地方法治评估指标体系中反映公民基本权利的保护程度和公民对基本权利的需求程度的量化指标，①构建地方制度性法治评估指标体系，有利于专门评价公民基本权利保护状况，对我国法治建设具有重大理论和实践价值。（3）更加注重对现阶段法治社会评估实践的内在审视，对国内某一类型法治社会评估或某一特定地区的法治社会评估活动进行审视，揭示其在实践中存在的问题或不足。如高秦伟等以广州法治示范街的创建实践为例，对我国法治社会评估的回应型模式进行了研究，指出了回应型法治评估应当建立以评促建、内外联合、上下联动的模式。（4）不断尝试创新性指标体系研究，针对一些法治评估与营商环境、校园治理、精准扶贫等活动结合而成的新型法治评估进行探究。如冯烨认为法治化是优化营商环境的首要任务，法治化营商环境评估指标体系的构建亦是推动法治建设的重要方式。通过构建一系列评估指标体系，以量化形式对国家营商状况作出全面、系统的客观评估已成为我国打造法治化营商环境的必然选择。②

整体而言，这一阶段的法治社会评估实践更加具备体系性，更充分地具备了纲领性指引；其理论研究更是进入全新的发展推进阶段，呈现宏观性、拓展性特征，整体趋势稳中向好发展，这都表明中国式法治社会评估已经进入加速发展阶段。与此相应，在这一法治社会评估加速发展的时期，迫切需要更加系统、科学、全面的法治社会评估理论的指引，呼吁整体性理论和系统性谱系研究的展开，以实现评估实践向着更好、更完善转型。

二、我国法治社会评估内在演进逻辑

（一）我国法治社会评估的演进趋势

从以上演进历程分析可知：中国法治建设模式呈现自上而下推进的权力主导型和强调理性主义目标规划的建构型等特征，③法治国家、法治政府、法治社会这三者“本质一致、目标一体、成效相关”。④ 此外，就具体的法治社会评估演进历程而言，法治社会评估经历了蓄力萌芽以及接续发展两个发展阶段，并呈现线性化趋向。这也可以从理论文献的数据分析中得以窥见，笔者以“法治评估”为关键词，检索 CSSCI 数据库截至 2022 年 10

① 参见巢陈思：《构建地方法治评估权利指数应遵循的原则》，载《人民论坛·学术前沿》2020 年第 1 期。

② 参见冯烨：《法治化营商环境评估指标体系构建》，载《理论探索》2020 年第 2 期。

③ 参见冯玉军：《中国法治的发展阶段和模式特征》，载《浙江大学学报（人文社会科学版）》2016 年第 3 期。

④ 参见袁曙宏：《坚持法治国家、法治政府、法治社会一体建设》，载《人民日报》2020 年 4 月 21 日，第 9 版。

月的相关文献，共查到 168 篇。剔除 41 篇相关性不强的文献并对样本文献进行分析后，笔者发现我国的法治评估研究对象在时间上呈现出一种由“法治国家”到“法治政府”再到“法治社会”层层递进的发展过程，对三者的研究也呈现出一种重心分化的情况（见图 3-1）。简言之，国内法治社会评估相较于法治评估以及法治政府评估等传统评估研究较少，理论与实践研究呈现出多重心、多角度的特征；但随着法治社会建设进程的不断推进，已经有越来越多的学者注意到法治社会评估作为一种独立评估类型存在的意义以及法治国家、法治政府、法治社会三者的逻辑关联、内在机理联系，并开始对其具体内容进行较为深入的研究。虽然目前法治社会评估的路径构建仍然欠缺理论层面上细化的微观视角解读，①实际已产出的法治社会评估相关文献较少；但是从整体上来看，可以认为我国法治社会评估的理论演进呈现出一种由宏观及微观的态势。

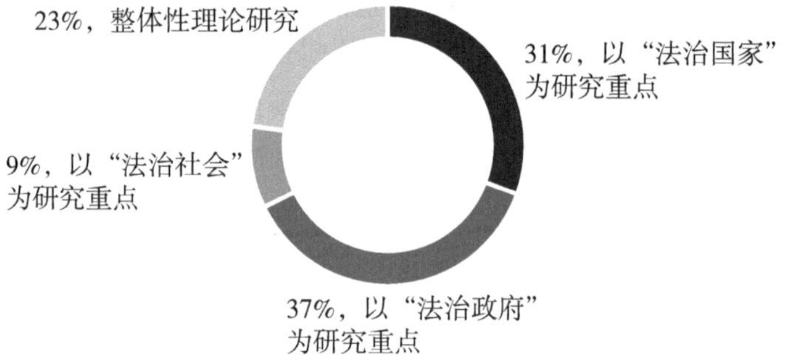

图 3-1　CSSCI 体系下法治研究的重心分化情况

（二）我国法治社会评估的演进特征

近代以来，国际社会开展的社会指标体系相关的“系列活动”②推动了“社会指标评价”的理论与实践由发达国家向发展中国家输出移转。在社会指标体系输入我国后，我国的法治评估相关研究逐渐展开，但是不同于西方法治评估的“国际社会层面—国家层面”的评估模式，我国创新性地提出了具有鲜明中国特色的“法治社会”及“法治社会评估”概念，这种以社会层面的法治为主要评估对象和内容的评估类型，其内在演进逻辑与传统评估活动有较大不同。以法治社会评估与法治政府评估之间演进逻辑之差异为例，法治社会评估一改以往“法治政府”概念的局限，拓宽了“法

① 参见陆涵之：《治权视域下的法治国家、法治政府、法治社会一体建设——法治全场域全流程的联动集成》，载《四川行政学院学报》2021 年第 3 期。

② 主要包括联合国统计处发表的社会和人口统计体系；联合国教科文组织开展的有关人力资源的评价活动以及对发展中国家开展的社会指标研究培训等一系列活动。

治”的生存空间,明确了法治延伸到社会层面的事实。某种程度上,法治社会与法治政府呈现出了方法论上的一致性,但是两者在评估对象、标准、内容等方面仍然存在很大差异,这直接导致二者内在逻辑的分化。

首先,价值基础。公平、良善、人权、正义等多重价值是我国法治建设与评估的基本追求,①但法治社会建设及其评估之价值追寻也有其特殊性。一般而言,法治政府建设及其评估以行政机关运行过程中的行政关系为内核,体现出规范行政公权力行使的价值追寻。而法治社会建设及其评估则以公权力之外的社会生活及其形成的社会关系为内核,往往是基于社会主体的法治生活及其认知体验而展开,体现出公权规范行使以外的社会生活之私权保护、公益实现与自治等价值追寻。这种价值基础的不同是我国经济社会发展和法治建设的结果,是中国式法治现代化不断推进的成果,也是法治社会评估与法治政府评估的重要差异所在。我国法治社会建设及其评估所追寻的社会生活法治化与传统的法治政府评估存在的价值追寻之别,不仅是法治社会评估区别于法治国家评估和法治政府评估的关键所在,更是三者演化逻辑分野的起点。在一定程度上,指标体系乃至评估标准的不同虽体现了法治社会评估内生逻辑的差异,但事实上该差异是作为内在演化逻辑起点的价值基础作用下的必然结果。

其次,指标体系。法治政府评估更加侧重于对公权力运行之政府行为合法性、合规性的评估,而法治社会评估则更加注重社会生活法治化之治理效果、公益实现、私权保护和法治水平等多层次、多方面、综合性评价,这也是基于价值基础不同演化而生的结果。在法治政府评估体系中,伏创宇等学者对法治政府指标体系进行概括,总结出了“评估权力的法定性、评估性质的内部性、评估目标的建设性、评估内容的特定性与评估方式的政府主导性”②等特点,由此可见法治政府指标体系的政府主导性。而法治社会评估指标体系不仅指向立法、行政、司法和守法四个方面,也涉及增强全社会法治观念、健全社会领域制度规范、加强权利保护、依法治理网络空间、提升社会治理法治化水平、加强组织保障等法治社会建设重点工作等多重内容。在一定意义上,法治社会评估指标体系与社会生活密切相关,更具社会性、人民性、权利性。

最后,评估标准。法治政府建设及其评估以政府职能履行和相关制度规定为标准,提出了合法合理行政的具体要求。而法治社会建设及其评估

① 参见郑方辉、冯健鹏编著:《法治政府绩效评价》,新华出版社2014年版,第16-17页。

② 伏创宇:《我国法治政府建设评估主体建构的范式转换》,载《中共福建省委党校(福建行政学院)学报》2021年第6期。

以社会生活的法治理想为标准，提出了现代法治价值的自治、权利等多维标准。在我国，法治政府考核主体多为上级政府或本级人民政府法治部门，有的地方评价标准分为内部评价、专业机构评估和社会满意度测评，有的地方每一项内容的量化指标都包括“社会公众对工作的总体满意度（满意率+基本满意率）达 80%以上”①。可以说，法治政府评估之标准就在于衡量政府做了什么，这具体体现为有一个来自内部的详细标准。而法治社会评估标准的三级指标体系指向多重维度，其一级指标、二级指标、三级指标都呈现出一种体系严谨、标准细化的公权力以外的社会生活法治化特色。可以说，法治社会评估的主要标准在于社会成员生活的法治化和满意度，这意味着标准必然是多维的、全面的和系统的。

简言之，法治社会评估的内在演进逻辑与其他评估活动存在明显差异，并体现在其各个方面和不同环节。法治社会建设作为中国特色社会主义法治的重要组成部分，对其进行评估暗含的是，基于评估理论和利用量化法治工具对法治社会建设实效进行测量与评价，以提升法治社会建设水平。在一定意义上，作为量化法治理论在社会层面的延伸，对法治社会建设成效进行评估，不仅是推进社会治理科学化、法治化、现代化的必然选择，而且是推进中国式法治现代化的题中之义。

三、域内外法治社会评估比较

在前文对法治社会评估的概念界定的相关论述中，已经针对我国法治社会评估现状，详细地对我国法治社会评估的特点进行了概括分析，主要包括主体参与的独立性与人民性、评估客体的区域性、评估内容的统一性、评估程序的严格性、评估标准的多维性。在对域外法治社会评估进行梳理之后，可以发现域外法治社会评估往往散见于法治国家、法治政府评估之中，显而易见，我国法治社会评估相比于域外法治社会评估更具有独特性。

首先，演进历程不同。从纵向角度考察，参考超越国家整体主义法治观的分析模式，基于法治发展的阶段性和渐进性特征，可以把法治类型化为国家法治和地方法治。② 在我国，法治评估主要经历了法治国家、法治政府、法治社会三个主要概念演变，经历了蓄力萌芽和接续发展两个阶段。而域外法治评估则有所不同，从域外法治国家的概念来看，其德文表述为“rechtsstaat”，英文表示为“law-basedstate”，意思就是国家的治理需以法律

---

① 刘艺：《评估法治政府的几个“标准”》，载《紫光阁》2017 年第 1 期。

② 参见付子堂、张善根：《地方法治建设及其评估机制探析》，载《中国社会科学》2014 年第 11 期。

为基础，尤其是行政权力须依法行使。因此，在域外，法治国家有时也叫法治政府。换言之，在域外，法治评估呈现出国际社会法治评估、法治国家评估（法治政府评估）的演进历程，主要分为国际社会层面和国家层面两个体系。

其次，内在逻辑不同。如前所述，域外法治社会评估产生消弭的内在逻辑往往和其社会运动产生消弭的内在逻辑同频共振，域外法治社会评估往往散见于其他评估活动中。在社会矛盾激化、社会运动爆发时，法治社会评估也会得到一定程度的发展；当社会矛盾缓和或者是对外转移时，社会运动平息，法治社会评估也会相应地消失于资本的政治角斗场中。相对于域外法治社会评估的发展过程，我国法治社会评估经历了生发蓄力、深入展开和加速发展三个阶段，经历了"从无到有""由内及里""由散到整"的历程，呈现出由"基层试验、区域探索"上升到"国家决策、整体推进"高度，从"技术性、行业性、区域性"的考核规范上升到"国家基础性、综合性、全局性"的制度安排，从"基层、行业、区域治理体系和治理能力建设"上升到"国家治理体系和治理能力现代化建设"的特征。相较之下，域外法治社会评估发展过程则具有偶然性，是一个具体、散乱、随机的过程。

再次，制度环境不同。如前所述，我国法治建设经历了从法制到法治、从依法治国到法治国家、法治政府、法治社会一体全面推进的演进历程，内涵有由宏观及微观、由试点到全面的演进逻辑，具备法治社会评估孕育的必然性。这归根结底是由我国的制度环境所决定的：从人民民主专政的社会主义制度建立伊始，就必然蕴含着将国家权力和政治机器归于社会的可能性，而法治作为国家治理的重要环节，其必然也应当最终成为社会建设的养分。这意味着我国的法治必然要经历一个由国家到政府到社会的演进历程，在这样的社会制度和背景之下，法治社会评估的诞生属于"历史发展的必然"。可以说，我国法治社会评估有良好的制度环境。相比之下，域外政治制度决定了其国家权力和政治机器必然会掌握在少数人的手中，法治这一重要的政治工具一定会被资产阶级所把握，这就必然导致其法治建设及其相关活动无法在社会层面加以孕育。因此，域外法治社会评估往往散见于法治国家评估当中，随着社会运动的兴亡而产生和衰落，这归根结底是因为其并没有良好的制度环境，这也是域内外法治社会评估最根本的区别。

最后，发展趋势不同。现阶段我国法治政府、法治国家评估的相关研究已经较为完善，在评估概念、特征、类型、主体、客体等研究方面对于法治社会评估具有突出的指导意义，法治社会评估理论正是在这种背景下逐渐发展起来并朝着成熟的方向发展。与此相对，域外法治社会评估由于缺乏合适的生长土壤，往往散见于其他指标体系的构建之中，并未形成完整的、成熟的体系。与域外相比，我国法治社会建设及其评估相对来说更具优势，呈现出体系化、成熟化、引领性的发展趋势。

第三节　我国法治社会评估实践

我国法治社会评估经历了一个循序渐进的发展历程，经历了生发蓄力、深入展开和加速发展三个阶段。因此，我国法治社会评估的实践也应当从这三个阶段进行概括，而这三个阶段具体的法治社会评估实践现状，往往可以从具体发布的官方文件中寻得端倪。

一、法治社会评估生发蓄力阶段的具体实践

从实践角度考察，由中央编译局编制的《中国治理评估框架》是中国首次对评估社会治理状况给出的标准。① 该评估框架详细地从“公民参与”“人权与公民权”“法治”“合法性”“社会公正”“社会稳定”“政务公开”“政府责任”“公共服务”等多个维度制定中国治理目标，并以此作为评估之标准。

从公民参与的视角出发，该评估框架将公民参与的重点细分为 11 个指标，主要关注五方面内容：一是选举，包括选举的法律规范制度、直接选举的范围、竞选的程度；二是自治，包括村居民自治等；三是听证，包括公众对社会重大决策进行协商或参加听证会；四是社会组织，包括社会组织自身的发展状况、生存的制度环境以及对国家和社会的影响；五是公民通过现代社会新型方式参与公共生活的情况。

从人权与公民权的视角出发，该评估框架将公民参与的重点细分为 9 个指标，主要关注五方面内容：一是对权利的保护，包括对普通公民权利的保护、对妇女儿童等弱势群体权利的保护以及对少数派权利的保护；二是权利的实现程度，这一指标当然包括对以上不同群体权利实现程度的衡量；三是公民的基本权利意识；四是公民维护权利的行为以及能力，包括是否允许公民以合法游行示威的方式维护权利等；五是权利救济，即当公民的权利受到损害时，应当如何补救。

---

① 该框架包括公民参与、人权与公民权、党内民主、法治、合法性、社会公正、社会稳定、政务公开、行政效益、政府责任、公共服务和廉政 12 个领域。参见俞可平：《中国治理评估框架》，载《经济社会体制比较》2008 年第 6 期。

从法治的视角出发,该评估框架将公民参与的重点细分为10个指标,主要关注五方面内容:一是立法,包括国家立法的完善程度以及立法者在立法时是否能保持自主性等;二是执法,主要包括政府是否依法行政以及相关政策的制定;三是司法,主要包括司法审判的执行情况,从某种意义上说,其衡量的也是司法裁判的权威性;四是公民的法律意识;五是法的作用,包括宪法和普通法律,通过评估这一指标就能大致衡量出法律是否具备其应有的权威性。

从合法性的视角出发,该评估框架将合法性的重点细分为9个指标,主要关注两方面内容:一是公民对于党、政府等主体的行为认同感和合法性思考;二是党和政府以及法律权威的确认。所谓合法性,是指一个国家中的各个主体是否遵循了一定的制度或规范,是否在行为和思想上都遵循了一定的法律逻辑,具体而言,其又以公民对党、政府、社会、他人的行为是否符合法律的认知而表现出来,并最终体现为公民对法治的信仰和尊重。合法性作为中国治理的重要目标之一,关乎整个国家法治建设,对整个社会的发展起着重要作用。

从社会公正的视角出发,该评估框架将社会公正的重点分为11个指标,主要关注三方面内容:一是公民与公民之间的公平,包括了恩格尔系数、贫富差距指数等多个社会学理论;二是地区与地区之间的公平,包括了城乡区别、地区差异等;三是公民权利与政府权力之间的公平,主要包括选举中的代表性、干部中的女性比例等。

从社会稳定的视角出发,该评估框架将社会稳定的重点分为9个指标,主要关注三方面内容:一是政府主体,包括其对于临时突发社会实践问题的处理能力、社会治安状况等;二是公民主体,包括其对于社会的安全感、上访的数量等;三是特殊领域,包括通货膨胀、民族区域的冲突等社会特殊问题。

从政务公开的视角出发,该评估框架将政务公开的重点细分为8个指标,主要关注四方面内容:一是规定,即政务公开的法规及其效果;二是渠道,包括政治信息传播和公民获取政治信息的渠道的数量与质量;三是内容,包括决策过程、党政干部的收入与行政机关、法院、检察院等活动的公开化程度;四是效果,包括公民和新闻媒体获得政务信息的程度。

从政府责任的视角出发,该评估框架将政府责任的重点细分为10个指标,主要关注三方面内容:一是党和政府,包括党和政府诉求处理机制、决策咨询机制、政策的反馈机制以及行政诉讼的数量及后果;二是官员,包括官员的责任承担、官员与公民的沟通;三是公民,包括公民意见对政策和决策的影响。

从公共服务的视角出发,该评估框架将公共服务的重点细分为9个指标,主要关注三方面内容:一是预算支出,包括政府预算公共服务支出的比例;二是服务效果,包括基本社会保障、教育、医疗设施的建设状况,提供公共基础设施的力度以及公民的满意程度;三是服务内容,包括普及一站式服务与生态治理。

在这一评估框架中,与法治社会相关的评估在具体方式上还主要呈现出政府主导这一特征,评估内容更侧重于以政府为代表的公权力系统在社会层面的法治建设效果,呈现出指标数量少、社会层面因素少、指标级别不清晰、内容缺乏体系化等特点,基本上属于法治社会评估的蓄力阶段。

2012年,由中央编译局比较政治与经济研究中心和清华大学凯风发展研究院政治发展研究协同研究的"中国社会治理评价体系"①发布。该指标体系体现了民主、法治、公平、正义等社会治理的重要价值和理念。在该指标体系中,"中国社会治理指数"为一级指标,"人类发展""社会公平""公共服务""社会保障""公共安全""社会参与"为二级指标,其下又根据不同的标准进行了三级指标的划分和设置(见表3-1)。从该文件看,这一指标体系关注到了社会层面的法治建设评估,通过指标的不断细化使法治社会评估活动呈现出科学性、专业性、体系性的特征,而这一评价体系仍不属于真正意义上的法治社会评估。

表3-1 中国社会治理评价体系

一级指标	二级指标	三级指标
中国社会治理指数	人类发展	人均可支配收入
		平均受教育年限
		平均预期寿命
		居民幸福感
	社会公平	城乡居民收入比
		基尼系数
		高中毕业生的性别比系数
		县处级以上正职领导干部中女干部比重
		居民公平感

① 左晓斯:《中国社会治理体系及其评价研究》,载《社会科学》2016年第4期。该指标体系共包括:1个一级指标,即中国社会治理指数;6个二级指标,即人类发展、社会公平、公共服务、社会保障、公共安全和社会参与;35项三级指标,包括29个客观指标和6个主观指标。

续表

一级指标	二级指标	三级指标
中国社会治理指数	公共服务	基本公共服务支出占财政总支出比重
		人均基本公共服务支出
		人均公共服务设施指数
		一站式服务普及率
		失业率
		居民对公共服务的满意程度
	社会保障	基本社会保险覆盖率
		住房支出占人均可支配收入比例
		社会救助比例
		低保标准与人均消费支出比
		居民对社会保障水平满意度
	公共安全	万人刑事案件发案率
		万人治安案件发案率
		非正常死亡率
		群体性事件数量
		万人恐怖袭击伤亡人数
		居民安全感
	社会参与	万人社会组织数量
		政府购买社会组织公共服务支出占公共服务支出比重
		万人志愿者数量
		居民委员会直选率
		居民参选率
		重大决策听证率
		预算制定过程中的公众参与率
		媒体监督的有效性
		居民对参与社会管理的满意度

二、法治社会评估发展阶段的具体实践

近年来，湖南、四川、上海等地陆续发布了法治社会建设实施纲要，也有一些省份着手制定法治社会建设的地方指标体系，如江苏省、河

南省等。①以《河南省法治社会建设实施方案(2021—2025年)》为例,其包括一级指标、二级指标、三级指标三个层级。一级指标主要包括“增强全社会法治观念”“健全社会领域制度规范”等六个方面;二级指标主要包括“维护宪法权威”“提升全民法治素养”等多个角度;三级指标主要从国家、政府、社会、公众等多个主体的角度进行考察,并制定了具体的法治社会建设衡量评估维度。

为了更加充分地汲取最新实践经验和更加全面地展示我国法治社会评估实践成果,笔者结合《河南省法治社会建设实施方案(2021—2025年)》中的第二部分,对指标的具体内容进行学术分析,即“增强全社会法治观念”一级指标部分,该部分又可进一步细分为“深刻学习领会习近平法治思想”等5项二级指标。在此基础之上,二级指标又进行了进一步细化,划分为多个三级指标。具体如下:

一是“深刻学习领会习近平法治思想”二级指标,其下设两项三级指标,主要评估该地是否能够深刻领会全面依法治国的道路、基础和性质,并将习近平法治思想贯穿于法治社会建设全过程。二是“维护宪法权威”二级指标,其下设如深入宣传宪法、组织领导干部深入学习宪法、开展宪法课程和落实宪法宣誓制度等5项三级指标,主要评估宪法宣传教育常态化程度及学习、运用宪法的社会氛围等社会法治化水平。三是“提升全民法治素养”二级指标,其下设宣传法治思想和法律体系、组织开展民法典等各部门法律宣传活动、引导全社会尊重司法裁判、党内法规宣传普及情况等10项三级指标,主要评估法治思想与民法典等各法律法规宣传及领导干部、青少年、教师、企业管理人员等各类主体法治观念培育活动开展情况。四是“弘扬社会主义法治文化”二级指标,其下设如打造特色普法品牌、助推法治文化作品、丰富法治文化活动形式创作等6项三级指标,主要评估法治文化阵地建设情况,以及通过挖掘传统法律文化精神内涵和时代价值等举措发挥法治文化的引领、熏陶作用的情况。五是“全面落实普法责任制”二级指标,其下设如实现国家机关普法责任清单全覆盖、完善以案释法制度等5项三级指标,主要评估国家机关普法责任制及媒体与社会力量参与普法的质效。

总体而言,该部分下设的二级、三级指标有以下三方面的特点。第一,指标设计具有创新性。河南省制定的实施方案(见表3-2)在中共中央

① 江苏省、河南省是目前省域层面为数不多出台专门法治社会评估办法的省份,其中河南省具体从推动全社会增强法治观念、健全社会领域制度规范、加强权利保护、推进社会治理法治化、依法治理网络空间、加强组织保障等角度对法治社会评估进行指标体系建设。

印发的《法治社会建设实施纲要(2020—2025年)》的基础上有所创新,如突出强调对农村居民的法治宣传教育,要求深入实施农村"法律明白人"培育工程;因地制宜,围绕黄河建设法治文化带,打造服务黄河流域生态保护和高质量发展战略的普法品牌。第二,指标评估内容全面,体系科学合理。如注重国家工作人员、青少年、教师、媒体、企业、志愿者等各类社会主体在法治宣传中的地位和作用,凝聚普法整体合力,共同推进法治宣传的有效性和影响力,进一步提升全社会法治化水平。第三,指标设计同等重视理论与实践。就第二部分"增强全社会法治观念"而言,实施方案中既强调深刻学习领会习近平法治思想,为法治社会建设提供理论指导,也提出诸如办好"卓越杯"大学生法治辩论赛、加强社会热点案(事)件的法治解读评论等具体举措,将法治社会建设要求细化分解成具体的工作任务,促进指标在实践中落地实施。

表 3-2 河南省法治社会建设实施方案

一级指标	二级指标	三级指标	
		序号	名称
增强全社会法治观念	1. 深刻学习领会习近平法治思想	1	要深刻领会全面依法治国的唯一正确道路是中国特色社会主义法治道路,深刻领会全面依法治国最广泛、最深厚的基础是人民,深刻领会全面依法治国是国家治理领域一场广泛而深刻的革命,深刻领会全面依法治国是一项涵盖广泛的宏大工程
		2	将习近平法治思想贯穿于法治社会建设各个方面、各个环节,确保法治社会建设的正确政治方向
	2. 维护宪法权威	3	深入宣传宪法,弘扬宪法精神,增强宪法意识,推动形成尊崇宪法、学习宪法、遵守宪法、维护宪法、运用宪法的社会氛围
		4	聚焦领导干部这个"关键少数",把宪法列为党委(党组)理论学习中心组学习的重要内容,组织国家工作人员原原本本、逐章逐条学习宪法
		5	将宪法纳入各级党校(行政学院)、社会主义学院培训课程。全面落实宪法宣誓制度,国家工作人员就职时应当依照法律规定进行宪法宣誓
		6	抓住青少年这个"特殊群体",把宪法教育纳入国民教育体系,通过征文、演讲、知识竞赛等形式,持续开展全省学生"学宪法讲宪法"活动

续表

一级指标	二级指标	三级指标	
		序号	名称
增强全社会法治观念	2. 维护宪法权威	7	推进宪法宣传进企业、进农村、进机关、进校园、进社区、进军营、进网络，推动“12·4”国家宪法日和“宪法宣传周”集中宣传活动制度化，实现宪法宣传教育常态化
	3. 提升全民法治素养	8	深入学习宣传习近平法治思想，深入宣传以宪法为核心的中国特色社会主义法律体系，广泛宣传与经济社会发展和人民群众利益密切相关的法律法规，使人民群众自觉尊崇、信仰和遵守法律
		9	组织开展“美好生活·民法典相伴”主题宣传活动，让民法典进入千家万户。开展国家安全相关法律法规宣传，做好各类突发事件应急法律法规经常性宣传，积极组织疫病防治、野生动物保护、公共卫生安全等方面法律法规和相关知识的宣传教育活动
		10	引导全社会尊重司法裁判，维护司法权威
		11	加大党内法规宣传力度，提高党内法规的普及度和知晓率
		12	充分发挥领导干部带头尊法学法守法用法对全社会的示范带动作用，进一步落实国家工作人员学法用法制度，加强对领导干部任职前法律知识考查，落实国家工作人员旁听庭审制度，不断增强国家工作人员特别是各级领导干部依法办事的意识和能力
		13	加强青少年法治教育，全面落实《青少年法治教育大纲》，在中小学设置法治知识课程，办好“卓越杯”大学生法治辩论赛，加强青少年法治教育实践基地建设
		14	强化教师法治教育培训，配齐配强中小学法治副校长
		15	深入实施农村“法律明白人”培育工程，到2022年为每个行政村培养5—8名“法律明白人”。突出对农村留守老人、妇女、儿童以及残疾人、农民工等群体的法治宣传教育

续表

一级指标	二级指标	三级指标	
		序号	名称
增强全社会法治观念	3. 提升全民法治素养	16	引导企业树立合规意识，增强企业管理者和职工的法治观念
		17	加强社会热点案（事）件的法治解读评论，创新法治宣传载体平台，建设法治宣传教育中心、普法宣传教育网站，积极运用新媒体新技术开展智慧普法
	4. 弘扬社会主义法治文化	18	充分发挥法治文化引领、熏陶作用，培育全民法治观念，形成守法光荣、违法可耻的社会氛围
		19	大力加强法治文化阵地建设，推进法治文化公园、广场、长廊、宣传栏等阵地全面覆盖、提档升级
		20	围绕长征、长城、大运河、黄河等国家文化公园和南水北调等重大工程建设，打造法治文化阵地。提升“河南黄河法治文化带”建设水平，打造服务黄河流域生态保护和高质量发展国家战略的普法品牌。依托黄河文化传承创新区建设，挖掘传统法律文化精神内涵和时代价值
		21	推动法治文化与红色文化、民俗文化、乡土文化融合发展，鼓励、支持创作具有地方特色、群众喜闻乐见的法治文化作品
		22	利用中国农民丰收节等时间节点和农贸会、庙会、各类集市等，开展形式多样的群众性法治文化活动
		23	组织青年普法志愿者、法治文艺团体开展“法治为青春梦想护航”、法治文化基层行等活动
	5. 全面落实普法责任制	24	强化“谁执法谁普法”，推进“谁管理谁普法”“谁服务谁普法”，实现国家机关普法责任清单全覆盖
		25	完善法官、检察官、行政复议人员、行政执法人员、律师、公证员、仲裁员等以案释法制度，加强对诉讼参与人、行政相对人、利害关系人等的法律法规和政策宣讲
		26	引导社会各方面广泛参与地方立法，加强对新出台法律法规规章的解读，把立法过程变为宣传法律法规规章的过程

续表

一级指标	二级指标	三级指标	
		序号	名称
增强全社会法治观念	5. 全面落实普法责任制	27	落实媒体公益普法制度,引导报社、电台、电视台、网站、融媒体中心等媒体自觉履行普法责任
		28	培育壮大普法志愿服务队伍,鼓励、动员各类企业、社会服务机构、民间团体开展公益普法宣传,形成人民群众广泛参与普法活动的实践格局

资料来源:河南省人民政府官网,https://www.henan.gov.cn/2021/05-19/2147289.html。

总体而言,就当前地方法治社会建设指标体系的设置而言,其具体指标数量有所增加、内容更加科学、体系更加完整,可见中国法治社会评估即将或已经进入更深层次的发展时期。从这些数据和表格内容来看,我国的地方法治社会评估指标体系越来越完善,逐渐成为推动我国法治社会建设的重要工具。虽然相对而言,我国现阶段关于法治社会评估的实践活动还未达致完全成熟的阶段,但是,不同于域外法治政府与法治社会不加区分的建设及评估模式,我国法治社会建设及其评估具有鲜明的特色,对法治社会评估之实践研究更加集中于因地制宜设置具体的指标体系和考核标准。

第四节　法治社会评估现存问题

从前文我国法治社会评估的实践来看,我国法治社会评估成长于中国土壤,其产生发展必然伴随着"摸着石头过河"的探索过程,在这个过程中,我们不难发现现阶段的法治社会评估存在一些问题。

一、评估对象不清晰

我国法治评估经历了一个从域外到域内的输入过程,在源于西方国家的法治评估与我国本土化法治体系融合的过程中,法治社会评估对象模糊不清。

法治社会评估对象模糊不清的原因在于:一是,对法治社会评估对象词义的界定不一。目前,理论界对该问题主要存在两种观点:一种观点认为,法治社会评估对象应当是实践中的法治社会、行动中的法治社会,也即"法治社会建设指标体系的评估对象是法治社会实际建设情况"①;另一种

① 陶中怡:《区域法治社会建设指标体系的价值定位与实践探索——以江苏省为例》,载《山东行政学院学报》2021年第5期。

观点则认为,法治社会评估对象是指法治社会建设的主体,其将评估对象等同于评估主体,存在将评估主体与评估对象混同的嫌疑。简言之,目前理论界对于“法治社会评估对象究竟是什么”这一问题尚未形成统一观点,也正因如此,法治社会评估实践活动中的评估对象呈现出杂乱无章的状态。二是,对法治社会评估对象确认标准混乱。一定意义上,法治社会建设本质上是多方主体共同作用的结果,此种情况下,评估对象的确定关系法治社会评估能否正常且有效展开,也关系法治社会建设的持续深入推进。但在评估活动实践中,法治社会评估对象并没有一个明确、统一且透明的标准,不同评估主体对于同一事物能否被纳入评估对象的范畴存在不同观点,评估对象的选择表现出较为明显的主观性和随意性,这导致各地法治社会评估实践活动无法在同一层面展开跨区域比较,法治社会评估“就会沦为一种自娱自乐”①,这也为评估对象在理论层面的统一造成了障碍。三是,对法治社会评估对象范畴的界定存在分歧。目前,已有许多学者尝试对法治社会评估对象的范畴进行界定,如通过概括、列举或概念分析等方式使评估对象具象化,以此明确法治社会评估对象的具体内涵。尽管这种界定评估对象的方式能够直接为法治社会评估实践的开展提供可参照的模板,但是这也直接导致了关于法治社会评估对象的研究过于分散、繁杂,不利于实践的开展和理论的统一。当然,这也是法治社会评估对象确认标准混乱的必然结果。总之,随着我国法治社会建设的深入推进并延伸至社会层面,法治社会评估“对象”的选择关乎整个法治社会评估活动的展开和进一步深入发展,法治社会评估对象模糊不清的问题亟待破解。

二、评估指标设计难度大

法治社会评估指标设计不仅要体现法治的要素,还要融入社会要素和地方特色,体现法治的社会效果等。② 实践中,法治社会评估指标体系通常须“身兼数职”,既要遵循法治的原则、实现法治的价值,又要推动社会生活的法治化,还要遵循全面与特色相结合、客观与主观相结合、科学与简便相结合、实用性与适用性相结合以及可计量与可比较相结合等基本原则,这就造成了法治社会评估指标体系设计难度较大。这主要体现在三方面:一是指标难以具象化。将法治社会建设目标转化为具体的可测量的考

---

① 陈林林:《法治指数中的认真与戏谑》,载《浙江社会科学》2013 年第 6 期。

② 参见付子堂、张善根:《地方法治建设及其评估机制探析》,载《中国社会科学》2014 年第 11 期。

核指标难度较大,如何设计指标使其能够客观地、直接地反映复杂多维的法治社会建设状况客观事实,且不易引发争议是关键问题。二是指标间权重设计困难。科学分配各级各项法治社会评估指标设置权重是一个尤为重要的问题,不仅要确定较大的一级指标权重,还要根据下级分指标重要性的不同对二级、三级每项指标赋予特定权重。三是严谨评估指标选定难度大,无法完美。“严谨的评估指标是科学评估的基础”①,科学合理的法治社会评估要求其评估指标及其指标体系的设计必须严谨、周密。但具体到实践层面,法治社会评估指标及指标体系的设计往往无法实现这一目标,这是由于评估活动的量化性、指标性特征内在地要求其选定的评估指标侧重研究探讨特定领域的社会、业务发展态势,因而具备更多统计学意义上的价值,于法治社会建设的意义不大。例如,单纯追求评估快速开展并得出评估结果,而把一些便于评估操作但与法治社会关联性一般的经济社会运行指标置于评估指标体系中,法治社会评估结果就会产生偏差,无法反映法治社会建设的实际成效,不利于法治社会建设的良性发展。②

三、评估主体缺乏专业性

法治社会评估的主体主要包括公权力机关、社会组织、专业机构及公众等。在普遍意义上,评估主体的专业性应当达到何种程度并未有明确的规定,尽管在委托评估(他主体评估)的模式下,评估主体专业性缺乏的问题可以得到有效解决,最终结果的公正科学程度也得以大大提高,但是,目前我国具备较高专业素养和完备理论知识的高校或科研机构仍然较少,难以满足法治社会评估的现实需要。这实质上影响着法治社会评估的实效,③具体表现为对法治社会评估主体的相关安排并不充分。一方面,评估主体专业培训机制尚未建立。法治社会评估是一项专业化程度较高的活动,这要求评估主体必须具备一定的专业知识和理论储备,从目前来看,评估主体缺乏专业性的问题仍然普遍存在。因此,有必要建立健全评估主体专业培训机制,深化评估主体对于法治社会评估的认知并提高其评估活动的专业能力,保证评估主体经培训后深刻掌握相关理论、熟练各种评估方法技术。此外,适时适当委托第三方主体,如律师事务所或高校

---

① 吕艳滨:《国家治理现代化背景下的法治评估及其风险防范》,载《探索与争鸣》2021 年第 8 期。

② 参见吕艳滨:《国家治理现代化背景下的法治评估及其风险防范》,载《探索与争鸣》2021 年第 8 期。

③ 参见邓陕峡:《社区矫正推行中的困境与探索——以四川省 C 市为实证观察》,载《黑龙江省政法管理干部学院学报》2014 年第 2 期。

来完成评估活动的委托评估模式也是行之有效的评估方式。① 另一方面，不同评估主体的互动参与相对缺乏。法治社会建设本身就包含多元共治的理念，法治社会评估活动也要求各方主体积极参与，基于不同评估主体意见的交流协商实现评估结果的客观公正，但现阶段，法治社会评估第三方主体以及公众参与较少，不利于评估活动的开展，因此应当鼓励不同评估主体广泛参与到评估活动中，充分利用不同主体各自在专业性、广泛性和真实性方面的优势，客观公正地评估法治社会建设的真实水平。② 总之，如何尽快培养更多精通法治社会评估理论与实践的人才和基本掌握法治评估方法的人才，建立相应的人才培训机制是我国法治社会评估面临的问题之一。

四、评估程序不规范

法治社会评估程序是指评估主体在设定价值基准、确定评估对象、界定概念结构、制定评估指标体系和考核标准、收集处理分析信息等过程中，所必须要遵循的步骤和方法。其中，是否具有正当性是衡量这一步骤和方法适当与否的重要标准，并在很大程度上影响着评估结果是否具有客观性。可以说，程序正当才能够确保程序的公信力。在我国，法治社会评估很大程度上保留着传统的政府主导的特征，这是一定时期的法治实践的特点，其存在具有历史合理性，③但是这也可能会导致法治社会评估程序不规范。概括而言，这一问题主要体现在三个方面：一是尚未实现评估程序公开。江德华认为评估的过程和结果的每个阶段都要进行公开，④但现阶段我国法治社会评估实践稍显不足，如多数法治社会评估还是依赖于官方公布的统计数据，但公布时间不规律，完整收集难度较大，这导致数据甚至可能与实际情况产生偏差。⑤ 二是亟须吸收更多的公众参与。法治社会评估应当吸收更多的公众参与到评估机制的建设中，⑥方能使法治社会评估程序设计和实践过程更加符合社会公众理性的标准，使程序更加正当合理，但现阶

---

① 参见孙波：《论行政立法后评估制度的完善》，载《江西社会科学》2020 年第 11 期。

② 参见汪全胜：《法治评估主体的模式探析》，载《法治研究》2015 年第 2 期。

③ 参见钱弘道等：《法治评估及其中国应用》，载《中国社会科学》2012 年第 4 期。

④ 参见江德华：《谨防"法治指数"变为"自说自话"》，载《21 世纪经济报道》2008 年 4 月 8 日，第 3 版。

⑤ 参见吕艳滨：《国家治理现代化背景下的法治评估及其风险防范》，载《探索与争鸣》2021 年第 8 期。

⑥ 参见李楠楠、赵秋雁：《法治中国视域下的法治建设指标体系研究》，载《北京师范大学学报（社会科学版）》2015 年第 2 期。

段在我国法治社会评估中，公众参与依旧相对较少，因此要加强公众参与法治社会评估相关机制建设，如信息公开制度、社会团体制度、公益代表制度、专家咨询制度等，通过完善公众参与机制，发挥公众促进法治社会评估全面化、科学化的作用。三是专家库制度有待完善。法治社会评估要充分考虑参与评估公众的职业、年龄等认知背景差异，有的放矢地开展评估工作，保证数据收集方式的多样性。① 对此，法治社会评估程序需要相应地建立专家库制度，每次评估时的专家由随机匹配组成，通过广泛听取和采纳不同相关领域专家的意见，提高法治社会评估的精准度，进而在最大限度上降低评估的决策风险，避免专家评估"一言堂"的情况出现。

五、评估实效较差

法治社会评估特指对公权力运行以外社会生活的法治化进行评价，其既有法治社会建设客观实情的考察，也有诸多偏向于主观性的衡量，②这也注定了法治社会评估结果与法治社会建设实际情况相差甚大之现实问题的出现。以具体实践为例，主观评价在实施时不可避免地会面临以下困境：一是，评估专业性和人民充分参与之间的冲突。就调查问卷来说，法治社会评估主持者往往希望通过详细、专业的问卷来更准确地测量法治社会建设现状，但是人民群众或其他被调查者往往会因为程序的复杂以及自身知识水平的不足放弃对于问卷的回答，这就产生了理想与现实的矛盾。因此，如何设计好一份问卷以实现化繁为简、化专业为日常的问题的解决是当务之急。二是，主观评价认可度和具体实践差异的问题。就目前实践而言，委托评估是较为有效的评估方式，③但是委托评估不免会出现外部人员对内部法治社会建设的相关事务不熟悉的情况，最终导致认可度和具体实践出现差异。因此，要解决我国法治社会评估面临的评估实效差的现实问题，须从主体、对象、内容、方法和程序等多个环节着手。三是，评估结果运用空间有待提升，职能部门缺乏对评估结果的接纳渠道。正如前文所述，法治社会评估尚且处于起步阶段，目前实践中对于评估结果的运用仅停留在意见参考层面，并未将其转化为政府决策层面的认可，④这使评估结果只代表一个内涵单薄的特定数值，无法发挥其推动法治建设的功能。

---

① 参见汪全胜：《法治指数的中国引入：问题及可能进路》，载《政治与法律》2015 年第 5 期。
② 参见罗含生：《地方人大经济工作监督实效评估及其对策》，载《人大研究》2016 年第 2 期。
③ 参见刘凯：《实质法治观视域下的法治政府绩效考核制度构建》，载《法学》2022 年第 5 期。
④ 参见郭川阳、徐汉明：《党政主导下的地方法治评估实践研究——以湖北法治评估模式为例》，载《法治现代化研究》2017 年第 3 期。

因此,政府职能部门应当重视对法治社会评估结果的应用,通过畅通评估结果的接纳渠道、建立健全评估结果研讨制度以及评估结果进入“决策过程和治理系统”①机制,充分将法治社会评估的“理论价值转化为法治实践的现实成效”②。

① 范柏乃、林哲杨:《政府治理的“法治—效能”张力及其化解》,载《中国社会科学》2022 年第 2 期。

② 万方亮:《有限理性视角下法治评估的模式重构及逻辑遵循》,载《行政法学研究》2020 年第 4 期。

第四章 法治社会评估的理论指引

法治社会评估意即衡量、评定法治社会的建设情况，它包含立法、执法、司法、守法全过程，是全面依法治国的客观要求。伟大的实践需要伟大的理论引领，法治社会评估亦离不开理论指引。本章论述的法治社会评估的理论指引解决的是法治社会评估的指导思想、理论指南问题，强调将马克思主义、中国特色社会主义法治社会理论和习近平法治思想中的法治社会理论分别作为理论指导、基本遵循和行动指南。

第一节 马克思恩格斯经典作家相关论述是理论指导

实践一再证明，马克思主义是科学且正确的，这是因为在漫长的历史长河中，马克思、恩格斯等经典作家的相关论述，不仅是人类通向规律和真理之路的思想灯塔，而且是人类深化认知进而改造世界的思想指南，是中国共产党领导下的中国革命、建设和改革事业的理论武器和“定海神针”。对于法律、国家、社会、法律与社会的关系以及未来社会发展方向等问题，马克思和恩格斯早有思考，并对他们的观点进行了深刻论述，他们的观点对于后世实践产生了深刻影响，尤其是列宁在领导十月革命和实行新经济政策的实践中，对于马克思、恩格斯思想的继承和发扬，为后世提供了范例。马克思主义的法律观、社会观及其相关论述，不仅是中国革命、建设、改革的强大思想武器和根本指导思想，也是指引中国法治社会建设及其评估的精神旗帜和理论基石。

一、马克思恩格斯经典作家的法治观

某种意义上来说，法律就是有关社会原则的规定。法律被某类主体所规定——统治阶级，其本身同时又规定其他事项——应受惩罚的行为。法有授权即可为，只有法律明文规定应受惩罚的，才能依法实行惩罚，法律无时无刻不在约束人们的行为，以实现人真正的自由。法律等同于国家统治者的意志，即国家的意志，它并非公平的事物的“规定”，也不能创造公理，而是公平的事物的“宣告”，在资本主义社会，法律有时甚至会沦为掩护资产阶级剥削暴行的工具。

马克思、恩格斯反驳施里加先生“法律的平等是绝对的”的论断，他们认为法律具有阶级性，大部分地方的法律是以承认贫富差距、贵贱有别为前提而制定的。① 在资本主义国家，马克思和恩格斯指出，无产者是弱势群体，他们所需的一切生存资料，只能从资产阶级那里获得。因此，无论从法律上还是从实际上看，无产者都是资产阶级的奴隶。资产阶级提供了无产者的食物，却拿回了“等价物”——无产者的“饭碗”。这甚至给人一种错觉，好像无产者是按照自己的意愿行事，好像他们是自由地、不受任何强迫地与资产阶级订立契约。马克思基于对法律之阶级性和意识形态性等的理论抽离与学术剖析，对法律的本质及其相关问题进行了深入探究和系统阐释，强调法律内涵即统治阶级意志之本性，他认为在资本主义国家的法律中，面向多个不特定个体的共同发展建立而来的生活条件，是个人权利的基础，作为统治者，他们站在了与个人相对立的一面，却又同时声称这些条件对一切个人有效。由他们的共同利益所决定的这种意志的表现，就是法律。② 资本主义国家里的“法治”，在利益分配上完全以经济关系为导向，而忽视了公正的价值标准。③ 不仅如此，立法上对私有财产的过度倾斜保护，导致社会资源分配失衡，即出现贫者更贫、富者更富的马太效应。因此，应当通过民主科学立法实现利益的科学分配。

同时，马克思、恩格斯以唯物史观为基础，分析法治的根源。在《1844年经济学哲学手稿》中，马克思指出：“法的关系正像国家的形式一样，既不能从它们本身来理解，也不能从所谓人类精神的一般发展来理解，相反，它们根源于物质的生活关系。”此后，恩格斯在《家庭、私有制和国家的起源》中进一步深刻指出：“把每天重复着的生产、分配和交换的行为用一个共同的规则约束起来，借以使个人服从生产和交换的共同条件。这个规则首先表现为习惯，不久便成了法律。”这些论述点明了法治是现实社会关系的真实体现，概括出了法治的本质特征——良法善治，追求宪法至上、良法至上、正义至上、权利至上，倡导用以人为本、公平正义、自由平等的法治思想和整体的法治思维来治理国家和社会，构建一种和谐的社会结构和社会秩序。④

---

① 参见《马克思恩格斯全集》（第 2 卷），中共中央马克思恩格斯列宁斯大林著作编译局编译，人民出版社 1957 年版，第 69-71 页。

② 参见《马克思恩格斯全集》（第 3 卷），中共中央马克思恩格斯列宁斯大林著作编译局编译，人民出版社 1960 年版，第 378 页。

③ 参见《马克思恩格斯全集》（第 5 卷），中共中央马克思恩格斯列宁斯大林著作编译局编译，人民出版社 2009 年版，第 103 页。

④ 参见许海东：《马克思恩格斯法治观要旨及其时代价值》，载《理论导刊》2016 年第 2 期。

一是以人为本的法治观。马克思、恩格斯认为法治的主体和目标是人，他们抨击资本主义国家的法治的利益导向，站在人民立场上分析法律问题，探讨法治建设。马克思在《黑格尔法哲学批判》中指出，“在民主制中，国家制度、法律、国家本身，就国家是政治制度来说，都只是人民的自我规定和人民的特定内容”①。他们主张人本主义，并将其与法治结合在一起，科学地论述了人与法律的关系，确定法治的落脚点是人，法治的主体和目标也是人。同时，马克思认为法应该是广大人民意志的体现，他在《论离婚法草案》中指出，“只有当法律是人民意志的自觉表现，因而是同人民的意志一起产生并由人民的意志所创立的时候，才会有确实的把握”，同样也明确了“人是法律之本”这一原理。

二是公平正义的法治观。马克思、恩格斯从法与经济社会的关系出发，批判蒲鲁东主义的“永恒公平”，他们在《神圣家族》中指出蒲鲁东“通过否定历史上的实在法来证明法的观念的演变，证明公平的不断实现”。马克思与恩格斯以历史唯物主义为出发点，科学判断公平正义与经济社会的关系，认为人类社会经济发展水平决定公平正义的内容与发展，决定公平正义的实现程度。正如恩格斯在《论住宅问题》里所述：“公平始终只是现存经济关系的或者反映其保守方面，或者反映其革命方面的观念化、神圣化的表现。”同时，马克思在《资本论》中对商品生产形式的论述指明了真正实现社会公平正义的现实道路，即消灭私有制，消灭阶级，实现人的全面自由发展，实现人类解放。

三是自由平等的法治观。马克思在《1857—1858 经济学手稿》中指出，“平等和自由不仅在以交换价值为基础的交换中受到尊重，而且交换价值的交换是一切平等和自由的、生产的、现实的基础”。在资本主义社会中，看似平等的经济社会实则存在社会结构的不自由、不平等。马克思、恩格斯认为当进入到共产主义社会，实现各尽所能，按需分配，才谈得上真正的事实平等。在论及自由与法律的关系时，马克思在《共产党宣言》中强调，“每个人的自由发展是一切人的自由发展的条件”。但同时他们也认为自由不是绝对意义上的自由，马克思在《论犹太人问题》里指出，“自由就是从事一切对别人没有害处的活动的权利。每个人所能进行的对别人没有害处的活动的界限是由法律规定的，正像地界是由界标确定的一样”②。

① 《马克思恩格斯全集》（第 3 卷），中共中央马克思恩格斯列宁斯大林著作编译局编译，人民出版社 2002 年版，第 41 页。

② 《马克思恩格斯全集》（第 1 卷），中共中央马克思恩格斯列宁斯大林著作编译局编译，人民出版社 1956 年版，第 438 页。

概言之，马克思、恩格斯认为只有在共产主义社会才能促进和扩大人的自由平等，为全人类自由平等创造条件。

此外，马克思、恩格斯的法治观是整体的法治观，其以人为本、公平正义、自由平等的法治观之间并非相互割裂、完全独立。他们的法治观在明确地阐述了社会经济基础决定法治建设的基本关系下，遵循以人为本的理念，引导人们建立一个全新的、公正、自由、平等的新社会。在这些论述的影响下，我国社会主义法治建设始终应以法律具有阶级意志性为前提，结合具体时期社会的物质发展水平，以尊重和保障人权为根本价值，坚持以人为本的发展理念，构建公平、正义、自由、平等的社会主义法治国家。同时，马克思、恩格斯以人为本、公平正义、自由平等的法治观不仅指引着我国法治社会评估的设计与实施，而且也是我国法治社会评估指标体系的重要指标内容。

二、马克思恩格斯经典作家的社会观

马克思在《1844 年经济学哲学手稿》中对社会进行了界定，他认为“社会是人同自然界的完成了的本质的统一，是自然界的真正复活，是人的实现了的自然主义和自然界的实现了的人道主义”①。在漫长的历史文明发展过程中，以往文明成果的精华被马克思主义尽数汲取，在此基础上形成的社会观都表现出以社会成员物质生活关系为根基的特征。具体而言，可将马克思恩格斯经典作家的社会观概括为社会本质观、社会发展观与社会价值观三个部分。

（一）社会本质观

马克思唯物史观的核心结论是“社会同自然界一样都是物质的”。马克思在《政治经济学批判》中指出：“物质生活的生产方式制约着整个社会生活、政治生活和精神生活的过程。”②同时，他还指出“社会的本质只在自己的对立物的形式中、在异化的形式中获得存在”③。以此种具体论述为基础，社会的异化形式以及社会的对立物形式即可总括为“物质生产生活关系”。在此基础上，马克思恩格斯经典作家在探讨社会本质时认为，物质层面的生产生活关系构成了社会的内核。在这一社会本质观中，经济关系成为

① ［德］马克思：《1844 年经济学哲学手稿》，中共中央马克思恩格斯列宁斯大林著作编译局编译，人民出版社 2000 年版，第 83 页。

② ［德］马克思：《政治经济学批判》，中共中央马克思恩格斯列宁斯大林著作编译局译，人民出版社 1976 年版，第 4 页。

③ ［德］马克思：《1844 年经济学哲学手稿》，中共中央马克思恩格斯列宁斯大林著作编译局编译，人民出版社 2000 年版，第 175 页。

了社会本质的具象,且社会本质与人的本质存在内在的互为规定的关系。

(二)社会发展观

社会是按照自身的基本规律自我运行与发展的,也正如《马克思致恩格斯》中所表述的:“社会实质上也在遵循规律来改造社会。”马克思、恩格斯的社会发展观包含对社会发展的根源与动力、发展规律以及基本路径的论述。

其一,社会发展的根源与动力。一方面,同其他一切事物一样,社会存在与发展之间的矛盾普遍存在;另一方面,这种矛盾又推动了社会的发展,成为源源不断的动力系统。与前人观点相区别,马克思认为,精神批判和意识改造的动力源泉和现实基础正是客观存在的社会关系。在社会存在的众多矛盾中,基本矛盾构成了社会发展的根本动力。当然,这些根本矛盾往往潜藏于社会发展过程中,外在表现为阶级斗争,这也成为直接推动社会发展的内驱力。

其二,社会发展的规律。社会规律既是社会本质之现象,也是社会本质之外在表现形式。根据马克思主义对社会本质的论述,人类社会物质生活规律主要体现在三方面:一是生产力与生产关系矛盾运动之规律;二是经济基础与上层建筑矛盾运动之规律;三是社会形态更替之一般规律。这些规律中,社会发展的两条基本规律体现为生产力与生产关系之矛盾运动规律和经济基础与上层建筑之矛盾运动规律。马克思、恩格斯的“手推磨产生的是封建主的社会,蒸汽磨产生的是工业资本家的社会”①以及“社会决定国家,而不是国家决定社会”思想即是这两条规律的鲜明写照。而关于社会发展的一般规律,即社会形态的变化,包括了两种情况,即人类社会的发展是不可逆转的,人类社会的发展是质的飞跃。

其三,社会发展的基本路径。矛盾是社会发展的根本动力,故社会的发展是一个破解旧矛盾、发展新矛盾的过程。因此,解决矛盾的主要方式即社会发展的基本路径。在马克思、恩格斯的社会观中,其主要包括社会改革、社会革命、社会解放三条路径。对于社会改革,马克思、恩格斯批判国际工人运动中出现的改良主义,对资产阶级国家的社会改革不抱有充分的信心,肯定了巴黎公社的改革。同时,马克思在《保护关税派、自由贸易派和工人阶级》中指出,社会变革应当是而且也将是弱者的强大引起的。在论及社会革命时,马克思批判了巴枯宁社会革命思想,认为社会革命的

① 《马克思恩格斯文集》(第1卷),中共中央马克思恩格斯列宁斯大林著作编译局编译,人民出版社2009年版,第602页。

基础是经济条件的变化与发展，并指出新旧社会更替变化是最典型的社会革命，这种更替总是随着经济结构的改变，新的阶级结构往往与社会革命相伴随。马克思在谈到社会解放时表示，人的解放是区分某种政治解放与某种新事物的关键，而社会解放的最高境界和最终目的就是人类解放。

（三）社会价值观

马克思、恩格斯的社会价值观是唯物主义自由观，其包括人类本性的普遍自由、社会自由和政治自由三个范畴。第一个范畴是人类本性的普遍自由。它是建立在与个人相关联的、外界的、偶然的、个别的因素和人的本质基础之上的人类所共同的、内在的、本质的、一般属性的自由。第二个范畴是社会自由。在马克思、恩格斯看来，除了“人类社会造成的一定条件的限制”之外，没有“人的外部”条件限制的自由，才是真正意义上的社会自由。第三个范畴是政治自由。马克思在《论犹太人问题》中指出：“这些权利属于政治自由的范畴，属于公民权利的范畴。”他认为政治自由主要体现在公民在国家和政治领域中的权利与自由。当马克思唯物主义自由观发展到高级阶段，即成为共产主义价值观。

马克思、恩格斯的社会观深刻地揭示了社会及其发展的本质与规律，点明了自由价值的重要性，也为法治社会评估的研究指明了方向，是我国法治社会评估设计与实施的价值导向与理论基石。

三、马克思恩格斯经典作家关于法与社会关系的相关阐述

关于市民社会与国家关系的原则问题。马克思认为，“国家是从家庭和市民社会之中以无意识的任意的方式产生的”①。这一观点间接说明，家庭和市民社会诞生于国家之前，早于国家出现，是国家的基础。②“家庭和公民社会把自己变成了国家”“它们是动力”，家庭是建国的自然前提，有了小家，才有大家，而市民社会则是建国的人为基础，这两个都是建立一个国家的必要不充分条件。

关于个体的生存与社会的隔阂。马克思在论述市民社会与国家之间的关系的同时，也深刻地剖析了当今人的个体生存与社会存在的隔阂，并认为造成这一矛盾的关键因素在于，今天的国家，很难做到人类普世的本性，也很难做到维护人民的利益。③ 由此他提出要建立民主的国家，因为

① 《马克思恩格斯全集》（第 3 卷），中共中央马克思恩格斯列宁斯大林著作编译局编译，人民出版社 2002 年版，第 9 页。

② 参见《马克思恩格斯全集》（第 3 卷），中共中央马克思恩格斯列宁斯大林著作编译局编译，人民出版社 2002 年版，第 10 页。

③ 参见王时中：《论“国家理由”的二律背反——对马克思的黑格尔法哲学批判的康德式重构》，载《武汉大学学报（哲学社会科学版）》2023 年第 5 期。

只有“真正的民主制”才能填补具有政治属性的国家与公民社会之间的沟壑，才能解决政治领域与社会领域的割裂，才能建构公民作为国家的一分子与公民作为公民社会的一分子之间的桥梁。

关于社会的本质与人的本质的原理。马克思指出，“生产关系的总和构成社会的经济结构，即有法律的和政治的上层建筑竖立其上并由一定的社会意思形式与之相适应的现实基础”①。马克思写道：“因为人的本质是人真正的社会联系，所以人在创造、生产人的社会联系、社会本质的过程中，积极地去实现自己的本质。”②在这一过程中，人作为人的本质及其社会本质渐渐显露并得到充分实现，向着自由人联合体的方向发展。恩格斯曾基于对马克思思想的概括总结指出，马克思思想的精髓集中体现在他追求一个向着自由人联合体方向发展的社会，这就是马克思、恩格斯对于未来社会的伟大构想。

关于法律以社会为基础的理论。经济基础决定上层建筑，而法律毋庸置疑属于上层建筑的范畴，法律规则应当受到经济基础的制约。马克思认为，对于法的关系的解释，既不能从人类精神的常态发展视角阐述，同时也不能从法的自身关系出发，而是应该将视角转移到产生物质生活关系的法的关系上。换句话说，就是产生于公民社会的法的关系。与此同时，马克思还强烈反驳了社会应当以法律为基础这样的观点，反之，他认为法律要建立在社会的基础上。法律是应社会需要而产生的，是社会主体普遍和共同产生的诉求，它迎合和满足的是整个共同体的利益，而非单一个体的随意意志的产物。当然，法律作为上层建筑，对经济基础也起到一定的反作用，良法有利于促进经济基础的更新，而与经济基础不相适应的不合理的法律，又会拖累经济的发展。

关于法对社会作用的看法。马克思、恩格斯认为，在任何国家，法律都反映了在那个国家占据主导地位的群体的意志。由此可知，我国作为一个人民民主专政的社会主义国家，国家法律是由人民制定的，反映了中国全体人民的意志，换言之，它产生于中国人民的需要，它所维系的是中国老百姓的切身利益；同时，人们制定的法律又对人自身具有反作用，它约束控制着人的行为方式，具有统治作用。法律的实施能够显著缓和社会矛盾，有效平衡社会关系，充分激发社会活力，对社会发展具有十分重要的推动作

① [德]马克思：《政治经济学批判》，中共中央马克思恩格斯列宁斯大林著作编译局译，人民出版社1976年版，第4页。

② [德]马克思：《1844年经济学哲学手稿》，中共中央马克思恩格斯列宁斯大林著作编译局编译，人民出版社2000年版，第83页。

用,意义十分重大。以列宁时期的俄国为例,当时的俄国面临内忧外患,内有反动势力和政权之争,封建文化根深蒂固、荼毒人心,外受强大的资本主义国家的紧逼。在政权的开辟和建立过程中,苏维埃领袖列宁深刻学习马克思、恩格斯关于法律、社会以及建立无产阶级政权的理论,将理论结合实际,提出过渡时期要加强建设国家治理体系,提高国家治理能力。具体而言,第一,政治体制方面。建立实行无产阶级专政的无产阶级政权,应对资产阶级的压迫,推翻剥削的政治,积极建设共产主义,创造新的经济关系,是无产阶级夺取政权初期的基本任务。① 第二,经济体制方面。废除私有制,实行劳动者所有制,实行新的经济方针。这包括实行粮食税、自由贸易、商品交换、租让制、合作制、赎买、租赁等国家资本主义的方式和办法。② 第三,经济组织模式。强调农村协作制的实施。③ 他指出当前俄国处于资本主义向社会主义过渡的历史阶段,要学会建设社会主义。奖励参加合作社流转的农民,让全体小农都参与到这项建设中来。④ 第四,法律制度方面。强调宪法具有至高无上的效力。他指出,在工人阶级成为统治阶级以后,应当转变所有制的关系、设立和实施新的宪法,以此来巩固新政权,这是他首个具有巨大影响和贡献的观点。

此外,关于法律制度,列宁还有其他重要观点。一是强调法律至上。他指出:要理顺党组织和苏维埃的关系,党应当通过国家机关在宪法规定的范围内贯彻自己的决定,党是政权的领导者,应当发挥组织管理作用,领导苏维埃国家机关的各项工作。二是强调对权力的制约。他指出党的监督和人民群众的监督是一以贯之的,应十分注意吸收优秀的人民群众代表参加工农检查院的监督工作,并以此作为人民行使监督权的实现形式。三是强调法律监督。他指出,使苏维埃全体国民形成对法制的统一理解,并使这种理解不受任何地域的影响,不因地理位置不同而发生分歧,这是每个检察长的权力,也是每个检察长的职责所在。⑤ 四是强调法律要充分发

① 参见《伟大的创举》,载《列宁选集》(第 4 卷),中共中央马克思恩格斯列宁斯大林著作编译局编译,人民出版社 2012 年版,第 9 页。

② 参见《论粮食税》,载《列宁选集》(第 4 卷),中共中央马克思恩格斯列宁斯大林著作编译局编译,人民出版社 2012 年版,第 488-525 页。

③ 参见《论粮食税》,载《列宁选集》(第 4 卷),中共中央马克思恩格斯列宁斯大林著作编译局编译,人民出版社 2012 年版,第 767 页。

④ 参见《论粮食税》,载《列宁选集》(第 4 卷),中共中央马克思恩格斯列宁斯大林著作编译局编译,人民出版社 2012 年版,第 769-771 页。

⑤ 参见《论"双重"领导和法制》,载《列宁选集》(第 4 卷),中共中央马克思恩格斯列宁斯大林著作编译局编,人民出版社 1995 年版,第 702 页。

挥保障人权的作用。① 十月革命后，列宁领导并指挥了一系列“人权立法”，以法律的形式落实人民应有之权利，保障人民权利在任何情况下不被剥夺、不受侵犯。五是强调保护新生政权②。他强调要保护工农政权，必须有强盛的红军，才能遵守政权的政令、政命。全体农民必须坚定不移地作出支持工人国家的抉择，必须遵守严格的革命秩序等，从而建立起了第一个社会主义国家。六是重视妇女权益保障。他指出，苏维埃最初的重要任务之一是完全破除使妇女处于从属地位的旧法律，使妇女与男子享有平等的权利。七是重视培育社会新风气。针对俄国当时普遍存在的保守、涣散、利己的社会风气，列宁独出心裁，进行了一番呕心沥血的探索，他大力推行“星期六义务劳动”，鼓励劳动群众奉献自我，并围绕政治、经济、文化、社会、司法等领域进行制度建设和完善，建成了在世界范围内独树一帜的社会主义制度体系。

关于法治与社会、国家的关系辨析。历史上有学者曾将法治社会和法治国家混为一谈，认为社会即国家，其实不然。从严格意义上来讲，国家和社会绝不是同义词，二者是相对而言的，法治社会和法治国家存在一定差异。法治社会是国家法治建设的基石，法治社会建设离不开国家和政府的引导和管理，把法治国家的建设从法治社会的建设中完全独立出来是行不通的。社会建设是与国家建设互控互动的基础性力量。根据马克思的展望和预测，国家归根结底是要渐渐“消亡”的，从这个意义上讲，社会比国家的“寿命”更长。因此，既然社会将长存，维护社会秩序离不开法律，社会成员的行为也不能无规则约束，法治对人类发展来说就是有益且必要的。就当代中国进行的法治国家、法治政府、法治社会“三位一体”建设来说，三者的关系是：法治社会对应公权力以外的社会生活的法治化，与法治政府对应政府行政与公权力的法治化相对应，法治社会建设及其评估侧重于私权利的法治化，而法治国家则是一个统领性的概念，它们构成一个三角形，三者协同推进，相辅相成。

马克思、恩格斯对于法律和社会相关理论的一系列精彩论述，在人类历史长河中熠熠生辉，后世无产阶级实践多借鉴他们的思路，中国历任领导人对马克思、恩格斯以及列宁的思想进行继承、创新和发展，使其成为中国革命、人民政权建立、社会主义建设以及改革开放以来加强“法治社会”建设的理论指引。当然，这些先进科学的思想亦是法治社会评估的理论指

① 参见《列宁全集》（第 12 卷），中共中央马克思恩格斯列宁斯大林著作编译局编译，人民出版社 1987 年版，第 50 页。

② 参见张国安：《论列宁法治思想中的法理观》，载《云南大学学报（法学版）》2009 年第 3 期。

导,它们在论述构建法治社会蓝图的同时,也为把握法治社会评估的评估对象奠定了理论基础,并指引我国法治社会评估的设计与实施,影响法治社会评估的基本原则与必然要求。

第二节　中国特色社会主义法治理论是基本遵循

中国特色社会主义法治理论是在吸收借鉴既有人类法治文明有益成果的基础上,构建的符合中国实际、具有中国特色的法治理论,既充分关照了我国古代法治文明、近代法治探索实践和一般法治原理,又充分尊重了我国发展现状和法治建设现状,是在系统总结我国法治经验和教训的基础上形成的。作为中国特色社会主义理论体系的重要组成部分,中国特色社会主义法治理论无疑是中国特色法治社会评估理论与实践的基本遵循。

一、古代法治实践对中国特色社会主义法治理论的启示

早在春秋战国时期,即有“法治”一词。《管子》中有:“威不两错,政不二门,以法治国,则举措而已。”我国的古人很早就已认识到,判定是否依法治国的根本标准在于一切事务能否按照法律来处理。然而,受到时代的局限,在我国古代的法律运用中一直有超出法律监管范围的存在,概言之,中国古代社会不是法治,而是运用法律的人治。我国古代法治建设实践发展深刻体现了“成也萧何,败也萧何”的道理,也即法律的制定要把握好“度”,秦因法律的健全而走向繁荣强大,也因严刑苛法导致法律滥用,终致亡国。秦的兴亡为后世历代君王制定法律、治国理政提供了惨痛的教训和良好的借鉴。汉代一度掀起“儒法之争”,在这之后儒家的思维模式逐渐成为中国社会的核心思想,并渗透在法律当中,指导国家的法治建设,如汉代的“引经决狱”“引经注律”。受儒家思想的影响,中国传统法律强调“德治”,提倡“德法并举”,在重视法治的同时充分发挥道德的教化作用,这种法治思维在稳固社会共同体方面起到了较为明显的作用。历史实践证明,将道德应用于治国具备科学性、合理性,它不仅反映了古人对法治本质的深入理解,而且反映了先进的中国文化对于立法的深刻影响,反映了古代圣人传承数千年的治国智慧,①也为当今我国法治社会建设提供了参考。但不可否认的是,自秦汉以来,中国古代法律所倡导的“德主刑辅”,虽然使中国建立起了庞大的行政司法体系,但其精神内核仍然重在巩

---

① 参见秦国荣:《法治社会中法律的局限性及其矫正》,载《法学》2005 年第 3 期。

固专制统治和皇权政治,意在宣扬统治者的"仁政",并且古代法律并非真正关照普通百姓切身利益的"民主"的法,其制定的出发点仍然是维护统治者一方的利益,给后世法治社会建设留下诸多教训。

一是摒弃古代人治传统,实施依法治国。在当代中国法治社会建设实践中,习近平总书记清晰地表达了中国法治建设是要走中国特色社会主义法治道路,而非人治的道路。这一思想可被中国古代法治建设的正反经验教训所印证。纵观我国古代法治实践,可发现一种规律性的现象:在一个朝代建立初始,法律被社会各阶层所重视,法治运行状态良好,社会秩序井井有条;到了该王朝中后期,官员阶层重视权力而忽视法治,社会治理混乱。就如《礼记·中庸》中所述,古代法治实践带有"其人存,则其政举;其人亡,则其政息"的人治色彩。而我国有 2000 多年的封建社会历史,旧社会封建专制统治根深蒂固,民主和法治在古代中国几乎是不存在的,要在这片顽固的土地上重新栽种出法治的花朵,必然意味着对人治思想的摒弃,对旧制的根除。因此,社会主义法治建设将矛头对准了封建主义,对于人治思想和专制制度进行了猛烈的抨击,对于君权神授、官本位、皇权至上等旧社会观念展开了一波"大扫除",目的就是要为社会主义法治建设之路扫除障碍。同时,要说明的是,对于古代的德治思想,法治并不排斥,反而是将道德明确化、规则化,从而更能尊重人的人格,保障人的权益。

二是汲取古代立法经验教训,实现科学立法。我国古代存在丰富的立法思想。首先,重视立法活动,注重法典的完备性。《约法三章》《九章律》《唐律疏议》等法典包含多方面的法律内容,并形成了律、令、科、比等多形式的法律体系,这为我国古代法律制度的运行奠定了良好的基础。其次,端正立法态度,明确法律作用。法家代表人物慎到在《慎子·威德》中提到"法制礼籍,所以立公义也。凡立公,所以弃私也",他认为法律是为了摒弃私心,建立公正的准则。最后,科学开展立法,优化立法方式。管子在《七法》中表明立法应遵循"则、象、法、化、决塞、心术、计数",即立法要探寻事物背后的规律,把握事物的性能和人的特长,深刻理解人民的心理特征,对事物的进程进行科学的规划。此外,古代法治实践的惨痛教训要求我们在建设中国特色社会主义法治国家进程中,应当重视法律体系形式的合理性。

三是严格执法、公正司法,维护法律公平正义。在《商君书·画策第十八》中,商鞅分析执法与司法的重要性,得出"国之乱也,非其法乱也,非法不用也。国皆有法,而无使法必行之法"的结论,明代张居正也曾感叹"天下之事不难于立法,而难于法之必行"。由此可以看出,除了科学完备的法律体系,法治建设仍需要严格执法、公正司法。因此,在我国当代法治建设中,应当按照法治运作规律和要求,在司法上,构建流程科学、程序正当的司法机制;在执法上,建构严格执法、依法办事,既能保障公权力依法运作,又能对公权力进行有效监督的机制,在法律制度形式合理完备之后,现代法治社会才可有稳固的制度保障。

此外,古代的法治实践中创造了许多熠熠生辉的法治思想,它们指引着古代法治建设的发展。因此,在当代法治建设中,为了确保法律实现公平正义,实现良法善治,不仅要建立形式理性的法律制度,价值判断和价值选择的过程也至关重要。中国特色社会主义多次法治实践表明:法治的价值取向具有两面性,不同的方面决定现实中法律究竟发挥何种作用。如若法治以正向价值为遵循,贯彻“二十四字”的社会主义核心价值观和核心价值体系,保障和维护每一位社会成员的切身利益,那它会成为普惠民生的法、良法善治的法;如若法治以负向价值为追求,沦为维护特权、实施专制与暴政的工具,那它会成为荼毒众生的法、作恶多端的法。由此可见,有关中国特色社会主义法治社会的法,应当兼具法律的形式合理性与价值合理性,从内部到外部、从形式到内核,都应当科学完备。同时,古代法治思想及其法治实践也点明了开展法治社会评估的必要性,指明了法治社会评估所需关注的重点内容,有利于激发法治社会评估发挥更大的效能。

二、中国特色社会主义法治理论进化“三部曲”

我国 1959 年已提出“法治社会”,发展至今,已成为人们耳熟能详的词汇,其语义在各个场合有所不同,但以往提起“法治社会”多是辨析其具体含义的不同。“法治社会”内涵的发展具有阶段性特点。过去鲜有学者对“法治社会”一词进行专门性讨论,也少有学者将其与“法治国家”概念进行辨析。在改革开放伊始,“法治社会”单单意指有法制约束的社会,它是相对于法制缺位的社会而言的。而后,经过一段时间的发展,“法治社会”渐渐成为各类有关法治的讨论中的高频词,这个时候的“社会”,意指与“自然”相对应的社会概念,是“国家—社会”一体化的概念,“法治社会”的含义与“法治国家”“依法治国”大体等同。步入新时代,踏上新征程,随着“法治国家、法治政府、法治社会一体化建设”提上议程,部分学者开始重新思考和审视法治社会,并从相对独立于国家的角度指出和阐述了有关法治社会的一系列问题。① 有学者对法治社会的基本内涵作出了框架性描

① 参见江必新、王红霞:《法治社会建设论纲》,载《中国社会科学》2014 年第 1 期。

述,概括而言,大致包括三个方面:其一,制度方面。法律规则规定社会成员在社会空间中的行为方式和各种活动,全面规范社会秩序,全面干预和渗透进人们的日常生活。各类规范互相作用,联合形成一个完备的体系,迎合社会对于良法善治的需求。其二,心理方面。社会成员由衷认可法律规则,深刻领悟法的内涵和精神,并在日常生活和工作中自觉践行法律,守法尊法,依法办事。其三,秩序方面。以上二者充分发挥其效用,以确保良好的法律秩序,形成跨越统治与自治之共治秩序。

概言之,中国共产党成立以来,法治社会理论在我国经历了阶段性的发展,其意涵在中国特色社会主义实践中日渐丰富,其发展历程可大致分为三个阶段:新民主主义革命时期、新中国成立初期和改革开放以来。

(一)新民主主义革命时期

新民主主义革命时期,由于中国外临帝国主义列强的掠夺,内部党派之争异常激烈,社会矛盾层出不穷,政府无暇顾及法治发展。但此时中西法治文化之间的大交流并未完全停滞,国门的大开为这种冲突融合提供了条件,一大批早期留学的中华学子学成归来,深感中国在某些方面发展的滞后,出于挽救民族危机、救亡图存的目的,试图在中国传播西方的法治文明。但这种传播有的是以全盘否定传统文明为前提的,为了大力宣扬西方所谓的“宪政”“民主”“法治”,他们采取了一种极端激进的态度,即一面盲目推崇西方文化,认为其是“先进文明”的代表,一面极力否定本国传统文化,不论好坏,将传统道德文化视为“糟粕”。殊不知,在农业文明延续数千年的中国,生搬硬套西方资本主义的法治建设道路,如同东施效颦,是不符合国情和社会现实状况的。

南京临时政府时期,临时政府制定并颁布了《中华民国临时政府组织大纲》《中华民国临时约法》《保护人民财产令》《律师法草案》等一系列法律法规,旨在建立并维护资产阶级政权的法律体系。这些立法活动推动了当时的人民树立民主法制观念,具有一定的进步性;然而政府更迭打破了孙中山的愿望,袁世凯在任的北洋政府统治时期,封建帝制再次抬头,军阀专制独裁势力盛行。这一时期颁布的《中华民国约法》《中华民国宪法》等一系列法律法规,形式上虽然完备,具备民主制度的外观,但实质上推翻了临时政府时期建立起来的法治,这些制度打着“复古”的旗号,实际是将法治倒退回专制时代,维护的是军阀专制统治,当然不具有民主性。典型的例子是在诉讼法中规定被告人要跪地供认、县令高坐询案,这些规定显然不符合法治文明中平等和人权的价值要求。

南京国民政府时期,国民党政府参照大陆法系立法传统,建立起“六法全书”的立法框架,但其所标榜的承袭孙中山“三民主义”的立法思想早已变味。法律实际已经丧失了民主价值,而沦为维护大地主、大资产阶级的利益和帝国主义在华特权的工具,北洋政府时期遗留下的法律形式上的民主先进和内容上的封建落后的矛盾并未解决,反而进一步加剧。南京国民政府时期的社会法治呈现出资产阶级法治文化与传统封建文明的怪异结合。

同时,在革命根据地,虽然中国共产党势单力薄,法制的体系化程度不如国民党政府,也缺乏国外专业人士的立法指导,但也颁布了一系列政治性的法律文件,包括 1931 年颁布的《中华苏维埃共和国宪法大纲》,1941 年实行的《陕甘宁边区施政纲领》,1946 年制定的《陕甘宁边区宪法原则》,以及针对军政工作颁布的一系列行政性文件。① 除此之外,针对农民、地主、妇女、儿童等群体的利益,共产党人也颁布了一系列规范性文件,并进行了详细的规定。革命根据地的法治建设充分关照民生,使共产党人赢得了农民的支持和拥戴,为战争胜利打下了群众基础,最重要的是,这些探索性的立法实践也奏响了中国特色社会主义法治建设的前奏。

不容置疑的是,新民主主义革命时期先辈们的诸多尝试取得了一定的成果,但在半殖民地半封建社会的背景下,这些实践始终受限于阶级和外国势力的压迫,加之立法者没有摸清国情就迫不及待立法的心态反而导致事与愿违,走西方法治发展道路的努力收效甚微。

(二)新中国成立初期

社会主义政权的正式建立,既意味着战争状态的结束,也意味着法治文明在中国终于迎来生长的土壤。在相对稳定的政治环境下,“法治”具备了在中国受到关注的可能性,但学界并没有提出严格意义上的“法治”概念,更未对其进行深入阐述。这一时期的法治思想反映出马克思、恩格斯的法律观对新中国法制建设的影响,在当时的一些官方教材上,一度这样界定“法”:“法是由一定的物质生活条件决定的统治阶级意志和利益的体现。”由此可见,社会主流观点强调法的社会物质性与阶级意志性。对于“法治”为何物,大多数人并不了解也不关心。新中国成立至改革开放前,国内法治发展可归纳概括为“破冰”和“瘫痪”两大阶段,且主要体现在法制体系的建立上。

1.“破冰”阶段

从新中国成立至“文化大革命”以前,法治建设呈现出“破冰”的局面。

① 参见张文显:《中国法治 40 年:历程、轨迹和经验》,载《吉林大学社会科学学报》2018 年第 5 期。

新中国成立至1956年以前,领导者带领新中国逐渐脱离法制一片空白的困境,颁布了一系列基础性的法律法规,这些法律法规助推了社会主义"三大改造"的成功实施。1949年中国人民政治协商第一届全体会议通过了《中国人民政治协商会议共同纲领》,它规定了我国的国家性质和领导阶级,在当时的中国是具有宪法性质的文件,为1954年《宪法》①的制定奠定了基础。1954年《宪法》的制定,有力地指导了整个国家和社会的运行,极大地鼓舞了领导者进行法治建设的士气,宪法中的许多内容对于后世影响深远,对于当时刚从泥泞中站起来的中华民族具有重大意义。

在1956年至1966年,由于受战后残余的"左"倾思想扩大化的影响,法律虚无主义盛行。这一时期法制缺位严重,社会秩序混乱,法律执行也是一塌糊涂。未充分意识到法律和法治对于中国未来发展的重要意义,国家权力膨胀,形成国家垄断社会资源的局面,造成"国家—社会"一体化的局面,有关社会自治的法律法规逐步萎缩。

具体而言,首先,国家一味强调法律应当具有阶级性,从而片面否认了"公民在法律上一律平等"的宪法原则和"法律至上"的思想;②其次,在此期间立法机关仅制定出一项法律文件,立法工作原地踏步,20世纪50年代初和60年代初进行的民法典立法工作,均因政治活动而不得不"停工";最后,司法体制发生倒退性变革,地方公安、检察、法院三机关合为一体,中央公安、检察、法院三机关合署办公。

总而言之,这一阶段的法治建设虽然有诸多不足之处,法律规范也不全面,尤其是民法规范的空位严重,但相较于新中国成立前百废待兴的局面,法治建设仍有质的突破,新民主主义法治迎来了春天,成为中国特色社会主义法治理论的基石。

2."瘫痪"阶段

从1966年至"文化大革命"结束,国家的立法机关几乎处于停滞状态,除1975年《宪法》的制定外,其他立法工作没有任何进展;不仅如此,司法体制也遭到全面破坏,各检察院于1969年被全部取消,各大法院也几乎沦为空楼,从事司法工作的人员寥寥无几。新中国成立以来还未牢固建立起来的社会主义法治,历经十年风雨飘零,被打了个"体无完肤"。当然,学界亦有说法认为,新中国成立以来法治发展之路应当以1956年为分界线。在我国"一五"计划目标完成前,是新中国法治的初创和奠基时期;

① 为方便读者阅读,本书中法律法规均使用简称。

② 参见公丕祥、夏锦文:《历史与现实:中国法制现代化及其意义》,载《法学家》1997年第4期。

在我国刚步入社会主义初期直至“文化大革命”结束，是中国法治的徘徊和倒退时期。

（三）改革开放以来

从改革开放到现在，法治理论发展也可以划分为两个时期。根据法治理论发展的完善程度，以 2012 年为分界，第一个是全局框架的搭建时期。随着 1997 年依法治国基本方略的正式提出，中国特色社会主义法治建设开始走向成熟。此后，法治建设问题年年都是党的热议话题。2002 年党的十六大提出了未来法治建设的目标，即到 2010 年形成中国特色社会主义法律体系。2007 年，党的十七大强调“尊重和保障人权”“弘扬法治精神”。到 2012 年，国家法律体系的框架基本建成，中国特色社会主义法律体系基本形成，我国实现了从“建设社会主义法制国家”到“建设社会主义法治国家”的重大转变和跨越。第二个是中国法治建设的全面推进时期，随着党的十八大的召开，领导人对法治建设提出了更高的要求：依法治国不仅要落实，还要前进而不能后退。这一时期，习近平总书记特别强调依宪治国的重要性，宪法的生命在于实施，宪法的权威也在于实施①。这一时期，国家格外重视尊重和保障人权，这一方面体现出我国是人民民主专政的社会主义国家，另一方面改善了民生，切实做到了以人民为中心，充分展现了中国特色社会主义法治的优越性。

1. 改革开放至党的十八大前（1978—2011 年）

改革开放以来，经济发展迅速，民主法治已然成为时代呼唤，为此，中国共产党人“摸着石头过河”，力图探索出一条可行的法治道路。回顾这一历程，中国法治建设之路主要体现为两大方向：第一个方向是从浮于表面的文字语言的创造到法治内核、法治精神的升华；第二个方向是以法治政府为着眼点横向延伸，从各个方面加强法治建设。在加强法治建设方面，1997 年提出法治政府，其目标是“保证国家一切工作依法进行”。2007 年党的十七大提出了“国家工作法治化”的口号，反映了我国法治建设的目标和任务不断深化。而在这两条脉络中，“法治社会”作为独立于法治国家、法治政府的建设内容，在 2012 年年底首次被明确提出，这体现了党中央对这一命题的深刻重视。

改革开放以来，邓小平同志吸取前人法治实践的教训，借鉴世界其他社会主义国家的法治实践经验，坚持一切从实际出发，提出并不断完善中

① 参见习近平：《在首都各界纪念现行宪法公布施行 30 周年大会上的讲话》，载《人民日报》2012 年 12 月 5 日，第 2 版。

国特色社会主义法治理论。任职期间,他多次指出发扬社会主义民主、坚持社会主义法制对于"四个现代化"建设的重要意义,强调必须毫不动摇地健全社会主义法制,甚至在卸任后,他依旧对中国的法制建设充满关心,认为中国的事情"还是要靠法律制度,搞法制靠得住些"。在他的引导下,中国共产党人既警惕右倾思潮对于法治建设的影响,更反对极左思潮再次抬头,法治建设渐渐步入正轨。

邓小平同志是中国特色社会主义法治道路的开拓者。而后,法治道路历经江泽民同志、胡锦涛同志的继承与发展。江泽民同志就任主席之初,便坚定提出,绝不能以人治代替法治,我们党一定要依法办事。随着市场经济在中国的快速崛起,自由、平等、民主成为人民的呼唤,基于保障市场秩序稳定、激发市场活力的现实需求,1997 年,在党的十五大上,他明确了"要依法治国,建设社会主义法治国家",随后对这一理念进行了全面而深刻的阐释,将依法治国思想传播到千门万户,使民主法治思想深入人心。功夫不负有心人,1999 年,第九届全国人民代表大会将"依法治国,建设社会主义法治国家"正式写入宪法修正案。依法治国方略的入宪、入法是中国特色社会主义法治道路的重要一步,自此,中国共产党人的执政方式发生深刻转变,由过去的以政策、命令为导向转变为以法律为导向。步入 21 世纪后,胡锦涛同志深刻揭示了改革开放后中国实现飞速发展的原因——我们坚持走中国特色社会主义道路,强调中国特色社会主义法治道路是一条独立于世界民族之林的法治道路,其以前人的智慧理论为指引,继续开展法治建设,他重视、发展了科学发展观中的法治思想,如"以人为本""弘扬法治精神"等,这些内容极大地升华了马克思、恩格斯的法学理论,有力地指导了中国特色社会主义法治实践。

诚然,改革开放以来,一部分学者将注意力放在了法治社会评估上,学界对于法治社会和法治社会评估的理论在不断完善和丰富,法治社会评估这一问题渐渐显露并得到重视,对法治社会评估的研究和理解也在不断深入,但法治社会评估相关理论的建构与完善道阻且长。例如,关于法治社会建设的理论概念在很长一段时间内不是非常清晰,不少研究者对于法治社会建设的理论描述也模棱两可,尤其是没有与法治体系、法治政府等概念区分开来,从而造成人们对于法治社会的基本含义缺乏深刻理解。同时,相关理论研究不够细致和深入。正所谓理论指导实践,但由于理论学习的贫乏,法治社会建设在实践中存在缺乏依据性和进行评估的无体系性等问题。

2. 党的十八大以来(2012 年至今)

党的十八大以来,以习近平同志为核心的党中央高度重视法治,明确提出要坚持依法治国、依法执政、依法行政共同推进,坚持法治国家、法治政府、法治社会一体建设,同时围绕为什么要全面依法治国、怎样全面依法治国这个重大时代课题,从理论和实践上进行全面探索、开拓、创新、总结,形成习近平法治思想,推动我国法治建设取得历史性成就。

为响应和贯彻党的十八大作出的战略部署,加快建设社会主义法治国家,2014 年,党的十八届四中全会通过了《中共中央关于全面推进依法治国若干重大问题的决定》,主要涉及六方面的内容:一是坚持走中国特色社会主义法治道路,建设中国特色社会主义法治体系;二是完善以宪法为核心的中国特色社会主义法律体系,加强宪法实施;三是深入推进依法行政,加快建设法治政府;四是保证公正司法,提高司法公信力;五是增强全民法治观念,推进法治社会建设;六是加强法治工作队伍建设。该文件的出台进一步加快了法治建设进程。

步入全面建设社会主义现代化国家的新时代,习近平总书记创造性地提出了"十一个坚持",形成了习近平法治思想,对当前和今后一段时期推进全面依法治国的重点工作提出了要求,主要内容包括:坚持党对依法治国的领导;坚持以人民为中心;坚持中国特色社会主义法治道路;坚持依宪治国、依宪执政;坚持在法治轨道上推进国家治理体系和治理能力现代化;坚持建设中国特色社会主义法治体系;坚持依法治国、依法执政、依法行政共同推进,法治国家、法治政府、法治社会一体建设;坚持全面推进科学立法、严格执法、公正司法、全民守法;坚持统筹推进国内法治和涉外法治;坚持建设德才兼备的高素质法治工作队伍;坚持抓住"领导干部"这个关键少数。"十一个坚持"在我国全面依法治国的建设进程中具有总领性的作用。在习近平法治思想的引领下,我们党更加鲜明地强调将法治作为治国理政的基本方式,各级领导干部要提高运用法治思维和法治方式深化改革、推动发展、化解矛盾、维护稳定的能力,强调党的执政活动、国家机关履职活动、人民行使民主权利参与国家治理的活动,都应当遵循法治的规则和程序。在人大代表提出的各项议案中,法律议案比重大增,这些议案皆以全面深化改革为目标,以完善和发展中国特色社会主义制度为导向,以推进国家治理体系和治理能力现代化为宗旨,从法律的制定、修改、废止、解释的角度,提出了各项意见和建议。

中国特色社会主义法治理论的发展,不仅指引我国法治社会的建设工作,而且是法治社会评估设计与实施的基本遵循。中国特色社会主义及其发展过程表明在法治社会建设中对人民利益、法制体系、社会自治等内容开展评估的重要性，为开展法治社会评估提供了理论指导。同时，中国特色社会主义法治理论的发展有助于充分把握法治社会建设的发展规律，从而使法治社会评估能在此基础上与时俱进，不断创新评估方法和手段，推动法治社会建设。

第三节　新时代法治社会理论是行动指南

党的十八大以来，以习近平同志为核心的党中央高度重视社会领域法治建设，提出了建设法治社会的全新命题，基于对马克思主义国家、社会和法律学说的深刻把握，以及对我国治国理政丰富实践经验的充分汲取，系统地总结提炼出一套法治社会建设的科学理论。新时代的新目标、新征程、新实践需要新时代的理论指引。正如马克思、恩格斯所言："一切划时代的体系的真正的内容都是由于产生这些体系的那个时期的需要而形成起来的。"①新时代法治社会理论是对马克思主义法治理论的创新发展，是研究解决法治社会建设及其评估各种重大理论和实践问题的行动指南。

一、新时代法治社会理论形成的时代背景

聚焦法治社会建设的核心问题，从而稳步推进我国法治社会建设，是法治社会评估的历史使命，亦是我国开展法治社会评估的根本目的。而要把握法治社会建设问题的脉搏就有必要掌握问题产生时的时代背景与基本国情，方便"对症下药"。新时代法治社会评估的理论与实践探索，正是在法治社会观念尚浅、社会领域制度规范不完善的时代背景，以及与西方有别的社会构造下进行的。

（一）法治社会观念尚浅

强化法治社会观念是推进全民守法、建设法治社会的基础工程。② 但在建设法治社会之今日，社会群众"办事依法、遇事找法、解决问题用法、化解矛盾靠法"③的法治意识、法治观念尚且薄弱，这是我国法治社会评估建设的思想背景。

---

① 《马克思恩格斯全集》（第3卷），中共中央马克思恩格斯列宁斯大林著作编译局编译，人民出版社1960年版，第544页。

② 参见习近平总书记2014年10月23日在党的十八届四中全会第二次全体会议上的讲话。

③ 《切实维护国家安全和社会安定　为实现奋斗目标营造良好社会环境》，载《人民日报》2014年4月27日，第1版。

1. 个别领导干部办事不依法，群众不信法

习近平总书记在党的十八届四中全会第二次全体会议上指出，要实现依法治国就“必须抓住领导干部这个‘关键少数’”，而要抓住关键少数，“首先解决好思想观念问题”。① 领导干部带头守法、办事依法是推进全民守法、建设法治社会的必然要求，②但在全面建设法治中国之今日，仍有少部分领导干部“大搞以言代法、以权压法”③，致使其职权地域范围内的人民群众难以真正形成对法治的信仰。

2. 人情社会“路子广”，群众遇事不找法

习近平总书记在《严格执法，公正司法》讲话中强调，“我国是个人情社会……但如果人情介入了法律和权力领域，就会带来问题，甚至带来严重问题”④。以“交往时所表现出来的互惠互利的社会性行为和在人际交往活动中的趋利价值取向”⑤为基本内容的人情社会是我国的特征之一，⑥其对法律和权力领域的介入，使社会上办事、遇事第一时间不是求助正当合理合法的途径而是找人、托关系解决的现象依然存在，这给社会治理法治化和法治社会建设带来了难以弥补的损害。⑦

3. 解决问题不用法，遇见问题常靠闹

习近平同志在 2004 年 1 月 6 日浙江全省公安工作会议上指出，实践中“有些问题久拖不决，直到群体性事件发生了才去解决，客观上也容易使群众形成小闹小解决、大闹大解决、不闹不解决的心理”。⑧ 在解决问题的观念方式上，个别政府机关懒政怠政，漠视群众利益，遇事“一推二拖”，群众只能借助非常规手段促进问题解决。久而久之，社会大众养成了“小闹

---

① 《坚定不移走中国特色社会主义法治道路》，载全国人大常委会办公厅、中共中央文献研究室编：《人民代表大会制度重要文献选编》（四），中国民主法制出版社、中央文献出版社 2015 年版，第 1829-1830 页。

② 参见周小丽：《推进全民守法要发挥领导干部的带头示范作用》，载中国共产党新闻网，http://theory.people.com.cn/n1/2017/0825/c409497-29495112.html。

③ 《坚定不移走中国特色社会主义法治道路》，载全国人大常委会办公厅、中共中央文献研究室编：《人民代表大会制度重要文献选编》（四），中国民主法制出版社、中央文献出版社 2015 年版，第 1829-1830 页。

④ 《严格执法，公正司法》（2014 年 1 月 7 日），载中共中央文献研究室编：《十八大以来重要文献选编》（上），中央文献出版社 2014 年版，第 721 页。

⑤ 周茂玉：《商业贿赂犯罪的刑事政策》，载《国家检察官学院学报》2008 年第 2 期。

⑥ 参见雷刚、王发红、景永清、党永辉：《司法鉴定模式的分析及改革探索》，载《中国司法鉴定》2016 年第 3 期。

⑦ 参见《严格执法，公正司法》（2014 年 1 月 7 日），载中共中央文献研究室编：《十八大以来重要文献选编》（上），中央文献出版社 2014 年版，第 721 页。

⑧ 习近平同志 2004 年 1 月 6 日在浙江全省公安工作会议上的讲话。

小解决、大闹大解决、不闹不解决”的习惯,笃信“会哭的孩子有奶喝”的办事方法和问题解决方式,“信访不信法”的现象仍然存在,甚至还催生出职业闹事人,这不仅阻碍了法治观念的普及,也制约了法治社会全面建设的步伐。

4.“惜讼”“厌讼”“耻讼”是传统,①化解矛盾不靠法

2014 年 1 月 7 日,习近平总书记在中央政法工作会议上的讲话中,对我国历来“好人不见官”的习俗,以及“惜讼”、“厌讼”甚至“耻讼”传统的总结掷地有声。自新中国成立、改革开放直至今日,一系列民主、法制和法治建设依然没有完全剔除中国自古以来的“惜讼”、“厌讼”甚至“耻讼”的传统,“居家戒争讼,处世戒多言”以及“赢了官司,输了金钱”等俗语的盛行亦表明这种传统观念在我国依然存在。② 在矛盾冲突的解决策略上,人们更倾向于通过协商等方式私下解决而非诉诸公开性、对抗性的法律程序,以避免“对簿公堂”可能引发的社会舆论指责与个人形象损害的情形发生。

在全面实行依法治国、建设法治社会之今日,这些凸显法治社会观念尚浅的现实问题已经严重影响到了法治社会的建设实践,2020 年 12 月公布的《法治社会建设实施纲要(2020—2025 年)》亦将“推动全社会增强法治观念”置于仅次于“总体要求”的第二部分,可见推动法治观念建设的问题已迫在眉睫,其在法治社会评估中的设置更是重中之重。

(二)社会领域制度规范缺失

中国特色社会主义法律体系虽已建成,但在社会法治领域、重要民生领域、弱势群体权益保护领域、新兴科技治理领域和社会共治领域,立法空白较多,有待完善,这构成了法治社会评估建设的制度背景。③

1. 重要民生领域与弱势群体保护领域规范相对缺失

改革开放以来,我国愈加重视人权的保护,1982 年《宪法》将“公民的基本权利和义务”一章置于“总纲”之后、“国家机构”之前,展示出了国家保护公民基本权利之决心。但随着市场经济和社会高速发展,法律制度规范的不足也逐渐暴露,尤其是在重要民生和弱势群体保护领域,相应配套制度的滞后导致各类遗留问题、各种灰色空间和灰色利益的滋生蔓延。同时,从民生领域与弱势群体保护领域立法角度看,有关教育、劳动就业、收入分配、社会保障、医疗卫生、食品药品等重要民生领域,退役军人、妇女、未成年人、老年人、残疾人等弱势群体保护领域的社会规范仍旧不足。

---

① 参见《习近平在中央政法工作会议上的讲话》,2014 年 1 月 7 日。

② 参见何勤华:《泛讼与厌讼的历史考察——关于中西方法律传统的一点思考》,载《法律科学(西北政法学院学报)》1993 年第 3 期。

③ 参见《法治社会建设实施纲要(2020—2025 年)》2020 年 12 月 7 日。

2. 科技新兴领域的法律监管存在空白

随着互联网的兴起，以互联网为基础的网络社会已经全面形成，根据中国互联网络信息中心（CNNIC）发布的第 52 次《中国互联网络发展状况统计报告》，截至 2023 年 6 月，中国网民数量已达 10.79 亿人，互联网普及率达 76.4%。以互联网为首的新兴科技已经全面渗透到社会生活中并深刻改造现实社会。但如何解决互联网所带来的网络犯罪、网络黑客攻击、网络病毒入侵、网络信息泛滥与垄断、网络安全威胁、网络成瘾问题①，构建并维护网络社会基本秩序，促进网络社会与现实社会之间的良性融合，仍未得到妥善解决。此外，互联网仅是新兴科技浪潮中的冰山一角，基因编辑、代孕、人工智能等前沿领域同样面临着规制缺失的困境，这对社会治理的法治化以及法治社会建设都将是严峻的挑战。

3. 多元社会主体合作共治的相关立法缺位

社会治理中的问题往往是多重性质法律问题交织的综合性问题，在传统政府单向管理、解决社会问题的机制中，因缺乏社会共治规范的有效指引，政府与社会之间，政府与政法、教育、发改、财政等部门之间现实存在的沟通壁垒已成为妨碍社会综合治理的瓶颈。同时，针对同一概念、同一问题，不同主体往往会基于各自的视角和利益，产生差异化的表述和理解，②这导致政府主体与社会主体各执一词、政府内部各主体间协调困难，从而影响法治秩序的统一，纠纷无法实质性解决、同案不同判、一事再罚等破坏法治社会稳定的现象频繁出现，冲击了既有传统单向政府管理的理念与规则。③ 社会各主体难以在治理过程中形成有效的合力治理效能。

重要民生领域、弱势群体保护领域、新兴科技治理领域和社会共治领域制度缺失等问题既给法律体系和立法工作带来一定压力，又为现阶段法治社会建设进一步推进的现实需求带来诸多挑战。“要坚持立法先行，坚持立改废并举”④，推进建设完善的、具有一定前瞻性的社会规范体系，是法治社会建设的首要任务，更是法治社会评估的题中应有之义。

二、新时代法治社会理论的成型与核心要义

党的十八大以来，以习近平同志为核心的党中央基于马克思主义基本原理，运用历史唯物主义与辩证唯物主义的科学世界观与方法论，立足于

---

① 参见徐汉明、张新平：《网络社会治理的法治模式》，载《中国社会科学》2018 年第 2 期。
② 参见宋亚辉：《营利概念与中国法人法的体系效应》，载《中国社会科学》2020 年第 6 期。
③ 参见陈柏峰：《中国法治社会的结构及其运行机制》，载《中国社会科学》2019 年第 1 期。
④ 习近平：《加快建设社会主义法治国家》，载《求是》2015 年第 1 期。

统筹推进“五位一体”①总体布局、协调推进“四个全面”②战略布局，形成了内容丰富、体系完整、逻辑严谨、具有纯熟哲学方法和鲜明实践意义的新时代法治社会理论。③ 这对法治社会建设及评估具有重要意义，是新时期法治社会评估的行动指南。

(一)新时代法治社会理论的演化历程

法治是国家治理的基本形式，社会是国家存在的基础。④ 如前文所述，法治社会是指独立于公共权力之外的，基于法治秩序进行生产、生活的社会生活共同体之间形成的新的社会关系格局和结构形态，其以和谐社会为根本目标，现阶段体现为以实现正义、增进福祉为目的构建的“法治”与“社会”相互运动的理想状态，其可以具象为社会法治观念健全、社会规范齐全、社会治理法治化完全、权利保护周全、网络空间安全的和谐社会状态，它包括必要的法治观念、社会规范、权利保护、治理机制和治理方式。⑤中国共产党在领导人民进行革命、建设和改革开放的各个历史阶段中，始终坚持从实际出发，与时俱进地运用马克思恩格斯经典作家关于社会管理的治国理政学说，创新性地挖掘中华传统优秀治理文化，灵活地转化人类文明治理成果，形成了具有中国特色的法治社会道路、制度、文化、理论及其话语传播体系，不仅为打造人类命运共同体，实现中华民族伟大复兴“中国梦”提供了智识资源，也为人类社会文明发展提供了“中国方案”和“中国智慧”。

党的十八大以来，我国社会治理理论的研究和实践，在继承马克思恩格斯经典作家社会管理思想并对其进行创新的基础上实现了迅猛发展，不仅有关“社会建设和管理”等内容成为党的纲领性文件的重要组成部分，而且发展出了“四位一体”的内容，围绕社会建设治理，规划了统筹推进经济建设、政治建设、文化建设、社会建设和生态文明建设“五位一体”的总体布局。2012 年 12 月，“法治社会”作为区别于“法治国家”“法治政

---

① 建设中国特色社会主义，总依据是社会主义初级阶段，总体布局是五位一体，总任务是实现社会主义现代化和中华民族伟大复兴。参见胡锦涛：《坚定不移沿着中国特色社会主义道路前进 为全面建成小康社会而奋斗》，载本书编写组编著：《十八大报告辅导读本》，人民出版社 2012 年版，第 13 页。

② 习近平总书记于 2014 年 12 月在江苏调研时第一次明确提出“四个全面”，即全面建成小康社会、全面深化改革、全面依法治国和全面从严治党。参见《主动把握和积极适应经济发展新常态 推动改革开放和现代化建设迈上新台阶》，载《人民日报》2014 年 12 月 15 日，第 1 版。

③ 参见张文显：《习近平法治思想研究(上)——习近平法治思想的鲜明特征》，载《法制与社会发展》2016 年第 2 期。

④ 参见卢汉龙：《法治管理需要以公民社会为基础》，载《东方法学》2012 年第 5 期。

⑤ 参见俞可平：《全球治理引论》，载《政治学》2002 年第 3 期。

府”的概念首次被正式提出，但与社会管理的联系尚浅。① 党的十八届三中全会将“社会管理”升华为“社会治理”，提出“创新社会治理体制”“加快形成科学有效的社会治理体制”。党的十八届四中全会正式将“法治社会”与“社会治理”联系起来，提出“坚持系统治理、依法治理、综合治理、源头治理，提高社会治理法治化水平”是“法治社会”的重要组成部分，是“推动全社会树立法治意识”“推进多层次多领域依法治理”“建设完备的法律服务体系”“健全依法维权和化解纠纷机制”的内容之一。2020 年 11 月，习近平总书记也在充分吸收原有社会治理与法治社会理论的基础上，进一步提出要“加强青少年法治教育，不断提升全体公民法治意识和法治素养”，要“完善预防性法律制度，坚持和发展新时代‘枫桥经验’”“促进社会和谐稳定”②，法治社会的内涵进一步完善为“社会治理法治化、基层纠纷多元解决、法治文化建设健全、网络空间依法治理”的社会状态。③ 同年 12 月，历经近 20 年的理论发展，《法治社会建设实施纲要（2020—2025 年）》面世并成为我国法治社会建设的纲领性文件，这标志着法治社会理论正走向成熟，并投身入广泛而深刻的中国特色社会主义法治社会实践活动中。这是马克思恩格斯经典作家关于国家治理学说在当代中国的新发展，是新时代中国特色社会主义法治社会建设实践的理论成果，是中国特色社会主义法治社会理论的“升级版”。国家关于“推动全社会增强法治观念、健全社会领域制度规范、加强权利保护、推进社会治理法治化、依法治理网络空间、加强组织保障，增强人民群众获得感、幸福感、安全感，打造信仰法治、公平正义、保障权利、守法诚信、充满活力、和谐有序的社会主义法治社会”等加强和创新法治社会治理的一系列理念、构想和战略，不仅是我国法治理论和治理理论的新内容，也是新时代进行“四个伟大”实践探索，全面提升“五大文明”建设，实现国家治理体系和治理能力现代化，基本实现全体人民共同富裕、人民幸福安康生活的目标要求和路径要求。

（二）新时代法治社会理论的核心要义

法治社会评估理论具有丰富的内涵。这一鲜活理论体系始终围绕“建设什么样的法治社会评估体系”核心命题展开。法治社会评估以法治社会

---

① 参见习近平：《在首都各界纪念现行宪法公布施行 30 周年大会上的讲话》，载《人民日报》2012 年 12 月 5 日，第 2 版。

② 《坚定不移走中国特色社会主义法治道路　为全面建设社会主义现代化国家提供有力法治保障》，载《人民日报》2020 年 11 月 18 日，第 1 版。

③ 参见《习近平法治思想概论》编写组编：《习近平法治思想概论》，高等教育出版社 2021 年版，第 185-192 页。

为评估对象,以我国法治社会建设状况为主要评估内容,以"法治社会"为评估构建的中心。因此,法治社会评估理论的核心要义就是要诠释法治社会的核心要义。

1. 新时代关于法治社会建设的重要论述:核心要义六要素说划分的依据

厘清新时代法治社会评估的核心要义,应当立足于马克思主义法治理论,结合党的十八大以来形成的重要思想体系与理论成果,如习近平法治思想和习近平新时代中国特色社会主义思想中关于法治社会建设的重要论述等,进行综合性的理解诠释。(1)在习近平法治思想中,法治社会作为全面依法治国工作布局的基础,作为全面依法治国中与人民距离最近、关系最深的社会法治化,是习近平法治思想中着重论述的部分,其核心为社会治理法治化、基层纠纷解决、法治文化建设、网络空间治理四个方面。① (2)在习近平新时代中国特色社会主义思想中,法治社会是"五位一体"中有关中国特色社会主义社会法治建设内容的凝练、总结和发展,可总结为"健全社会领域制度规范、保障民权民生、强化创新社会治理"②。(3)在马克思主义法治理论中,法治社会包含在有关法治的论述中,其认为法治社会应"以人为本,坚持人民主体地位、秉承公平正义,保障私权、坚持自由平等,提升社会法治观念"③。因此,法治社会的基本内涵可归纳为思想观念方面、制度规范方面、权利保障方面、治理法治化方面和网络空间方面五个方面,这与《法治社会建设实施纲要(2020—2025年)》规定的"推动全社会增强法治观念""健全社会领域制度规范""加强权利保护""推进社会治理法治化""依法治理网络空间"五部分内容不谋而合,即思想观念方面要求全民守法;制度规范方面要求社会领域制度规范健全;权利保障方面要求公民、组织等社会主体的政治经济文化权利得到有效保障;治理法治化方面要求社会共治、矛盾纠纷化解机制多元;网络空间方面要求依法管网、办网、上网,网络空间治理法治化。除此之外,学界对于法治社会的核心要义虽亦有深刻且充足的诠释,但都能为本书总结的五方面构成所涵盖。因此,五方面构成既可以对法治社会进行清晰的定位,又可以覆盖到法治社会建设的各个方面、全部过程。

---

① 参见《习近平法治思想概论》编写组编:《习近平法治思想概论》,高等教育出版社2021年版,第185-192页。

② 《新时代中国特色社会主义理论与实践(2021年版)》编写组编:《新时代中国特色社会主义理论与实践(2021年版)》,高等教育出版社2021年版,第169-194页。

③ 许海东:《马克思恩格斯法治观要旨及其时代价值》,载《理论导刊》2016年第2期。

2. 核心要义之六要素说

根据法治社会五方面理论，新时代法治社会理论应当型构以观念建设方面、制度规范健全方面、权利保障方面、治理法治化方面、网络空间净化方面和组织保障方面为六要素的架构（见表4-1），之所以还增加了组织保障论方面，是因为法治社会评估与法治社会的核心要义探究不同，前者是对法治社会建设状况全面的客观测量与主观评价，所涉的组织、部门数量庞杂，所及的领域范围广阔。因此只有加强组织方面的保障，法治社会理论的内容才更显周全。此六要素之间相互联系、相辅相成，同时各有侧重，共同构成了核心要义之有机整体。

表4-1　新时代法治社会理论核心要义的"六要素"

六要素	基本面向
"观念"要素：推动全社会增强法治观念	全民守法是法治社会的基本要求。推动全社会增强法治观念，促进全民守法是法治社会建设的基础工程
"制度"要素：健全社会领域制度规范	健全社会领域制度规范是法治社会建设的基本遵循
"权利"要素：加强权利保护	保障公民权利，维护各类社会主体的合法权益是法治社会建设的核心要求
"治理"要素：推进社会治理法治化	推进社会治理法治化，完善社会治理体系，是法治社会建设的主体工程
"依法治网"要素：依法治理网络空间	依法治理网络空间，树立文明网络风尚，是法治社会建设的重点问题
"组织保障"要素：法治社会建设的协调保障和科学评价	组织保障是法治社会建设的重要保障，其是指为执行相应事务所应采取的组织措施

第一，"观念"要素。全民守法是法治社会的基本要求，新时代法治社会理论之"观念"论突出表现为大力推动全社会增强法治观念。推动全社会增强法治观念，促进全民守法是法治社会建设的基础工程。习近平总书记强调，法治社会必须由社会全体成员共同参与建设，"只有全体人民信仰法治、厉行法治"，社会生活才能在法治轨道上正常运转，才能实质性地推动全体社会成员参与到法治社会建设中去。① 因此，必须要增强全社会法治观念，推动人民群众懂法守法，在法治框架内解决各种矛盾纠纷和问题。这要求：必须以法治观念为中心，从法治观念建设主体、法治观念建设基

① 习近平总书记2020年2月5日在中央全面依法治国委员会第三次会议上的重要讲话。

础、法治观念建设对象和法治观念建设内容四方面，全面促进各主体投入法治观念建设的各环节中，助推“健全普法责任”“大力弘扬宪法精神”“提升公民法治素养”“加强社会主义法治文化建设”的实现。① 只有国家机关有责任，宪法和法律有生命，全民有素养，法治成为文化，才能使社会全体公民树立起宪法法律至上、法律面前人人平等的法治理念，充分调动全国人民对于法治建设的积极性，引导全社会人民做“社会主义法治的忠实崇尚者、自觉遵守者、坚定捍卫者”②，法治社会建设才有坚实的社会基础，法治社会评估才会有充足的生命力。由此，“推动全社会增强法治观念”要求弘扬宪法精神，维护宪法权威，提升公民法治素养，增强法治观念，建设社会主义法治文化，落实普法责任制。

第二，“制度”要素。社会领域制度规范健全是法治社会的基本保障，新时代法治社会理论之“制度”论突出表现为不断健全社会领域的制度规范，此为法治社会建设的基本遵循。“坚持立法先行……为全面推进依法治国提供基本遵循。”③只有通过立法将好的制度、人民迫切需要的制度固定下来，为执法、司法、守法提供基本的指引，法治建设才能按照既定的规划目标进行下去。党的十八大以来形成的重要思想成果多次就社会领域制度规范建设提出要求。例如，坚持和完善增进民生福祉的就业、教育、社会保障、医疗等重点领域规范制度建设是习近平新时代中国特色社会主义思想深刻的实践要求。④ 在此基础上，习近平法治思想强调法治社会建设要加快完善市民公约、乡规民约、行业规章、社会组织章程⑤等在内的社会规范体系。习近平总书记亦强调“要创新道德建设内容，积极鼓励和支持一切……新的道德观念和道德规范”⑥，推动道德规范和社会诚信建设。因此，“健全全社会领域制度规范”的基本要求是完善社会重要领域立法、促进社会规范建设、加强道德规范建设、推进社会诚信建设。

第三，“权利”要素。保障公民权利，维护各类社会主体的合法权益是法治社会建设的核心要求，新时代法治社会理论之“权利”论突出表现为

---

① 参见《习近平法治思想概论》编写组编：《习近平法治思想概论》，高等教育出版社 2021 年版，第 189－190 页。

② 习近平：《加快建设社会主义法治国家》，载《求是》2015 年第 1 期。

③ 习近平：《加快建设社会主义法治国家》，载《求是》2015 年第 1 期。

④ 参见《新时代中国特色社会主义理论与实践（2021 年版）》编写组编：《新时代中国特色社会主义理论与实践（2021 年版）》，高等教育出版社 2021 年版，第 171－172 页。

⑤ 参见《习近平法治思想概论》编写组编：《习近平法治思想概论》，高等教育出版社 2021 年版，第 187 页。

⑥ 习近平：《干在实处　走在前列——推进浙江新发展的思考与实践》，中共中央党校出版社 2013 年版，第 303 页。

加强社会成员的权利保护。“限制权力，保障权利是发展与法治的核心问题”①，亦是习近平新时代中国特色社会主义思想中建设法治社会的核心要求。权利，依客体所属公法或私法，可以分为公法上的权利和私法上的权利，②其中，公权利是指公民依公法之规定，针对国家而享有的请求一定作为、不作为或容忍之权利，③私权利则是依私法之规定而享有的一定自由的权利。④ 习近平总书记强调，全面深化改革，推进法治社会建设，就必须要拓宽公民参与立法、执法、司法的渠道，保障公民“知情权、参与权、表达权、监督权”等公法上权利的行使。⑤ 因此，公民权利的保护，不仅限于私法上权利的保护，还应包括公法上权利的保护。法律的生命在于实施，权利作为法律的产物，⑥其生命在于运行与救济。⑦ 鉴于此，权利的保护不仅需要拓宽其运行的渠道，还需要加强执法与司法的保障。这要求，健全公众参与重大公共决策机制，保障行政执法中当事人合法权益，加强人权司法保障，为群众提供便捷高效的公共法律服务，引导社会主体履行法定义务承担社会责任⑧，公民及其他社会主体树立主人翁意识，有序、合法地行使自身权利，承担社会责任。同时，国家行政、司法主体应当积极行动，在执法、司法中有效保护公民及其他社会主体的权利，努力构建权利保障型法治社会。

第四，“治理”要素。推进社会治理法治化，完善社会治理体系，是法治社会建设的主体工程，新时代法治社会理论之“治理”论突出表现为全面推进社会治理法治化。习近平总书记指出，“构建社会主义和谐社会”是“全面建设小康社会、开创中国特色社会主义事业新局面”的主体工程，⑨而“和谐社会应该是法治社会”⑩，要“加快实现社会治理法治化，依

① 丁国强：《司法功能的两个维度》，载《人民法院报》2015年12月14日，第2版。

② 参见姚辉：《权利的民法典表达》，载《中国政法大学学报》2017年第2期。

③ 参见江必新：《行政法律规范现代化若干问题研究》，载《法律适用》2022年第1期。

④ 参见叶名怡：《论事前弃权的效力》，载《中外法学》2018年第2期。

⑤ 参见习近平：《决胜全面建成小康社会　夺取新时代中国特色社会主义伟大胜利——在中国共产党第十九次全国代表大会上的报告》，2017年10月18日。

⑥ See H. L. A. Hart, *Essays on Bentham: Studies in Jurisprudence and Political Theory*, Oxford University Press, 1981, p. 82.

⑦ 参见陈瑞华等：《对话陈瑞华：法学研究的第三条道路》，载《法律和社会科学》2016年第2期。

⑧ 《法治社会建设实施纲要（2020—2025年）》，2020年12月7日。

⑨ 参见习近平：《树立和谐社会的理念》，载习近平：《之江新语》，浙江人民出版社2007年版，第131页。

⑩ 习近平：《密织法律之网，强化法治之力》，载习近平：《论坚持全面依法治国》，中央文献出版社2020年版，第103页。

法防范风险、化解矛盾、维护权益,营造公平、透明、可预期的法治环境”①。可见,社会治理法治化是法治社会建设的重心所在。党的十九届四中全会进一步提出,完善社会治理体系就是要完善“党委领导、政府负责、民主协商、社会协同、公众参与、法治保障、科技支撑”的社会治理体制机制,实现“政府、社会、公众”等多层次,“民族、宗教、生态、应急、乡村”等多领域依法治理。与此同时,要“充分发挥人民调解的第一道防线作用”,完善“调解、信访、仲裁、行政裁决、行政复议、诉讼”等社会矛盾纠纷多元预防调处化解机制,有效化解社会矛盾纠纷,②推进人民团体、社会组织加强“自我管理、自我服务、自我教育、自我监督”,充分发挥“提供服务、反映诉求、规范行为”的作用。总之,要推动社会治理法治化,就是要求完善社会治理体制机制、推进多层次多领域依法治理、发挥人民团体和社会组织在法治社会建设中的作用、增强社会安全感、依法有效化解社会矛盾纠纷。

第五,“依法治网”要素。依法治理网络空间,树立文明网络风尚,是法治社会建设的重点问题,新时代法治社会理论之“依法治网”论突出表现为依法治理网络空间。中国互联网络信息中心报告显示,截至2023年6月,我国网民数量已经达到10.79亿人,网络空间已经成为社会生活不可分割的一部分,成为国家继陆、海、空、天之后的第五疆域,代表着新的生产力和新的发展方向。但与“全民上网时代”的现实情况相比,我国网络立法不完善、③网络治理能力不足、④网民网络法治意识淡薄⑤等网络安全问题较为严峻。对此,习近平总书记多次强调“没有网络安全就没有国家安全”,发表了“网络空间不是‘法外之地’”等重要论述,要求完善网络空间的依法治理体制机制。这要求:(1)必须加快进行网络空间治理的立法规划,推动网络产权保护、服务经营规范、网络安全保障、特殊权益保护和涉外网络空间治理等相关法律制度完善,为依法治网提供完善的制度保障;

① 习近平:《在中央全面依法治国委员会第一次会议上的讲话》,载习近平:《论坚持全面依法治国》,中央文献出版社2020年版,第234页。

② 参见《习近平法治思想概论》编写组编:《习近平法治思想概论》,高等教育出版社2021年版,第189页。

③ 2022年8月25日,在北大法宝法律法规数据库进行“标题”检索,以“网络”为关键词,法律1部,法规2部;以“信息”为关键词,法律1部,法规6部;以“计算机”为关键词,法律0部,法规4部;以“算法”为关键词,法律仅有《预算法》1部,法规2部;以“数据”为关键词,法律1部,法规0部。

④ 参见陈永峰:《认同与开放:民法精神对提升警察网络素养的启示》,载《山东警察学院学报》2021年第1期。

⑤ 参见孟卧杰、王天敏:《高校学生“网络水军”失范行为的法律分析》,载《四川警察学院学报》2019年第1期。

(2)有效推动“依法管网、依法办网、依法上网”①,保障公民依法安全用网的体系构建,确保网络空间在法治的轨道上稳定运行、健康发展,为依法治网提供稳定的运行机制;(3)建立互联网内容规范、网络诚信推进、网络素质提升和青少年网络安全教育的体制机制,培育“良好的网络法治意识”,为依法治网提供良好的社会基础。

第六,“组织保障”要素。组织保障是法治社会建设的重要保障,其是指为执行相应事务所应采取的组织措施,新时代法治社会理论之“组织保障”论突出表现为强化法治社会建设的协调保障和科学评价。法治社会评估的组织保障是指强化中国共产党对各法治社会建设主体的领导,加强各组织之间的统筹协调,落实法治社会建设责任和相应的考评机制,并为法治社会建设提供相应的智识资源和舆论引导。这是因为:(1)中国共产党的领导是“中国特色社会主义的最本质特征,是中国特色社会主义制度的最大优势”,党的领导贯穿政治、经济、文化、社会、生态建设的方方面面,法治社会建设亦不例外,应当坚持党对法治社会建设的领导核心地位。(2)统筹协调是协调各组织上下沟通、平行交流的桥梁和纽带,是发挥组织合力的利器。② 法治社会建设是全社会、多层次、多领域法治化的建设过程,所涉及的组织机构数量多、范围广、管理难,须以党组织为领导核心协调各组织、各部门联动,充分调动社会各方力量参与法治社会建设,形成法治社会建设的最大合力。(3)“要科学制定干部政绩的考核评价指标”,才能形成“正确的用人导向和用人制度”,才能落实法治社会建设责任,“扎扎实实地把各项工作落到实处”。③ 同时,法治社会建设的社会评价也至关重要,实践是检验真理的唯一标准,而“群众的实践是最丰富最生动的实践”④。因而,要将最有发言权的人民群众的满意度、社会的认可度放在中心位置,作为检验法治社会建设工作成效的重要指标。(4)法治社会评估离不开法治理论和评估理论的指导,离不开社会共同的推进。由此,必须为法治社会评估提供充足的理论智识资源,各地区亦应当及时出台相应的法治社会建设白皮书,激发全社会对法治社会建设、法治社会评估的热情,形成全民关心、支持和参与的良好风尚,为法治社会评估的顺利

---

① 《习近平法治思想概论》编写组编:《习近平法治思想概论》,高等教育出版社 2021 年版,第 191 页。

② 参见柴金祥等:《基层人大工作与政治文明建设大家谈》,载《人大研究》2012 年第 8 期。

③ 参见习近平:《要看 GDP,但不能唯 GDP》,载习近平:《之江新语》,浙江人民出版社 2007 年版,第 30 页。

④ 习近平:《办法就在群众中》,载《西部大开发》2013 年第 6 期。

进行与深入实施创造良好的舆论生态。

三、新时代法治思想之法治社会理论的时代价值

在迈上全面建设社会主义现代化国家新征程的关键时刻，加快建设法治社会、全面推进国家各方面工作法治化尤为重要。新的实践呼唤新的理论指引，新时代法治社会理论不仅为中国特色社会主义法治建设实践指明了方向，也为法治社会评估提供了科学的行动指南，具有深远而重大的时代价值。具体而言，其时代价值集中表现在宏观价值和微观价值两个方面。

（一）宏观价值

一是对马克思主义法治理论在新时代的继承、创新和发展。马克思主义法治理论是以马克思主义基本理论为基础，以法治现象和法治发展规律为研究对象，以辩证唯物主义和历史唯物主义为研究方法的一门理论，是马克思主义理论的重要组成部分。19 世纪 30 年代以来，马克思先后写下《黑格尔法哲学批判》《神圣家族》《德意志意识形态》等著作，深刻地揭示了法是统治阶级意志的体现这一本质，强调要推翻资产阶级以“物的力量”为统治基础的资产阶级国家制度，建立以“人民的力量”为统治基础的社会主义国家制度，并以法治为基本方略，逐步实现人的解放，为人的自由和全面发展打下坚实的法治基础。① 中国是社会主义国家，包括法治在内的中国特色社会主义制度和国家治理体系是以马克思主义为指导、植根中国大地、具有深厚中华文化根基、深得人民拥护的制度和治理体系，是具有强大生命力和巨大优越性的制度和治理体系。新中国成立以来，尤其是党的十八大以来，以习近平同志为核心的党中央承继马克思主义法治理论，高度重视法治作为社会治理基本方略的理念，立足于我国国情、社情，原创性地提出了关于法治社会建设的系列新理念、新思想、新战略，为推进法治国家、法治政府、法治社会一体建设提供了根本遵循，为中国特色社会主义法治建设指明了前进方向。新时代法治社会理论在坚持马克思主义法治理论的核心原则和价值理念的基础上，丰富发展了马克思主义人民法治观，强调制度规范体系的科学构建与有效实施，重视党在法治建设中的领导作用，并以科学的评估机制推动法治社会建设动态调整、持续优化，体现了对时代需求的精准把握，是马克思主义法治理论在中国法治实

---

① 参见《习近平法治思想概论》编写组编：《习近平法治思想概论》，高等教育出版社 2021 年版，第 36-37 页。

践、发展、创新的重要产物，为中国特色社会主义法治社会建设提供了强有力的理论支撑和实践指导。

二是对法治评估理论的创新与拓展。早在 21 世纪初，我国法治评估领域已显现出理论研究的微光与实践探索的雏形。2004 年，习近平总书记便强调考评考核评价制度在社会发展、干部任用中的重要作用，强调不能只看 GDP，应当综合就业水平、教育投入、环境质量等方面内容考察社会发展情况①；2005 年，浙江省杭州市余杭区建设了内地首个地区法治指数，②9 个一级指标中 3 个一级指标即权利依法保障、全民素质提升、社会平安和谐是关于法治社会评估的内容。自党的十八大召开以来，法治评估理论成为建设新时代中国特色社会主义制度的重要内容，对考核评价指标体系的设置要求也多次体现在中共中央制定的宏观发展计划中，新时代法治社会及评估理论逐渐完善。《法治政府建设实施纲要（2015—2020 年）》中指出要建设政绩考核指标体系，充分发挥考核评价对法治政府建设的重要推动作用；《法治社会建设实施纲要（2020—2025 年）》中明确“制定法治社会建设评价指标体系”；《法治中国建设规划（2020—2025 年）》中要求“制定法治建设指标体系和考核标准”；《法治政府建设实施纲要（2021—2025 年）》强调“建立健全法治政府建设指标体系，强化指标引领”。新时代法治社会理论同样强调了建立适合我国国情的法治社会建设的评估理论框架、指标体系、操作程序以及技术方法等的重要性，尤其是《法治社会建设实施纲要（2020—2025 年）》这一文件的出台，进一步明确了考核评估机制作为法治社会建设关键组成部分的重要地位，法治评估理论在新时代法治社会理论的长期发展过程中不断丰富、拓展并趋于完整。

三是对社会治理理论的创新与发展。党的十八大以来，习近平总书记强调社会领域法治建设的重要意义，赋予法治社会建设新的内涵，强调法治国家、法治政府、法治社会相辅相成的关系与一体建设的发展要求。依法治国的根基在民众，只有全面增强全民法治观念，实现全民守法，方能夯实法治国家、法治政府建设的社会基础。同时，习近平总书记将社会治理与法治进行创造性结合，指出了社会治理不同于社会管理的属性，强调系统、依法、综合、源头思维治理模式，揭示了社会治理的依法治理内涵，指出社会治理法治化水平与法治社会建设的密切联系。“法治兴则国家兴，法

---

① 参见习近平：《既看经济指标，又看社会人文环境指标》，载习近平：《之江新语》，浙江人民出版社 2007 年版，第 73 页。

② 参见易卫中：《地方法治建设评价体系实证分析——以余杭、昆明两地为例》，载《政治与法律》2015 年第 5 期。

治衰则国家乱；什么时候重视法治、法治昌明，什么时候就国泰民安；什么时候忽视法治、法治松弛，什么时候就国乱民怨。”①因此，社会治理的过程也是法治社会建设的过程，加快建设法治社会的使命任务之一就是不断完善社会治理机制和治理体系，建设法治社会也是社会治理现代化的重要任务，这意味着新时代法治社会理论的成型，必然在实质意义上推动社会治理理论的发展，其不仅是新时代法治社会理论自身的创新，也是对社会治理理论的创新。

（二）微观价值

一是，弘扬了人民主体的权利精神。新时代法治社会理论深刻认识到了法治社会建设事关人民群众的幸福感、获得感和安全感这一客观事实，强调通过法治社会评估活动助推法治社会建设更进一步发展，畅通人民群众参与社会治理的渠道，进一步提升人民群众在社会治理法治化过程中的参与感，保障人民群众的基本权利，这实质上夯实了我国人民当家作主的政治地位，对于确保人民充分行使当家作主的权利具有重要意义。此外，从法理角度考察，新时代法治社会理论中蕴含的人民主体理念是对既往民主理论的根本超越和发展。虽然人民主体与人民主权仅有一个字的区别，但二者却有质的不同，因为人民主体不仅是解构性的，更是建构性的。新时代法治社会建设及评估理论的内涵不仅倡导对公权力的制约，也强调对社会成员私权的保障，更加关注通过对老弱幼病残等社会成员权利的保护以实现社会公正。可以说，新时代法治社会建设及评估理论体系不仅深化了人民当家作主的主体地位，还赋予其更加丰富深刻的内涵和广泛的外延，即一切依靠人民，一切为了人民，一切造福人民，强调有效地保障人民应当享有的自由和权利，这与坚持以人民为中心的发展，实现全体人民参与、促进和享受发展的权利背后的理念高度一致，也与推动改革、创新、发展更加公平并造福全体人民的精神相契合。

二是，传播了尊重规律的科学精神。法治社会建设及评估理论是一个以尊重规律、尊重科学、尊重法治为基础的科学理论体系，“在全面深化改革中，我们要处理好尊重客观规律和发挥主观能动性的关系”，既“按照客观规律办事”，又“勇于推进理论和实践创新，不断深化对改革规律的认识”。新时代法治社会理论不仅有利于保证我国法治社会的建设和发展符合经济社会发展的客观规律，符合人类文明发展及演进的普遍规律，而且

---

① 《深刻认识宪法修改的重大意义》，载习近平：《论坚持全面依法治国》，中央文献出版社 2020 年版，第 194 页。

有利于将中国法治社会建设的特殊规律与法治一般规律相结合。一定意义上，法治社会建设过程就是治理法治化、科学化的过程。党的十八大以来，在不断地法治实践和创新发展进程中，新时代法治社会建设及评估理论一再被证明是科学且行之有效的，其不仅是马克思主义中国化的最新成果，也符合中国经济社会发展规律和法治一般规律，是确保社会在法治轨道上有序发展并迸发出前所未有活力的行动指南。

第四节　法治评估理论是法治社会评估的智识资源

学界通常认为，法治评估理论是指立足于评估体系的一致性和协调性，在法治理论逻辑演绎场域之中讨论法治评估活动在理论层面的内容范畴，①是一套完整的综合性评估理论体系，对于法学领域乃至其他领域的评估活动具有重要的指导意义。事实上，本书着重探讨的法治社会评估在一定程度上也可以认为是传统法治评估演进或发展的结果，相较于传统法治评估理论以衡量整体法治状态为目的，法治社会评估更加侧重对法治社会建设水平的量化。虽然二者在评估对象等具体内容方面有所差异，但从专业的评估理论视角考察，法治评估理论能够为法治社会评估的理论构建乃至实践操作提供专业化、标准化的理论指导，以一套较为成熟领先的评估理论范式引导法治社会评估活动各环节工作的具体纲领的制定及落实。

一、法治评估理论为法治社会评估提供了理念上的指导

理念是人们在对客观事物进行反映、评价和创造的统一认识过程中获得的关于客观事物的客观性、价值性和理想性的认识内容在认识论中的理论表现②，通俗来说，理念就是人们对事物形成的一种客观抽象且理性的整体性认知，具体到法治评估理论对法治社会评估的指导过程中，是指其对法治社会评估在思想或认识层面的统摄和影响。

一是，法治社会评估应当坚持定量与定性相结合。传统法治评估是量化法治浪潮在全球蔓延的结果，③其重要特征就是将经济学领域的量化研究方法引入法治评估领域，通过把法治要素、法治精神等法治实质内容分解细化并转化为具体可量化的指标，最终将抽象法治水平以数值的形式呈

① 参见杜维超：《论新时代法治评估的区域化转向》，载《法治现代化研究》2018 年第 6 期。

② 参见赵君：《理念应作为认识论的基本范畴》，载《哲学动态》1987 年第 6 期。

③ 参见彭澎、张敬武：《法治乡村建设指标的设计原理与基础理论研究》，载《湖南行政学院学报》2023 年第 1 期。

现出来,实现对法治的量化评估。这种量化评估模式能够较好地直观衡量抽象法治的状态和水平,并帮助政府发现法治建设的漏洞和短板,明确未来法治建设的基本方向。与此同时,定性分析也是法治评估重要的分析方法之一,是指评估者基于自身学识水平、知识经验以及基本价值观念,综合运用逻辑思维对评估对象进行质性评估,相较于量化评估方法,定性评估能够很好地避免评估陷入"唯技术论""唯数据论"的误区,保证法治评估能够按照预期发挥其衡量法治建设状况的作用。因此,定量与定性相结合是法治评估理论的核心观点之一,相应地,这也是法治评估理论对法治社会评估活动最基本、最重要的指导理念,这是由于一方面,法治社会评估发源于法治评估,并始终处于法治评估"定量与定性相结合"的评估框架之下,虽然法治社会评估量化的对象不再是整体法治水平而是法治社会建设水平,但其底层逻辑仍与法治评估一致,需要遵循定量评估与定性评估相结合这一理念;另一方面,从目前来看,坚持定量与定性相结合的评估手段仍是较为简便、直观且全面的衡量法治社会建设水平的评估模式,其不仅能保证较为准确地评估法治的性质,而且能够直接从各指标得分以及最终评估结果中大致明确法治社会建设的基本情况,因此,法治社会评估仍须坚持"定量与定性相结合"。

二是,法治社会评估应当坚持"多元化"发展。法治评估活动是一个复杂的系统,综合考察国内数十年法治评估的发展历程,法治评估运动逐渐从早期单一封闭的评估活动逐渐向全面多元的评估活动转变,①这在法治评估的相关理论中表现为"多元化",该特征也逐渐成为法治评估理论与实践的重要特征之一。这意味着法治评估理论体系下的不同部分呈现出较为丰富且多样的样态,如法治评估主体的多元化、法治评估客体的多元化、法治评估对象的多元化乃至法治评估内容的多元化等,不仅从实践层面形成对法治评估更为丰富的认知,拓展法治评估实践的视角和思路,②而且满足了理论层面法治的多元价值需求,有助于法治评估理论体系的日益完善。故此,法治社会评估也应当继续坚持"多元化"发展,尤其是在我国大力推进法治社会建设,加快社会治理法治化、现代化进程,实现社会治理共建共治共享的背景下,法治社会评估的"多元化"发展已经成为现代法治社会的应有之义,例如,法治社会评估须引导多主体参与到评估活动中来,通过收集政府、第三方以及社会公众对法治社会建设评价的

① 参见张德淼、康兰平:《法治评估的实践困局及其破解——以哈耶克进化论理性主义法治思想为理论参照》,载《青海社会科学》2017 年第 1 期。

② 参见王浩:《论我国法治评估的多元化》,载《法制与社会发展》2017 年第 5 期。

系列信息和数据，衡量社会整体对于法治社会的感知度，提升法治社会评估结果的效能。又如，法治社会评估的内容也应当坚持多元化，通过将社会法治意识、社会依法治理等多领域、多方面的法治社会建设的信息进行整合，确保法治社会评估的信度和效度。当然，需要说明的是，评估内容的多元化并不意味着不加区分地统揽所有信息，而是有取舍、有侧重地进行选择。此外，由于法治社会评估活动本身就是一项跨学科、多学科融合的评估体系工程，[①]应当充分利用评估学、管理学、法学、社会学等多元学科视角对法治社会评估进行理论分析和实践考察，避免评估的单一封闭。

三是，法治社会评估应当与国家治理相结合。法治评估经历了长期的萌芽、探索和发展阶段，2013 年发布的《中共中央关于全面深化改革若干重大问题的决定》明确了其定位。该文件指出，“全面深化改革的总目标是完善和发展中国特色社会主义制度，推进国家治理体系和治理能力现代化”“建立科学的法治建设指标体系和考核标准”等，这决定了法治评估活动作为提升国家治理体系和治理能力的重要工具的功能定位。[②] 通俗来说，国家治理体系包含“道德、法律、习惯、政策等相互作用的多种因素”[③]，法治评估通过将包含法律在内的整体法治状态和水平转化为具体指标进行衡量，为我国的法治建设工作和国家治理提供客观正确的工作方向，法治评估理论也当然是国家治理理论中的重要内容。在此背景下，法治社会评估也应当与国家治理相结合，如法治社会评估须继续坚持其作为国家治理工具的定位，将法治社会建设水平转化为具体指标进行衡量，分析我国法治社会建设工作存在的问题和不足，进而完善我国国家治理体系。与此同时，法治社会评估还须着重对国家治理体系和治理能力有较大影响的评估内容实施评估，典型的如社会治理、社会法治化等，正如有学者明确指出，“中国特色社会主义制度和国家治理体系包含了经济、政治、思想文化、社会治理和生态文明 5 个子系统”[④]，社会治理作为法治社会评估的重要评估内容也是国家治理体系的核心要素，三者于法治社会评估中实现了有机统一。简言之，法治社会评估须统筹于整体的国家治理体系框架下，发挥其作为提升国家治理体系和治理能力的重要工具和手段的作用。

---

① 参见钱弘道、王朝霞：《论中国法治评估的转型》，载《中国社会科学》2015 年第 5 期。

② 参见钱弘道、王朝霞：《论中国法治评估的转型》，载《中国社会科学》2015 年第 5 期。

③ 曹胜亮：《全面推进依法治国的困境与求索——以国家治理体系和治理能力现代化为视角》，载《法学论坛》2015 年第 1 期。

④ 张树华、王阳亮：《制度、体制与机制：对国家治理体系的系统分析》，载《管理世界》2022 年第 1 期。

二、法治评估理论为法治社会评估提供了成熟的理论模型

法治评估理论是专门对量化法治行为进行研究的理论，在我国坚持全面依法治国总体格局，加快推进社会主义法治国家建设的进程中，法治评估理论引入了指标类型理论和定量评估方法等试图对法治水平进行衡量，基于科学理论和“观察—理论—再观察”的分析工具对如何量化法治这一问题进行了系统性探索，并形成了一套较为规范的分析框架和成熟的理论模型。事实证明，法治评估理论分析框架不仅能够有效指导法治评估活动的开展，其理论模型对于法治社会评估也具有重要的指导意义。

法治评估是复杂的系统性工程，但基于众多学者在理论层面对法治评估的探讨以及实践层面地方法治评估的验证，已基本可以从中抽离出较为完整、统一的法治评估理论模型，具备高度的一致性和规范性。从目前来看，法治评估理论模型基本上由以下四部分组成：(1)法治评估的主体；(2)法治评估的对象(客体)；(3)法治评估的内容；(4)法治评估的方法。可以说，任何一项评估法治或某一特定领域法治水平状况的评估活动，无论其具体如何实施展开，从底层逻辑上都可将其归纳总结为这四部分，其评估理论的形成就是对这四部分进行具有内在逻辑结构的填空，以评估法治社会建设水平为内容的法治社会评估也不例外，以法治评估理论模型为参考，法治社会评估的理论研究和实施展开工作会更加清晰简便。

首先，法治评估主体理论是法治评估理论模型中的第一个组成部分，其是对“由谁对法治进行评估”的问题进行研究的理论。事实上，法治评估并非天然自发形成，而是一项由特定主体出于主观能动性专门组织的活动，不同的法治评估主体不仅对于法治概念内涵的理解不同，而且在法治评估内容的侧重点、法治评估的方法乃至评估数据来源等方面都有较大的差别，可以说，法治评估主体作为法治评估的关键变量对于整体评估有着较大影响。因此，对法治评估主体进行研究是十分有必要的，法治评估主体理论也当然构成了法治评估理论模型的第一个组成部分。

其次，法治评估对象(客体)理论是法治评估理论模型第二个组成部分，尽管从目前来看，学界对于法治评估客体和法治评估对象存在混用问题，也尚未对两者进行明确区分，但是综合现有文献，本书认为法治评估客体和法治评估对象的概念相差不大，只是“对象”相较于“客体”是特定化的，使用“对象”一词更加符合用语的严谨性，笔者在后文对这一问题进行了更加细致的阐述。从字面意思考察，法治评估对象应为“法治”，如何理解法治的概念，如何把握法治的厚薄程度等问题影响着法治评估内容的确

定，故此，法治评估对象（客体）理论研究也是法治评估理论模型的重要组成部分。当然，需要说明的是，该部分理论是对抽象的、模糊的“法治”进行研究，须与其他部分作出区分。

再次，法治评估理论模型的第三个组成部分是法治评估内容理论，也即对法治评估具体要评估的内容进行研究的理论。某种程度上，法治评估对象（客体）理论和法治评估内容理论有紧密联系，但是相较于法治评估对象（客体）理论，对法治评估内容进行研究的理论更加侧重对实践中法治包含哪些具体的、可视化的事物这一问题展开研究。法治评估的内容决定着法治评估指标体系的构建和最终评估结果的信度和效度，因此，法治评估内容理论是法治评估理论模型的最关键的组成部分之一。

最后，法治评估理论模型的第四个组成部分是法治评估方法理论，事实上，从更加严格的意义上考察该部分内容，其并不属于法治评估理论模型的本质核心范畴，因为法治评估的理论模型着重要解决的是“谁评估”“评估谁”“评估什么”这三个基本问题，即分别对应“法治评估主体理论”、“法治评估对象（客体）理论”以及“法治评估内容理论”这三部分，但是，由于法治评估同时也是一项具备专业性、技术性的活动，有不少学者对于法治评估所使用的方法进行了专门研究，并形成了较为体系化的理论系统，因此，笔者将法治评估方法理论也纳入了整体的理论模型之中。并且，法治评估方法是一个较为宽泛的概念，其可再细分为评估数据的收集方法、指标设置方法、权重设置方法以及数据计算方法等，①评估方法的选择直接影响评估结果的可信度，因此，有必要将其纳入法治评估的理论模型中。

简言之，法治评估理论模型包含法治评估主体、对象（客体）、内容和方法四部分，这套理论模型能够为法治社会评估提供标准的理论参照，法治社会评估可以借助法治评估理论模型充分探讨应当由谁评估、评估谁以及评估什么等基本问题，进而帮助法治社会评估理论的构建以及评估工作的实际开展。

二、法治评估理论为法治社会评估实施提供了标准化的程序

程序是为进行某项活动所规定的途径。法治评估程序是指法治评估在具体实施的过程中，应当遵循哪些环节、按照哪些步骤依次层层推进，并

① 参见汤梅、申来津：《法治政府测评指标设计及其操作实务》，载《湖北社会科学》2009 年第 4 期。

最终得出评估结果。法治评估程序是法治评估理论的重要内容,相较于法治评估理论中的其他部分,法治评估程序的相关研究与实务操作更加紧密,其不再是单纯对抽象理论的探讨和研究,而是更加侧重于在已有的理论基础上,通过对法治评估实践活动经验进行分析和总结凝练出一套较为规范、简便可行的系统性工作步骤,对整体法治评估理论系统意义重大,对法治社会评估具体操作的借鉴意义也相当强。

当然,法治评估程序的确定并非一项简单的工作,其不仅应当关注到法治评估自身的特殊性,而且也应当符合程序制度设计的一般原则。具体而言,法治评估程序的确定主要考虑了以下因素的影响。

第一,评估程序的科学性。评估程序的科学性就是指评估程序应当符合评估实践活动的客观实际和一般规律,这要求设计法治评估各项程序时,首先,应当综合考察不同程序设定的目的、目标和意义,并且要结合其在评估实践中的具体情况,如"收集信息数据"是评估程序的重要一环,也是极易出现造假导致评估结果失效的环节,因此该环节应当安排必要的监督机制或数据复核处理机制等,以保证整体评估环节的科学性;其次,评估程序的科学性还意味着其应当运用不同领域的科学知识,评估程序设计者需要有一定的知识储备,基于评估程序不同环节的目的和意义等使用不同的设计手段并合理运用不同类型的科学知识,保证评估程序既能体现专业的程序设计知识又符合法治评估实践活动的实际需要;最后,评估程序的科学性还体现在能够以较小的投入获得较大的收益,法治评估并非仅局限于纯粹理论层面的探讨,其最终目的是投入实践,过于烦琐或复杂的法治评估程序在投入实践时会耗费大量的人力、物力成本,当法治评估的投入成本与其能带来的收益效果比例不断趋向"1"时,法治评估的意义和实效也会不断被削弱,影响评估程序在更广泛意义上的实施或适用层面的科学性。

第二,评估程序的规范性。法治评估程序只有逻辑严密、环环相扣,各个环节之间协调配合,才能提升法治评估的有序性、有效性。因此,在设计法治评估程序时,应当明确评估推进必要遵循的步骤和工作环节,通过制定评估程序管理文件、健全相关评估机制、完善评估工作流程等保证评估程序的明确性和规范性,避免程序的肆意变动。同时,评估程序的设计还应当经过认真讨论,广泛征集相关专家以及社会公众的意见,在坚持严格审核把关、集体审议以及公开发布等流程的基础上,进一步提升法治评估程序的规范性。

第三,评估程序的合法性。评估程序的合法性是指其评估程序的设置符合并遵循我国宪法、有关法律的规定，法治评估的目的是对我国法治状态和法治水平进行衡量以推进法治建设，作为我国大力建设社会主义法治国家的重要工具手段，其评估程序本身也必须具备合法性。确保评估程序的合法性，也有利于法治评估依照程序行事、按照规范操作，减少法治评估程序推进的随意性，基于评估环节的有序运行提升评估结果效能。

第四，评估程序的可操作性。法治评估须付诸实践，因此评估程序是否具备可操作性至关重要，评估程序的规定应当避免过于笼统和原则化，须将各项环节及其内部流程进行细化规定并赋予必要的操作空间，以便于在评估理论和评估实践之间架起连接桥梁，实现理论向实践的转化。简言之，基于以上因素的综合考察，现阶段学界普遍认可法治评估程序分为“建立评估体系、收集处理数据信息、分配权重、计算结果、公布结果、后续分析研究”①这一观点，尽管也有学者提出其他不同观点，如还应当“建立规范的监督复核程序”②等，但总体而言，法治评估程序基本上可被这几个阶段所概括。

法治评估理论吸纳了法治评估程序部分，并将其总结为一套标准的法治评估程序理论，这对于法治社会评估的实施具有较强的借鉴意义。法治社会评估应当重视评估程序的设计，在参考法治评估程序理论的基础上，结合自身的特殊属性对评估程序进行适当调整，这不仅能够帮助其有步骤、有计划地实施评估活动，规范法治社会评估行为，而且有利于提高法治社会评估活动的质量，保证评估结果的公信力。

---

① 周祖成、杨惠琪：《法治如何定量——我国法治评估量化方法评析》，载《法学研究》2016 年第 3 期。

② 张德淼：《法治评估的实践反思与理论建构——以中国法治评估指标体系的本土化建设为进路》，载《法学评论》2016 年第 1 期。

第五章 法治社会评估的主体和对象

第一节 法治社会评估的主体

基于法治社会评估的主体将法治社会评估予以类型化，法治社会评估可分为自主体评估、他主体评估以及多主体评估。从目前法治社会评估实践活动的情况来看，法治社会评估主要还是由以政府为主导的官方主持评估工作，并对自身的法治社会建设工作进行评估，因此，自主体评估中的“自主体”通常指的就是政府机关。相应地，他主体评估中的“他主体”往往指的是独立的第三方机构；多主体评估中的“多主体”实质上指的就是政府和独立的第三方机构两类主体以合作的形式共同主持评估工作。针对以上三种法治社会评估主体，学界已分别对其展开了进一步研究。

一、政府主导的法治社会评估

国内关于法治社会评估主体的研究框架已经初具雏形，且学界的研究聚焦在以政府为评估主体的评估模式上。主要观点有以下几种。

第一，完全否定政府作为评估主体的评估模式，认为其缺乏中立性。例如学者付子堂、张善根认为，我国地方法治社会评估以官方自建自评为主，即政府既是评估主体又是被评估的对象，这一方面会导致后续评估指标的设置过于功利性，另一方面会导致评估结果缺乏中立性和公信力；①钱弘道、戈含锋等学者同样指出，政府主导的法治社会评估在指标设置上易产生过于实用的导向，可能会使评估成为一种政府宣传政绩的工具，失去了评估的意义；②学者杜维超等则运用比较分析的研究方法，通过对比国际、国内的政治文化环境的差异，指出现阶段我国法治社会评估依赖政府支持，难以保证评估的中立性，因此他主张向第三方评估转型，并使用大数据信息的方法进一步提高评估的中立性和客观性；③学者张保生等持有

① 参见付子堂、张善根：《地方法治建设及其评估机制探析》，载《中国社会科学》2014 年第 11 期。

② 参见钱弘道等：《法治评估及其中国应用》，载《中国社会科学》2012 年第 4 期。

③ 参见杜维超、钱弘道：《大数据方法在法治评估中的应用：理论前景及技术架构》，载《社会科学战线》2018 年第 12 期。

同样的观点，其特别指出，我国目前的法治社会评估多由政府发起或主导，即便是政府委托第三方学术机构主持，也会因为该类机构在经济上的附属性而使评估丧失中立性，因此他们主张由完全独立的第三方担任法治社会的评估主体。① 此外，钱弘道教授等虽然没有明确指出政府作为评估主体会导致评估结果丧失中立性，但是他们认为法治社会评估的主体须从政府主导的内部考评向第三方评估转型，更多地发挥大学、科研机构的作用，以增强法治社会评估的独立性和公信力，这样的表述其实暗含着他们对于政府作为评估主体的否定态度。②

第二，一些学者虽然认同政府作为评估主体存在缺陷这一观点，但是也肯定了现阶段这种法治评估模式存在的合理性和必要性。例如，学者易卫中运用实证研究的方法，以法治昆明综合评估体系为例，指出现阶段我国法治社会评估多是党委领导、政府主导，这样的法治评估模式会导致公众对于评估结果的不信任，也很难反映真实的法治建设水平，但是他同样认为这种自上而下的法治社会评估模式比较符合我国目前的法治建设状况，与我国的具体国情是相符的，今后的任务是逐渐从政府主导型的评估模式过渡到社会推进的评估模式；③学者孟涛强调政府主导的法治社会评估是我国法治社会评估的一种特殊类型，属于过渡性评估，能够有效衔接当前我国大力推进法治社会建设以及评估法治社会建设情况的现实需要，以政府为评估主体的法治社会评估的存在是合理的。④ 上述两位学者是从我国国情的角度肯定政府作为评估主体的评估模式的合理性，也有其他学者从评估的数据获取以及评估推进的优势等方面，肯定政府主导型的法治社会评估的存在，如朱景文教授认为，政府作为评估主体有助于提升评估数据的公开性和可获得性；⑤学者周祖成、杨惠琪持类似观点，即政府作为评估主体能够有效提升数据获取的效率，因此最好的评估模式应当是政府委托第三方评估这种综合性评估模式。⑥ 当然也有学者提出反对意见，认为这种综合性评估模式会因为政府的干扰沦为一种形式，其中立性

---

① 参见张保生、郑飞：《世界法治指数对中国法治评估的借鉴意义》，载《法制与社会发展》2013年第6期。

② 参见钱弘道、王朝霞：《论中国法治评估的转型》，载《中国社会科学》2015年第5期。

③ 参见易卫中：《地方法治建设评价体系实证分析——以余杭、昆明两地为例》，载《政治与法律》2015年第5期。

④ 参见孟涛：《论法治评估的三种类型——法治评估的一个比较视角》，载《法学家》2015年第3期。

⑤ 参见朱景文：《如何开展科学的法治评估》，载《中国党政干部论坛》2016年第1期。

⑥ 参见周祖成、杨惠琪：《法治如何定量——我国法治评估量化方法评析》，载《法学研究》2016年第3期。

也是远远不足的。

第三,部分学者主张应当以评估主体为标准对法治评估予以类型化,具体问题具体分析。例如钱弘道教授指出,不能一概而论地批判政府作为评估主体的评估模式,我国法治评估主要分为绩效评价的管理型法治评估和治理型的法治评估,绩效评价的管理型法治评估是政府主导的,而治理型的法治评估却是自发的,应当对法治社会评估加以类型化处理,选择恰当的评估模式以满足不同主体的评估需求。学者李朝也使用了分类分析的研究方法,将法治评估分为法治环境评估、法治实施评估以及法治价值评估。法治环境评估的主体为独立的、非营利性的科研组织或者国际项目援助机构的内设部门;法治实施评估的主体多为政府机构或其下属部门,以及受政府委托和资助的科研院所;法治价值评估的主体更加灵活。该学者并未否定政府主导型模式的存在,只是认为应当精准定位不同法治评估的内在结构和运作方式。① 学者郭川阳、徐汉明认同这一观点,他们以法治评估中的湖北模式为例,指出湖北模式虽然是以政府作为组织评估的主体,但是这是一种非典型的特殊性质的法治评估模式,即这种评估模式是法治评估中一种特殊的类型,在某种特定的阶段和语境下是可适用的。②

二、第三方主导的法治社会评估

法律的多元化、社会化与权力的多元化密切联系。不同学者对法治社会的内涵有不同的认识。有学者认为,法治社会建设实际上就是社会的民主化、法治化和自治化的过程。③ 基于我国国情,自社会主义市场经济以来,"国家—社会"从原来的一元结构逐步走向二元化,生活在社会中的个人、集体、团体等社会主体,拥有了属于自己的独立的社会资源,并利用这些资源支持或监督国家权力,从而出现了权力多元化、社会化。法的范围由此也逐渐扩大,出现了各类法律,除了国家制定的法律外,还出现了社会的法律规范,以保障人民在社会生活中的各项权益。由此可见,法治社会建设评估的主体当然包括社会共同体,以及生活在这个共同体内的公民、组织等。因此,除政府主导的法治社会评估外,独立的第三方机构主导的

① 参见李朝:《法治评估的类型构造与中国应用——一种功能主义的视角》,载《法制与社会发展》2016 年第 5 期。

② 参见郭川阳、徐汉明:《党政主导下的地方法治评估实践研究——以湖北法治评估模式为例》,载《法治现代化研究》2017 年第 3 期。

③ 参见郭道晖:《论法治社会及其与法治国家的关系》,载《中共中央党校学报》2015 年第 1 期。

法治社会评估也广泛存在于评估实践中。

多数学者对第三方主导的法治社会评估持支持态度，认为第三方评估机构具备中立性的优势，须加强第三方评估机制的应用。例如，学者孟涛认为第三方主导的法治社会评估有利于获得更为客观准确的评估结果，保证评估的公信力；①学者李霞认为，第三方主导的法治社会评估在独立性、客观性和专业性等方面具有显著优势，有必要进一步扩大第三方主导的评估机制的使用；②周尚君等持同样观点，认为由一个独立、专业、权威的第三方机构进行评估是保证法治评估结果公信力的必然选择；③学者尹奎杰认为，我国法治社会评估虽然在形式上依赖于第三方，但实际上无论由哪种类型的评估主体进行评估，这一评估都带有明显的政府倾向与色彩，因此须积极引入第三方力量，建立科学的评估主体机制，实现由第三方主导的法治评估模式；④学者吕艳滨认为，法治社会评估主体最理想的状态是由完全处于独立地位的第三方机构主持评估活动，通过第三方机构独立的外部观察，分析法治社会建设状况并得出评估结果。⑤

当然，也有学者认为由独立的第三方机构担任法治社会评估主体存在一定缺陷。如学者杨晓波等认为，第三方作为法治社会评估主体并不能当然保证评估结果的公信力，这是由独立的第三方机构在资料获取上的不全面以及评估深度不足等原因造成的；⑥学者伏创宇持有类似观点，其认为独立的第三方评估机构在评估资料以及信息获取方面上处于劣势，这会导致法治社会评估结果的局限性；⑦学者刘爱龙则认为，我国第三方评估起步较晚，这使第三方评估主体缺乏专业性和独立性，评估结果的客观性和公正性也很难保证，有必要优化第三方评估发展的整体外部环境，克服法律以及政策瓶颈，加强第三方评估的规范性建设和法治化建设；⑧学者张

---

① 参见孟涛：《中国法治竞争的第二波》，载《江苏行政学院学报》2019 年第 5 期。

② 参见李霞：《从经济增长驱动到法治指标驱动——中国地方法治动力机制研究》，载《行政法学研究》2017 年第 6 期。

③ 参见周尚君、彭浩：《可量化的正义：地方法治指数评估体系研究报告》，载《法学评论》2014 年第 2 期。

④ 参见尹奎杰：《法治评估绩效主义逻辑的反思与重构》，载《社会科学战线》2018 年第 2 期。

⑤ 参见吕艳滨：《国家治理现代化背景下的法治评估及其风险防范》，载《探索与争鸣》2021 年第 8 期。

⑥ 参见杨晓波、吴晓露：《食品安全信息公开风险反向评估模式研究》，载《浙江学刊》2022 年第 2 期。

⑦ 参见伏创宇：《我国法治政府建设评估主体建构的范式转换》，载《中共福建省委党校（福建行政学院）学报》2021 年第 6 期。

⑧ 参见刘爱龙：《我国区域法治绩效评估体系建构运行的特征、困境和出路》，载《法学评论》2016 年第 6 期。

玲认为第三方主导的法治社会评估存在形式化的缺陷，可通过正确认识第三方评估的性质与价值、科学界定评估受托方的权责以及建立完善机制等手段弥补这一缺陷。① 此外，学者康兰平从更抽象的层面上总结出第三方评估主体面临着内向与外放、表征与建构、功利与功能等实效困局，认为可以从逻辑层面进行沟通与协作以破解这一难题。②

三、政府与第三方合作的法治社会评估

政府与第三方合作的评估主体模式建立在学界对法治社会评估主体相关研究进行充分讨论的基础上，因此很少有学者单独对这种评估模式进行研究，而是将其作为改善现有的两类评估主体模式不足的手段。

如学者朱景文认为政府作为法治社会评估主体具有一定的正当性和合理性，但为进一步提高政府作为评估主体的客观性、中立性，应当将政府评估与第三方评估结合起来；③学者周祖成、杨惠琪持类似观点，认为最好的评估模式应当是政府委托第三方评估这种综合性评估模式。④ 学者伏创宇认为第三方评估机构在评估资料以及信息获取方面上处于劣势，因此法治社会评估主体的建构应当寻求第三种可能，在坚持政府评估的主导地位基础上，由单向度的管理型评估向合作治理型评估转换。⑤ 学者张德淼等认为，政府与第三方合作的法治社会评估模式是一种必然选择，一方面，第三方作为评估主体需要最大限度地减少对政府相关部门的依赖，以便进行独立的评估；但另一方面，评估活动本身更多属于一种政府活动而非一种社会活动，第三方主体在评估资金、评估资料来源等方面不可避免地须与政府保持必要的联系，故政府与第三方合作的法治社会评估模式较为适宜。⑥

最后，还有一些学者从其他角度提出了一些十分新颖的观点。例如，学者万方亮将我国法治社会评估分为政府主导、政府与第三方合作以及第三方独立进行三种模式，大多数学者推崇第三方独立进行的中立性或

---

① 参见张玲：《第三方法治评估场域及其实践逻辑》，载《法律科学（西北政法大学学报）》2016年第5期。

② 参见康兰平：《法治评估理论的跃升空间：实效法治观与我国法治评估实践机制研究》，载《法制与社会发展》2017年第4期。

③ 参见朱景文：《如何开展科学的法治评估》，载《中国党政干部论坛》2016年第1期。

④ 参见周祖成、杨惠琪：《法治如何定量——我国法治评估量化方法评析》，载《法学研究》2016年第3期。

⑤ 参见伏创宇：《我国法治政府建设评估主体建构的范式转换》，载《中共福建省委党校（福建行政学院）学报》2021年第6期。

⑥ 参见张德淼、李朝：《中国法治评估进路之选择》，载《法商研究》2014年第4期。

是兼采两者之长的综合性评估模式，他却认为这三种模式都不能保证评估主体的中立性，从主体的独特利益偏好以及主体的认知图式的角度论证了所有类型的评估主体都会受到有限理性的制约，是非中立的，因此应当通过评估主体的多元化这一方式实现认知突围。① 学者张玲则更加关注第三方法治评估的具体优化路径，通过布迪厄的社会实践理论对第三方评估的运行进行反思和分析，以便正确认识第三方评估的性质和价值，科学界定评估受托方的权责。② 还有部分学者指出，除了传统的政府、第三方或者以两者合作的模式主导法治社会评估外，法治社会评估还须吸引并容纳更多的主体参与进来，如社会组织、社会公众等，以保证法治社会评估主体的多层次性和广泛参与性，此种意义上的评估主体实际上已经进入了狭义的主体范围，即真正对评估对象和内容进行打分的主体，这区别于以上学者的关于评估主体等同于评估实施主体或评估活动主导者的定义。③

综合以上观点，可以看出目前学界关于法治社会评估主体的研究有以下不足。虽然研究文献较多，但是研究的方向较为单一，集中于批判政府作为评估主体的法治社会评估模式，关于由谁担任评估主体的最佳方案观点也较为集中，多数认为应当向独立的第三方评估模式进行转型或采取政府与第三方合作的综合性评估模式；但是，关于具体的转型方案应当如何进行的研究很少，也几乎无人探讨这种转型在现阶段的可行性和可操作性如何，只是停留于从理论层面得出所谓的最佳方案，却无法做到理论与实际相结合。一些学者的研究甚至横跨这一阶段，直接研究第三方评估模式的升级和发展，脱离了我国的实际情况和法治社会发展水平。因此，未来关于法治社会评估主体的研究应当更加关注我国的实际发展状况，关注法治社会评估是否具备从政府作为主要评估主体的模式转向独立第三方作为评估主体的模式的条件，如果有，则应进一步研究在现实层面应当如何操作才能实现这一目标。

第二节　法治社会评估的对象

从“法治社会评估”的字面意思考察，其评估对象为“法治社会”这点

① 参见万方亮：《有限理性视角下法治评估的模式重构及逻辑遵循》，载《行政法学研究》2020 年第 4 期。

② 参见张玲：《第三方法治评估场域及其实践逻辑》，载《法律科学（西北政法大学学报）》2016 年第 5 期。

③ 参见王利军：《多学科视野下的法治评估及实证研究》，中国矿业大学 2021 年博士学位论文，第 75 页。

毫无争议,因此,笔者在第二章第一节中就指出“法治社会评估以法治社会为主要评估对象”。但是,法治社会评估并非只是理论界探寻的结果,更是实务界的诉求,从评估学角度考察,前文笼统将法治社会评估对象界定为“法治社会”的说法并不能满足法治社会评估实践活动的需要,须在此基础上根据我国法治社会的建设需要,对“法治社会”这一抽象概念进行展开并进行具象化处理,进而确定更加清晰、具体的法治社会评估对象,这也就是本章节的内容。简言之,前文与本章节分析的评估对象本质上是一致的,均围绕“法治社会评估以法治社会为主要评估对象”这一核心内容展开,两者是抽象和具体、宏观与微观的关系。

需要说明的是,对法治社会评估对象的研究需要以法治评估对象理论为指导。一方面,过去各种学术著作以及文献等在使用法治、法治国家、法治政府以及法治社会等概念时,一般不对其作出严格区分,①这使法治相关的理论研究与实践探索通常也将各个具体方面的法治建设研究纳入其范畴,也即,法治社会评估对象理论往往也被包含在传统的法治评估对象理论中,这使二者天然具有密不可分的关系。另一方面,法治评估与法治社会评估在体系结构、指标选择以及评估方法等外观形式方面具有一定的相似性,二者同属于传统法学研究方法与新型评估技术与方法结合的产物,这也决定了对法治社会评估对象这一新型事物的研究需要也必须以传统法治评估对象理论为指导。简言之,法治社会评估对象的寻找、筛选与确定之底层逻辑,基本可借鉴法治评估对象的理论与方法。

一、评估对象的双重构造论

法治评估对象理论要解决两个问题:一是某事物是否具备评估对象的地位;二是此事物评估对象地位的高低或者说在评估对象体系中所处的位置。如果说前一个问题是“定性问题”,那么后一个问题就是“定量问题”了。相应地,一个完整的法治评估对象理论框架就包括两个层面,即评估对象性质论与评估对象分量论。

(一)性质论

评估对象性质论的核心是对评估对象概念的理解。那么,什么是法治评估的评估对象?这是一个十分复杂的问题。“一切有效的评价体系、指标规划都需要一个清晰的概念基础”②,法治评估也不例外,从“法治评估”

① 参见姜明安:《论法治中国的全方位建设》,载《行政法学研究》2013年第4期。

② [美]克利福德·科布、克雷格·里克斯福德:《社会指标的历史教训》,宾建成译,载《经济社会体制比较》2011年第5期。

四个字的字面意思看,法治评估的对象是法治这点毫无争议,但是法治评估并非只是理论界探寻的结果,更是实务界的诉求。故此,简单地将法治评估对象界定为"法治"这一抽象概念并不能有效回应这一问题。笔者认为,要明确法治评估对象,就要从两个层面来理解这一问题,一是从外部视角切入,把法治评估对象放入法治评估的完整体系中,探析法治评估对象与法治评估主体、客体等的外在区别;二是从法治评估对象的自我视角切入,确定法治评估对象应当具备的某些内在属性。

1. 评估对象与相关概念的关系

法治评估是评估主体实施的一种目的性活动,是由"内部各部分良好地整合而成的结构整体"①,目前我国的法治评估已经形成了一种较为稳定的体系结构。"由谁评估""评估谁""评估什么"是法治评估的三个基本问题,其分别对应的是评估主体、评估客体以及评估内容,它们也构成了法治评估体系结构中最基础、关键的要素,自然也成了理论界主要关注和研究的对象。相较于评估主体、评估客体以及评估内容,法治评估对象在相关的理论研究中出现的频率很少,即便被提及也只是一笔带过而并未进行深入研究。笔者认为,评估对象是法治评估活动中重要的一环,有必要厘清其与评估主体、客体以及内容之间的关系,并对其进行深入的探讨。

首先,评估对象与评估主体的关系。评估主体是法治评估的发起者、实施者和结果承担者,②它们是法治评估实践与认识活动中具有能动性、主观性的一方。不同主体主持的评估的效力或者影响力可能差距甚大,如政府主导实施的法治评估可能会对评估结果的中立性产生影响,③由独立的第三方机构实施的法治评估有可能存在数据收集困难或专业性不足等问题,④从而影响评估活动的实效等。与评估主体相对,评估对象则是评估实践活动和认识活动的指向目标,其是与评估主体相对应的存在。某种意义上,法治评估主体与法治评估对象一个是"认知者",另一个是"被认知者",两者属于完全不同甚至相互对立的范畴,且往往处于双向互动的关系之中,可以说,法治评估对象与法治评估主体最明显的区别在于,评估对

① 李朝:《法治评估的类型构造与中国应用——一种功能主义的视角》,载《法制与社会发展》2016年第5期。

② 参见郭川阳、徐汉明:《党政主导下的地方法治评估实践研究——以湖北法治评估模式为例》,载《法治现代化研究》2017年第3期。

③ 参见张保生、郑飞:《世界法治指数对中国法治评估的借鉴意义》,载《法制与社会发展》2013年第6期。

④ 参见刘爱龙:《我国区域法治绩效评估体系建构运行的特征、困境和出路》,载《法学评论》2016年第6期。

象具有较强的“被动性”。

其次,评估对象与评估客体、评估内容的关系。第一,“评估客体”与“评估对象”。中国知网词典显示,“客体”通常指的是主体的认识对象和活动对象,是主体之外的外界事物,“对象”则是指行动或思考时作为目标的事物。通过比较这两个概念,可以发现两者的确存在一定程度的重合。但是,笔者认为,“对象”相较于“客体”而言,往往指的是一种被明确指定的外部事物,而不再是一个泛化的客体概念,也即“对象”是特定化的“客体”。因此,笔者认为,虽然“评估客体”和“评估对象”的概念相差不大,甚至可将两者视为同一概念,但法治评估作为一种实践性活动,具体性、明确性是其得以顺利推进的必要特征,使用“评估对象”这一用词显然要比“评估客体”更加符合实际,两者概念基本无异,仅使用上有些许差别,这里只是基于用语的严谨性选择使用“评估对象”一词。第二,“评估对象”和“评估内容”。评估对象是评估所指向的特定对象,从法治评估的字面意思考察,其应为“法治”,但正如文中所言,“法治”只是一个空洞、抽象且充满争议的概念,我们没有必要也没有能力去评估它。但是,出于推进我国法治建设的现实需要,有必要对“法治”进行细化,通过对评估对象进行“概念操作—维度分解—指标设计”①,进而确定法治的评估内容。相较于抽象且宏观的评估对象,评估内容更加强调内容的确定性和可测量性,某种意义上,评估内容是实践中的法治,其为法治评估指标体系的构建提供了更加清晰和可行的路径。简言之,评估内容是在评估对象的基础上产生的,先确定评估对象,才能确定评估内容。

2. 评估对象的本质属性

“法治评估的评估对象是实践中的法治而并非观念上和书本上的法治”②,毋庸置疑,从宏观层面看,法治评估的对象是法治,但是从评估学角度考察,要基于法治评估得出一个精准反映法治发展水平的法治指数,就必须以更加精细化、操作化和可视化的“法治”作为评估对象,其通常是抽象的语义结构投射至国家制度、社会环境乃至个人交往过程所形成的一系列内嵌着动态发展品格的具体事物,它们往往以法治现象的形态表现出来,正如有学者所说,法治评估在具体实践中,以特定的法治现象为评价对

① 参见李朝:《法治评估的类型构造与中国应用——一种功能主义的视角》,载《法制与社会发展》2016年第5期。

② 康兰平:《法治评估的开放空间:理论回应、实践样态与未来转型》,载《甘肃政法学院学报》2016年第6期。

象①。法治现象是我国法治建设过程中的阶段性和渐进性的表现形式，其包括法的实际运行、社会效果、国家形态、权力结构、治理方式以及公民权利保护等多重维度，②笔者认为，要从中区分出可作为法治评估对象的法治现象，就须以法治评估对象的应有属性以及相关特征作为判断标准。

首先，法治评估对象具有客观性。客观性是指事物或现象不是主观臆造的，而是客观、实际存在于自然界和人类社会，且为人们的主观所能感知的③。法治评估对象应当具备客观性的原因如下：第一，法治评估的性质要求法治评估对象具有客观性。法治评估是一种通过运用数字化的量化工具和手段，对多种数据取样进行综合、叠加、统计运算而获得相应数值，以衡量和评估法治总体状况的活动，④故此，要得到精准的法治评估结果，就须以客观存在且不以人的意志为转移的法治事件、事物、思想及过程等作为评估的对象。第二，法治评估的核心机制要求评估对象具有客观性。法治评估作为一项评估类活动，始终以"指标体系和考核标准"为其核心机制和关键流程，⑤无论是指标体系的建立还是考核标准的制定，都须以客观存在的事物作为基本的参照系统，单纯存在于人的主观意识或精神世界的事物是无法被细化或考核的，甚至无法为人们所感知。第三，法治评估对象的客观性有利于保证评估的公平公正。公平公正是法治评估在实施过程中须坚持的基本原则之一，⑥也是法治评估作为推动法治建设工具的应有之义。以客观存在的法治现象作为法治评估对象，有效减少不确定、不透明主观因素的干扰，为评估流程的公开性以及评估结果的公正性提供事实前提。因此，基于法治评估的性质、核心机制以及内在公正性的要求，法治评估对象应当是客观存在的法治现象。当然，客观性只是法治评估对象须具备的条件之一，还有其他性质需要考虑。

其次，法治评估对象具有动态性。马克思主义唯物辩证法认为，"世界上的一切事物都不是静止不变、停止不变动的，而是不断运动和变化、不断更新和发展的"，法治评估对象也不例外，其必然处于永不停歇的变动中，具有动态性。但是，从具体的评估学角度考察，法治评估之所以须具备

① 参见黄辉：《法治评估的范畴：内涵、价值和类型》，载《江西社会科学》2018 年第 4 期。
② 参见张发坤：《法律素养与执政能力》，载《社会主义研究》2005 年第 3 期。
③ 参见刘志坚：《法律环境初论》，载《甘肃政法学院学报》1998 年第 2 期。
④ 参见何志强、邱佛梅：《国内法治评价指标体系：现状与评析》，载《华南理工大学学报（社会科学版）》2016 年第 3 期。
⑤ 参见钱弘道、王朝霞：《论中国法治评估的转型》，载《中国社会科学》2015 年第 5 期。
⑥ 参见尹奎杰：《我国法治评估"地方化"的理论反思》，载《东北师大学报（哲学社会科学版）》2016 年第 6 期。

动态性这一特征,还有以下原因:第一,从法治评估的定义层面看。法治评估是对国家治理的"目标—过程—结果"三阶段的全面、动态考察,①通过建立评估体系、收集处理数据信息、分配权重以及计算结果等程序对法治状况进行实时动态观测,②故此,法治评估对象应当具备动态性特征,以保证法治评估结果能够准确反映法治发展的完整进程和动态变化。第二,从法治评估的功能层面考察。法治评估是法治发展水平的外部评估和监督工具,其兼具描述、监测、对比以及预测功能,③要充分利用法治评估的预测功能,就须记录、对比我国法治建设发展变化的客观过程,并从中总结出某些规律性的模式,以此实现对法治发展方向以及具体路径的预测,这就内在地要求法治评估对象应当具备动态性,将静止不变的事物作为被评估的对象意义不大。第三,从法治评估的实效层面考察。"法治评估机制本质上是实效主义的检验方法"④,其评估结果对法治实践起到一定的导航作用,正如钱弘道教授所言,"法治评估是一种法治建设的倒逼机制"⑤,而评估对象的动态性为这种实效作用的发挥提供了可能,也即评估对象的这一特征要求法治评估不断跟进,并持续考察法治建设的现状与发展,将评估活动充分融入法治建设的实践中去,这会有效保证法治评估结果与法治建设的衔接,充分利用法治评估实效的发挥,而不是使法治评估被"束之高阁"。

综合法治评估对象的两种属性,我们可以认为法治评估对象是与评估主体相互对应的概念范畴,是评估客体与评估内容的综合体。评估对象具备客观性和动态性等内在属性,即法治评估对象是客观存在且处于不断变动状态的法治现象,是法治评估活动的关键环节。

(二)分量论

不同法治评估对象,由于对法治发展水平的影响不同,在评估对象体系中的地位亦有所不同,这就涉及法治评估对象的分量论。法治评估对象分量论分为两个方面:评估对象本体论和评估对象关联论。这样的划分方式主要受到了法治概念本体与关联之双重构造的影响,概念是一种价值导

① 参见钱弘道、王朝霞:《论中国法治评估的转型》,载《中国社会科学》2015年第5期。
② 参见周祖成、杨惠琪:《法治如何定量——我国法治评估量化方法评析》,载《法学研究》2016年第3期。
③ 参见张德淼、康兰平:《法治评估的实践困局及其破解——以哈耶克进化论理性主义法治思想为理论参照》,载《青海社会科学》2017年第1期。
④ 方桂荣、钱弘道:《论法治实效》,载《浙江大学学报(人文社会科学版)》2017年第1期。
⑤ 钱弘道:《中国法治评估的兴起和未来走向》,载《中国法律评论》2017年第4期。

向的思考方式①。法治概念在分量论体系内部进行划分，有助于建立起逻辑严明、前后融通的法治评估对象分量论。

法治本体与关联体是同一范畴内部相互对应的两个部分。首先，“本体是指事物存在的根本、根据或者说理据，而本体论则是研究本体的学问，亦即研究事物存在的根本、根据或者说理据的学问”②。法治本体论是指法治存在的根本，即法治的核心要素和本质特征，理论界对法治概念的传统界定方式通常围绕着法治本体展开。其次，关联论是随着现代社会的发展和法治观念的进步逐渐形成的，以往仅将本体作为纯粹“法治概念”的观点，在某种程度上忽略了对“法治的背景因素（制约因素）和成长环境”的考量。③ 事实上，现代社会的政治、经济和文化等社会系统在内的众多相关因素，都在潜移默化地影响着法治，塑造着法治，在一定程度上形成了对法治本体的约束。故此，以往“孤立的法治进行图”已经不再适应现代社会对法治的需求，“法治与社会协调发展的整体演进图”④才符合需求，这也是法治关联论萌芽、发展并壮大的现实前提。可以说，法治概念本体与关联之双重构造是社会体系化发展的必然结果。故此，法治评估对象关联论有必要遵循“概念—维度—指标”的科学演绎主义逻辑。在法治概念之双重构造理论框架的指引下，将法治评估对象分量论也相应地划分为本体论与关联论两部分，既能保证理论体系内部的一致性、完整性，又能确保法治评估的对象足以反映“评估地区或国家法治基本样态”⑤。

1. 法治评估对象本体论

不可否认，长期以来许多要素对于我国法治有重要的塑造作用和现实的影响力，学界亦将这些要素视为法治评估对象并对其进行了深入的研究。但受到历史传统和政治结构的影响，整体而言，法治评估对象的具体界定以及类型化研究呈现出混乱零散的现状，因此，有必要明确法治评估对象本体的内在属性和外在特征，以界定其具体表现形态，更好地推进我国法治评估的实践进程。

（1）直接性。直接性，即该要素的存在或发展能够对整体法治产生直接影响，换言之，直接性主要表现为影响上的直接性。实践中，在认定某种

---

① 参见张伟隆：《破解刑法中行为论之困：从概念思维到类型思维》，载《中财法律评论》2021年（第13卷）。

② 张中秋：《中国传统法本体研究》，载《法制与社会发展》2020年第1期。

③ 参见蒋立山：《中国法治指数设计的理论问题》，载《法学家》2014年第1期。

④ 刘爱龙：《我国区域法治绩效评估体系建构运行的特征、困境和出路》，载《法学评论》2016年第6期。

⑤ 李朝：《量化评估中的“法治概念”与“概念化”》，载《河北法学》2017年第5期。

法治现象是直接影响法治的，而非产生间接或附带的效果时，通常可以从两者变动关系的紧密程度考察。具体而言，直接影响和间接影响之间的关键区别在于，评估对象变动与整体法治变动之间是否存在某种中介效应，直接影响通常表现为评估对象的变动直接作用于整体法治水平，并在短时间内造成法治发展水平的波动，其间并不存在某种中介；间接影响则意味着，评估对象通过相关的制度、系统或机制等中介影响整体法治水平，两者变动结果之间的关系是连锁的，因此其变动结果之间存在一定的时间差，评估对象的变化在短期内并不会直接反映到法治发展水平上来。基于此，我们可以认为，当某种法治现象的变动能够在短期内于法治发展水平的波动中得到体现，就说明其对法治产生了直接影响，从而具备了成为法治评估对象本体的可能。

(2)本质性。本质性，是指当某种法治现象能够反映出法治发展的根本属性时，才可被纳入法治评估对象本体的范畴。事实上，现代法治国家的建设属于政治范畴，其着力点在于把各种权力纳入法治轨道以保障公民权利的行使。① 故此，判断某种法治现象是否具备本质性，可从以下两方面考察：第一，其是否具备控权的属性。制约权力是法治的核心内容之一，“法治国家最重要的特征就是通过宪法和法律对权力与权力之间、权力与权利、权力与责任、权利与义务、实体与程序等之间的关系进行合理界定”②，只有那些内含控权理念并以相应的制度体系、体制机制发挥制约权力功能的法治现象，如依法管权、强化权力运行的制约和监督体系等才能称为法治评估对象本体③。第二，其是否有利于保障公民合法权利的行使。“确认和保障权利是法治的真谛，尊重和保障人权是国家治理的精髓”④，故此，只有存在基于保障公民基本的人身权、财产权、基本政治权利等各项权利不受侵犯的规则体系，以及体现权利公平、机会公平和规则公平的法律制度等法治现象，公民经济、政治、文化以及社会等各方面权利才能得到落实，而这些法治现象因其内在保障权利的属性，可被划分到法治评估对象本体的范畴。综上，只有体现“权利—权力”的双向价值观念，以保障权利为表征、以制约权力为目标的法治评估对象才能称为法治评估对

---

① 参见张文显：《法治与国家治理现代化》，载《中国法学》2014 年第 4 期。

② 姜涛：《检察机关提起行政公益诉讼制度：一个中国问题的思考》，载《政法论坛》2015 年第 6 期。

③ 参见张文显：《全面推进法制改革，加快法治中国建设——十八届三中全会精神的法学解读》，载《法制与社会发展》2014 年第 1 期。

④ 李海滢、王延峰：《因受贿而渎职的罪数问题：处断原则与理论依据》，载《河南社会科学》2021 年第 10 期。

象本体。

(3)稳定性。法治评估对象本体的本质性以及稳定性是相伴而生的两个特征,本质性是事物本身所固有的根本属性,必然伴随着稳定性的特征。稳定性通常是指法治评估对象本体能保持稳定状态,而非剧烈变动,也没有处于由旧事物向新事物的转化过程中。[①] 在我国的法治整体建设过程中,法治评估对象本体通过保持其自身相对稳定的状态,为法治整体建设提供必要的、稳定的发展环境。值得注意的是,尽管稳定性是法治评估对象本体的一个基本特征,但也允许其在适当的范围内发生变化或波动,这是因为任何事物都是发展的,辩证唯物主义和历史唯物主义的方法论要求我们用具体历史的、全面客观的、联系发展的观点来看待法治建设的发展。[②] 为客观存在所塑造的法治整体建设随着经济、政治乃至文化的发展而表现出不断变动的特征,作为其内部构成要素的法治评估对象本体,不可避免地要适应实践的需要而发生细微变化,这是客观存在的事实,也是任何事物运行的规律。[③] 正如庞德所言,“法律必须要保持稳定,但同时又不能静止不变”。法治评估对象本体的稳定性特征要求法治现象保持稳定,但也允许其随着实践的发展而产生细微的变动,但这种变动仅仅是不偏离其本质在有限范围内进行的。

2. 法治评估对象关联论

整体主义观指出,“事物之间是相互关联而非孤立存在的,任何事物都是存在于复杂的系统之中,事物的全部关系共同构成了事物的整体”[④],法治评估对象也不例外。所谓法治评估对象关联论,是指将法治评估对象置于现代化建设的大框架或大背景下,从宏观角度分析法治评估对象本体以外的,但与法治存在相关性或系统性关联的事物,通过对外部的有机关联因素进行分析,并将其作为法治评估对象关联体进行评估,法治评估实践活动可以更加有效地实施开展。

(1)间接性。间接性是与直接性相对应的特征,强调评估对象关联体对法治产生的影响是间接的。事实上,随着法治建设的逐步深入,一些并不属于传统狭义法治范畴的因素因其与法治存在某种联系,逐渐成为法治共同体系统中的一部分,但不可否认的是,这种联系或影响都是非直接的,这是评估对象关联体与评估对象本体的关键区别,也是关联体的重要

① 参见王立峰:《论党内法规的内在道德》,载《山东警察学院学报》2017 年第 5 期。
② 参见莫纪宏:《党的十九届六中全会决议中的法治要义》,载《现代法学》2022 年第 1 期。
③ 参见谭泉:《试探地方立法的几个问题》,载《法学杂志》1993 年第 3 期。
④ 冯果:《整体主义视角下公司法的理念调适与体系重塑》,载《中国法学》2021 年第 2 期。

特征之一。这种间接影响主要表现在两个方面：其一，评估对象关联体与法治不具有直接的相关性，其并未直接作用于法治本身，而是通过某种中介或者连锁效应，间接影响制约国家规范体系的完备性和法治体系的完整性、有效性，[①]这种影响是非密切而实质的；其二，“间接影响”通常是指某一要素的变动造成的在以后或者更远的距离中出现的对法治建设的影响，但仍然属于可合理预见的影响，[②]其是在直接影响的基础上叠加了相邻空间和体系结构因素的结果。[③] 故此，只有与国家法治建设相关，通过经济、社会及文化等对法治及其本体产生间接影响的要素，才可被纳入法治评估对象关联论的范畴。

（2）互动性。互动性也是法治评估对象关联体所应具备的基本特征之一，常态化的良性互动关系是关联论乃至关联性要素产生的基本前提。这种互动关系往往表现为两个层面：其一，“互动”是“身外关系互动”，也即评估对象关联体范畴下的各种要素本身并不属于传统法治现象的范畴，但其通过某种制度安排或制度体系与法治之间产生了某种外部联系，也正因如此，它们才能和自身以外的法治相互作用并使彼此发生改变。其二，随着法治建设与社会治理融为一体，这些要素与法治发展之间形成了一种常态的互动关系：关联性要素通过自身的变动或调整引导、保障或制约法治的发展，法治的发展水平又反向作用于这些要素，将其纳入法治的发展轨道中，两者相互作用、相互依赖，由此形成了常态化的互动关系，这种互动甚至不再局限于个别领域，而是成为长期、全面的制度安排。[④] 正是由于这种互动机制的存在，法治评估对象关联论才得以形成，评估结果才能更有效地反映出法治的整体样态和未来发展趋势，故此，在界定法治评估对象关联体的具体要素时，须将“是否与法治形成了常态化互动关系”作为核心的判断标准之一，以保证评估的有效性。

（3）协调性。法治评估对象关联体之所以能够形成，不单是因为其与法治保持常态互动关系或对法治产生间接影响，更重要的是二者在双向互

---

① 参见施新州：《党内法规制度体系：概念、类型与制度成长》，载《江汉大学学报（社会科学版）》2019年第2期。

② 参见［美］丹尼尔·R. 曼德尔克、卢锟：《美国〈国家环境政策法〉：经验与问题评述》，载《甘肃政法学院学报》2018年第5期。

③ 参见单勇：《犯罪热点成因：基于空间相关性的解释》，载《中国法学》2016年第2期。

④ 参见郁建兴、关爽：《从社会管控到社会治理——当代中国国家与社会关系的新进展》，载《探索与争鸣》2014年第12期。

动或影响的过程中，逐渐形成了相互协调、紧密衔接并同步发展的局面，①从而使法治评估对象关联体真正融入法治体系中，这既是整体法治观的要求，也是中国特色社会主义法治体系建立的现实需要。具体而言，第一，协调性要求评估对象关联体与法治之间不存在冲突或者抵触关系，两者统筹于“一体建设”“共同推进”等现代法治理念，②在并行发展的同时相互衔接、相互配合；第二，在此基础上，评估对象关联体的存在、变动和发展与法治发展的基本方向一致，其不仅能够适应法治发展的客观实际和发展趋势，而且可以通过自身调整促进法治建设的进程，推动评估对象本体与评估对象关联体相辅相成、相互促进、相互保障的良性格局的形成，促进法治体系的整体建构和协调发展。③ 概言之，兼容配合、协调发展应成为法治评估对象关联体的内在属性，也应当是判断评估对象关联体的重要特征之一。

二、法治社会评估对象：评估对象性质论

我国关于法治社会评估的理论研究与实践应用起步较晚，目前仍处于初期探索阶段，围绕法治社会评估展开的研究相对有限。伴随着法治国家、法治政府、法治社会一体建设的推进以及《法治社会建设实施纲要（2020—2025年）》的颁布，法治社会相关建设日益被提上日程。为更好推进法治社会的建设，“法治社会之法亦必须增强科学性以确保其实效”④，换言之，我们有必要以法治评估理论为指导，根据法治社会的本体内涵和特质，充分发掘反映法治社会的评估对象，确定辨识度较高的指标，结合中国法治评估模式创新经验，以真正提升法治社会建设的科学性。⑤ 基于此，法治社会评估成为国家治理“制度化、法治化以及现代化”语境下的一个极为重要的时代命题，⑥关于法治社会评估对象的研究也具有十分重要的理论意义和实践价值。

法治评估对象性质论从外部视角和自我视角两个方面限定了评估对象应具备的特征。其中，由于外部视角更加侧重于程序性的特征，着重关

① 参见曲崇明：《锦标赛体制下地方政府行政行为合法性的重构——法治生态的视角》，载《江西社会科学》2014年第9期。

② 参见张文显：《习近平法治思想研究（中）——习近平法治思想的一般理论》，载《法制与社会发展》2016年第3期。

③ 参见王亚平：《论地方性法规的质量评价标准及其指标体系》，载《人大研究》2007第2期。

④ 江必新、王红霞：《法治社会建设论纲》，载《中国社会科学》2014年第1期。

⑤ 参见江必新、王红霞：《法治社会建设论纲》，载《中国社会科学》2014年第1期。

⑥ 参见董学智：《“应征尽征”与税收征管法的分配意涵》，载《地方立法研究》2022年第2期。

注评估对象与评估主体、评估客体以及评估内容等其他相关概念或定义的区分。与此同时,法治社会评估对象与法治评估对象在评估流程中所处的地位、环节也基本一致,故此,法治社会评估对象在评估流程中的被动性、综合性的特征与法治评估对象是直接相通的,甚至一致的。相应地,这也带来一个问题,那就是我们无法根据外部视角所划定的笼统特征,对法治社会评估对象进行涉及具体性质的有效探析。事实上,要深入关于法治社会评估对象性质的研究,须结合法治社会现实语境下的基本概念,进而根据评估对象自我视角中所展示的动态性、客观性特征,确定法治社会评估对象的具体内容。

从法治社会的基本概念入手以确定法治社会评估对象是评估对象性质论的内在要求。正如前文所述,理论界对法治社会的理解仍处于众说纷纭的状态,存在一元论、三元论、四元论等诸多观点,这些观点从不同的角度切入,对法治社会进行的定义有其合理性和正当性,但是从评估学的角度考察,法治社会的概念绝对不能单纯从其具体构成进行解读,仅仅将其视为法治在社会领域的深化和升级是远远不够的,须从其字义、词源及科学规律出发,结合我国法治建设顶层设计以及法治社会的实际推行情况对其进行定义。事实上,在我国提出要提升国家治理体系和治理能力现代化水平,大力推进法治国家、法治政府和法治社会一体建设的背景下,法治社会不仅从属于整体法治的范畴,更是“实现国家治理体系和治理能力现代化的重要组成部分”①,正如有学者所说,建设法治社会不仅要致力于推动法治建设水平的提高,更要提升社会治理法治化现代化水平②。因此,正如前文所述,法治社会是独立于公共权力之外的,基于法治秩序进行生产、生活的社会生活共同体之间形成的新的社会关系格局和结构形态,其以和谐社会为根本目标,现阶段体现为以实现正义、增进福祉为目的构建的“法治”与“社会”相互运动的理想状态,这一状态又具象为“社会制度”“法治思想”“自治权力”等多个建设维度。

基于这一现实语境下对法治社会概念进行解读,理论层面的法治社会评估对象实质上就是社会生活共同体进行生产生活过程中的法律秩序的稳定性程度,或者说是使社会成员成为法治主体并能够以积极主动的姿态运用法律以及各种约束力不同的社会规则维护私权利、监督公权力以及行使社会自治权利的社会形态,③这种抽象的理论表述须结合评估对象本身

① 《法治社会建设实施纲要(2020—2025年)》,2020年12月7日。

② 参见徐汉明:《习近平社会治理法治思想研究》,载《法学杂志》2017年第10期。

③ 参见刘旭东、庞正:《“法治社会”命题的理论澄清》,载《甘肃政法学院学报》2017年第4期。

应具备的客观性以及动态性特征，转换成实践层面的、可被具体测量的现实内容。其一，客观性是法治社会评估对象最基本的特征，这要求法治社会评估对象应当存在于社会成员生活的社会环境和具体的历史条件之下，由一定的物质生活条件决定，并通过客观存在的包括法律规则在内的制度规则体系或者法治思维参与到社会的治理实践中，在法治理念、法律制度、法律行为以及法律意识等内容有机整合的基础上建立起法治社会的秩序，①并实现社会治理模式的创新。在“民间治理”法治化的这一过程中，作为手段的制度规则的建立、意识的培养乃至个体权利的保障、社会各方面秩序的建立以及治理的法治化等都是客观存在的，有必要将其纳入法治社会评估对象的范畴中进行衡量。其二，动态性特征建立在客观性基础上，为进一步明确法治社会评估对象所包含的内容提供了根据。作为法治社会评估对象的法治化社会治理模式，其实现路径、状态和效果并不是孤立、静止存在的，而是始终处于与法治国家和法治政府的互动联系中，以便法治状态在国家、社会和个人之间达致适度平衡，②与此同时，法治社会“是社会治理模式不断理性化、公共理性化的过程”③，法治社会评估对象也应当是处于动态变化中的社会治理法治化的各种体制机制、制度政策以及思维理念。

综合以上特征，我们可以得出结论：法治社会评估对象不仅涉及对社会法治化程度的评估，也不可避免地将新型社会治理机制的产生运作水平以及多元治理力量和治理方式的有效性与法治结合起来进行评估，④换言之，法治社会评估对象是社会治理法治化在具体实施过程中建立的一系列动态发展的基本制度、实现途径和相关的理念意识，以及最终形成的法治社会治理的秩序以及效果。

三、法治社会评估对象：评估对象分量论

评估对象性质论大致确定了法治社会评估对象的基本领域和范围，这为法治社会评估的展开提供了基本前提；但是，由于我国政治历史、文化传统以及市场经济的影响，法治社会评估对象的具体内容在社会治理过程中

① 参见蔡卫忠：《公民意识养成视阈下的大学生法律教育问题研究》，山东大学 2014 年博士学位论文，第 12 页。

② 参见唐皇凤：《构建法治秩序：中国国家治理现代化的必由之路》，载《新疆师范大学学报（哲学社会科学版）》2014 年第 4 期。

③ 戴海东：《马克思市民社会理论视角下社会组织参与基层社会治理研究》，浙江大学 2017 年博士学位论文，第 62 页。

④ 参见江必新、王红霞：《法治社会建设论纲》，载《中国社会科学》2014 年第 1 期。

的实现程度以及法治在社会生活中所起的作用是不同的,①其在整个评估系统中所处的地位以及相应的分量存在差异。具体而言,法治社会评估是一个综合性的大系统,那些能够反映法治社会最根本的本源、本质的构成要素属于整个系统中的主体部分,对于推进社会治理法治化起着关键性作用;而本体之外的政策、规范以及社会政治经济文化现象等关联性因素,虽然从外观上看与社会治理法治化进程没有直接联系,但它们也潜移默化地渗透在法治社会建设的过程中,以某种形式影响着法治社会的建设效果。② 因此,为了更加深入地推进法治社会评估实践活动,我们有必要根据评估对象分量论中关于本体论与关联论特征的分析,进一步将法治社会评估对象划分为本体与关联两个部分,并对其内部类型进行细致探讨。

《法治社会建设实施纲要(2020—2025 年)》于 2020 年发布,其指出法治社会建设的总体目标是,“法治观念深入人心,社会领域制度规范更加健全,社会主义核心价值观要求融入法治建设和社会治理成效显著,公民、法人和其他组织合法权益得到切实保障,社会治理法治化水平显著提高”。在此语境下,研究者们对法治社会评估的相关探究和阐释相对偏少,但有关法治社会建设的相关理念、制度及其知识体系这一全新学术领域,研究者们都纷纷投入时间和精力进行了一定的挖掘与分析,法治社会评估对象分量论或许可以从中获得某种启发。如张文显教授认为,法治社会建设应当从党和政府依法治理、社会依法自治、全民自觉守法、矛盾依法化解、建成平安中国五个方面实施;③叶静漪等将法治社会建设的重点内容分为坚持党对社会治理的全面领导、推动社会治安综合治理、依法保障和改善民生、推进多层次多领域社会治理以及加强社会治理适应新技术新手段这五个方面。④ 此外,还有学者试图从法治社会的目标设计、治理体制、制度规则、权利保障、纠纷解决、守法激励以及普法教育七个方面搭建法治社会建设的理论框架。⑤ 还有学者从宏观视角切入,认为法治社会建设基本路径有三,分别为实现法治理想在社会层面的权威认同、实现多元规范在社会

---

① 参见李鹏:《关于提高公民法律意识问题的思考》,中共中央党校 2002 年硕士学位论文,第 15 页。

② 参见李龙:《法理学》,武汉大学出版社 2011 年版,第 508-509 页。

③ 参见张文显:《习近平法治思想研究(下)——习近平全面依法治国的核心观点》,载《法制与社会发展》2016 年第 4 期。

④ 参见叶静漪、李少文:《新时代中国社会治理法治化的理论创新》,载《中外法学》2021 年第 4 期。

⑤ 参见黄文艺、李奕:《论习近平法治思想中的法治社会建设理论》,载《马克思主义与现实》2021 年第 2 期。

层面的整合协调以及实现“国家”和“社会”在社会层面的良性互动。[①] 不同学者认为的法治社会建设所包含的具体内容不同,其相应的法治社会评估对象也不同。不可否认的是,这些不同内容均在一定程度上影响着法治,属于法治社会评估对象的范畴,我们可将法治评估对象理论体系嵌入其中,基于评估对象本体与关联体的不同特征,将其进行类型化,以构建逻辑清晰、内容全面的法治社会评估对象体系。

(一)本体性评估对象

法治社会评估对象本体是法治评估对象本体的下位概念,应当具备直接性、本质性以及稳定性的特征,而以上关于法治社会建设具体内容的解读虽有其各自合理性,但是不可避免地呈现出稍显混乱的局面,如“党政领导”是我国法治社会的鲜明特征之一,却未体现社会治理法治化的核心内容,因而无法成为法治社会评估对象本体等。笔者认为,法治社会之核心内涵在于社会治理法治化,而能揭示、构建以及推动社会治理法治化进程的本体要素可从价值、秩序、制度和观念四个维度展开。[②] 价值层面的法治社会评估对象意味着法治社会以人权、民主以及民生等价值为内在的本质追求,对于法治社会的建设直接起着引领性的作用;秩序层面的评估对象体现着社会在治理法治化的进程中实现了运行有序的状态,达到了法治社会建设所追求的社会效果;制度层面的评估对象则更加重视法治社会的可视化、规范化建设内容,是最显而易见的、也是对法治社会建设影响最大的法治社会评估对象;观念层面的评估对象侧重于为社会治理法治化提供必要的法治文化和观念场域,可以说,以法治思维和法治方式行事是推进法治社会建设的必然选择,对于法治社会的建设同样有着直接且稳定的影响。价值、秩序、制度以及观念从四个维度表现出了法治社会建设的本质属性,具备对法治社会影响的直接性、稳定性,因此,可从这四个层面展开研究法治社会评估对象本体的具体内容。

第一,法治社会价值评估,以社会成员的权利保障水平为评估对象本体。法治社会之价值是法治社会相关理论研究的逻辑起点,其内在的基本功能和特质引导其他评估对象本体的形成、建构和发展。[③] 某种程度上,将法治社会价值作为评估对象本体,有助于保证法治社会评估活动始

---

① 参见屈茂辉、曾明:《法治社会的基本构成与新时代我国法治社会建设的基本路径》,载《湖湘论坛》2019 年第 6 期。

② 参见庞正:《法治社会和社会治理:理论定位与关系厘清》,载《江海学刊》2019 年第 5 期。

③ 参见江必新:《习近平法治思想对法治基本价值理念的传承与发展》,载《政法论坛》2022 年第 1 期。

终围绕特定的价值或意识形态推进,这对于引导关于法治社会评估对象本体的探究具有重要的意义。正如有学者所说,将法治社会内在的价值原则转换成外在的规范要素,有助于我们更加科学、合理地构建法治社会评估指标体系,且这种指标体系不仅可以反映评估地区实际的法治价值与原则,更能反映出理想的法治社会所应当蕴含的价值与实际法治社会建设规范的匹配度,因此法治社会价值评估对于推进法治社会建设具有重要且独特的意义。① 那么法治社会究竟蕴含着什么价值?法治社会价值评估又以何种具体价值为评估对象本体呢?事实上,法治社会追求的价值呈现出多元化的趋势,但其核心价值目标是唯一且特定的,即人权的保障。为了凸显法治社会的核心价值理念,本书从法治社会与人治社会之横向对比的视角进行分析。首先,法治社会概念是相对于人治社会而言的,人治社会建立在"统治者的意志、偏好或利益之上的任意专断的权力的运作"②;其次,法治社会作为人治社会的对立面,除了强调将"法治"融入社会治理中,通过在法治轨道上推进社会治理活动,以实现法治社会建设的现代化、制度化和法治化以外,法治社会还更多体现出对"治理"的要求,也即在法治社会的建设过程中,须更多发挥社会及社会成员的自治作用,通过建立共建共享共治的社会治理格局,最大程度减少国家公权力对私领域的干预和控制,其中内含"个人本位和权利本位"的价值理念,③而"法治"作为一种治理手段,也将以人为本视为终极治理目标。简言之,作为法治社会基本构成之价值维度所关涉的正是"'人民'与对象'法治社会'"之间的关系,这要求将与人民密切相关的权利实现与保障程度纳入法治社会评估对象本体的范畴。

第二,法治社会秩序评估,以社会秩序和治理秩序为评估对象本体。"秩序是人类生存和发展的基本条件,是社会生活的必要前提,任何社会都是在一定的秩序轨迹上运行的"④,无论何种形态的社会,秩序都是其实现有效治理和长治久安的必备要素,法治社会的建设也不例外。故此,秩序应当是法治社会评估对象的重要内容,也即法治社会评估对象本体。某种意义上,法治社会秩序评估体现着法治社会的有序运行状态,其十分强调

① 参见张德淼、李朝:《中国法治评估指标体系的生成与演进逻辑——从法治概念到评测指标的过程性解释》,载《理论与改革》2015 年第 2 期。

② 杨伟清:《法治理想及其要求》,载《云南大学学报(社会科学版)》2020 年第 5 期。

③ 参见崔永东:《涉侨纠纷多元化解机制的理论考察、文化基础与制度构建》,载《政法论丛》2020 年第 3 期。

④ 郭峻维:《离婚冷静期制度实施中的价值冲突与衡平》,载《东北师大学报(哲学社会科学版)》2021 年第 6 期。

“社会本身经由自治而实现自我秩序化的能力”①,这要求我们逐步确立“包容性秩序观”②,并将这种新型秩序作为评估对象本体进行评估。笔者认为,法治社会秩序评估包括“过程秩序”和“效果秩序”两类评估对象。“过程秩序”是指治理秩序,其内部包含法治秩序和自治秩序两部分。法治秩序是传统社会治理过程中的主要组成部分,以社会治理过程中是否遵守法律规范、在何种程度上遵守法律规范为评估对象,即便法治社会建设中更加强调公权力以外的管理秩序,但是法治秩序仍然是现有秩序中不可或缺的一部分,只是可能须更多让位于自治形成的治理秩序。自治秩序则更加凸显法治社会自我治理之特征,侧重于评估依据不同社会组织制定的社会组织规范而形成的自发性自治秩序的规范稳定程度。笔者认为,自治秩序是法治社会秩序评估中的核心评估对象,自治秩序所蕴含的私主体对社会矛盾的调和、秩序的维护以及治理的方式等与法治社会建设天然有种内在的默契和联系,③通过推动社会内部机制的运作,发挥社会自我治理的作用,是法治社会建设中“社会”的精髓所在,前文所述的法治秩序发挥更多的是一种兜底或保障作用。④ 除了“过程秩序”外,“效果秩序”也是重要的评估对象,但相比之下,效果秩序的概念更加简单,应用也更加广泛。“法治社会的建设离不开社会秩序的维护”⑤,效果秩序评估更多是以一种外部的、整体性的秩序为评估对象,通过评估因“过程秩序”而产生的结果秩序,判断社会治理法治化是否达到了社会各方面的有序化状态,是评价法治社会建设效果的重要依据,因此也须将其纳入法治社会秩序评估的体系之中。

第三,法治社会制度评估,以多层次多领域的社会制度规范完善程度为评估对象本体。“制度化建设是现代化的关键性因素,只有形成一套更加成熟更加定型的制度,才能实现国家的现代化”⑥,法治社会作为国家现代化建设的重要组成部分,通过制度建设将相应的“权利保障”等价值理念嵌于国家推进社会治理法治化和现代化的过程中,使之成为法治社会建设的重要助力,换言之,法治社会能否顺利推进很大程度上取决于制度建

① 周恒:《论互联网社交在法治社会建设中的功能》,载《河北法学》2020 年第 4 期。

② 朱振:《国家治理法治化进程中的包容性秩序观》,载《法制与社会发展》2022 年第 3 期。

③ 参见徐祥民、张慧颖:《习近平法治思想中的法治社会建设路径论》,载《湖湘法学评论》2022 年第 1 期。

④ 参见郭晔:《全面依法治国新时代的法治规范渊源》,载《法制与社会发展》2022 年第 2 期。

⑤ 刘艳红:《民刑共治:国家治理体系与治理能力现代化路径》,载《法学论坛》2021 年第 5 期。

⑥ 李雅云:《习近平新时代中国特色社会主义法治思想的重大创新》,载《法治研究》2018 年第 3 期。

设是否有效,[①]故此,有必要将制度建设作为评估对象本体进行评估。法治社会制度建设是一个涉及多领域多层次的复杂系统,根据不同制度的性质和对法治社会建设的功能目标,可将法治社会制度评估的评估对象分为以下几个方面:其一,法律制度规范。法律制度规范是社会治理法治化的重要依据,法治社会建设虽然强调私权的自我管理,但是公权力机关制定的、具有国家强制力的法律制度规范是法治社会建设得以有效展开的基础性、保障性的制度规范,其他自治制度规范应当在不违背法律制度的前提下发挥作用。正如有学者称,"完备的法律规范体系是法治国家、法治社会的制度基础"[②],评估教育、劳动就业以及社会保障等社会重要领域立法的完善程度,能够真实反映出法治社会建设状况。其二,社会制度规范。相较于法律制度规范,这里所指的社会制度规范在制定主体、制定流程以及实施主体等方面都存在较大差异,这类制度规范是由全部社会成员或部分社会成员根据共同利益或共同意愿制定的,仅对其内部成员有约束力,且这种约束力是一种"软性约束力",例如团体章程、乡规民约等社会规范体系,均为社会成员"自我表达和自我整合的结果"[③],这些社会制度规范对于协调社会成员利益关系、化解社会矛盾纠纷、促进公众参与以及维护社会秩序等具有现实的、可靠的约束力,[④]而这正是法治社会建设对于社会自治的要求,基于此,社会制度规范应当纳入法治社会制度评估对象的范畴。其三,道德制度规范。无论是从道德的自身功能和价值维度,还是从"法"与"德"之内在的密切联系来看,道德制度规范始终都是法治社会建设不可或缺的前提条件和环境基础,[⑤]有必要将道德制度规范建设水平同法律制度规范、社会制度规范结合起来,以更加全面地评估法治社会的制度建设成效。

第四,法治社会观念评估,以全体人民自觉信仰和遵守法律的程度为评估对象本体。传统观点认为,"法治观念首先是制度创设和制度变迁的条件",但事实上并非如此,普通公民并未参与法治社会相关制度的创设和

---

① 参见付鉴宇:《论法治社会建设中的科技支撑功能及其实现》,载《广西社会科学》2021 年第 6 期。

② 秦前红、崔德旗:《论十八大以来全国人大常委会的宪制功能变迁——纪念"八二宪法"颁布实施四十周年》,载《法治现代化研究》2022 年第 2 期。

③ 张演锋:《习近平"以人民为中心"法治理念与法治国家的双重面向》,载《华东政法大学学报》2021 年第 6 期。

④ 参见江必新、戢太雷:《习近平法治社会建设理论研究》,载《法治社会》2022 年第 2 期。

⑤ 参见龙静云、吴涛:《论法治社会的道德规范建构》,载《华中师范大学学报(人文社会科学版)》2018 年第 2 期。

建立,其法治观念不可能凭空产生,更多是受到已经形成的现有制度潜移默化的影响,以一种结果的表现形式存在,进而再反向推动法治社会各方面的综合发展。① 《法治社会建设实施纲要(2020—2025 年)》指出,"全民守法是法治社会的基础工程",从中不难看出,国家对于法治社会建设的预期目标中包含着一系列法治意识、法治观念的内容,可见,法治社会仅仅依靠制度建设是远远不够的,如果包括公民在内的社会成员普遍缺乏法治意识并漠视包括法律规范在内的各种规范体系,那么社会治理就缺乏可操作性。② 法治观念于法治社会建设的重要意义就在于,其以无形却客观存在的方式,提高治理者运用法治思维和法治方式进行社会治理的水平,③某种程度上,没有法治观念作为内核支撑的法治社会只会如空中楼阁一般,因此,必须将社会成员的法治观念和意识作为评估对象本体进行评估。基于法治社会在推进社会治理法治化的进程中,呈现出了多主体共同参与的特征和趋势,可从主体角度将法治社会观念评估对象进一步细化为国家公务人员的法治观念和社会公众的法治观念两种类型:其一,以国家公务人员法治观念为评估对象的法治社会观念评估活动,侧重于评估公权力主体在行使国家权力的过程中,是否运用法治思维和法治方式处理解决社会问题,是否遵循了"依法行政、权责统一、程序公开"等基本法治要求,④是否符合社会治理法治化的治理行为规范;其二,以社会公众法治观念为评估对象的评估活动,更加注重评估普罗大众在日常生产生活中是否对法律形成发自内心的认可、崇尚、遵守与服从,是否将宪法和法律内化为自身的行为准则等,其具体评估内容因社会成员的庞杂而更加复杂多元。

(二)关联性评估对象

法治评估对象关联论的核心观点是,评估活动应当将与法治存在相关性或系统性关联的因素纳入评估对象的范围内,基于"法的外部适应性"基本原理,从更深层次和更广范围去评估法治。⑤ 法治社会评估对象关联体是法治评估对象关联体的下位概念,且法治社会自身作为宏观角度下的整体评估对象并不是孤立存在的,其作为一项整体性、系统性极强的社会工程,须"结合其他相关制度和机制协作发展"⑥。故此,法治社会评估对

① 参见卢野、陈一:《法治社会建设视域下的法治意识评估——对象、内容和原则》,载《西华大学学报(哲学社会科学版)》2021 年第 6 期。
② 参见李小立:《论公民的法治认同》,载《文化学刊》2021 年第 4 期。
③ 参见张鸣起:《论一体建设法治社会》,载《中国法学》2016 年第 4 期。
④ 参见关保英:《行政法典总则制定的正当性研究》,载《法治社会》2022 年第 1 期。
⑤ 参见李龙:《法理学》,武汉大学出版社 2011 年版,第 508-509 页。
⑥ 李飞、庞正:《在网格化社会治理中推进法治社会建设》,载《法治现代化研究》2020 年第 6 期。

象关联体的存在有其正当性、合理性，关于其评估对象关联体的具体构成要素包括哪些方面的问题，应当结合法治社会建设与社会治理等融合发展的时代背景，着重分析哪些要素虽未对法治社会建设产生直接影响，但是却在法治社会的建设过程中与其形成了良性互动关系，并由此形成了协调一致、相互促进的状态，将这些要素纳入法治社会评估对象关联体中进行重点评估。

第一，法治社会领导机制评估，以各级党委领导法治社会建设的工作机制成效为评估对象。党的十八届四中全会强调，“党的领导是中国特色社会主义最本质的特征，是社会主义法治最根本的保证”，党的领导在我国法治建设中始终发挥着总揽全局、协调各方的作用，法治社会建设作为全面依法治国或法治中国建设的重要组成部分，也应将党的领导贯彻到建设的各个方面；《法治社会建设实施纲要（2020—2025 年）》也指出，要建立“党委领导、政府负责、民主协商、社会协同、公众参与、法治保障、科技支撑的社会治理体系”，强调了党对法治社会领导的重要性。在我国以中国共产党为领导核心的党政体制下，各级党委如何切实履行对本地区法治建设的指导、协调以及领导职责，如何调动各方力量参与法治社会建设，如何与其他社会治理主体合力落实法治社会建设任务等，都在潜移默化地影响法治社会的建设成效。与此同时，中国共产党作为“中国社会中最为重要的特殊社会组织”①也在法治社会的框架内实现自我约束、自我管理，两者在于社会治理法治化的进程中呈现出互动局面。故此，有必要将党的领导机制成效作为法治社会建设重要的关联影响因素进行评估。

第二，法治社会管理机制评估，以政府对法治社会建设的各项管理工作机制成效为评估对象。法治社会虽着力于“公权力运作系统以外的社会生活的法治化”，强调“在法治的框架下维系平等和自治的社会关系”②，但是这种自治并不能完全排除政府公权力在其中的运作和影响，这主要有两方面原因。其一，事实层面。在“法治社会”这一概念被提出之前，社会管理本来属于政府的基本职能，法治社会在某种程度上继承了政府的部分治理功能，而政府对其他社会组成部分进行治理的活动本身也属于社会治理的一部分，正如有学者所说，法治社会实质上也包含着“社会管理者与被管理者关系的法治化”③。因此，从这一层面来讲，形式上不属于法治社会建设范畴的政府管理工作机制，也在一定程度上对法治社会产生间接影响。

① 李广德、王晨光：《党内权力监督法治化的法理论证》，载《马克思主义与现实》2018 年第 1 期。
② 陈柏峰：《中国法治社会的结构及其运行机制》，载《中国社会科学》2019 年第 1 期。
③ 陈柏峰：《中国法治社会的结构及其运行机制》，载《中国社会科学》2019 年第 1 期。

其二,政策层面。习近平法治思想提出,我国法治建设应"法治国家、法治政府、法治社会一体建设"①,三者可以概括为"一体两翼"的关系②,法治政府与法治社会平行建设,同时也通过体制机制层面法治化的规范和设置,为法治社会的建设提供一定的发展空间和制度引导,从这一层面考察,政府作为法治社会建设的管理者、负责者,对法治社会建设的影响不容小觑。可以说,政府管理与法治社会建设之间存在不可割裂的内在联系,将政府管理机制纳入法治社会评估对象关联体中,是系统推进法治建设的应有之义。

第三,法治社会环境评估,以法治社会建设过程中所处的综合社会背景为评估对象。事实上,在传统的法治评估领域中,已有学者对法治评估的类型进行划分并指出,其中一种法治评估类型为法治环境评估。尽管这种类型的法治评估与本书所提及的法治社会环境评估似乎仅是上位概念与下位概念之间的关系,其实不然。具体而言,以往学者所主张的法治环境评估是指,将法治本身作为其他核心内容的一种环境或背景因素,在此基础上对法治这一因素进行评估,以反映出其他治理指标可获得法治资源,而非为了完整地反映出该地区的法治样貌。本书提出的法治社会环境评估则更强调以法治社会建设过程所处的整体社会环境为评估对象,也即评估对象并非法治社会本身,而是以其建设过程中的政治背景因素、经济背景因素以及文化背景因素等作为主要的被评估的对象,通过评估这些关联环境背景因素的现实情况、发展态势以及未来趋势,来评价其对法治社会建设将产生哪些积极或消极影响,再基于评估结果改进或完善相关因素对法治社会建设的作用。某种程度上,这是系统论在法治社会评估关联论中最明显的体现,这种从法治社会建设的外围部分间接影响法治社会建设的进程的因素,应当受到我们的重视并对其进行评估,以便反映出法治社会建设的完整样貌。

但总而言之,以上关于法治社会评估对象理论的二分仅仅是一种学术上的抽离和探讨,实际上,无论是根据评估对象性质论来判定法治社会评估对象的具体内容,还是根据评估对象分量论对法治社会评估对象的内部进行本体论与关联论的划分,并根据不同类型的评估对象将法治社会评估分为法治社会价值评估、法治社会制度评估或法治社会领导机制评估等,不同类型的法治社会评估对象并非泾渭分明,其间存在诸多交叉甚至

---

① 《中共中央召开党外人士座谈会》,载《人民日报》2014 年 10 月 25 日,第 1 版。
② 参见陈柏峰:《中国法治社会的结构及其运行机制》,载《中国社会科学》2019 年第 1 期。

重合。从本质层面考察,法治社会是一个公权力运作系统之外的,但又与公权力系统保持一定联系的复杂多元系统,其不仅包括社会成员自我约束的法治化,更包括社会成员之间关系的法治化,社会管理者与被管理者之间关系的法治化等,①且管理者不仅包括私权领域内的管理者,也在一定程度上包括公权力管理者,这也是为何关联论中包含了法治社会领导机制的评估。要想有序推进法治社会评估活动,应当深刻理解不同法治社会评估对象的结构功能,有效整合不同类型的法治社会评估活动并加以体系化,提升法治社会评估的实效,更好地推进我国法治建设工作。②

① 参见陈柏峰:《中国法治社会的结构及其运行机制》,载《中国社会科学》2019 年第 1 期。
② 参见钱弘道、杜维超:《法治评估模式辨异》,载《法学研究》2015 年第 6 期。

第六章 法治社会评估指标体系和考核标准的理论考察

第一节 法治社会评估指标体系的理论考察

一、法治评估指标体系

（一）法治评估指标体系的基本内涵及渊源

1. 法治评估指标的基本内涵

要明确法治评估指标体系的定义，首先须区分指数和指标。指数通常是指度量自然和社会现象总体变动的相对数，是用来度量某一现象在不同时间和不同空间内变动情况的统计指标，其可以在大量信息的条件下归纳总结，简明扼要地向使用者提供关键信息。也有学者认为，指数是一套定型的、客观的、科学的旨在测量和评估某一事物的标准化数值。①

相比之下，指标是一个数量、计量范畴，是反映客观事物总体数量特征的概念，其通常用于计划和统计工作中，以数字的形式表现社会现象或活动过程的某一特征，包括指标名称和指标数值。关于法治评估指标，有学者认为，其是可以将“无法直接观察到的法治转化为可以从客观和主观两方面对其基本面向的性质和程度进行具体化”的工具；也有学者认为，法治评估指标是建立在公认且周延的法治概念上，并扩展出一系列全面因子体系的具体指标变量。本质上，笔者认为法治评估指标是一个对法治建设情况进行观察、测量、监测、评价及其矫治的系统性概念。② 相应地，法治评估指标体系是指，由许多单独法治指标组合而成，以反映法律制度本体及其相关各类要素运行状况的结构性及其质的规定性与量的规定性有机统一为表征，用以判断评价经济、政治、文化、社会、生态文明法治化进程的一

---

① 参见曾赟：《中国刑事法治指数的创制研究》，载《山东大学学报（哲学社会科学版）》2021 年第 1 期。

② 参见徐汉明、张新平：《社会治理法治建设指标体系的设计、内容及其评估》，载《法学杂志》2016 年第 6 期。

种计量、评价逻辑结构系统。① 法治评估指标体系的运作,可以数字形式动态地反映某一国家或地区法治及其相关要素(法律规则、法律部门、法律体系、法律意识等)的基本结构和运行状况,②为后续法治建设工作的规划提供依据。

2. 法治评估指标体系的渊源

事实上,法治评估指标体系早期被称为法治指数,也即法治指数是法治评估指标体系的前身,二者可以视为同一事物。须强调的是,此处的"法治指数"概念并不完全等同于前文所说的"指数",相比之下,后者强调的是一种专业的定义,前者则更偏向于是一种实践中的泛化概念,其含义更加广泛。当然,为避免概念混淆,我们有必要对法治指数作出特别解释。传统意义上的法治指数被认为是一种用以判断、衡量、测定法律制度本体及其相关各类要素运行状况在不同时间和空间维度综合变动状况及其程度的"特殊相对数",其强调的是一种静态概念,侧重于评估结果的分值呈现。但是,随着域外法治指数的不断发展,"法治指数"这一概念不断拓展,其从"某一特定数值"发展到"综合体系",意指以法治建设水平为评估对象,内含所有单一的法治指标,及各项指标加权组合而成的系统性、统一性的指标结构有机系统,正如学者们对法治指数下的定义:其是"一套衡量一个国家法治状况的量化标准和评估体系"③。域外的"法治指数"传入我国国内后,其就成为"法治评估指标体系"。

简言之,"法治指数"是"法治评估指标体系"的前身,其内涵相同,只是因域内外习惯不同导致表述上存在差异。因此,本部分内容虽围绕"法治评估指标体系的渊源"展开,但鉴于其在域外发展初期被称为"法治指数",本部分也相应地使用这一表述。

(1)法治指数的萌芽起步阶段(20 世纪 60 年代至 70 年代末)。法治指数最早起源于 20 世纪 60 年代美国的"法律与发展运动"④,这场运动的主要内容是美国国际开发署以及一些基金会向拉丁美洲和非洲等地的国家进行定向法律移植,其实质是美国向第三世界国家进行法律输出。⑤ 尽

① 参见徐汉明、林必恒、张孜仪:《论法治建设指标体系和考核标准的科学构建》,载《法制与社会发展》2014 年第 1 期。

② 参见王勇:《论法治评估的功能局限与实践定位——基于"法治"与"评估"的双重困境》,载《中国法律评论》2018 年第 3 期。

③ 郑永流:《实践法哲学:从法律 1.0 走向法律 2.0》,载《清华法学》2022 年第 1 期。

④ 姚建宗:《美国法律与发展研究运动述评》,法律出版社 2006 年版,第 63-64 页。

⑤ 参见[美]戴维·杜鲁贝克:《论当代美国的法律与发展运动》(上),王力威、潘汉典译,载《比较法研究》1990 年第 2 期。

管这场运动最终以失败而告终,却留下了丰富的学术遗产。在这场运动影响之下,有学者开始借鉴经济学界数据统计分析工具,意图运用统计学、数学、经济学等其他学科技术在法治领域构建一个可观测、可比较的量化法治指标体系,①这对量化法治及法治指数的萌芽发展起到了重要的推动作用。② 进入20世纪70年代后,美国斯坦福大学法学院进行了“法律与发展问题”的专项研究,主要研究欧洲大陆和拉丁美洲国家的法治建设。1979年,梅里曼等人出版了《大陆欧洲和拉丁美洲的法律与社会变化》一书,在这本书中,他们首次提出了“定量分析法”③的概念,④选取了智利、意大利和秘鲁等国家作为观察样本并进行了系统的法律分析,对于立法、执法、司法等法治要素进行了评估论证,⑤法治指数进入了萌芽起步阶段。

(2)法治指数的快速发展阶段(20世纪80年代至90年代中期)。进入20世纪80年代,第二次“法律与发展运动”兴起,许多国际组织及政策制定者在这次运动中注意到了“法治”的重要性,因此这场运动又被称为“法治与发展运动”⑥,但名称的改变并未改变其作为“法律移植运动”的本质。相较于第一次“法律与发展运动”,其显著区别在于,美国国际开发署开始借助具有科学外观的治理指数,并使这种指数与外商投资和发展援助挂钩来进行法律移植和改革活动,其中,“法治”是治理指数评估的一个方面,“法治指数”在这场运动中实现进一步发展,初具雏形。总体而言,这次借助治理指数进行法律移植的运动是成功的,其极大地推动了“二战”后美国法律的全球化,也推动了法治指数的演进历程。其后,法治指数从附着于其他社会指标运动中的综合指标中抽离出来,逐渐演化成一套独立的指标体系,也即真正意义上的“法治指数”。

(3)法治指数步入全新转型阶段(20世纪90年代中期至今)。20世纪90年代中期后,域外法治指数进入了转型阶段,有许多著名国际组织进行了相对完整、成熟的法治指数实践活动。其中,比较有代表性的有世界银行制定的全球治理指数以及世界正义工程制定的法治指数。⑦ 需要指

---

① 参见屈茂辉、匡凯:《社会指标运动中法治评价的演进》,载《环球法律评论》2013年第3期。

② See B. Tamanaha, *The Lessons of Law-and-Development Studies*, 89 The American Journal of Internationl Law 483(1995).

③ 定量分析法是与定性分析法相对应的一个概念,是在对法律制度进行定性描述的基础上,对不同法域的法律制度,以及同一法域不同时期的法律制度进行比较。

④ 参见[美]梅里曼等:《“法律与发展研究”的特性》,俗僧译,载《比较法研究》1990年第2期。

⑤ 参见[美]梅里曼等:《“法律与发展研究”的特性》,俗僧译,载《比较法研究》1990年第2期。

⑥ 高鸿钧:《美国法全球化:典型例证与法理反思》,载《中国法学》2011年第1期。

⑦ 参见周尚君、彭浩:《可量化的正义:地方法治指数评估体系研究报告》,载《法学评论》2014年第2期。

出的是,尽管世界银行制定的相关指数仍属于治理指数的范畴,但是其内涵的法治指数部分比较完善,因此也可以将其视为法治指数转型阶段的典型代表。

世界银行的全球治理指数。作为世界三大经济组织之一的世界银行于20世纪末逐步开始关注"治理"问题,其成立了以丹尼尔·考夫曼等三位学者牵头的课题组,对各类国际组织的治理指标加以整合,发展出一套以评估治理状况为目的的指数体系。① 这一评估指标体系由最初只包括简单的"法治""贪污""政府效能"等单一要素,逐步发展到了涉及"言论与可问责性""腐败"等多要素组成的综合性指标体系,实现了从"对政府进行评估"向"对一个国家治理状况"进行综合考评的转型。② 具体而言,全球治理指数包括六个维度——"话语权和问责制""政治稳定性和恐怖主义的消失""政府效率""监管质量""法治水平""对腐败的控制",其中"法治水平"作为一项重要的独立要素加以呈现,成为众多国际组织和主权国家对被评估国家法治治理状况和水平进行比较和了解的治理"大数据"。总之,全球治理指数发展至今,已经对世界上212个国家和地区的治理状况进行了观测、分析、统计和比较,其包含的法治指数部分也实现了更深入的发展。

世界正义工程法治指数。进入21世纪,新自由主义思想在全球蔓延,由此导致了法律"输出国"与"输入国"之间经济上巨大的贫富差距,以及"输入国"国内严重的经济危机、政治动荡和社会秩序的解体。这种因新自由主义思想造成的世界范围内经济、政治乃至更多方面的负面影响,使国际社会开始对其进行批评和反思。此时,全球治理领域指标化的专项——世界正义工程的法治指数为发达国家和发展中国家以及政府和社会之间的权力关系引入了一种新的知识生产方式。③

基于此,为更加深入理解世界法治指数,有必要对新自由主义思想进行一定的展开分析。关于新自由主义的法律全球化,最早可追溯到20世纪70年代。其是一种经济和政治学思潮,主要主张包括以下几个方面:第一,经济方面,它反对国家和政府对经济的不必要干预,强调自由市场的重要性,重视对于市场计划、私有财产和契约自由等的保护;第二,国际政策

① See D. Kaufmann, A. Kraay & P. Zoido-Lobaton, *Aggregating Governance Indicators*, World Bank Policy Research Working Paper No. 2195, p. 1-4(1999).

② See D. Kaufmann, A. Kraay & P. Zoido-Lobaton, *Governance Matters*, World Bank Policy Research Working Paper No. 2196, p. 1(1999).

③ 参见张琼:《法治评估的技术路径与价值偏差——从对"世界正义工程"法治指数的审视切入》,载《环球法律评论》2018年第3期。

方面，它强调开放国际市场，支持全球性的自由贸易和国际分工；第三，民主政治方面，它着重体现了西方三权分立等所谓的民主法治价值。这些新自由主义的基本思想在世界银行的全球治理指数、世贸组织和国际货币基金组织的经济政策中都有所涉及，①甚至梅里曼等人在 20 世纪 70 年代设计的“法律制度分析结构”中就已经体现出了新自由主义的基本思想。②在这一视角下，法治、主权以及公平正义等变得无关紧要，生产力、激励措施、风险、投资回报率等才是发展的关键，这种忽视公民基本生存需要的思想给世界造成了巨大的冲击和动荡。21 世纪以来，国际社会和理论界逐步对新自由主义的全球化思想进行批评和反思，这种呼声在 2008 年全球经济危机时达到最高。在国际主流思想逐步演变为阿玛蒂亚等学者所提出的“能力进路”③和“实质性自由”④等观点后，学者们认为“法治”亦可成为实现全球正义的重要工具。⑤

在这一背景下，出于对各国法治发展状况进行客观公正的比较研究的目的，威廉·纽康姆⑥于 2006 年创立了世界正义工程这一独立的第三方组织，通过设定科学系统、系统完备的指标体系来衡量世界各国的法治发展程度，为各主权国家、国际组织、科研机构和社会公众了解特定国家和地区的法治发展状况提供了一面“镜子”。⑦ 值得称道的是，纽康姆等人从社会公众的视角出发，对一个国家或者地区的法治发展状况进行测量感知，保证了法治指数的公信力和可接受度，顺应了亚里士多德“良法之治”的价值理念。此后，世界法治指数经过了几年的发展，覆盖国家和地区的数量从最初的 4 个发展到了 99 个，且已经细化到三级指标，实现了对于被评估国家和地区法治发展状况的精确测量。相较于第二次“法律与发展运动”，世界正义工程的法治指数在许多方面进行了改进，如评估主体是独立的第三方组织，评估结果的公信力显著增强；评估内容来自“第一手资料”，确保了评估内容的真实性和可操作性等。最重要的是，世界正义工程

① 参见鲁楠：《全球化时代重新理解 WTO》，载高鸿钧主编：《清华法治论衡》第 20 辑，清华大学出版社 2014 年版，第 75 页；余盛峰：《从 GATT 到 WTO：全球化与法律秩序变革》，载高鸿钧主编：《清华法治论衡》第 20 辑，清华大学出版社 2014 年版，第 96 页；[美]约瑟夫 E. 斯蒂格利茨：《全球化及其不满》，夏业良译，机械工业出版社 2004 年版，第 43–71 页。

② 参见朱景文：《法律全球化：法理基础和社会内容》，载《法制现代化研究》2000 年第 0 期。

③ P. Boettke & J. R. Subrick, *Rule of Law, Development and Human Capabilities*, 10 Supreme Court Economic Review 109(2003).

④ [印]阿玛蒂亚·森：《以自由看待发展》，任赜、于真译，中国人民大学出版社 2002 年版。

⑤ 参见[印]阿玛蒂亚·森：《全球正义》，高鸿钧、鲁楠等译，载《清华法律评论》2014 年第 1 期。

⑥ 威廉·纽康姆，曾任美国律师协会主席。

⑦ 参见鲁楠：《世界法治指数的缘起与流变》，载《环球法律评论》2014 年第 4 期。

法治指数首次将“法治”作为一项独立对象展开研究，真正实现了对于法治的测量。

总体而言，在法治指数的转型阶段中，世界银行全球治理指数中包含的法治指数与世界正义工程的法治指数还是存在一定区别的：第一，前者倾向于政府层面上关于法治数据的比较测量，并且指标的经济色彩较为浓厚，评估方在着重测量经济指标的同时对于“法治”进行测量，较难得出全面和准确的“法治”评估结果。相比之下，世界正义工程的法治指数着重考察的是专家和社会公众对被评估国家和地区法治运行状况的感知，具有较强的可操作性和可期待性，基本满足了国际组织和社会公众通过对法治指数量化的评估来判断和衡量一个国家或地区法治状况的要求。第二，世界银行全球治理指数的优势是数据涵盖范围广泛，正因如此，其评估数据对于特定区域的反映亦会较为迟钝。所以，有学者认为要综合具体评估数据和世界银行的全球治理指数进行分析研究。① 相比之下，世界正义工程法治指数虽然因数据覆盖的全面性而被广泛接受，但区别于世界银行全球治理指数做到了指标体系精简和包含的数据集增多双轨并行，这使升级后的世界正义工程法治指数既做到了覆盖范围广泛，又实现了对一国一地法治指数的更准确把握。②

(二)我国法治评估指标体系建设的实践探索

1. 国内法治评估指标体系的起始阶段

同国外法治评估发展历程相似，国内法治评估在初期发展阶段并没有独立的指标体系概念，早期法治评估指标体系建设附着在立法后评估和司法后评估中。虽然此类综合性评估和独立的法治评估在评估对象和实施方法上存在不同，但是两者指标体系构建的方法论大致等同，因此这类附着在立法、司法领域专项评估中的指标体系的建立可以视为中国法治评估指标体系的起始阶段。

首先，立法领域指标体系主要指权力机关采取统计、测量、线性比较等技术方法对于特定评估对象立法后的法律实施效果进行专项评估所构建的量化标准体系。随着中国法治化进程的逐步推进，立法后评估指标体系在中国悄然出现，其指标体系的设计范围和设计方法均与法治评估指标体系有显著不同：立法后评估在界定指标设计范围上专注于对立法成本、立

① 参见俞可平主编：《国家治理评估——中国与世界》，中央编译出版社2009年版，第121页。

② 在欧盟联合研究中心(Joint Research Centre, JRC)关于世界正义工程的法治指数的统计审查报告中也谈到了这一点，其认为2012年的数据覆盖非常出色，而进一步的数据质量问题就需要对缺失值进行处理，主要方法包括删除缺失值的个案与缺失值插补等。

法效果进行评估,且其指标设计方法较为片面和单一,缺乏科学性和广泛性。其次,司法领域专项评估的指标体系主要是指利用计算机网络技术对于法院的审判流程、办案质量等展开量化考核,制定出一套关于法院审判质量标准的量化标准体系。

此外,其他评估领域指标体系的构建也值得我们关注。如 2008 年年末,在联合国开发计划署的支持下,由俞可平教授率领的课题组在全国首次推出"中国治理评估框架",其评估指标体系主要内容包括公民参与、人权与公民权、党内民主、法治、合法性、社会公正、社会稳定、政务公开、行政效益、政府责任、公共服务和廉政等 12 个方面。其中,"法治"是 12 个一级指标中的一个,且又被细化为国家的立法状况,宪法和法律的权威,党和政府的依法执政、依法行政程度,公民和官员对法律的了解和尊重,法律在实际政治生活中的作用,立法活动和司法活动的自主性和权威性,律师的作用,官员和公民的法律意识,政府政策的法律审查和司法审判的执行情况等 10 项具体指标。这部分指标体系能够实现对国内法治整体状况相对系统全面的评估。① 相较于立法、司法领域局部评估的指标体系,此类评估指标体系已经开始从整体视角考察法治状况,②具有明显的进步意义。但是总的来看,法治评估指标体系仍是作为整体治理指标体系的一个部分,法治仅被作为综合考察指标中的一项附属内容,与专门的法治评估指标体系仍有一定的差距。

2. 国内法治评估指标体系的发展阶段

步入 21 世纪,我国法治评估指标体系开始进入实践阶段,典型的包括香港法治指数、余杭法治指数以及其他部分省市构建的法治评估指标体系。其中,香港法治指数的出台开启了我国量化法治实践的先河,余杭法治指数的出台则标志着我国内地法治评估活动的开始。

具体而言,2005 年,在我国的香港社会服务联会的倡导和赞助下,香港法治指数得以开展和实施,其源自 1999 年开展的"香港社会发展指数计划",指标体系涉及 14 个领域,包含 47 项指标,涵盖公民社会、政治参与、国际化、经济、环境质素、文娱、科技、人身安全、教育、房屋、卫生健康、治安及家庭团结等多个方面,经过一段时间的发展后,其最终构建了包含 7 项评价维度(一级指标)的法治评估指标体系,即"法律的基本要求""依法的政府""不许有任意权力""法律面前人人平等""公正地施行法律""司法

① 参见俞可平:《中国治理评估框架》,载《经济社会体制比较》2008 年第 6 期。

② 这是其与法治评估的近似之处,但往往因为法治评估服务于"治理"这样的更宏大主题,法治评估的意义难以得到充分体现。

公义人人可及”“程序公义”。[1] 2006 年,杭州市余杭区在钱弘道等学者的主持下也开启了量化法治探索,实现了我国内地法治水平量化评估标准零的突破。余杭法治指数的评估结构包含了 4 个类型的指标,分别是总指标、区级机关指标、乡镇指标和农村社区指标,这些指标分别对应基层政府、基层自治组织工作职责的各个方面,一级指标包括“党委依法执政”“政府依法行政”“司法公平正义”“权利依法保障”“市场规范有序”“监督体系健全”“民主政治完善”“全民素质提升”“社会平安和谐”9 项。余杭法治指数的诞生对国内第三方评估的发展产生了广泛影响,也当然影响了国内法治指数的内部考评机制。余杭法治指数也成为中国法学研究进入数据思维和量化法治阶段的标志。[2] 自此以后,内地掀起了量化法治的浪潮,北京、江苏、湖北、昆明、深圳、上海等多个城市都构建了符合当地法治实际的法治评估指标体系,并得到了政府部门和社会公众的肯定和支持。

同时,法治评估指标体系得到了官方的认可和支持,以政府为主导的评估指标体系的构建活动也已经悄然出现,尤其自 2009 年以来,国务院公布《关于推行法治政府建设指标体系的指导意见(讨论稿)》后,各类法治政府评估活动及其指标体系的构建工作也如火如荼地在各地展开,虽然多数只是通过指标体系对法治政府建设状况进行评估,但也可视为法治评估指标体系的一部分。例如,2010 年湖北省颁布了《湖北省法治政府建设指标体系》,2013 年广东省颁布了《广东省法治政府建设指标体系(试行)》,2014 年广东省惠州市颁布了《惠州市法治政府评价指标体系》等。中国政法大学以全国 53 个主要城市为样本开展了法治政府研究项目,于 2013 年发布《中国法治政府评估报告》,对全国的主要大中型城市的法治状况进行了比较排序。虽然指标设置仍然存在涉及范围狭窄、操作规范化欠缺等问题,但其设置量化性指标评估法治状况,具有突出的创新性和进步意义。

综合以上文献,在 2005 年我国香港法治指数出台后的 10 年中,我国的法治评估指标体系进入了实践阶段,以香港法治指数、余杭法治指数和法治政府指数为代表的法治评估指标体系的构建活动在国内如火如荼地进行,形成了内地量化法治的浪潮,初步形成了设置细致合理、分级系统科学的指标体系和考核标准,这也为中央层面上统一的法治评估指标体系和考评标准文件的出台奠定了实践基础。

---

① 参见何志强、邱佛梅:《国内法治评价指标体系:现状与评析》,载《华南理工大学学报(社会科学版)》2016 年第 3 期。

② 参见钱弘道:《中国法治评估的兴起和未来走向》,载《中国法律评论》2017 年第 4 期。

3. 国内法治评估指标体系进入转型阶段

2005 年以来，国内各地因地制宜、自主创新，陆续开展法治评估指标体系的实践，积累指标设计经验，各地的法治评估指标体系实践已经初具规模、各具特色。在此基础上，2013 年，中共中央出台了《中共中央关于全面深化改革若干重大问题的决定》；2014 年，中共中央又相继出台了《中共中央关于全面推进依法治国若干重大问题的决定》等文件，中央层面发布的文件统筹规划部署指标设计、制定评估框架，中国的法治评估指标体系的建设从理论层面和实践环节都进入了转型阶段。尤其是自党的十八大以来，以习近平同志为核心的党中央明确国家按照经济、政治、文化、社会和生态文明“五位一体”的总体布局发展，推进法治国家、法治政府、法治社会一体建设，党的十八届三中全会开创性地作出“建立科学的法治建设指标体系和考核标准”的部署，将法治建设指标体系正式纳入法治中国建设和全面深化改革的目标规划。可以说，在法治评估长期的实践发展基础上以及近年来中共中央的推动下，这一阶段中法治评估指标体系的指导思想、具体设计等都发生了一定变化，中国的法治评估指标体系将进入一个加速发展阶段。①

（三）关于法治评估指标体系形成的共识与争议

1. 国际层面的共识

关于世界正义工程的法治指数，现今学术界已经基本形成了世界法治指数是世界“法治 GDP”的共识。同时，学者们亦不否认其指标体系存在“调查范围过于狭窄、主观性评价权重较高”的缺点。② 笔者赞同学者们提出的我国在量化法治的实践过程中对于世界法治指数指标体系所存在的价值偏差应当高度重视，以及借鉴技术、抵御价值偏差的观点。

（1）关于世界法治指数“法治 GDP”的地位。目前学者们对于世界法治指数“法治 GDP”的地位表示认可，认为世界法治指数中的指标体系对于评价和统计世界各国的法治实施状况提供了一项综合性、全面性和权威性的数据参考，数字化的评估结果能够以直观的方式对世界各国的法治实施状况进行比较和描述。同时，世界法治指数因为其评估范围的广泛性和适用上的普适性，使评估结果具有公信力和说服性，通过年度报告的方式对不同国家和地区的法治发展状况进行比较，可以为政策决定层、科研机构、社会组织和普通公众提供不同国家和地区法治实践情况的最新动态。

① 参见钱弘道、王朝霞：《论中国法治评估的转型》，载《中国社会科学》2015 年第 5 期。

② 参见张保生、郑飞：《世界法治指数对中国法治评估的借鉴意义》，载《法制与社会发展》2013 年第 6 期。

大部分学者认为世界法治指数是世界量化法治实践发展过程中具有里程碑意义的标志性事件,可作为我国实施量化法治实践的技术性参考模板。如学者张保生和郑飞在《世界法治指数对中国法治评估的借鉴意义》中认为,世界法治指数因为其广泛的评估范围和普遍性的价值观念受到了大多数国家的青睐和肯定,其对世界范围内的国际贸易和外国投资以及一个国家或地区的社会诚信程度都产生了较大的影响,各国政府首脑、商业组织和社会公众通过世界法治指数的评估结果对被评估国家的法治发展程度、社会稳定和诚信程度产生了初步印象,成为他们与被评估国家政治交流、投资建厂、交流旅游的一项重要参考指标。同时,世界法治指数会定期公布中国关于法治指标的总体排名和具体分项排名,这也就成为其他主权国家、国际组织、科研机构、商事组织、普通群众来中国交流、投资、旅游的一项重要参考指标。①

(2)关于世界法治指数的局限性。多数学者认为,目前的世界法治指数下的法治指标体系也存在"调查范围过于狭窄、评估不能完整准确地反映一国的法治情况、评估主观性有余而客观性不足"的局限性。② 具体表现为:

一是调查范围过于狭窄,对于一国的整体法治评价过于片面。世界大多数国家的城市发展都存在地域发展不平衡现象,比如中国的东西部差异。而世界法治指数的指标体系只选取一个国家的三个最大城市展开调查,不包含小中型城市和农村欠发达地区,这样的调查结论难免失之偏颇,这也是世界正义工程法治指数被诟病最多的问题。③ 目前,修正评估指标范围局限性的问题已经被世界正义工程提上日程,世界正义工程将纳入更多的城市和农村作为评估样本。

二是作为一种以"法治"要素为评估目标的综合性指标体系,世界正义工程的法治指数虽然在方法论上具有突出特点,但是因为其定义本身的局限性,其指标设计的理论基础、各项指标的赋值以及权重设定等都是以法治这一基本逻辑为起点展开描述的,单一的世界正义工程的法治指数不能够完整地体现出一个国家的整体情况。正如教育和科技领域的指数同样具有局限性一样,世界正义工程的法治指数需要与教育、科技、卫生、经

① 参见张保生、郑飞:《世界法治指数对中国法治评估的借鉴意义》,载《法制与社会发展》2013年第6期。

② 参见张保生、郑飞:《世界法治指数对中国法治评估的借鉴意义》,载《法制与社会发展》2013年第6期。

③ 参见钱弘道等:《法治评估及其中国应用》,载《中国社会科学》2012年第4期。

济其他领域的指数加以结合综合运用,才能真实地去了解特定国家或地区的法治实施状况。

三是法治指数采用数据的主观性有余而客观性不足。世界正义工程法治指数是专家学者和社会公众对于特定国家或者地区法治实施状况的整体评价,侧重于专家和民众的法治满意度调查,其评估结果具有较强的主观性。为了改善这一缺陷,世界正义工程还与欧盟委员会联合研究中心计量经济学和应用统计学部合作对世界法治指数数据进行了详细分析,对于二级数据以上的数据的测量偏差都进行了矫正和修订,尽可能保证评估结果的可靠性和公信力。

(3)关于东西方法治指数价值的区别对待。学界普遍认为,应当高度重视世界法治指数指标体系中的价值偏差和对东方法治国家的区别对待问题,提高对其工具性的认识,谨慎对待西方法治价值的冲击。①

其一,价值中心主义层面,世界正义工程法治指数奉行的是美国法治中心主义立场,测评指标的设定具有明显的"美国特色"。如张琼提到,由于世界正义工程是美国等移民国家负责组织,因此评估指标尤为重视种族歧视问题。但是,在被测评的一百多个样本中,存在种族问题的国家少之又少。比如中国这样的非移民国家,根本不存在种族歧视问题,这样的指标设定不具有世界代表性。

其二,东西方法治文化差异导致评估方对于东方国家法治指数的测定失之偏颇。如张琼认为,作为西方法治运动的标志性事件,世界正义工程法治指数对于东方国家的法治测量不具有针对性。如在"行政执法体制"的指标测定中,世界正义工程法治指数测定我国"尊重正当执法程序"分值为0.28,但是在"中国法治评估指标"和中国法治政府评估报告中,按照世界正义工程的计算模式对于"行政执法指标"进行计算,得分分别为0.71和0.60。我国的两项指标得分较为接近,但是与世界正义工程法治指数的指标分值相差甚远,这是因为东西方政治体制的不同会使评估者对于相同的法治指标有不同的赋值和设置方法,这一比较结论与世界正义工程法治指数显得格格不入。②

其三,世界正义工程法治指数的实质是以美国为首的"法律输出国"以法治评估指标体系的形式向"法律输入国"输出法律"标准",固化西方

---

① 参见张琼:《法治评估的技术路径与价值偏差——从对"世界正义工程"法治指数的审视切入》,载《环球法律评论》2018年第3期。

② 参见张琼:《法治评估的技术路径与价值偏差——从对"世界正义工程"法治指数的审视切入》,载《环球法律评论》2018年第3期。

国家在现有世界格局中的地位。如鲁楠认为世界正义工程在以“测算各国或各地区法治水平，推进全球范围法治进程”的口号下，通过法治评估的形式传递美国等西方国家的法治价值体系，向第三世界国家输出自己的法律标准，是法律霸权主义的一种手段。① 法治评估指标体系作为西方的舶来品，固然有其进步意义，但是我们也要有警惕意识，采取更加辩证、灵活、有效的方式去应对西方国家的法治价值和意识形态输入。

2. 国内层面的共识

(1)关于中央层面法治评估指标体系构建的必要性和可行性。关于是否应该在中央层面构建评估指标体系和考核标准，目前学术界基本达成了共识。大部分学者都认为，可以先在中央层面出台指标体系的初步框架，但是不作进一步细化。在此基础上，鼓励各地先行先试，根据各自实际进一步细化中央层面的指标体系。

首先，在中央层面出台指标体系的初步框架，制定初步的法治考核标准，供各地参照执行，今后逐步完善。如学者钱弘道、王朝霞指出，在中央层面成立法治评估工作的课题组很有必要。法治评估工作涉及多个领域，评估工作任重道远，需要有中央层面的统筹安排，通过中央层面出台法治评估工作的指导性意见，制定初步的评估工作框架，有利于各地参考执行，稳步推进法治评估工作。②

其次，须鼓励各地在中央层面指标体系的初步框架下，立足自身法治环境的实际情况积极创新，先行先试，根据地方特色进一步细化中央层面的指标体系和考核标准。如周尚君等学者认为，由于目前中国的法治建设正处于转型阶段，各地的法治量化评估指标参差不齐，尚处于试错阶段，如果过分强调法治指数评估体系的普遍性，会难以反映法治评估初期各地的差异性，与法治的现实状况不符。因此，现阶段最需要完成的是与地方法治发展相配合、相适应的量化评估，而不是急于寻找普遍适用的法治评估公式。③ 钱弘道等在《论中国法治评估的转型》中也指出，短时间内，在全国范围内制定出完善统一的法治指标体系并不现实。中央一方面应当组织或委托课题组展开调查研究，另一方面鼓励地方先行先试，大胆创新。中央课题组指标设置可根据《中共中央关于全面深化改革若干重大问题的决定》等指导性文件，设置一级、二级指标，发挥中央层面指标体系的框架

① 参见鲁楠：《世界法治指数的缘起与流变》，载《环球法律评论》2014年第4期。

② 参见钱弘道、王朝霞：《论中国法治评估的转型》，载《中国社会科学》2015年第5期。

③ 参见周尚君、彭浩：《可量化的正义：地方法治指数评估体系研究报告》，载《法学评论》2014年第2期。

引领作用。地方法治评估要在中央框架的引领下,“摸着石头过河”,因地制宜,创造具有地方特色的指标设计。同时,中央层面的课题组要根据各地的指标设计进行科学分析,系统总结、积累经验,条件成熟时可以出台中央层面的法治指标体系和考核标准,促进法治评估工作的科学化、精细化发展。①

如上文所述,钱弘道等学者认为,国家层面应该提供法治评估指标体系的初步的指导框架,供各地参照执行,在今后的法治评估的进程中不断完善。② 而周尚君、彭浩则认为,现今中国社会正处于法治评估的转型时期,各项制度并不健全,应该重点发挥地方法治指数的实践特色,不要着急去寻求统一性的指标体系和考核标准框架,一旦地方法治评估的经验逐渐丰富,自然会产生具有普遍性意义的法治评估体系。③ 虽然学者们的表述有一定的出入,但笔者认为,这两种观点并不冲突,概括来说都是可以先在中央层面出台指标体系的初步框架,主要包括一级指标和二级指标,但是不进一步进行细化。各地法治评估指标体系是中央指导性意见的细化,鼓励各地先行先试,根据地方特色进一步细化指标体系和考核标准,促进法治中国指标建设的稳步推进。

(2)关于法治评估指标体系的内涵。法治评估指标体系须综合体现形式法治观与实质法治观。定义法治是构建法治评估指标体系的前提,只有确定了法治的概念结构才能进入指标体系的建设环节。目前,学界对于法治评估指标体系应当围绕形式法治观还是实质法治观定义法治这一问题,基本上已经达成了将二者辩证统一起来的共识,这种统一性突出体现在对法治政府进行评估的指标体系构建过程中,具体而言,法治政府评估指标体系内涵的形式法治观与实质法治观统一性主要体现在理论与实践两个层面。

第一,理论层面。通常,形式法治观对法治政府的定义只停留在“形式层面”,要求政府的所有行为要受到法律的严格规范和约束,如英国学者威廉·韦德认为法治政府应包括“政府权力法定、政府依法行权、行政争议依法裁判、政府与公民法律地位平等”等四个方面,从法律的运行程度和适用程度阐释了形式法治观的主旨。相比之下,实质法治观则认为良法之治、公平正义、权利保障等法律的核心价值理念都是法治政府的内涵范畴,如

① 参见钱弘道、王朝霞:《论中国法治评估的转型》,载《中国社会科学》2015 年第 5 期。
② 参见钱弘道、王朝霞:《论中国法治评估的转型》,载《中国社会科学》2015 年第 5 期。
③ 参见周尚君、彭浩:《可量化的正义:地方法治指数评估体系研究报告》,载《法学评论》2014 年第 2 期。

学者陈洪波等认为法治的公平正义、自由平等、权力制约与监督等价值取向都是实质法治观的核心要素,因此法治政府也应当包含阳光政府、有限政府、责任政府、高效政府等法治要素。① 目前,多数学者支持法治政府评估指标体系须坚持形式法治观和实质法治观辩证统一,如学者袁曙宏、韩春晖就极力反对单一形式法治观的观点,他们认为法治发展至当下,单纯的形式法治显然过于偏狭,在构建评估指标体系时既要发挥形式法治的基础作用,又兼顾实质法治的导向作用。② 学者汪习根认为,法治政府评估指标体系要兼顾形式法治和实质法治,其中,形式法治要求政府依法办事,将政府权力限定在法定范围内,实质法治则体现公平、正义、诚信、透明的法治理念,保障社会福利和公民正当权益的合理实现。③ 总之,学者们认为,在构建法治政府评估指标体系的过程中,既要重视政府权力法定、政府依法行权、政府和公民在法律面前地位平等的形式法治观,又要重视体现民主、服务、诚信、透明、效能、责任等法治价值的实质法治观,坚持两者的辩证统一,④确保指标设计的全面性。

第二,实践层面。事实上,国内外许多法治评估指标体系的构建都体现了形式法治与实质法治的结合,其指标设计遵循着形式法治与实质法治的辩证统一,比如世界正义工程法治指数、我国香港法治指数以及余杭法治指数等。在法治政府评估的指标设计过程中,这些指标体系既遵循政府依法行政、法律地位平等之类的形式法治要素,同时也包含公平正义、权力制约等实质法治内容,确保对法治政府内涵的全面理解,这亦是实现指标体系科学性的关键所在。⑤ 尽管本书仅以法治政府评估指标体系为例,但法治评估指标体系的设计同样要体现实质法治与形式法治二者的结合。

(3)关于法治评估指标体系设计的原则。法治评估指标体系的设计须遵循基本的原则。多数学者认为,法治评估指标体系设计的基本原则包含整体与局部相结合原则、科学与便捷相结合原则、简便性与实用性相结合原则以及可度量与可对比相结合原则。其中,整体与局部相结合原则,是指由于法治评估指标体系涵盖内容广阔,涉及领域多元,因而在设计环节中一方面要考虑其对于社会治理活动法治化水平的评价作用,另一方

① 参见陈洪波、陆宜峰:《学习社会主义法治理念》,载《楚天主人》2006 年第 8 期。

② 参见袁曙宏、韩春晖:《社会转型时期的法治发展规律研究》,载《法学研究》2006 年第 4 期。

③ 参见汪习根:《法治政府的基本法则及其中国实践》,载《理论视野》2015 年第 1 期。

④ 参见石文龙:《法律变革与“中国法”的生成——21 世纪中国法治的基本走向》,中国法制出版社 2013 年版,第 132-138 页。

⑤ 参见钱弘道、方桂荣:《中国法治政府建设指标体系的构建》,载《浙江大学学报(人文社会科学版)》2016 年第 4 期。

面不应忽视其对于政府与社会公众合作共治和社会组织、公民间的自治法治化状况的评价作用，使指标体系兼具两种功能，既能纵览全局，把握整体，评价法治在保障人权、维护公平正义方面的实现程度，又能深入局部，掌控细节，精准测评法治发展对普惠民生、提升政府办事效率和人民幸福感等方面的成效。①

科学与便捷相结合原则，是指法治评估指标设计须在科学的理论依据指导下，根据评估对象的实际需求和状况确立指标，确保指标体系能科学准确地反映法治建设的现状和水平，以达到合理的评估预期。同时，应当在众多科学合理、体系完备的指标中选取具有关键效用的代表性指标，确保法治评估指标选取的科学合理、便捷高效，防止指标设置过于冗杂而浪费人力物力、增加评估成本，以尽量少而精、具有代表性的指标全面地对法治评估目标进行评估，在确保法治评估指标体系完整性和体系性的前提下，能够保证指标体系的清晰简化和便捷高效，做到法治评估指标体系科学与便捷的有机统一，确保指标体系科学合理、高效便捷。②

简便性与实用性相结合原则，是指设计法治评估指标体系须从现实条件出发，设置简便、易操作的评估指标，降低信息收集成本，防止因指标设置过于冗杂烦琐③、评估术语和评价方式过于晦涩难懂而使实施者在理解上有歧义，增加评估负担，影响评估效率。同时，在评价指标和考核标准的设计中，要注意评估指标的简便性、实用性和易操作性的有机结合，提出该指标评估的标准及其测量方法，更好地反映一国或一地区的法治状况。此外，在实践中不断完善指标质量，科学客观地对法治发展状况进行测量，体现指标体系的完整性、简便性、实用性、易操作性，符合评估对象的客观实际，做到简便与实用有机统一。④

可度量与可对比相结合原则，是指设计法治评估指标须一方面应当保证指标的可观测、可量化、可计量、可统计、可操作，另一方面要保证指标的可对比、可比较，⑤即保证不同地区法治建设状况的可观测比较，既要在纵

① 参见徐汉明、张新平：《社会治理法治建设指标体系的设计、内容及其评估》，载《法学杂志》2016 年第 6 期。

② 参见徐汉明、张新平：《社会治理法治建设指标体系的设计、内容及其评估》，载《法学杂志》2016 年第 6 期。

③ 参见康兰平：《表征与建构：量化法治评估的方法论之争及其实践走向》，载《理论与改革》2018 年第 1 期。

④ 参见徐汉明、张新平：《社会治理法治建设指标体系的设计、内容及其评估》，载《法学杂志》2016 年第 6 期。

⑤ 参见崔卓兰、杜一平：《行政评价制度与法律激励功能》，载《北方法学》2012 年第 1 期。

向上对法治评估指标进行准确测量，确保评估结果的真实性和可靠性，又要实现对不同地区法治建设状况的横向比较，在保证测评主体得出的指标结果有效性和准确性的基础上，对不同地区的法治发展状况进行排序和比较。综合比较不同地区的法治建设状况，能够对于彼此的法治建设给予科学合理的参照和反馈，进而对于全局性的法治建设形成有效推动和正向良好的反馈，促进法治建设的阶段发展与整体推进同步协调，做到可度量与可比较的协调一致。①

（4）关于法治评估指标体系的设计方法。学者们普遍认为设计法治评估指标体系包含以下几个部分：

第一，目标规划的确定和细化。目标要素的择定是指标体系设计的逻辑起点。科学合理、明确具体的目标设置是得出准确有效的评估结果的逻辑前提和实践基础。目标要素的提取不能只局限于理论假设层面，而要根据评估目的、层次、对象、社会需求和决策者制度设计"问题意识"提出前提性设想。在目标要素选取上，应以中央层面出台的法治评估顶层设计规划为指导原则和核心依据，使指标体系在理论指导层面与中央出台的顶层设计规划保持高度契合，以达到从形式与内容、过程与结果维度对中央层面关于法治评估指标体系顶层设计的严格遵循，做到"纲举目张"。同时，法治评估的发展规划作为宏观层面的发展目标，往往带有原则性和宏观性，而指标设计是在具体实践层面的操作范畴，在指标设计环节应当尽可能地分类细化出多级指标体系，完善法治评估战略目标和发展规划的内涵和外延。②

第二，分类细化多级指标。同地方政府治理指标构建类似，法治指标设计应按照"宏观→中观→微观"的分类方法进行细化。首先目标确定后，可根据其目标细化的结果设置相应一级宏观指标；其次在一级指标下设置全面的衡量维度作为二级中观指标；最后再根据各地法治建设的实际情况，因地制宜，分设易测量或量化的三级微观指标。一个科学的法治评估指标体系具有体系完备性与有机互斥性的高度协调统一特点。体系完备性要求指标体系系统能完整地、体系地对所有的评估对象进行评价，既不遗漏评估对象又不会显得烦琐冗杂、体系混乱；有机互斥性要求各个指标之间不得互相包含，即评估对象的各项取值互不兼容，任何对同一因素

---

① 参见徐汉明、张新平：《社会治理法治建设指标体系的设计、内容及其评估》，载《法学杂志》2016 年第 6 期。

② 参见徐汉明、张新平：《社会治理法治建设指标体系的设计、内容及其评估》，载《法学杂志》2016 年第 6 期。

的不同表现方式的重复衡量计算都将使指标体系丧失科学性和可靠性。①

第三，合理制定关键绩效指标。指标设计应当科学化、合理化，突出适用性和实用性的有机结合，避免因指标设置过于烦琐和细化而导致的指标体系的冗杂烦琐，滋生出临时炮制表格和文件的现象，减少弄虚作假现象的出现。因此，要观测、统计、提取出对法治评估指标体系的构建能起到关键作用的指标，科学制定出关键绩效指标，正如在政府和社会资本合作（PPP）模式中的指标设置一样，②尽可能用少而精的指标，在确保法治评估指标体系完整性和体系性的前提下对法治评估目标进行评估，减少对于不必要指标的提取和设置，使指标体系清晰简化又不失完整性。关键绩效指标在指标体系设计方法上，应当明确和细化目标规划，对各级指标进行分类设计，科学设定关键绩效指标，由此才能确定具体指标的名称和评估范围，构建结构合理的指标体系。

第四，确定具体指标的性质、特征和评估范围。设计了多级指标和关键绩效指标后，要根据被评估对象的性质、特征和范围去确定具体指标的名称、含义和评估范围。这是构建法治评估指标体系中一个关键且重要的环节，科学合理、系统完备的指标体系是由每一项具体指标组成的。具体指标设计应依据其反映特定评估对象的性质和特征，结合法治实际状况考量其在整个指标体系中的地位和作用，综合进行设置。③ 当同一个法治评估对象和现象有多种指标可供选择时，则须考虑不同法治评估活动的目的和要求，特别是对涉及中央层面法治评估指标体系构建战略导向的综合考量。④ 科学确定具体指标的名称、含义和评估范围是保证指标体系科学性和可靠性的实践前提和施行基础。

第五，加强评估主体监督指标体系建设。在法治评估的构建工作中，除了专注于对评估对象进行法治评估指标体系的构建设计外，还需加强对评估主体的监督指标建设，构建严密高效的针对评估主体的监督体系是确保法治评估工作公正高效开展的重要手段，评估主体在完成评估工作的同时，也要完成自我评估。设计监督评估职能部门和履职人员的相关指标，尽可能形成对领导班子、领导干部、工作人员监督指标全覆盖，确保指

① 参见徐汉明、张新平：《社会治理法治建设指标体系的设计、内容及其评估》，载《法学杂志》2016 年第 6 期。

② 参见吴淼、徐小丰：《PPP 模式中的政府规制：西方发达国家的经验研究》，载《华中科技大学学报（社会科学版）》2018 年第 2 期。

③ 参见徐汉明、张新平：《社会治理法治建设指标体系的设计、内容及其评估》，载《法学杂志》2016 年第 6 期。

④ 参见钱弘道、王朝霞：《论中国法治评估的转型》，载《中国社会科学》2015 年第 5 期。

标体系绩效考核责任到人;确保“关键少数”对整个地区和部门法治评估的主体责任落实到位,①从而保证中央层面的法治评估目标任务在基层得到统一有效执行,保证指标体系建设的有效性和公信力。②

(5)其他相关共识。

一是法治政府评估指标体系须坚持整体法治观。本部分虽着重研究法治评估指标体系在国内层面形成的部分共识,但法治政府评估活动作为法治评估活动的初级实践形态以及重要内容,其指标体系构建过程中达成的共识在一定意义上也可以反映整体法治评估指标体系构建的共识性内容。在法治政府指标体系的建设中,法治政府定义中蕴含的整体法治观在学界已经达成了共识。整体法治观认为法治政府建设作为法治中国建设的有机组成部分,不能与法治中国建设割裂开来。

首先,法治政府指标体系构建应坚持整体法治观。如卓泽渊认为,法治发展具有整体性的特征,在法治建设过程中,要把法的内在性质、外在表现和动态发展作为整体看待,防止法治建设历程的片面性和杂乱性,以此来全面指导法治评估工作。③ 石文龙在《法律变革与“中国法”的生成》中也提出,“整体法治”要杜绝“头痛医头,脚痛医脚”的片面行为和“各自为战”的法治乱象,要注重法治的整体性和体系性建设。④ 钱弘道、方桂荣在《中国法治政府建设指标体系的构建》中进一步指出,根据整体法治观,法治中国建设中的一个重要板块是法治政府建设,应当把法治政府建设作为一个协调统一的有机整体看待,不能机械地将其割裂开来,法治政府建设内部的立法、执法、司法、法律监督等程序是一个有机统一的整体,共同发力,共同作用推进法治中国建设,不能背离整体法治观,重视一部分而忽略另一部分。⑤

其次,在现阶段的法治政府评估指标体系建设实践中,法治政府的整体法治观被忽视。在法治政府建设的评估过程中,若行政系统独大化会对立法和司法活动造成破坏,从而会影响法治政府评估指标体系建设的整体效果。比如国务院于 2004 年下发的《全面推进依法行政实施纲要》中只强

① 参见王尘子:《地方派驻纪检监察机构履行政治监督的长效机制》,载《新视野》2022 年第 3 期。

② 参见徐汉明、张新平:《社会治理法治建设指标体系的设计、内容及其评估》,载《法学杂志》2016 年第 6 期。

③ 参见卓泽渊:《论法治的整体性》,载《现代法学》2003 年第 2 期。

④ 参见石文龙:《法律变革与“中国法”的生成》,中国法制出版社 2013 年版,第 259 页。

⑤ 参见钱弘道、方桂荣:《中国法治政府建设指标体系的构建》,载《浙江大学学报(人文社会科学版)》2016 年第 4 期。

调了依法行政的基本原则和指导思想，没有从立法、司法、执法、法律监督等角度为依法行政提供一个系统全面的评价体系。在现存法治政府建设指标体系中，多数地方没有将“办理人大议案及代表建议率”“司法机关司法建议的采纳率”等内容作为重要指标进行考核。这种只谈行政执法而不顾其他的行为导致了行政部门的一家独大，①割裂了立法、司法系统和执法系统之间的关系，导致法治政府评估指标体系在设计上缺乏科学系统性和学术完备性，影响了法治政府建设评估的整体效果。

综上所述，可以看出学者们普遍认同法治政府评估指标体系建设须坚持整体法治观，也即要从立法、执法、司法、法律监督等各个环节来完成法治政府指标体系的设计工作，确保法治政府指标体系设计的体系完备性，要把整体法治观融入法治政府评估指标体系建设的全过程和各方面，使法治发展具有全面性、系统性。②

二是关于法治评估考核标准体系的设计。前文已经对评估指标体系以及评估考核标准的定义作了明确的区分，基于两者逻辑上的连贯性、论述上的衔接性，结合法治评估指标体系和考核标准所处的作为本书核心研究对象的地位，此处不再对法治评估考核标准进行单独分析，而是放在法治评估考核标准体系下进行简单分析。法治评估考核标准体系是区域法治指标实现程度的测量仪，是保障区域法治评估的阶段性目标实现的手段，对于发展中国特色社会主义法治事业意义重大。立足新时代中国特色社会主义国情，当前法治考核标准体系的逻辑表达兼具特质性与多样化的特点。这表现在理论根据性、可实施性、科学性、统筹性四个方面，具体而言：

理论根据性是指考核标准体系必须贯穿中央关于全面推进依法治国，加快推进法治国家、法治政府、法治社会一体建设的决策部署精神，宪法和法律对经济、政治、文化、社会、生态文明以及党的执政方式规范化法律化的要求；③以破解立法、执法、司法、守法、法律监督等领域法治评估难题为切入点，以满足人民群众对依法治国、依法执政、依法行政、科学立法、严格执法、公正司法、全民守法等方面的新要求、新期待为出发点和落脚点；④以法治评估指标体系为基准点，制定能够测量和评判区域乃至全国

① 参见杨解君：《法治建设中的碎片化现象及其碎片整理》，载《江海学刊》2005 年第 4 期。

② 参见卓泽渊：《论法治的整体性》，载《现代法学》2003 年第 2 期。

③ 参见《中华人民共和国国民经济和社会发展第十四个五年规划和 2035 年远景目标纲要》，2021 年 3 月 11 日。

④ 参见《中华人民共和国国民经济和社会发展第十三个五年规划纲要》，全国人民代表大会，2016 年 3 月 16 日。

整体建设法治社会状况的考核标准，使之与法治评估指标体系相匹配，加快推进法治建设进程。

可实施性是指法治评估考核标准体系需要以科学、客观的原则界定考核主体和考核对象。通过设定反映法治指标的考核标准及分值体系，根据法治评估的实际情况进行考核标准的权重分配和分值设置，设定总分、基本分、加分、扣分等项目，实现法治指标由抽象的指标体系转化为可衡量、可评价的考核标准，从而实现法治指标的可度量性与考核标准的可操作性。纵向考核方法层面，一般采取上级考核主体全面考核与抽样调查下级被考核对象、被考核对象自我评价等方式进行。横向考核方法层面，一般采取组织评定与社会评价相结合，注重依托第三方独立开展评估；向社会披露考核过程，公开考核结果，提高考核标准体系的公信力和公众的可接受度。

科学性是指围绕法治评估指标体系宏观一级指标、中观二级指标、微观三级指标，从法治实施状况的实际情况出发，设定考核标准，彰显考核标准体系的科学性与实效性。组织实施层面，考核标准把区域与单位涉及组织、指导、协调考核的职责摆到重要位置，强调党政"一把手"的责任，并设置相应的评价标准、权重与方法，对评估对象进行考核评估的同时，重视对于领导班子、领导干部、"关键少数"等评估主体的考核监督，①考核工作形成"纵到底、横到边"的运行机制。考核结果应用层面，依据考核结果对被考核对象进行任免奖励、奖惩升降，并设置相应的评价标准、权重与方法，凸显考核标准的实效性与创新性。

统筹性是指在全局理念的指导下，通盘科学地安排工作进程、优化办事效率。各地、各部门、各行业各类考核项目冗杂、种类繁多、标准不一，形成了考核标准设置"各自为战、自说自话"的考核现状。② 一个科学合理、系统完备的法治评估指标体系和考核标准的设置需要统筹兼顾、跨类融合，即将当下社会综合治理、党风廉政建设、目标责任制、公共服务保障、公共安全、信用体系建设、重大风险防范化解考核等纳入法治评估指标项下，统筹为一个综合性、全局性、权威性的法治评估指标体系，实现考核标准的科学统一和体系完备。系统完备的考核标准设置使考核方法简便易行，从源头上根治考核乱象，形成加速推进法治评估的合力。

---

① 参见王尘子：《地方派驻纪检监察机构履行政治监督的长效机制》，载《新视野》2022 年第 3 期。

② 参见王勇：《论法治评估的功能局限与实践定位——基于"法治"与"评估"的双重困境》，载《中国法律评论》2018 年第 3 期。

3. 法治评估指标体系研究存在的争议

(1)关于法治指数的看法存在争议。目前国内学术界对于法治指数的看法存在争议。其中,对中国法治指数实践持积极态度的论说占据主导地位,认为法治指数能够全面、直观和科学地反映一国或一地的法治评估状况,为一国或一地的法治发展改革和决策提供有效信息。而持否定立场的学者们则对于法治指数表示怀疑,在我国现阶段,短时间内政府主导的法治评估模式不会改变,本土的量化法治实践的科学性和独立性道路任重道远。①

肯定说认为,法治指数促进了世界法治发展,是交叉学科研究对法治的有益尝试。② 例如,钱弘道、戈含锋、王朝霞、刘大伟认为,法治指数对于法治发展具有进步意义,即法治指数的突出亮点在于利用科学、客观的指标设计实现了抽象法治状况的可量化性和可比较性,将评估结果清晰地呈现在政府部门和社会公众面前,是量化法治实践的有益尝试。③ 周尚君和彭浩则认为法治指数发展到一定阶段,必然要经历观测、统计、比较、分析、决策、实施的循环过程,逐步实现法治的完善和进步。这期间就需要对法治进行科学、客观、准确的量化评估,法治指数应运而生,为权力机关、商业组织和社会公众了解特定国家或地区的法治发展状况提供参考和依据。④ 李蕾则在《法治的量化分析——法治指数衡量体系全球经验与中国应用》中指出,法治指数将对以往法治状况的主观评价转化为科学、客观的量化评估,具有进步意义。⑤ 汪全胜提到,尽管有学者对法治指数如何完善存在担忧,但是这一忧虑亦从侧面论证了此类学者对于法治指数所持有的肯定态度。⑥ 钱弘道教授还在《法治指数:法治中国的探索和见证》中指出,虽然法治评估中的指标选取和权重赋值存在一定的主观判断,但我们不能因此否定其在定量法治中的突出作用和卓越贡献。⑦

否定说认为法治评估的指标体系在中国会出现很多问题,对于法治评估在中国的未来发展也产生了忧虑。例如,鲁楠在《世界法治指数的缘起

① 参见鲁楠:《世界法治指数的缘起与流变》,载《环球法律评论》2014 年第 4 期。
② 参见钱弘道等:《法治评估及其中国应用》,载《中国社会科学》2012 年第 4 期。
③ 参见钱弘道等:《法治评估及其中国应用》,载《中国社会科学》2012 年第 4 期。
④ 参见周尚君、彭浩:《可量化的正义:地方法治指数评估体系研究报告》,载《法学评论》2014 年第 2 期。
⑤ 参见李蕾:《法治的量化分析——法治指数衡量体系全球经验与中国应用》,载《时代法学》2012 年第 2 期。
⑥ 参见汪全胜:《法治指标体系建构研究》,载《政治与法律》2015 年第 5 期。
⑦ 参见钱弘道:《法治指数:法治中国的探索和见证》,载《光明日报》2013 年 4 月 9 日,第 11 版。

与流变》中指出,政策制定者、商事组织可能在数值提取和指数赋值的过程中增加与自己利益相关的法治指标的比例权重。从这个方面来看,法治指数将具有很明显的价值取向性,其独立性和客观性亦令人生疑,这也使学者们对于法治指数的发展方向和最终走向表现出极大的忧虑。① 这一问题有待于学者在今后的法治评估指标体系的工作中进行解决。同时,也有学者认为,诸如世界正义工程的法治指数,其样本选取仍存在较大问题,其只选取被评估国家的三个最大城市,样本代表性欠缺且随机性、片面性有余,评估结果难以呈现目标国家的实际法治情况。如金善达指出,要以辩证、审慎的态度看待法治指数,作为一种新兴的量化法治工具,其为不同国家和地区的法治比较提供的法治测量功能的进步意义是毋庸置疑的。同时,也要避免过分夸大法治评估,致使其发展为法治竞赛,浪费人力物力。②

(2)关于法治能否指标化存在争议。在法治评估的指标体系和考核标准的构建工作中,一个重要内容就是将法治进行指标化。法治能否指标化在中国的学术界中存在肯定说和否定说的争论。肯定说认为法治能够被指标化,可以通过指标选取、设计、计算量化定义法治发展,进而评估法治现状并为法治的未来发展提供对策。而否定说一方面对于用数字统计方法表征的法治指数的可信度存在怀疑,另一方面认为用数字技术对法治进行准确量化可能性极低。肯定说认为,可以运用数学、经济学、统计学等其他社会科学的方法对法治发展状况进行测评和分析,如钱弘道等在《法治评估及其中国应用》中提到法治评估的量化方法是一套完整的操作技术,通过科学客观的统计学、数学、经济学、比较分析学等学科方法对法治发展状况进行系统评估,呈现为可比较、量化性的法治指标。③ 主张否定说的学者们则对量化法治的可信度表示怀疑,他们认为因为法治定义本身不确定,因此法治就不能被量化,且对以分值、百分比、指数等构成的数字化、量化表征的可信度存在怀疑,主张用数值的高低反映法治发展水平的可操作性和公信力都有待考量。但是钱弘道、王朝霞在《论中国法治评估的转型》中指出,不能因为法治定义本身的不确定就否认法治的量化特征。正如哲人定义众多法学术语一样,法治评估只是科学分析法学现象的一种方法,实现用相对准确的量化数值对法治发展进行可比较、可观测,其无疑

① 参见鲁楠:《世界法治指数的缘起与流变》,载《环球法律评论》2014 年第 4 期。

② 参见金善达:《法治指数评估的制度建设路径研究——基于系统论的分析视角》,载《上海政法学院学报(法治论丛)》2014 年第 5 期。

③ 参见钱弘道等:《法治评估及其中国应用》,载《中国社会科学》2012 年第 4 期。

在法治发展历程中具有里程碑意义。① 并且,《中共中央关于全面深化改革若干重大问题的决定》《中共中央关于全面推进依法治国若干重大问题的决定》的出台从中央层面上为法治评估的中国历程提供了理论指导和政策支持,也从中央层面对法治的可量化性给予了肯定回答。②

关于法治能否指标化这一问题,学术界仍然存在争议,但很显然,大部分学者持肯定说的观点,他们认为可以运用统计学、数学、经济学、计算机技术等交叉学科实现法治的可操作、可测量、可比较。诚然,争议的声音仍然存在,但是随着法治评估工作的进一步开展,以及量化法治方式和工具的进一步完善,法治评估的操作方式以及设计方法将会更加成熟,其评估结果的公信力和可接受度将会大大加强,笔者相信关于法治能够指标化的共识也会越来越多。

(四)法治评估指标体系的未来展望

1. 加强法治评估指标体系设计过程的客观性

法治评估指标体系设计过程的客观性,是指应当结合评估地域的政治、经济、社会、文化、生态实际,设计能够完整、真实反映当地法治实情的指标体系。据统计,在世界正义工程的法治评估中,西欧与北美 24 国的平均法治排名最高,亚太地区的平均法治排名位于第二,而为保持高排名与西方等资本主义国家接轨,我国法治评估指标体系的设计在概念化、操作化过程中借鉴和参照西方国家经验,③却没有意识到“这种高排名不是由于传统的亚太地区文化、经济和政治因素所决定的,而是根据受西方影响程度大小决定的”④,从而导致指标体系与国情不符,掉入西方中心主义的陷阱。⑤ 因此,应当拒绝照搬西方评估指标体系或以西方评估指标体系内容为模板,而应以习近平法治思想为基本遵循,秉持着“面朝黄土背朝天”的务实精神,深植于我国基本国情、社情、民情,设计一套符合中国法治建设实际需要的法治评估指标体系。当然,不以西方评估指标体系为模板,不代表着不运用西方法治评估指标体系设计的科学方法,法治评估指标体系的设计应当“借鉴技术,抵御价值”⑥。

① 参见钱弘道、王朝霞:《论中国法治评估的转型》,载《中国社会科学》2015 年第 5 期。

② 参见钱弘道、王朝霞:《论中国法治评估的转型》,载《中国社会科学》2015 年第 5 期。

③ 参见康兰平:《法治评估理论的跃升空间:实效法治观与我国法治评估实践机制研究》,载《法制与社会发展》2017 年第 4 期。

④ 朱景文:《回顾与反思:法社会学研究的不同导向》,载《法治现代化研究》2020 年第 6 期。

⑤ 参见杜维超:《法治评估中的科学主义:反思与扬弃》,载《法律方法》2019 年第 1 期。

⑥ 张琼:《法治评估的技术路径与价值偏差——从对“世界正义工程”法治指数的审视切入》,载《环球法律评论》2018 年第 3 期。

2. 重视法治评估指标体系设计中的民主参与

法治评估指标体系客观性的实现不能仅靠少部分人的决策,更应有全体公众的参与。首先,与西方国家长达几个世纪的法治建设历程相比,我国自1999年“依法治国”入宪以来,法治建设仅20余年,正处于新兴发展的初级阶段,在此背景下,法治评估指标体系的设计应当着重关注我国法治建设的薄弱点,以法治建设中存在的实际问题为导向,因此,必须重视对法治建设成效感官最直接、最深的,对法治建设问题最敏感的人民群众的意见。① 正如恩格斯所言“历史活动是群众的事业”,人民群众是历史的创造者,更是建设社会主义法治国家的主要参与者,法治评估指标体系的设计作为建设法治国家的重要环节之一,有必要鼓励人民群众的广泛参与。其次,随着法治建设进程的推进,人民群众的民主参与意识明显加强,法治社会评估指标的设计同样须正视人民群众参与政治生活的基本诉求,习近平总书记亦强调要“做到让人民群众参与、让人民群众做主、让人民群众受益、让人民群众满意,真正使群众成为利益的主体”②。现阶段,我国法治评估指标体系中的民主参与度还远远不够,未来须进一步引导人民群众参与到法治评估指标体系的设计中来,这也是我国人民主权的应有之义。

3. 充分运用大数据、云计算等新型工具

随着技术归化论的形成和普及,网络信息社会的发展,以及社会对高效、智能的追求,智能算法、大数据等新型工具被逐步运用于法治领域,如以大数据为基础的类案检索制度,③以智能算法为基础的AI法官,④带动法治朝高效化、智能化方向发展,引发法治革命。⑤ 作为法治建设成效关键抓手的法治评估指标体系,对于智识资源、数据资源的需求尤为迫切。这是因为:指标体系设计的关键在于对法治这一概念的概念化与操作化,概念化需要明确评估的实质对象,操作化需要确定评估对象对应的可以观测的社会事实从而确定指标,⑥前者需要以我国实际国情为基础,参照借鉴国际经验,后者须以社会多发、人民重视的法治问题为重心,均需大量的数据、智识资源。智能算法可以为法治概念化、指标体系的设计提供

① 参见吴建南、温挺挺:《政府绩效立法分析:以美国〈政府绩效与结果法案〉为例》,载《中国行政管理》2004年第9期。
② 哲欣:《为民办实事旨在为民》,载《浙江日报》2007年1月5日,第1版。
③ 参见蔡立东、郝乐:《司法大数据辅助审判应用限度研究》,载《浙江社会科学》2022年第6期。
④ 参见左卫民:《AI法官的时代会到来吗——基于中外司法人工智能的对比与展望》,载《政法论坛》2021年第5期。
⑤ 参见田幸、成立、王平荣:《人工智能带来的司法革命》,载《人民司法》2019年第7期。
⑥ 参见杜维超:《国际法治评估中的技术政治及中国立场》,载《法学》2021年第2期。

关键性的智识资源，大数据可以为法治的操作化、指标体系的型构提供庞大的数据基础。因此，应进一步加强智能算法、大数据与法治评估指标体系的嵌合，为法治评估指标体系的设计附上新时代动能。

二、法治社会评估指标体系

目前，国内对于法治社会评估指标体系的研究较少，多为对法治建设指标体系与法治政府指标体系的研究，而少有文章直接研究法治社会评估指标体系。针对法治社会评估指标体系的研究，部分存在于对法治评估的研究中，有学者对其进行简略的介绍；也有部分文章通过对法治社会评估指标体系与法治政府指标体系进行比较，研究法治社会评估指标体系。此外，还有文章以地区法治社会评估指标体系为视角切入，研究构建区域性法治社会评估指标体系。因此，笔者在对法治社会评估指标体系进行研究时，除了参考已有的对法治社会评估指标体系的研究，还根据学界已有的对法治评估指标体系与法治政府指标体系的相关研究，结合法治社会与法治建设、法治国家、法治政府的关系，分析法治社会评估指标体系的理论内涵及其特征。

（一）法治社会评估指标体系的理论内涵

要确定某一事物的指标，首先必须确定其内涵，然后寻找能够表征其内涵的各个指标。① 法治社会作为法治社会评估指标体系的评估对象，只有明确了其具体内涵，才能够有针对性地设计出科学的指标，收集有价值的评估数据，得出真实有效的评估结果，进而助力法治社会建设。因此，在设计法治社会评估指标体系之前，首先应明确法治社会的内涵。在前文的论述中，本书已经明确法治社会是指独立于公共权力之外的，基于法治进行生产、生活的社会生活共同体之间的新的社会关系格局和结构形态，其以和谐社会为根本目标，现阶段体现为以实现正义、增进福祉为目的构建的“法治”与“社会”相互运动的理想状态，这一状态又具象为“社会制度”“法治思想”“自治权力”等多个建设维度。就具体维度而言，主要包括：其一，“社会制度”法治化，法治社会是指整个社会在完备的、科学的法律体系下遵循相关规则有序地运转着的社会。一方面，只有具备了科学、完善的法治体系，社会中的各类主体才能够依据法律的相关规定实施各种行为；另一方面，社会的法治化建设的各项活动也需要在法律的框架下进

---

① 参见孟涛：《法治指数的建构逻辑：世界法治指数分析及其借鉴》，载《江苏行政学院学报》2015年第1期。

行，不能做出游离于法律之外的行为。其二，“公民意识”法治化，公民具有较强的法律意识与权利保障意识。法治社会除了具备完善的法治体系外，其公民也应当具备更强的法律意识，能够主动地尊法、学法、守法、用法，以法律规范自身行为，通过法律的途径解决纠纷。其三，“自治权力”法治化，法治社会的建设主体是多元的，并更加强调自治。法治社会区别于传统社会，其更加强调公众在社会建设中的参与，要求政府做到简政放权，集中各方力量与智慧，以共商共建共享的方式提升社会治理能力。

总的来说，学界对于法治社会评估指标体系内涵的论述主要有体系说、内容说与价值说三个类别。首先，体系说。体系说以法治社会评估指标体系的整体为研究重点，以其整体的特征属性以及内部之间各要素的逻辑关系为切入点，分析法治社会评估指标体系的内涵。其认为法治社会评估指标体系是一个内含了所有单一的法治社会指标，并按照某一方面的属性、标识将其分解为具有涵盖性、可操作性的指标结构，最后整合为一个相互联系、相互依存、相互影响且具有特定功能的量化系统。① 其次，内容说。内容说以法治社会评估指标体系所应包括的内容为切入点，分析法治社会评估指标体系的内涵。他们认为法治社会评估指标体系是指以反映社会法律制度本体及其相关各类要素运行状况及结构的质与量的规定性有机统一为表征，用以判断社会立法情况、政府机关执法状况、社会公众法治观念层次以及社会自治化水平等法治化进程的一种计量、评价逻辑的结构系统。② 最后，价值说。价值说从法治社会评估指标体系所衍生出的意义研究角度出发，认为法治社会评估指标体系指的是在理论和实践的结合意义上，建立并用来对一个国家、地区某一具体阶段的法治社会建设状况进行描述和评估的一系列相对比较客观量化的标准，③并通过可量化的数据描述和评价法治社会的建设状况，判断法治社会建设从何处来，如今在何处，正在向何处去。④

通过对学界关于法治社会评估指标体系以及法治指标体系与法治政府指标体系的内涵的研究进行梳理，笔者认为，法治社会评估指标体系的内涵应当包含性质、内容、价值这三个方面的内容，即法治社会评估指标体

① 参见徐汉明、张新平：《社会治理法治建设指标体系的设计、内容及其评估》，载《法学杂志》2016 年第 6 期。

② 参见徐汉明、林必恒、张孜仪：《论法治建设指标体系和考核标准的科学构建》，载《法制与社会发展》2014 年第 1 期。

③ 参见侯学宾、姚建宗：《中国法治指数设计的思想维度》，载《法律科学（西北政法大学学报）》2013 年第 5 期。

④ 参见朱景文：《如何开展科学的法治评估》，载《中国党政干部论坛》2016 年第 1 期。

系，应是指以建设法治社会为目的，体现法治社会内在要求和基础理论，用以判断评价社会立法、执法、司法、普法、法律服务以及社会公平等社会领域法治化进程的一种计量、评价结构，并在此基础上规范法治社会的，各指标间相互联系、相互依存、相互影响且具有特定功能的量化逻辑结构系统。其具体包括以下三个方面。

1. 性质方面

从性质看，法治社会评估指标体系内含了所有法治社会建设的指标，并整合为一个相互联系、相互依存、相互影响的量化系统。法治社会评估指标体系将法治社会建设水平作为评估对象，根据法治社会的建设目标，依据相关标准与科学的方法，将这些目标内容分解成为由具有内在联系的所有法治社会建设指标的指标结构。同时，还根据各项指标在法治社会建设中所发挥的作用，以及该指标在评估法治社会建设时具备的功能大小，对每一构成元素，即单一法治社会指标，赋予相应权重，从而形成一种具有内在逻辑的计量、评价结构。

2. 内容方面

从内容看，法治社会评估指标体系是指以第三方力量作为理想评价主体，政府部门加以协助，对一个国家或地区某一时段内的法律体系构建、法治社会建设主体多元化、公民法律意识层次与社会普法活动成效等法治社会建设的成效进行全面客观地测量、评价及预警的量化系统。同时，法治社会评估指标体系还体现着党和国家对于法治社会建设的目标要求。此外，法治社会评估指标体系还包含了系统完备的总体设计原则，指标内容设计标准，权重分配设置标准，数据收集、测评方法，考核程序等有机组成部分。

3. 价值方面

从评价目的、评价意义看，法治社会评估指标体系是指以一定的法律法规为基础，以建设法治国家为目的，体现法治社会内在要求和基础理论，用以判断评价立法、执法、司法、普法、法律服务以及社会公平等社会领域法治化进程的一种计量、评价结构，并在此基础上规范法治社会的逻辑结构系统。一套科学、系统、规范的法治社会评估指标体系严格按照测评方法收集数据并进行分析，可以反映出当下法治社会建设的程度，以及在法治建设的过程中存在的问题。各地区根据得出的评估结果，可及时发现在法治社会建设过程中存在的问题，及时纠正法治社会建设的发展方向，确保法治社会建设在正确的道路方向上前进。同时，通过对比各地的评估结果，能够共享评估结果良好地区在法治社会建设中的成功经验，使其为评估结果较差地区的法治社会建设提供有益借鉴。

(二)法治社会评估指标体系的特征

基于法治社会评估指标、法治社会评估指标体系及其相关概念之内涵的不同,可将法治社会评估指标体系的主要特征总结为层次性、关联性、整体性、普遍性、规范性等。

1. 层次性

层次性通常是指系统各要素在系统结构中呈现出多层次状态的特征,不同层次的要素在系统中的功能不同。具体到法治社会评估指标体系中,其指标体系的层次性包含两方面内容:其一,不同的法治社会评估指标因其在法治社会建设过程中的重要性不同,在法治社会评估指标体系中也处于不同地位,这种指标体系地位的差异反映的是法治社会评估指标从简单到复杂、从低级到高级的发展过程;其二,法治社会评估指标体系中处于不同层次的指标也并非绝对独立,各层次指标之间相互联系、相互作用,使得整个法治社会评估指标体系呈现出层次分明且有机统一的理想状态。

2. 关联性

法治社会评估指标体系的关联性是指不同的法治社会评估指标之间存在相互联系、相互依存、相互影响的密切关系。法治社会评估指标体系数量众多,但单个的法治社会评估指标仅能反映法治社会建设中某一具体方面的内容,无法从单个指标中推出法治社会建设的整体状况。因此,法治社会评估指标体系与单个指标间须具备逻辑上的关联性,须将不同层面的指标联系并有机统一起来。

3. 整体性

法治社会建设是一个涉及多层次、多方面的系统性整体工程,相应地,法治社会评估指标体系也应具备整体性。法治社会评估指标体系的整体性是指,其是由多个指标构成的综合量化指标系统,并非不同指标在内容上的堆砌,而是具有内在逻辑的统一整体。这种整体性意味着法治社会评估指标体系的单个指标不仅能够反映法治社会建设目标的分解结果,从各个独立层面反映法治社会建设的不同内容,更能让人从整体的指标体系中全面、系统地观察法治社会建设的水平,反映法治社会建设的整体情况。

4. 普遍性

法治社会评估指标体系的普遍性是指能够普遍适用于不同地区的法治社会建设情况与水平的评估。构建法治社会评估指标体系的主要依据是国家发布的有关法治社会的建设目标,是国家意志在法治社会建设上的体现,是各个地区在法治社会建设的过程中所应遵循的基本原则。因此,法治社会评估指标体系能够普遍地适用于我国的各个地区,评估该地区法治社会建设的实际状况,矫正、调整偏离法治社会建设目标的情况。

5. 规范性

法治社会评估指标体系的规范性分为三个方面:一是法治社会评估指标体系产生的规范性。法治社会评估指标体系中概念的确定、评估指标的设计以及指标的分解细化等,都须使用科学的方法以及规范的程序。二是法治社会评估指标体系用语的规范性。为了能够科学、准确地利用法治社会评估指标体系评估法治社会的建设情况,需要使用规范的语言来设计各项法治社会评估指标,避免因语言的模糊性导致理解的偏差,影响评估效果。三是法治社会评估指标体系整体的规范性。就整体而言,法治社会评估指标体系是一个内在逻辑严谨的规范性量化体系。

(三)法治社会评估指标体系的功能

1. 评价功能

法治社会评估指标体系的评价功能是指通过指标体系对法治社会的建设状况进行量化分析,得出评估结果,从而对法治社会建设的实际状况与水平进行评价。法治社会评估指标体系涵盖法治社会建设不同层面的指标,并对其进行权重赋值,结合科学的评估方法,使法治社会建设的成效变为一个可观察、可比较、可评价的具体数据,进而通过对数据的分析反映、评价法治社会建设的总体水平以及各个层面的建设情况。

2. 比较功能

法治社会评估指标体系的比较功能是指利用由法治社会评估指标体系得出的具体数据结果,比较分析不同地区、不同时期的法治社会建设情况。法治社会评估指标体系的科学性与普遍性使其量化的评估结果具有较强的客观性,从而不仅能够对不同时期同一地区的法治社会建设情况进行纵向对比,不断推动各地的法治社会建设进程,而且能够对同一时期不同地区的法治社会建设内容进行横向比较,提升各地的法治社会建设能力。

3. 引导功能

法治社会评估指标体系的引导功能是指通过公开的法治社会评估指标以及评估结果,引导法治社会建设的开展与完善方向。法治社会评估指标体系的评估结果的公开,一方面,能够使各地区客观地了解自身法治社会建设的实际情况以及问题所在,并在社会公众的监督下,不断提高法治社会建设能力;另一方面,对比分析其他地区的法治社会建设评估结果,能够为该地区法治社会建设提供经验参考,引导其改进自身法治社会建设策略与方案。

4. 示范功能

法治社会评估指标体系的示范功能是指指标体系对法治社会建设的目标要求的探索和践行为法治社会建设提供了实践层面的参考借鉴。法治社会评估指标体系中的各项指标往往是依据法治社会建设各个方面的目标要求而设计的,同时,作为量化分析的指标系统,法治社会评估指标体系能够通过分数反映各个指标的水平,分数较高的指标不仅可作为其他同类指标的参考范本,还能为其他地区同类得分较低指标反映出的法治社会某一方面建设中存在的问题提供有益借鉴。

5. 激励功能

法治社会评估指标体系的激励功能是指法治社会评估指标体系通过得出量化的评估数据结果,判断各地区法治社会建设状况和水平,从而起到激励先进、鞭策后进的作用。法治社会评估指标体系的评估结果,能够直接、真实、具体地反映各地在法治社会建设过程中存在的问题,体现出各地之间法治社会建设存在的差距。通过对同一时期各地区的法治社会建设评估结果的排序,能起到激励先进地区进一步推进法治社会建设进程、鞭策后进地区不断提高法治社会建设水平的作用。

(四)法治社会评估指标体系设计的遵循

1. 法治社会评估指标体系设计的内在要求

法治社会评估指标体系的构建是推动法治社会建设的重要方式,开展法治社会评估实践活动必须以准确把握评估活动的一般规律为基础,在评估指标体系构建的规范理论框架下,创立具有鲜明中国特色的法治社会评估指标体系,这是法治社会评估实践提出的必然要求。

第一,法治社会评估指标体系全面贯彻法治社会建设的目标导向。自党的十八大以来,我国愈加重视法治社会建设,强调法治社会建设与法治国家、法治政府建设同步推进,党的十八届三中全会也深刻指出,“建立科学的法治建设指标体系和考核标准”,将法治建设指标体系正式纳入法治中国建设和全面深化改革的目标规划。作为我国整体法治建设的重要组成部分和基础性内容,法治社会建设评估指标体系已然成为法治事业能否持续推进的关键所在,指标体系的构建需要必须体现法治社会建设的各项目标。因此,法治社会评估指标体系必须能够准确度量法治社会建设工作各个方面的进度以及水平,同时也要求评估指标体系必须全面贯彻法治社会建设的目标导向,在整体现有的评估指标体系模式的基础上,进一步观照法治社会建设的具体语境,对重点环节予以关注,凸显法治社会建设目标的导向作用,最终通过法治社会评估指标体系实现法治形式与优化效果的有机统一。①

第二,法治社会评估指标体系承载法治社会价值基准。法治社会的实现过程是法治社会追求价值理念的规范化过程,②法治社会评估指标体系的构建与运用是实现法治社会的重要环节之一。因此,法治社会评估指标体系须将法治社会内在的价值要素转化为法治社会规范要素并融入具体的评估指标,进而构建既可以体现法治社会价值原则,又可以反映法治社会价值要素与实际法治社会建设规范的吻合程度的评估指标体系,这对于我国法治社会的建设具有独特的意义。在某种意义上,价值基准是法治社会评估指标体系制度构建的理论基础,法治社会的价值基准主要包括“社会善治”“公平正义”“民主政治”“权利保护”等,法治社会评估指标体系的构建过程与具体要素也不能背离这些基本的价值取向,更不能逾越其限制。

第三,法治社会评估指标体系具有现实性。正如前文所说,法治社会评估指标体系固然应当体现法治社会所包含的抽象价值理念,但若仅在此基础上构建法治社会评估指标体系,那只是一种虚无缥缈的理想主义,无异于纸上谈兵。事实上,脱离现实的法治社会评估指标体系忽略了对法治社会建设的背景因素以及成长环境的考量,折射出来的是我国对于法治社会建设急于求成的心理,③这种脱离现实的法治社会评估指标体系于法治社会建设几乎没有实际的推动作用。因此,法治社会评估指标体系须具有现实的可操作性,基于中共中央发布的《法治社会建设实施纲要(2020—2025年)》中的顶层目标设计,对其进行逐条逐块分解细化并深入指标体系各个层级,并辅助以考核机制、奖惩标准等,以自上而下传递部署和自下而上响应执行相结合的方式推动法治社会建设,使法治社会评估指标体系既能如实反映法治社会建设具体做了哪些方面的工作,又能反映这些工作做得怎么样或产生了什么样的实际效果,解决法治社会建设工作中存在的“形式主义”“面子工程”等问题,切实发挥法治社会评估对于推进法治社会建设的积极作用。

2. 法治社会评估指标体系的设计原则

(1)理论探究。

目前,学界对于法治社会评估指标体系设计原则研究,主要观点有以下几种:第一,少数学者以法治社会评估指标体系的设计原则为直接研究

① 参见冯烨:《法治化营商环境评估指标体系构建》,载《理论探索》2020年第2期。
② 参见吴德星:《法治的理论形态与实现过程》,载《法学研究》1996年第5期。
③ 参见蒋立山:《中国法治指数设计的理论问题》,载《法学家》2014年第1期。

对象,分析其构建所需遵循的原则。胡荣才、屈茂辉认为法治社会评估指标体系的构建要遵循科学性、系统性、可操作性和动态性原则。① 许涤龙、欧阳胜银则认为还应遵循代表性原则。② 通过对学者们观点的梳理分析,当前科学性、系统性、可操作性与动态性原则成为法治社会评估指标体系必须遵循的原则。第二,部分学者以法治社会评估指标体系构建的思想维度为视角切入,分析其构建所需遵循的设计原则。侯学宾、姚建宗认为法治社会评估指标的设计应考虑虚与实、中国与世界、普遍性与特殊性、统一与杂多、表象与实质、定性与定量、建构主义思维与法治的渐进主义逻辑、科学与人文等思想维度。③ 第三,透过法治建设指标体系的设计原则进行原则分析。法治社会是法治建设组成的一部分,故法治建设指标体系的设计原则具有一定的参考意义。陈莉认为构建指标体系应遵循统一原则、规范原则、精确原则与强制原则。④ 此外,有的学者以具体指标的特性来分析法治社会评估指标体系构建的设计原则,如王利军认为法治评估指标的设计原则应合理运用客观指标和主观指标,有机融合事实指标与价值指标,定性与定量综合评价,综合指标与特定指标相结合,全面考虑内在指标与外在指标,做到普遍指标为主、辅以特殊指标。⑤ 欧阳景根则认为设计原则应符合指标体系设计的一般原理和技术要求,并紧紧围绕法治社会建设的一般属性、差异化属性来设计共性指标与个性化指标。⑥

(2)设计原则。

一是合理与精简相结合原则。构建法治社会评估指标体系,应在一定理论基础的指导下,根据评估的实际需求选取指标,确保指标体系能准确地反映法治社会的实质和现状。同时,因符合标准的指标过多,应竭力选取能够反映法治社会建设实际状况和真实水平的代表性指标,使指标体系中的指标达到少而精的程度。合理与精简相结合的原则要求在设计法治社会评估指标体系时,首先应当对党中央和国家发布的关于法治社会建设的文件进行综合分析,确定其总体目标以及相关目标的具体内涵。然后结

---

① 参见胡荣才、屈茂辉:《法治湖南建设评价指标体系的建构思路与框架》,载《湖南大学学报(社会科学版)》2014 年第 4 期。

② 参见许涤龙、欧阳胜银:《法治社会建设评价指标体系构建与初步分析》,载《法治湖南与区域治理研究》2011 年第 3 期。

③ 参见侯学宾、姚建宗:《中国法治指数设计的思想维度》,载《法律科学(西北政法大学学报)》2013 年第 5 期。

④ 参见陈莉:《法治建设指标体系研究》,载《安徽科技学院学报》2017 年第 3 期。

⑤ 参见王利军:《多学科视野下的法治评估及实证研究》,中国矿业大学 2021 年博士学位论文,第 70 页。

⑥ 参见欧阳景根:《中国法治指标体系的设计基础与原则》,载《新视野》2017 年第 2 期。

合文献分析法,对法治社会这一评估对象进行概念化处理,以保障法治社会评估指标体系在构建时能够始终以这一概念内涵为基准线,既能够做到精准、全面地反映实际中法治社会建设的情况,也能够节省资源,减少无关紧要的指标内容,从而设计出精简化的指标体系。此外,在设计法治社会评估指标体系时,应权衡各种设计方法的利弊,运用最为科学、合理、适宜的方法设计法治社会评估指标体系。

二是整体与特色相结合原则。法治社会建设是一个复杂的系统工程,其包含了社会领域法制体系建设完善、普法工作完成、法治观念深入人心、社会主义核心价值观融入法治社会建设成效显著、切实保障人民群众权益等建设目标内容。由于这些目标内容并不完全属于同一范畴,故为了能够全面评估法治社会的建设情况,评估体系必须在整体性原则的指导下,全面反映法治社会建设的方方面面。因此,设计指标体系需要使其能评价法治社会立法、司法、执法、普法等方面的各项工作,即从这些方面加以全方位的选取和度量。① 同时,法治社会评估指标体系的设计又需要突出各方面的特色,即对于不同类型的目标内容采取不同的指标设计方法、权重赋值方法、数据收集方法,以最适合的方法统计各类型的数据。此外,法治社会评估指标体系的内容也需要根据具体的历史阶段以及在本地区体现出其应有的特色。事实上,我国存在东西部发展不平衡、自治区与经济特区管理的特殊化等现实中的特殊情况,在设计法治社会评估指标体系时,必须要考虑到这方面的影响。

三是客观与主观相结合原则。法治社会评估指标体系一般包含客观指标和主观指标。客观指标是用来反映有关法治社会建设的客观存在事物及其状况的指标②,通常表现为评估对象依职权与法定程序行使权力,履行义务所形成的过程、结果、状态等内容的指标。同时,对于普法任务完成情况、法制体系建设情况等易于量化的客观数据,可以利用自然科学的相关技术,将其进行量化处理,并通过大数据等方式,得出客观指标及其评估结果。主观指标是指人们对法治社会建设现象的主观感受指标,通常表现为人们的满意程度等。这类指标主要通过对人民法治观念具备的程度、权益保障程度等公民主观意识较强的内容进行指标设计,其一般使用问卷调查的方法,因此在设计具体的指标时,应当结合其问卷调查的方

① 参见许涤龙、欧阳胜银:《法治社会建设评价指标体系构建与初步分析》,载《法治湖南与区域治理研究》2011 年第 3 期。

② 参见王称心、蒋立山主编:《现代化法治城市评价——北京市法治建设状况综合评价指标体系研究》,知识产权出版社 2008 年版,第 31 页。

法特点设置合理的主观性指标,以便于评估。总的来说,法治社会评估指标体系设计既应客观评价法治社会建设进程,又应使公众主动参与法治社会评估活动,反映社会公众对法治社会建设的认知度与满意度,从而实现客观依据性与主观能动性的有机统一。

四是实用与适用相统一原则。设计法治社会评估指标体系,首先,从一方面来说,应从现实条件出发,收集容易获取的信息,降低收集信息的成本;从另一方面来说,由于法治社会建设的评价涉及多个层面,且每个层面最终确定的指标数量众多,因此在设计法治社会评估指标体系时,为便于最终评估工作的落实,应在充分考虑数据的可得性的基础上,重点选取易于获取、便于操作分析的具有直观表达性的定量指标。同时,还要保证选取的指标的灵敏性,使其能够及时反映出法治社会变化的趋势。① 其次,科学准确的评估结果除了需要完备的指标外,还需与之相匹配的评估标准与测量方法。最后,应在实践中不断完善指标体系,重点包括三个方面:第一,使指标相互独立,降低人为因素的影响;第二,确保各指标的权重系数符合实际;第三,保证测量方法与测量对象的一致性,确保法治社会评估指标体系的完整性,符合评估对象的客观实际,做到实用与适用有机统一。此外,法治社会建设是一个动态的、循序渐进的过程,其指标体系应反映时代特点,尽量避免选取长期不变的指标,并根据实际情况及时进行调整,以增强其实用性。②

五是量化性与可比性相结合原则。在法治社会评估指标体系可计量、可操作的基础上,整个指标体系的设置要尽可能使各区域在同一时期内的法治社会建设状况能够进行比较,并能对法治社会发展状况进行排序,进而达到评价预期,实现可计量与可比较的协调。首先,量化性原则要求在设计法治社会评估指标时,需要将具体的法治社会建设内容的实际情况转化为易于计算、评估的数字量级,从而便于通过计算得出易于比较的评估结果。其次,可比性原则要求法治社会评估指标体系在设计的过程中要尽量设计出适用范围广的指标与数据收集方法。这样一来,对不同地区的法治社会建设情况进行评估分析后,可以通过量化的评估结果对比不同地区的法治社会建设情况,相互借鉴法治社会建设的优秀经验,提升自身法治社会建设能力。

---

① 参见许涤龙、欧阳胜银:《法治社会建设评价指标体系构建与初步分析》,载《法治湖南与区域治理研究》2011 年第 3 期。

② 参见许涤龙、欧阳胜银:《法治社会建设评价指标体系构建与初步分析》,载《法治湖南与区域治理研究》2011 年第 3 期。

六是中立性原则。法治社会评估指标体系的评价主体以第三方力量为主,政府仅在其中发挥协助的功能。法治社会建设的一个目标是要实现社会的自治化,即多元主体参与法治社会的建设。同时,关于人民群众的法治观念程度、权益保障情况等内容,其主要数据来源是人民群众以及社会组织。代表公权力的国家机关的过多干涉会使数据的真实性难以保证。因此,在设计法治社会评估指标体系时,应当注重公众在法治社会评估活动中的参与程度。同时,因为人民群众的零散性,法治社会评估指标体系又是一个完整的量化结构,有必要由具备相应资质的社会第三方力量来主导设计法治社会评估指标体系,并由政府辅助,提供关于法制体系建设、开展普法教育活动等官方数据。当然,政府介入所提供的公权力也能够保障法治社会评估的顺利开展。

七是公开性原则。一方面,法治社会的构建强调参与主体的多元化,且法治社会评估指标体系是推动法治社会建设的有力工具。因此,无论是法治社会评估指标体系的设计过程还是其实施过程,都应当公开进行,以保障社会公众参与法治社会建设的应有权利,使其意见能够体现在法治社会评估指标体系的构建中,并监督构建法治社会评估指标体系,使其能真正地体现法治社会建设的情况,特别是与人民群众自身感受有关的部分,避免公权力影响结果的真实性。另一方面,公开的方式也可以使公众之间互相监督,避免滥用自治权的现象发生,从而提升评估结果的科学性与准确性。

3. 法治社会评估指标体系的设计思路

通过分析法治社会评估指标体系的内涵以及其设计原则,笔者认为在构建法治社会评估指标体系时,首先应明确法治社会的内涵与外延,即对法治社会进行概念化处理,厘清其与其他相似概念之间的区别;其次,根据我国相关政策文件,结合法治社会建设的现实需求,确定一级指标,再将一级指标细化为二级、三级指标;最后,检查各指标之间横向与纵向的关系,确保各指标之间的逻辑关系,从而设计出科学、完整的法治社会评估指标体系。

(1)理论探究。

在对学界关于法治指标体系与法治政府指标体系设计思路进行分析研究后,笔者梳理出了以下几类构建法治社会评估指标体系的设计思路。

第一,综合分析各项因素提出完整的法治社会评估指标体系的设计思路。如王璐在研究法治政府指标体系的构建时提出了完整的设计思路,其主要包括四个环节:在指标体系构建之初,应了解有关评估对象的基础理论，全面掌握评估对象的基本情况；在初步构思指标体系时，采用系统分析法来设计指标体系的框架；在完善指标体系时，需筛选初步构思的指标体系，并进行结构优化，使指标体系更加科学合理；在验证指标体系时，将设计的指标体系应用于实践，并根据实践结果进一步完善。① 第二，多从法治建设、法治政府建设的相关政策性文件中规定的目标中确定指标，进而细化并形成完整指标体系。如付子堂、张善根在强调构建法治建设指标体系时，指出必须依据顶层设计而展开，即围绕党中央发布的有关法治中国建设的战略方案，构建指标体系。② 第三，以法治社会评估指标体系所应涉及的领域为视角分析设计思路。如许涤龙、欧阳胜银认为，设计法治社会评估指标体系，应该结合我国现行法治系统运行机制，从立法、执法、司法、普法、法律服务、非诉讼纠纷解决以及社会公平等法治领域予以客观评价。③ 第四，从各级指标的设计方法分析设计思路。如王利军设计的指标体系是按照"确定一级指标及内涵—二级指标内涵—选取可测量指标—指标权重—二次筛选指标—调整确定指标体系"的路径展开的。首先，从指标体系的宏观层面入手，依据法治社会的具体覆盖面确定一级指标，并通过层次分析法对各项指标赋予权重值；其次，立足于确定的一级指标，分析二级指标应囊括的各项具体指标，同样通过相关性分析对各项指标赋予权重值；最后，根据各级、各项指标的相关性和隶属度分析，排除与法治社会建设不相干的成分，明确可操作、可测量的三级指标内容。④

（2）设计思路。

一是明确法治社会内涵。法治社会是法治社会评估指标体系的评估对象，只有当明确了评估对象的具体内涵，才能够有针对性地设计出科学的指标，得出有价值的评估数据，真正地为法治社会的建设提供建议。故在设计法治社会评估指标体系时，首先应当利用文献分析法等研究方法，结合党中央发布的有关法治社会建设的相关文件，明确法治社会的内涵，以便为之后具体指标的设计设定目标与框架。

二是确定一级指标。通过分析国内目前现有的法治指标体系，不难发

---

① 参见王璐：《县级法治政府建设指标体系构建与应用问题研究》，华中师范大学 2012 年硕士学位论文，第 33 页。

② 参见付子堂、张善根：《地方法治建设及其评估机制探析》，载《中国社会科学》2014 年第 11 期。

③ 参见许涤龙、欧阳胜银：《法治社会建设评价指标体系构建与初步分析》，载《法治湖南与区域治理研究》2011 年第 3 期。

④ 参见王利军：《多学科视野下的法治评估及实证研究》，中国矿业大学 2021 年博士学位论文，第 9 页。

现其在设计一级指标时，往往是对当地法治建设的宏观目标进行第一次分类，然后通过量化处理，将其作为一级指标。因此，在设计法治社会评估指标体系时，也应当先对国家发布的关于法治社会建设的实施纲要等文件进行分析，确定法治社会评估指标体系的一级指标，从而能够为二级、三级指标的确定缩小范围，设计出更为精简、全面、特色的指标。

三是确定二级、三级指标。在确定了一级指标之后，通过鱼骨法或归纳总结、层次分析等方法，将一级指标分解为可量化、可比较的二级、三级指标。同时应当注意，二级、三级指标应与其他一级指标下的内容具有逻辑上的递进性，且细化的内容涉及上级指标的方方面面，从而做到科学、精简地利用指标体系评估法治社会建设情况。同时，由于二级、三级指标，尤其是三级指标往往是体现具体评估结果的直接依据，故在设计三级指标时，需要确保其可量化性与实用性。

四是整体评估法治社会评估指标体系的逻辑性。由于法治社会评估指标体系是分层次设计的，尤其在设计二级、三级指标时，其主要依据具体的一级指标，而少有顾及其他一级指标的内涵。因此，在设计的过程中难免会发生不同上级指标所包含的下级指标出现内容相重复甚至相冲突，从而浪费法治社会评估资源，或造成法治社会评估结果不真实的情况。因此，在设计出各级指标之后，应当整体回顾指标体系，确保其各项指标之间的逻辑性。

五是反馈评价法治社会评估指标体系的设计。由于法治社会评估指标体系的设计过程理论性较强，而实践作为检验真理的唯一标准，在设计了完整的法治社会评估指标体系后，应当将其投入实践活动中以检验指标体系的实际效果。通过对比适用所得的评价结果与预期法治社会建设情况的异同，对与实际情况不相符的指标内容进行修改、完善，以期设计出最能真实反映法治社会建设情况的指标体系，使其充分发挥描述、预警、促进法治社会建设的功能价值。

4. 法治社会评估指标体系的设计方法

法治社会评估指标的设计方法选择不仅是方法技术问题，而且在更大程度上与对法治内涵的理解与认知相关，用何种方法设置法治指标不单单取决于方法本身的优劣，更取决于评估目的、层次、对象等多方面内容。① 因此，构建法治社会评估指标体系时，在应用层次分析法、主成分分析法等设计方法之余，也应注意法治社会评估指标体系所评价的对象、目的等因

① 参见钱弘道等：《法治评估及其中国应用》，载《中国社会科学》2012 年第 4 期。

素，设计出适应法治社会建设的指标体系。

（1）理论层面。

第一，侧重于某一内容，强调法治社会评估指标体系的设计方法。例如，陶中怡在分析江苏省法治社会建设指标体系时强调，设计过程应将结果导向和过程控制作为重点，并提出应将法治社会建设成效作为评估对象，尤其注重评估以各类社会组织等主体形成的组织网络体系在法治社会建设中的功能发挥。① 又如杨寅、陈琦则认为，法治社会评估指标体系的建设可以通过系统梳理党中央发布的有关法治社会建设的文件内容，提炼出法治社会建设的具体要求，并以这些要求为根系，结合实际情况，筛选指标，构建科学、完备的法治社会评估指标体系。②

第二，通过分析法治社会评估指标体系的具体设计方式展现其对于设计方法的认识。如邱佛梅、谭玮认为，指标体系构建首先应按照法治社会的内涵和外延选择确定一级指标，细化分解一级指标的内涵形成二级指标，继而通过具体量化原则转换成三级指标初选指标，然后通过专家咨询、问卷调查等方式，根据各指标的相对重要程度为其赋予权重值，并根据咨询结果再次筛选指标，为指标体系设计评分标准，调整指标体系形成现实方案，最终完成法治社会评估指标体系的构建。③

第三，根据具体的方法论来研究法治社会评估指标体系的设计方法。如彭莹莹认为，首先，应采用文献分析法梳理党中央和政府关于法治社会建设的表述以及学术界对法治社会和法治社会评估的研究，并据此确立法治社会评估指标体系的总框架；其次，采用德尔菲法，通过专家问卷征询专家意见，筛选指标，同时，确定评估方法和模型，在实践应用评估后通过实践反馈机制进一步完善指标体系。④ 而邱佛梅认为应采用层次分析法，并以专家咨询法作为特例，构建法治社会评估指标体系。⑤

综上所述，学界普遍认为，在设计法治社会评估指标体系时所遵循的方法主要有层次分析法、专家咨询法、文献分析法、德尔菲法等，且都强调

① 参见陶中怡：《区域法治社会建设指标体系的价值定位与实践探索——以江苏省为例》，载《山东行政学院学报》2021 年第 5 期。

② 参见杨寅、陈琦：《法治评估指标体系的编撰与操作——以上海市静安区依法治区评估指标体系（2015）为例》，载《行政法学研究》2015 年第 6 期。

③ 参见邱佛梅、谭玮：《"三位一体"法治建设背景下的法治社会评价体系构建》，载《法治社会》2018 年第 1 期。

④ 参见彭莹莹：《社会治理评估指标体系的设计与应用》，载《甘肃行政学院学报》2018 年第 2 期。

⑤ 参见邱佛梅：《法治社会评价：理念、体系与实证分析》，载《社会治理法治前沿年刊》2018 年。

对法治社会建设的目标要求进行分析后,逐层得出各级指标体系的设计路径方法。

(2)设计方法。

首先,细化法治社会建设的目标要素。目标要素的选取是指标体系设计的逻辑起点,设计法治社会评估指标体系的第一步就是,通过文件分析法、专家咨询法等细化分析国家发布的相关文件中关于法治社会建设的目标要求。一方面,应将国家关于法治社会建设的顶层设计作为核心依据,在形式上与内容上与其保持高度契合;另一方面,法治社会建设的目标要求往往是原则性的,故在分析其目标要求时,也可以将整体法治社会评估指标体系的设计原则予以确定。

其次,分级确定各级指标。设计法治社会评估指标体系的第二步是,通过层次分析法设计各级指标。在明确分析了法治社会建设的目标要求后,将其中较为宏观的要求作为法治社会评估指标体系的一级指标,再结合鱼骨法等方法,在一级指标下设置全面的衡量维度作为二级指标,最后分设易测量或量化的三级指标。在设计各级指标时,需要明确各级指标,尤其是下级指标的内涵、外延、特点、评估对象等因素,既要做到各级指标的下级之间不重复、不冲突,也要保障下级指标能够囊括法治社会建设目标的方方面面,从而能够全面、科学、准确地评估法治社会建设的实际情况。

最后,实践反馈调整指标体系。在设计法治社会评估指标体系之后,根据其运行的实际情况,通过反馈机制的方法,调整法治社会评估指标体系的内容与权重。法治社会评估指标体系在设计时大部分是根据设计者对法治社会建设的理解而进行的,虽然运用了科学的层次分析法、文献分析法等方法来设计,但其在一定程度上仍旧可能脱离法治社会建设的实际情况。因此,在设计完整体的法治社会评估指标体系后,应当通过反馈分析的方法,调整法治社会评估指标体系中与法治社会建设实际情况相脱节的指标内容,并对其进行修改、调整。

第二节　法治社会评估考核标准的理论考察

一、法治社会评估考核标准的设定要求

(一)统一性

法治社会评估考核标准的统一性主要包括横向层面的统一性和纵向

层面的统一性。首先,从横向层面考察,法治社会评估考核标准需要在面对不同评估情境时具备统一性。为了保障法治社会评估整个过程的民主、公正,法治社会评估考核标准需要具有一致性,一视同仁地对不同情境下的法治社会评估对象进行评估考核,确定其考核标准。换言之,对于表现形式不同但对法治社会建设效果实质上产生同等影响的指标,其考核标准也应当做到一致,保持统一。其次,从纵向层面考察,法治社会评估考核标准和指标体系需要具备一定的内在统一性。法治社会评估考核标准作为法治社会评估指标体系的"依据、标准和尺度",其需要以法治社会评估指标体系为其考核目标,使其每一具体的考核标准都与指标体系形成一一对应的逻辑关系,从而通过考核标准来观察、度量法治体系"是什么",反映法治社会建设"怎么样",实现法治社会评估指标体系与考核标准的纵向的有机统一。

(二)客观性

法治社会评估考核标准的客观性可以概括成两个维度。首先,在理论维度,法治社会评估考核标准的客观性是指其设计应当符合客观理性,也即法治社会评估考核标准的设计应当满足准确考核量化的要求,尽可能做到标准地、科学地、细致地为各项指标设定一定的分值及权重,这要求其必须符合一定的客观规律。换言之,法治社会评估考核标准设计必须摒弃主观随意性,防止对具体考核标准的肆意滥用和盲目设置,这也是法治社会评估考核标准客观性的重要表现。其次,在实践维度,法治社会评估考核标准的客观性是指其根据必须是客观存在的材料。① 本质上来说,法治社会评估考核是通过实践数据对法治社会建设进行具体量化,从而对法治社会建设情况进行整体赋值,最终得到一定的分数、数据来具体评估法治社会的建设情况的过程。这一过程中,实践数据起着根本性和决定性的作用。可以说,法治社会评估考核标准能否发挥作用,关键在于其衡量依据和数据是否客观,这也是法治社会评估考核标准客观性的重要表现之一。

(三)明确性

法治社会评估考核标准的明确性是指具体的考核标准明确,在客观上具有可把握性,在结果上具有可反馈性。一方面,这使法治社会建设主体可以预测自己的行为及后果,使其在行为过程中能够按照考核标准积极推进法治社会建设;另一方面,法治社会评估考核标准的明确性使法治社会评估对象的真实情况得以准确反馈,进而在下一个法治社会建设的循环过

① 参见成佳富:《审计机关审计证据准则》,载《中国审计信息与方法》2000年第11期。

程中促进相关主体有针对性地解决问题、改变策略、进一步促进法治社会建设。概括而言,应将明确性贯穿法治社会评估考核标准的确定过程中。法治社会评估考核标准的确定过程在总体上呈现一种"认识—实践—认识"的循环往复的上升演进逻辑,即从法治社会建设主体对具体行为的科学认知到法治社会评估考核标准具体结果的准确反馈,再从法治社会评估考核标准具体结果的准确反馈到法治社会建设主体进步的、上升的科学认知,而这一逻辑的成立是以法治社会评估考核标准的明确性为前提的。

(四)精细性

所谓精细性,是指法治社会评估考核标准的各项具体的分值、权重和公式等应当全面细致。法治社会评估会面临不同的情境、时间和对象,基于此,笼统概括的法治社会评估考核标准并不能准确地适用于不同情境,无法发挥其作为评价尺度的效用。因此,法治社会评估考核标准须具备精细性,具体可从两个方面展开:第一,"量"的方面。法治社会评估考核标准应当以度量法治社会评估考核标准中的每一个指标所达到预设的状况及程度为目标,细化各项指标所蕴含的目标要求,并将此作为考核标准设计的目标维度,以此设置具体的考核标准内容。这就要求法治社会评估考核标准一定是一个多维度、多方面、多数量的标准集合,这也是"细"的具体体现。第二,"质"的方面。法治社会评估考核标准的精细化不仅意味着"量"的多数,更重要的是"质"的优质。法治社会评估考核标准是评估法治社会建设的标尺,是确保法治社会建设方向与实践目标实现的工具与方法,在全面推进法治社会建设中具有重大意义与作用。但是现阶段法治社会建设出现了新形势、提出了新要求,这就要求法治社会评估考核标准一定要适应新的情况,更精确地把握实践变化。此外,这也要求法治社会评估考核标准要更高质量地对法治社会建设进行评估,也是"精"的具体体现。

(五)可操作性

法治社会评估考核标准的可操作性,是指其在社会实践中应当是可行的,也即面对一定的情境、时间、对象时,法治社会评估考核标准可以准确地适用。这也对法治社会评估考核标准的设计提出了两个具体要求。首先,在理论上,法治社会评估考核标准作为法治社会评估指标体系的量化标准,其必须贯彻国家关于建设法治社会的决策部署精神,遵守法治社会建设的总目标要求;以破解立法、执法、普法、守法、监督等领域的法治社会建设难题为切入点,以人民的利益与需求为出发点和落脚点;以法治社会评估指标体系为基准点,制定能够测量和评判区域乃至全国整体建设法治社会状况的考核标准,使之与法治社会评估指标体系相匹配,进而促进法治社会评估制度的和谐一致,实现其实践层面的可行性。其次,在实践中,法治社会评估考核标准的设计者应当通过设计反映法治社会评估指标体系的考核标准和分值体系,以及设定总分、基础分、加减分等事项,使衡量指标体系的实施的可能性增强,使法治社会评估考核标准具备现实中的可操作性。总之,法治社会评估考核标准并不是一种"闭门造车"的学术研究,其是面向社会具体实践的治理方式,这也就必然要求法治社会评估考核标准的设计应当具备可操作性。

二、法治社会评估考核标准的权重设定的方法论

考核标准是度量法治社会评估指标实现程度的标尺,是确保社会治理法治建设总体目标、中期目标、当前目标实现的工具与方法,它与指标共同构成社会治理法治建设的"风向标""水平尺""助推器"。

(一)基本流程

考核标准强调通过定性与定量的标准,明确法治社会评估指标体系具体实施评估活动的依据、准则和尺度,是对评估对象达到预期目标实现的程度、发展尺度的吻合与否、运行状况的良性与否进行考核,并以此找出评估对象在这三个维度所存在的不足及其原因,据此提出科学、有效的矫治意见与建议。在统一性、客观性、明确性、精细性与可操作性的要求下,为确保法治社会评估考核标准的目标确定性、整体关照性,在设置法治社会评估考核标准时应遵循科学的设计方法。

1. 明确考核维度与目标

法治社会评估考核标准以度量法治社会评估指标体系中的每一个指标所达到预设的状况及程度为目标。法治社会评估指标体系中的各项指标即为考核标准的尺度。因此,在设计考核标准时,首先,应当充分分析党和国家对法治社会建设的目标要求,确认各项指标所代指的目标内涵。其次,细化各项指标所蕴含的目标要求,并将此作为考核标准设计的目标维度,以此设置具体的考核标准内容。

2. 科学定位各项指标

法治社会评估考核标准作为法治社会评估指标体系的下位概念,应辅助法治社会评估指标体系以更为科学的方式量化评估法治社会建设的实践情况。因此,法治社会评估考核标准应在明确其考核目标为各项指标之后,一方面通过定位各项指标在法治社会评估指标体系中的地位,明确考核标准所应侧重考核的内容,并根据此内容细化出构成各项指标考核标准

的考核细则;另一方面通过科学的方法定位各项指标在法治社会评估指标体系中所占据的地位及其重要程度,并根据此重要程度细致地评估法治社会评估指标体系中各项指标的分值与权重,确保法治社会评估指标体系在科学的权重赋值下能够更为准确、有效地反映法治社会建设的实际情况与存在的问题。

3. 综合分析考核目标

虽然法治社会评估指标体系的各项指标代表了法治社会建设中不同的目标要求,但是法治社会评估指标体系作为一个完整的逻辑结构,构成其的各项指标之间是相互联系、相互依存和相互影响的。因此,在考核法治社会评估指标体系的各项指标时,不能仅盯着各项具体的指标设计考核标准,这样片面的设计方法可能会造成重复评价或遗漏评价等后果。同时,法治社会评估指标体系权重赋值的合理化与有效化也离不开对法治社会评估指标体系的整体性评价分析。因此,在设置考核标准时,一方面,应注意对法治社会评估指标体系进行全面化的分析,在整体的体系中逐一考核各项指标;另一方面,考核标准的设置本身也应具有体系化,使构成考核标准的各项内容间具有科学的联系与逻辑。

(二)具体权重设定方法

1. 专家评定法

指在确定各项法治社会评估指标的权重时,咨询相关专家的意见,使专家根据已设计好的法治社会评估考核标准为各项指标赋值。然后根据各位专家的赋值情况,取其平均值,确定具体的指标权重。这种方法简便易行,但专家的主观性过强,不能保证指标权重设置的科学性与精准性。

2. 比较分析法

指根据已设计好的法治社会评估考核标准体系,在同一级指标中,选取该级指标下对法治社会建设与法治社会评估作用最小的指标作为最小单位,然后用其他同级指标与其比较,根据重要程度确定该指标是单位指标的多少倍。最终以此方式确定考核标准体系中各项指标的权重值。

3. 层次分析法

在确定各级各项指标的权重时,为尽可能减少各指标相互比较的困难与成本,首先,使两两指标相互比较,以数值量化二者的重要程度,并以此结果形成判断矩阵。其次,通过层次单排序,即对同一级指标中代表重要程度的数值排序。再次,通过层次总排序,即确定某一指标在上一级指标中的相对权重值。最后,依据各级指标的具体排序,最终确定各项指标的权重值。这种方法较为科学,结合了法治社会评估所需的主观经验与客观理性。

4. 德尔菲法

其在本质上是一种反馈匿名函调法,即专家根据已设计好的法治社会评估考核标准,依据自身的专业素养,以匿名的方式表达其对各项指标在法治社会评估中所占的重要程度的意见,然后对这些意见进行量化处理,整理、统计相应的结果,并将结果匿名反馈给专家。接着,继续征求专家的意见,量化、整理、统计、分析,再次匿名反馈给专家,长此往复,确定最终的指标权重。

5. 名义群体法

名义群体在决策制定过程中限制讨论,故称为名义群体法(nominal group technique),即在制定各项指标的权重时,将特定的成员集合成一个整体,在进行讨论和设置权重之前,先由每个成员独立地写下他对于各项指标的看法,然后进行综合性的讨论和评价,最终确定各项指标的具体权重。应用于设定法治社会评估考核标准权重中的名义群体法,其特定成员往往要求来自不同的利益方,进而体现法治社会评估考核标准的科学性和客观性。

6. PDCA 循环法

其本质上是一种以“计划—实施—考核—标准化”为循环的工作方法,也即法治社会评估考核标准不仅要考虑到各项指标的重要程度,还需要从法治社会建设、实施、评估考核、标准化建议等环节进行整体性、系统性考虑,进而呈现一种由宏观影响微观的逻辑进路。换言之,在具体的法治社会评估考核标准权重设置方面更多地考虑其在整个法治社会建设发展环节中的作用,最终通过考核标准权重设置来实现一定的引导性和建设性。这也意味着此种方法往往具备一定的主观性。

根据法治社会评估考核标准体系的特征与性质,笔者认为应采用层次分析法与德尔菲法来确定权重值。这两种方法是定性与定量相结合的多目标决策分析方法,同时结合了主客观因素,能够将各项指标在考核标准中所占的重要程度进行量化处理,从而为决策者提供简洁明了的决策依据。为了科学地确定各级指标权重,按照层次分析法与德尔菲法的要求,调查者通过拟定调查表,按照既定程序,以匿名函件的方式,分别对法学、社会学、政治学等学科的专家以及党政机关的工作人员进行调研,由专家组成员对每项指标赋予权重值,并说明理由、提交意见。经过反复征询与反馈,对不同专家赋予的权重值进行分析、整理,最终得出各级指标的权重值。

三、法治社会评估之考核程序和重点论

(一)法治社会评估之考核程序

1. 制定法治社会评估的考核程序的基本要求

考核程序关系法治社会评估考核结果是否符合实际、能否真正体现法治社会建设工作的实际水平、能否切实发挥考核结果的作用,“合理的考核框架、符合实际的总体布局和严密的考核程序是确保整个考核工作公正的重要环节”①。因此,须根据法治社会建设的实际情况以及考核程序的自身性质确定科学、规范和合理的法治社会评估考核程序:一方面,法治社会建设是一个涉及多领域、多层级、多部门的复杂性的开放系统,其不仅包含立法、执法、普法、守法、监督等多个环节,而且是各类法治要素及社会资源相互作用、相融相长的过程。因此,在确定法治社会评估考核程序时,既要确保法治社会评估考核程序与指标体系最大限度契合,以便反映指标体系所指向的法治社会建设内容的真实水平,又要注意全面评价各类要素资源相互作用呈现出的整体效果,避免发生遗漏评价、重复评价等现象。另一方面,考核程序自身的规范性要求其能够严格约束考核主体的行为,即在法治社会评估的考核过程中,无论是由主持法治社会建设工作的官方主体还是独立的第三方或社会公众作为考核主体,科学规范的法治社会评估考核程序均能最大限度避免考核主体的盲目考核,尤其是对于缺乏评估专业知识以及法治社会理念相对匮乏的社会公众来说,严格、规范以及有序的考核程序可以保证其理性思考,减少恣意考核现象的出现。通常情况下,制定法治社会评估的考核程序时需着重注意以下几个问题,即考核主体的确定、考核频次的设定以及考核程序的公开问题。

首先,科学的法治社会评估考核程序须明确合适的考核主体及其在考核程序中发挥的作用,以确定最佳的考核主体或考核主体组合方案。从现阶段我国已有的法治社会评估实践来看,多数法治社会评估的考核主体为被考核对象所在地或其上级行政主管部门,同时,社会公众在相关职能部门的保障下也发挥着考核主体的作用,部分地区还邀请人大代表、新闻媒体等方面的代表作为考核主体参与法治社会评估活动。② 总体而言,法治社会评估的考核主体主要分为官方自我考核以及社会公众考核两种类型。官方自我考核主要是指法治社会建设主体对其自身活动的评估考核,更加

① 洪建明:《基层检察院工作绩效量化考核初探》,载《人民检察》2006 年第 20 期。

② 参见《广东省依法行政考核办法》第 22 条。

侧重从法治社会建设的内部方案制定与制度实施层面考核法治社会建设的实际情况，往往能够对法治社会建设活动的实施细节、实施方案有具体、详细的了解。相较之下，社会公众考核主体则更加注重从法治社会建设方案的外部实施效果来整体评价法治社会建设水平。社会公众作为法治社会建设的感受者与法治社会评估指标体系运行效果的检验者，其对法治社会建设的评价具有整体性、客观性等特征。这种考核主体的分类方式呈现出客观性与主观性、局部性与整体性以及职能性与公众性等角度深度融合的多维结构。尽管不同的考核主体在考核方式、考核重点以及考核内容上的侧重点均有所不同，但两者呈现出的互补关系使官方自我考核与社会公众考核相结合的考核主体方案成为最佳选择。官方自我考核确立了法治社会评估考核程序的权威性，可以解决获得专有数据难等问题；社会公众作为考核主体又能够有效避免法治社会建设主体因既做“运动员”又做“裁判员”而可能导致的评估结果不公正的现象的产生，从而切实保障考核过程的公信力。因此，确定官方自我考核与社会公众考核在法治社会评估考核程序中的主体地位，有利于充分发挥我国政治体制优势以及人民群众的力量，确保法治社会评估考核程序的科学性、规范性和公正性。

其次，考核频次和考核周期是否科学也直接影响法治社会评估结果的有效性。法治社会评估考核频次是指对法治社会评估指标体系各项指标进行考核的频率和次数。考核周期则是指多长时间对各项指标进行一次考核，通常情况下考核频次越高，考核周期就越短，两者是密切相关的概念。在确定考核频次与考核周期时，须明确认识到不同的法治社会评估指标，其相应的考核频次和考核周期也不同，这主要是由于指标自身性质具有差异性。其指向的法治社会建设内容的建设周期较长，投入多但是见效慢，如社会公众法治意识的培养就是一个长期性工程，其自身属性决定了这不可能是一蹴而就的，因此，针对这类指标就需适当延长其考核周期，降低考核频率。因此，在确定考核频次和考核周期时，须充分考虑实践中法治社会各方面建设的周期与法治社会评估指标体系中各项指标的特征确定合理的考核周期和考核频次，既要确保对每一阶段的法治社会建设各项内容考核的及时性，又要给予被考核主体在各项指标的提升方面充足的时间。与此同时，法治社会评估的考核环节不是理想化的活动，现实因素也应当纳入影响因子范畴进行统筹考虑。考核频次和考核周期的确定也要考虑到成本问题，过于频繁的考核会使考核成本远远大于考核所能带来的效益。当前，我国已有的法治社会评估的考核频次为一年或两年一次，考核频次和考核周期没有考虑到部分指标的特殊性，须在实践中加以改进。

最后，法治社会评估考核程序还应注重程序的公开。“程序公开是程序公正的重要保障及核心价值，倘若将任何决议的产生都置于秘密之下进行，必将有违程序公正之理念且导致监督不能的结果”①，法治社会评估中的考核程序也不例外。某种意义上，考核程序是否按照预期规范有序地运行是法治社会评估活动的关键所在，如果考核程序中出现了不公正的考核行为，那么其前置环节如指标体系的设计等均不再具有明显的积极作用，更无法得出真实有效的评估结果。因此，有必要对考核程序的运行加以监督，而监督的最佳形式则为程序公开，通过公开法治社会评估的考核程序，可以有效预防评估者根据“主观上潜在的偏向特定模式”②或某种立场，违背已经设置好的合理的考核标准或基准，操作出符合自身利益的结果。换言之，公开的考核程序不仅能够增强评估结果的公信力，而且能够确保法治社会评估的有序推进，充分发挥法治社会评估的效能，正如有学者所说，法治社会建设考核的标准、过程和结果均应当公开，接受社会监督。③

2. 法治社会评估具体考核程序

结合当前中国法治社会评估的实践，笔者认为，法治社会评估的考核程序应包括评估筹备、实施、反馈和结果公布等环节。具体为：制定方案→日常考核→自查自评→组织核查→外部评议→确定结果→救济机制。

(1)制定方案。

考核主体根据国家法治社会建设的总体战略、主要任务、实施方案等，结合被考核对象所在地每年发布的法治社会建设计划，于年初制定当年的考核评估方案。具体而言，该方案应当具备明确法治社会评估所涉及的主体权力、对象范围、考核方法、考核形式、工作流程、分值权重和评分细则等具体事项。此外，在制定法治社会评估考核的实施方案时，也应注重与当地的实际情况相结合，做到具体问题具体分析，确保实施方案的实操性与有效性。

(2)日常考核。

根据法治社会评估考核主体制定的考核方案，对被考核对象建立法治社会建设考核档案。考核档案是将法治社会评估指标体系的各项指标进行转化，使法治社会建设主体将其法治社会建设情况及时地反映在档案中，以此加强对被考核对象法治社会建设情况的监督检查，及时采集和统计被考核对象相关信息，追踪法治社会建设的实施，并在汇总后作为年度

---

① 柏利民：《健全检察委员会运行机制之五项制度》，载《人民检察》2015 年第 22 期。
② 潘敏：《论我国法治评估指标体系的完善》，河北经贸大学 2019 年硕士学位论文，第 25 页。
③ 参见《广东省依法行政考核办法》第 21、22 条。

考核的相关依据。通过将考核工作常态化，将中央层面法治社会建设的相关精神落到实处，督促相关机关提升工作效能，最终实现将法治社会建设的目标细化到日常的工作与生活中，推动法治社会建设。

(3)自查自评。

在考核主体规划并发布的年度法治社会评估考核实施方案确定的评估期限内，被考核对象对照实施方案，对本地区或本部门的法治社会建设情况进行检查分析，总结实施方案中涉及的法治社会建设情况，形成自查报告，于次年1月左右向考核主体报送年度自查报告及相关资料。通过事先自查自评，强化相关工作单位及工作人员乃至领导干部的问题意识，进行自我改革、自我革新。此外，自查报告及相关资料的内容应当做到全面、真实、客观，并由本单位负责人签署。

(4)组织核查。

考核主体须加强党委的领导，积极组织人员力量进行相关培训工作，收到被考核对象的法治社会建设的自查自评报告与资料后，要统筹安排、以点带面，对于被考核对象的相关工作建设进行系统梳理，通过听取工作报告、查阅文件资料、抽查日常考核档案等方式，综合各方要素对被考核对象实施的法治社会评估考核工作进行核查，确保被考核对象严格按照实施方案进行法治社会评估，规避美化数据、隐瞒实情等现象的发生，确保法治社会评估结果的真实性。

(5)外部评议。

根据考核实施方案的部署安排，通过召开座谈会、发放评议卡、设立公众意见箱、开通评议专线电话、聘请监督评议员、举行民意测验网上测评、问卷调查、征求意见或引入第三方评估等方式，对被考核对象的法治社会建设情况进行社会评议。社会公众是法治社会建设成效的直接体验者，能够从整体的角度评估法治社会建设情况，也能从个体角度发现法治社会建设存在的问题与不足，是对被考核对象自查自评的补充与检验。原则上，外部评议由考核主体委托第三方专业机构实施，必要时，亦可以由考核主体自行组织实施。与此同时，外部评议情况要和内部的日常考核、自查自评、组织核查相结合，并通过具体的权重设置得出分数，共同作为最终考核意见的根据。

(6)确定结果。

考核主体根据日常考核、被考核对象的自查自评以及外部评议等得出的法治社会评估结果，通过实施方案确定的考核方法科学地确定被考核对象的法治社会评估综合得分与考核等次，并将考评结果以书面的方式通知被考核对象。要注意的是，需要在书面通知中附上考评的理由与依据，为被考核对象提供参考，使其能够明确改进的方向，充分发挥考核评估的应有效用。确定考核结果时，应当加强对被评估对象的综合分析和研判，既要从定性角度确定其行为对于法治社会建设产生积极或消极作用，又要从定量的角度得出具体得分，综合主观与客观、质量与速度、显绩与潜绩以及成本和回报等情况，避免片面孤立的考核。

（7）救济机制。

救济机制是一种良性的纠错机制，只有建立完善的救济机制，才能为评估结果的公正提供制度保障。法治社会评估考核的实施程序中所指的救济机制，是指被考核对象在收到书面的评估结果后，若对评估结果存在异议，则允许被考核对象在考核结果得出后进行申述和答辩，并根据实际情况进行解释说明，或者在实施方案中所确定的期限内提出书面的复核申请。在收到被考核对象的异议复核申请后，考核主体按照工作安排部署，在规定的时间内向考评对象书面回复复核结果。

（二）法治社会评估之考核重点论

党的十八大以来，以习近平同志为核心的党中央高度重视基层工作，重视提升基层治理的能力和水平。2014 年，党的十八届四中全会明确强调“全面推进依法治国，基础在基层，工作重点在基层”。随后，习近平总书记于 2015 年在贵州调研时指出：“党的工作最坚实的力量支撑在基层，经济社会发展和民生最突出的矛盾和问题也在基层，必须把抓基层打基础作为长远之计和固本之策，丝毫不能放松。”2020 年，党的十九届五中全会指出，要努力实现“社会治理特别是基层治理水平明显提高”。2021 年，习近平总书记在贵州考察调研时再次指出，“基层强则国家强，基层安则天下安，必须抓好基层治理现代化这项基础性工作”。可以看出，基层社会治理是推进我国治理体系和治理能力现代化的重要组成部分，任何工作都要“抓基层”，法治社会评估作为推进法治社会建设的重要工具，其评估考核的重点也应当放在基层，这既是法治社会建设提升自治能力的现实要求，又是面对经济社会结构的深刻变化和人民群众对美好生活的新期待，提升我国治理能力和治理水平的应有之义。

1. 将基层作为法治社会评估考核重点的必要性

党中央提出的“工作重点在基层”这一重要指示，明确了法治社会建设的基本方向，在全面贯彻中央决策部署精神下，法治社会的基层建设工作是实现国家治理体系和治理能力现代化的基石，也是全面推进法治社会建设工作的重点。基于此，法治社会评估为更好发挥其作为法治社会建设配套机制的作用，须在评估考核程序中严格落实党中央这一重要指示，遵循“重视基层”这一评估考核工作的基本原则和关键所在。具体来说，将基层作为法治社会评估考核工作重点主要有以下原因。

第一，从基层自身性质的角度考察。基层，通常是指“某个结构中的最底层”，嵌入社会结构这一层面，其指的是直接联系群众的组织，我们日常表达的基层指代最多的是国家政权的基层、社会的基层，其相对于中央政权、中层政权而言，就是指在国家政权结构中处于最低一层位置的政权机构。事实上，基层是社会生活的“微单元”，其不仅是社会利益、社会价值、社会秩序的发生源，更是社会矛盾的聚合源。现阶段，基层逐渐成为推进法治社会建设的主要场域，基层社会法治建设工作直接面对群众，具有面广、量大、事多等特殊属性，通过充分发挥基层组织在法治社会建设及其评估考核工作中凝聚人心、整合资源以及组织实施等方面的作用，将法治社会评估考核深入法治社会建设工作中最基层的“神经末梢”，助推法治社会建设的发展。正如有论证者称，“村委会、居委会只是自治性组织，社会治理必须通过村庄、社区而着力到具体的社会成员”①。因此，我们有必要将基层法治工作作为全面依法治国的出发点，通过在基层中寻找法治社会建设及其评估考核工作的着力点，助推国家权力进入法治社会建设的末梢，把抓基层、打基础作为推进法治社会建设及法治社会评估考核工作的长远之计和固本之策。

第二，从法治社会建设能力的角度考察。将基层作为法治社会评估考核过程中的重点，能够有效增强基层的法治社会建设能力，弥补法治社会建设的漏洞，加快推动法治中国的全面建成。这是由于随着社会不断发展与进步，基层人民对法治建设、权利保障等的需求在事实上不断增加，但是其自身却缺乏系统的学习能力，法治意识仍然较为淡薄，通过将基层视为评估考核的重点，能够帮助基层群众和基层干部在法治社会评估的考核实施中了解学习法治文化，培养法治意识，学习相关的法律制度规则，进而将普法工作融入评估考核程序中，从根本上提升社会成员整体的法治素养。此外，基层作为法治社会建设工作的第一线，往往决定着法治社会建设进程的整体推进情况，因此，在评估考核程序中重视基层工作，有利于及时发现基层社会法治建设所存在的问题，矫正法治社会建设过程中的错误行为，避免基层的法治社会建设走弯路。换言之，法治社会建设不仅要抓末端、治已病，更要抓前端、治未病，将基层作为法治社会评估考核的重点，能

① 陈柏峰：《基层治理在法治社会建设中的格局与布局》，载《法治现代化研究》2020 年第 6 期。

够指引基层政府开展法治社会建设,有效地保障法治社会建设覆盖到“社会的最后一公里”,规避基础性的潜在风险的发生。

第三,从法治社会评估考核特征的角度考察。将基层作为法治社会评估考核程序的重点,更是法治社会评估考核自身特征的要求。基层人民群众是感知法治社会建设成效的“神经末梢”,社会公众作为行使法律权利的主体、行政执法的相对人、社会法律服务的受益者,能够直接地感受到立法、执法、司法、法律服务等的具体情况,对法治社会建设作出更为贴切的评估评价。因此,重视法治社会评估考核过程中的基层工作事务,侧重对基层法治社会建设工作开展考核或充分发挥基层群众或组织作为考核主体的作用,符合法治社会评估人民性的价值属性。同时,在推动法治社会评估考核程序的实施层面,将基层作为考核工作的重点能够充分发挥法治社会评估的最大效用。

2. 对基层开展法治社会评估考核的主要内容

(1)积极开展普法教育活动,增强基层群众法治观念。

随着我国法治社会建设进程的不断推进,社会群众的法治观念和法治意识有所提升,但整体上仍存在公民法律意识淡薄、权利意识不足等问题,尤其是处于经济不发达地区或偏远地区的公民,其法治意识甚至尚未觉醒。与此同时,基层的普法教育活动多流于形式,工作成效难以体现。因此,在将基层作为评估考核工作重点的背景下,其重点考核内容包括以下几个方面:第一,在维护宪法权威方面,要重点考核宣传宪法的程度。基层法治社会建设主体在宣传宪法、弘扬宪法精神时,要深入街道、社区、村组,要确保每一户、每个人都能尊崇宪法、学习宪法、遵守宪法、维护宪法、运用宪法,增强社会整体的宪法观念。第二,在增强全民法治观念方面,要重点考核基层普法教育开展的形式与次数,鼓励贴近实际、贴近生活、贴近群众的高质量法治宣传栏目。第三,在健全普法责任制方面,要重点考核基层普法工作机构及其工作机制的制定情况。应当在基层中明确设置专门的工作机构,由专门人员负责组织协调、督促指导、监督检查,并通过考核奖惩、督查通报等制度,实现法制宣传教育的常态化、创新化。

(2)提高基层立法联系点水平,完善社会领域法制体系。

中国特色社会主义法律体系的框架基本已经形成,但仍存在立法精细度不足、部分法律效力层次低以及社会重点领域立法缺失等问题,这些问题的出现很大程度上是由于我国传统立法工作缺乏与群众的沟通联系。因此,在进行法治社会评估考核工作时,须着重考核以下几个方面基层工作:第一,在加强基层立法联系点的建设方面,须扩大立法征询意见范围,发挥人才优势提供专业意见,完善工作程序,拓宽社会各方有序参与立法的途径与方式。第二,在基层联系点对法律规范细化提出意见时,要结合基层实际积极回应基层群众关切的问题,充分吸纳广大基层群众的第一手民意,针对人民群众最关心的问题,细化法律规定,推动法律实施。第三,在基层立法联系点的制度保障方面,制定专门的基层立法联系点工作条例,将已有的试点经验固化为制度成果,为有序开展基层立法联系点提供制度保障。

(3)加强基层法律服务工作,切实保障群众权利。

基层是人民群众矛盾的发源地,在推动法治社会建设时,应追求将矛盾解决于源头,纠纷化解在基层。故在对基层法律服务工作开展法治社会评估考核时,主要涉及以下方面:第一,运用多种形式加强法律服务工作的宣传,积极深入村(社区)开展法律服务,通过运用村(社区)大喇叭的形式,做好法律服务宣传工作,进一步提升服务群众能力,优化为民服务质量,提高群众知晓率和参与感,切实加强法治宣传阵地建设;第二,保障基层法律服务工作者的充足资源供给,切实保障基层法律工作者的工作条件,不断壮大基层法律服务工作队伍,以提供更优质的法律服务;第三,明确划分司法所与法律服务所的职能,保障法律服务工作的独立性与中立性,同时处理好两所之间的协调关系,向基层群众提供更为便捷的法律服务;第四,加强对基层法律服务工作的监督管理工作,建设基层法律服务工作者信用监督警示和惩戒机制,组织学习执业管理办法,增强基层法律工作者制度意识,督促基层法律服务工作者加强自身管理。

(4)营造清朗网络空间,培养群众良好网络法治意识。

网络黑灰产等现象的出现使网络环境乌烟瘴气,基层作为社会的毛细血管,对网络空间的治理具有重要意义。故在对基层网络社会治理开展法治社会评估考核时,须着重考核以下方面:第一,科学推进基层网络综合治理体系建设工作,把基层网络综合治理功能融入乡镇新时代文明实践中心、综治中心、社情民意服务中心和党群服务中心等基层阵地,提高基层网络综合治理能力。第二,推进基层"网评员"队伍建设。组建优质的"网评员"队伍,助力营造绿色健康的网络空间,提高基层网络用户的网络法律意识。第三,通过进社区、访企业、挂条幅、发手册等方式,向群众宣传讲解网络安全相关法律知识,积极引导广大群众参与网络安全生态保护,鼓励群众举报破坏网络安全生态违法线索,不断提升群众网络安全保护意识。第四,优化基层网络建设,保证基层之间信息沟通能够顺畅,完成城乡宽带的建设同步进行的目标,进而确保基层法治建设能够顺利地实现。

3. 对基层开展法治社会评估考核的组织实施

基层法治建设是一个系统工程，是建设社会主义法治国家的基础，是实现国家治理体系和治理能力现代化的体现。为此，在开展法治社会评估考核时，须重点关注基层的法治社会建设情况，重视发挥基层社会自治性、终端性等优势。

(1)充分发挥基层自治组织的作用。

我国的基层法治社会建设实践表明，鼓励群众通过民主协商、协同共治的方式参与到法治社会建设中，不仅能实现公共利益与个体利益的有机结合，而且能将矛盾纠纷化解在萌芽状态。因此，在推动基层法治社会评估实施时，要充分发挥作为基层群众自我管理、自我教育、自我服务的基层群众性自治组织的作用。具体体现在辅助基层政府宣传法治社会评估内容与方式、收集群众优化法治社会评估指标体系建议等方面。此外，在发挥基层自治组织作用的同时，要注重基层政府与基层群众性自治组织的职能划分，避免出现责任真空的现象。

(2)丰富法治社会评估的考核方式。

由于我国发展不平衡等因素，在基层社会，尤其是乡镇，社会公众的受教育水平以及网络普及程度差异较大。为了能够充分发挥社会公众在法治社会评估中的作用，需要基层政府联合基层群众性自治组织，加强对法治社会评估的宣传与讲解，采用发放问卷、入户访谈等方式，使社会公众能够更好地参与到法治社会评估中，全面了解法治社会建设的真实状况。

(3)完善基层法治社会评估激励办法。

基层法治社会建设工作具有的烦琐性、综合性等特征，使基层政府等法治社会建设主体承担着较大的压力。因此，应完善法治社会评估激励办法，根据法治社会评估的考核结果，奖励先进地区和个人，以此激励各基层不断提升法治社会建设能力，并加强基层工作人员的积极性。

第七章　我国法治社会评估指标体系和考核标准的制度设计

第一节　法治社会评估指标体系的样本分析

样本与数据是实证研究的前提,良好的实践样本能够为设计法治社会评估指标体系和考核标准提供有效的指引,一方面,实践中的法治社会评估指标体系和考核标准样本在指标选择、权重设置、设计方法等方面运用的理论知识值得借鉴;另一方面,通过在实践中实施法治社会评估指标体系和考核标准,其应用效果也能为指标体系和考核标准的设计提供指导经验。本书以江苏省司法厅、江苏省法宣办于 2015 年 10 月组织制定的《法治社会建设指标体系(试行)》为样本进行分析。之所以将此指标体系作为本书法治社会评估指标体系的样本,原因有二:第一,江苏省是国内最早发布法治社会建设指标体系的省份,对于本书具有鲜明的指导意义;第二,该指标体系能直观展示江苏省法治社会建设的具体工作任务并以指标形式呈现,这为本书相关模型的建构与分析提供了有益借鉴。

江苏省《法治社会建设指标体系(试行)》包含了 5 个一级指标、17 个二级指标、56 个三级指标。该指标体系的设计遵循了"宏观→中观→微观"的逻辑结构,对指标进行了层层分解,涉及法治宣传、依法治理、法治创建、公共法律服务、基层民主法治建设等法治社会建设重点工作,为江苏推动全省各地系统推进法治社会建设工作,提供了重要目标指向和参考评价依据,具体内容主要包括以下几个方面。

一、推动全社会树立法治意识

根据江苏省发布的《法治社会建设指标体系(试行)》,可以发现"推动全社会树立法治意识"一级指标下涵盖了 4 个二级指标及 14 个三级指标。4 个二级指标包括:第一,法治宣传教育机制健全。该指标从"大普法"格局、法治宣传教育渗透性、"谁执法谁普法"与"以案释法"四个方面展开设计 4 项三级指标,主要评估学校法治课程设置、普法责任制与以案释法制度落实与运行情况。第二,法治宣传工作体系完备。该指标从普法队伍建设、法治文化阵地建设和普法方法创新三个方面设计 3 项三级指标,主要评估普法宣传中能否动员多方主体，是否建设完备的法治文化阵地，能否借助媒体运用新科技实现法治宣传方法的创新。第三，法治宣传教育深入开展。该指标从法治宣传教育、“法律六进”、群众性法治文化活动与社会诚信体系四个方面设计 4 项三级指标，主要评估法治宣传教育的深度，如通过创设互动型、服务型、创新型法治宣传教育模式使群众学习更加深入。第四，法治宣传教育效果明显。该指标从国家工作人员、全民规则意识、法治与道德结合三个方面设计 3 项三级指标，主要从民事判决执结率、重大群体性事件及重大责任事故等方面评估法治宣传教育的成效。

总体而言，“推动全社会树立法治意识”一级指标下设的二级、三级指标（见表 7-1）有以下四个方面的特点：第一，指标设计创新性不高。通过对比，不难发现该一级指标及其涵盖的二级、三级指标基本是对《中共中央关于全面推进依法治国若干重大问题的决定》第五部分中相应内容的“平移”，缺少特色、有创新的指标。第二，指标设计可量化性强。虽然江苏省试行的指标体系相较于中央文件没有太大创新，但其大量采用数值、比率等标准提高评估可测量性，如三级指标中包含的“机关、乡村、社区、学校、企业、单位 100%建立专兼职相结合的法治宣传队伍”等。第三，指标设计更重视实践。这部分指标注重对法治宣传工作实际开展情况的评估，可更好发挥“以评促建”的作用，使法治观念深入人心，真正推动全社会树立法治意识。第四，客观指标与主观指标相结合，指标设计科学合理。除运用公开的数据信息反映法治制度运行机制与法治绩效的客观指标，三级指标中含有部分如“社会诚信理念进一步确立”“权力责任、权利义务对等观念牢固树立”等主观指标，对客观指标和主观指标进行有机整合，可使两者达到相互验证、相互支持的效果。

表 7-1 江苏省《法治社会建设指标体系（试行）》(1)

一级指标	二级指标	三级指标	权重
一、推动全社会树立法治意识（25 分）	1. 法治宣传教育机制健全	（1）“党委领导、人大监督、政府实施、各部门齐抓共管、全社会共同参与”的领导体制和工作机制进一步加强，党委、政府的属地管理责任、各单位的属人管理责任落实到位，“大普法”格局巩固完善	1.5
		（2）法治宣传教育渗透融入社会生活各个方面，纳入国民教育体系和精神文明创建内容，各级各类学校按国家规定开设法治课程，法治宣传在文明城市创建测评体系中权重有较大增长	1.5

续表

一级指标	二级指标	三级指标	权重
一、推动全社会树立法治意识(25分)	1. 法治宣传教育机制健全	(3)辖区内国家机关"谁执法谁普法"普法责任制有效落实	3
		(4)"以案释法"制度常态化、长效化运行	3
	2. 法治宣传工作体系完备	(1)加强普法讲师团、普法志愿者队伍建设,机关、乡村、社区、学校、企业、单位100%建立专兼职相结合的法治宣传队伍,社会化普法志愿者队伍、社会团体有效运转,形成"横向到边、纵向到底"的组织网络体系	3
		(2)设区市、县(市、区)法治宣传教育中心全部建成,设区市、县(市、区)法治文化阵地建成率100%,镇(街)法治文化阵地建成率100%、村(居)法治文化阵地建成率85%以上[法治文化阵地要达到设区市级以上民主法治示范村(社区)中关于法治文化阵地的建设标准]	2
		(3)媒体公益普法制度健全,新媒体技术在普法中充分发挥运用	1
	3. 法治宣传教育深入开展	(1)群众法治宣传产品需求和供给渠道畅通,互动型服务型创新型法治宣传教育模式有效运行,有接受教育能力的公民每年接受不同形式的法治宣传教育两次以上	2
		(2)"法律六进"进一步深化和拓展,形成法律进机关、进乡村、进社区、进学校、进企业、进单位的长效机制	2
		(3)群众性法治文化活动经常开展,村(居)基层法治文化活动经常开展,每年开展有规模有影响的法治文化活动四次以上	2
		(4)积极探索建立法治社会诚信体系,守法诚信得到褒奖,违法失信行为受到惩戒,法治政府诚信起到示范作用,社会诚信理念进一步确立	1
	4. 法治宣传教育效果明显	(1)领导干部、公务员运用法治思维、法治方式能力不断增强,不发生侵害群众合法正当权益的有重大影响的事件	1
		(2)全民规则意识、契约精神得到有效强化、民事判决执结率逐年上升	1

续表

一级指标	二级指标	三级指标	权重
一、推动全社会树立法治意识(25分)	4. 法治宣传教育效果明显	(3)法治的道德底蕴增强,权力责任、权利义务对等观念牢固树立,尊法守法、公序良俗成为全民共同追求和自觉行动,社会风气、服务行风等明显好转,食品药品、安全生产、环境保护、劳动保障等重点领域法律法规落实到位,无重大群体性事件,无重大责任事故	1

二、推进多层次多领域依法治理

根据江苏省发布的《法治社会建设指标体系(试行)》,可以发现其“推进多层次多领域依法治理”一级指标涵盖3个二级指标及9个三级指标(见表7-2)。3个二级指标包括:第一,提高社会治理法治化水平。该指标从综合治理体系、基层民主法治、法治创建活动、社会软法四个方面设计4项三级指标,强调基层法治机构完备、法治队伍健全,促进基层自治组织依法自治,将“法治”与“自治”充分结合。第二,发挥人民团体和社会组织的积极作用。该指标从人民团体和社会组织作用、“政社互动”、行业协会和商业服务类社会组织作用三个方面设计3项三级指标,主要评估该地能否充分动员人民组织和各社会团体的力量服务于经济建设。第三,妥善处置涉及民族、宗教等因素的社会问题。该指标从民族问题、宗教问题两个方面展开设计2项三级指标,要求民族事务依法管理、民族关系和睦融洽,取缔非法宗教活动,发挥宗教信仰在法治社会、法治政府乃至法治国家建设中的重要作用。

表7-2　江苏省《法治社会建设指标体系(试行)》(2)

一级指标	二级指标	三级指标	权重
二、推进多层次多领域依法治理(17分)	1. 提高社会治理法治化水平	(1)坚持系统治理、依法治理、综合治理、源头治理,立体化、现代化社会治理体系健全完善,以网格化管理、社会化服务为方向,健全基层综合服务管理平台,及时反映和协调人民群众各方面各层次利益诉求,流动人口、特殊人群服务管理制度健全落实,刑释人员、社区服刑人员重新犯罪不超过控制指标	2

续表

一级指标	二级指标	三级指标	权重
二、推进多层次多领域依法治理(17分)	1. 提高社会治理法治化水平	(2)基层民主法治建设不断推进,村民委员会依法自治达标率98%以上,居民委员会依法自治率98%以上,省级民主法治示范村(社区)创建率达到45%以上,并积极探索崇德尚法新型村(社区)建设	2
		(3)开展多层次多形式法治创建活动,深化基层组织和部门、行业依法治理,基层法治机构覆盖率100%,基层法治队伍健全,村(居)民参加村(居)委会选举比率达90%	2
		(4)市民公约、乡规民约、行业规章、团体章程等社会规范制定程序合法、内容合规;有效解决内部公共事务,社会组织有效运行	2
	2. 发挥人民团体和社会组织的积极作用	(1)人民团体和社会组织建设纳入经济社会发展总体规划,社会组织党组织应建已建率100%,社会组织发展达到省定标准,行业协会与政府部门在人员、经费、办公场所、职能等方面基本脱钩	2
		(2)"政社互动"全面推行,社会组织服务项目纳入政府购买服务内容,参与社会事务、维护公共利益、救助困难群众、帮教特殊人群、预防违法犯罪的机制和制度化渠道进一步畅通	2
		(3)行业协会商会类社会组织行业自律(管理、监督)、专业服务等功能作用发挥,切实履行对其成员行为引导、规则约束、权益维护等的相关责任	2
	3. 妥善处置涉及民族、宗教等因素的社会问题	(1)民族事务依法管理,各项民族政策落实,民族关系和睦融洽	1
		(2)各项宗教政策落实,管理服务到位,宗教信仰的正面积极作用得到发挥,非法宗教活动彻底取缔	2

总体而言,"推进多层次多领域依法治理"一级指标下设的二级、三级指标有以下两个方面的特点:第一,指标设计具有创新性。相较于《中共中央关于全面推进依法治国若干重大问题的决定》,江苏省发布的指标体系在"提高社会治理法治化水平"二级指标下还提出了"流动人口、特殊人群服务管理制度健全落实"的要求,在"发挥人民团体和社会组织的积极作用"二级指标下增加了"'政社互动'全面推行,社会组织服务项目纳入政

府购买服务内容”等内容。第二,指标设计重视实践与可量化性。指标设计更倾向于对实践中具体工作开展情况的评估,同时大量使用数字比例标准如“省级民主法治示范村(社区)创建率达到45%以上”“村(居)民参加村(居)委会选举比率达90%”等提高指标评估的可量化性。但其中部分三级指标在表述上存在问题。如该部分第一项三级指标表述不够简洁,其字数颇多,信息量大,既要求“健全基层综合服务管理平台,及时反映和协调人民群众各方面各层次利益诉求”,又要求“流动人口、特殊人群服务管理制度健全落实,刑释人员、社区服刑人员重新犯罪不超过控制指标”。其实际包含的指标不止一个,但所占分值却不高,将在无形中增加评估工作的难度和成本。

三、建设完备的法律服务体系

根据江苏省发布的《法治社会建设指标体系(试行)》,可以发现其“建设完备的法律服务体系”一级指标涵盖4个二级指标及12个三级指标(见表7-3)。4个二级指标包括:第一,推进覆盖城乡居民的公共法律服务体系建设。该指标分别从建成公共法律服务实体工作台、形成完善的公共法律服务的核心业务和产品体系、专业法律服务人员逐年增加、公共法律服务信息网络系统建立、政府购买公共法律服务机制建成、法律服务人员执业规范层面展开设计6项三级指标。第二,法律援助制度健全,司法救助体系完善。该指标从法律援助服务范围与大司法救助模式规范运转两个方面设计2项三级指标,主要评估法律援助等司法救济制度覆盖范围与运转效率。第三,推进律师、公证、基层法律服务业发展。该指标从法律服务行业与城乡区域法律服务资源两个方面设计2项三级指标,强调加强法律服务建设,统筹城乡区域法律服务资源,提高法律服务行业的服务能力。第四,健全统一司法鉴定管理体制。该指标从司法鉴定管理制度和司法鉴定机构公信力两个方面出发设计2项三级指标,主要评估司法鉴定管理体系的健全程度,促进司法鉴定公平合理。

表7-3　江苏省《法治社会建设指标体系(试行)》(3)

一级指标	二级指标	三级指标	权重
三、建设完备的法律服务体系(23分)	1. 推进覆盖城乡居民的公共法律服务体系建设	(1)建成公共法律服务实体工作平台,设区市、县(市、区)、乡镇(街道)三级公共法律服务中心和村(社区)司法行政服务站建成率100%,一村(社区)一法律顾问全覆盖,形成城市半小时、农村一小时公共法律服务圈	2

续表

一级指标	二级指标	三级指标	权重
三、建设完备的法律服务体系(23分)	1. 推进覆盖城乡居民的公共法律服务体系建设	(2)以律师、公证、基层法律服务、法律援助、人民调解、司法鉴定等职能为主体,形成完善的公共法律服务的核心业务和产品体系	2
		(3)每万人口律师、公证、基层法律服务等专业法律服务人员逐年增加	2
		(4)"12348"公共法律服务平台全面开通运行,公共法律服务信息网络系统建立	2
		(5)政府购买公共法律服务机制建成,将公共法律服务体系建设纳入地方经济社会发展统一规划,将公共法律服务纳入基本公共服务均等化建设内容,纳入政府为民办实事项目,将公共法律服务项目纳入财政预算和政府采购目录,实现财政保障水平动态增长	2
		(6)法律服务人员执业权利得到充分保障,执业监管规范有效	2
	2. 法律援助制度健全,司法救助体系完善	(1)法律援助服务范围扩大,每万人获得援助率达万分之十二,办案质量提升	2
		(2)方式多维化、主体多元化、对象多样化的大司法救助模式规范运转,有效化解社会矛盾	2
	3. 推进律师、公证、基层法律服务业发展	(1)法律服务机构规范化、规模化、专业化、品牌化发展。法律服务行业公信力和服务能力明显提升	2
		(2)城乡区域法律服务资源统筹发展	1
	4. 健全统一司法鉴定管理体制	(1)司法鉴定管理机构体系健全、管理规定体系完善	2
		(2)司法鉴定机构公信力较高,采信率98%以上,不发生有效投诉	2

总体而言,"建设完备的法律服务体系"一级指标下设的二级、三级指标有以下两个方面的特点:第一,指标设计具有创新性。江苏省法治社会建设指标体系虽是以《中共中央关于全面推进依法治国若干重大问题的决定》为蓝本设计的,但中央文件中该部分规定较为笼统,而江苏省设计的指标能够充分展开进行细化规定,将建设完备的法律服务体系的基本要求细

化成微观层面的具体工作任务，实践中更易于落地实施。第二，指标设计重视实践与可量化性。指标设计更倾向于对法律服务体系是否健全完备的评估，且注重提升指标评估的可量化性。但其中部分三级指标在设计上存在瑕疵。如第3项二级指标下设的第1项三级指标“法律服务机构规范化、规模化、专业化、品牌化发展”中的“专业化”并不一定意味着“规模化”，专业的细化可能导致规模的缩小，衡量标准的不一致或许将对评估结果的准确性产生影响。

四、健全依法维权和化解纠纷机制

根据江苏省发布的《法治社会建设指标体系（试行）》，可以发现其“健全依法维权和化解纠纷机制”一级指标下，涵盖了5个二级指标及17个三级指标（见表7-4）。5个二级指标包括：第一，化解矛盾纠纷组织网络体系健全。该指标从基层人民调解委员会建设、行业性人民调解组织建设以及人民调解协会建设三个方面设计3项三级指标，主要评估基层及矛盾纠纷多发行业人民调解委员会建设水平。第二，社会矛盾纠纷预防化解机制健全。该指标从社会矛盾纠纷网格化处理机制建设、重大典型个案定期剖析制度建设、重大社会矛盾纠纷领导包案化解制度建设以及相关制度建设方面设计4项三级指标，通过完善矛盾纠纷预防化解机制为其有效解决矛盾提供制度保障。第三，完善多元化纠纷解决机制，构建人民调解、行政调解、司法调解联动工作体系。该指标从推进公调对接、法院人民调解工作室建设、重要领域调解规范建设、发挥妇联等组织化解矛盾纠纷作用、纠纷解决方式相互衔接以及完善多种仲裁制度六个方面设计6项三级指标，评估各类调解主体在社会矛盾纠纷化解中的作用。第四，信访纳入法治化轨道。该二级指标下设1项二级指标，评估信访法治化的要求是否得到基本落实，群众合法诉求能否依照法律规定和程序得到合理合法的结果。第五，建立健全在维护群众利益中具有重大作用的制度体系。该指标从将调解工作经费纳入当地财政预算、建立调解补贴和奖励制度以及提高调解协议效力三个方面设计3项三级指标，评估相关利益制度体系的建设水平。

表7-4　江苏省《法治社会建设指标体系（试行）》（4）

一级指标	二级指标	三级指标	权重
四、健全依法维权和化解纠纷机制（26分）	1. 化解矛盾纠纷组织网络体系健全	（1）乡镇（街道）、村（社区）人民调解委员会建成覆盖率100%，乡镇（街道）人民调解委员会规范化达标率100%，村（社区）人民调解委员会规范化达标率95%以上	2

续表

一级指标	二级指标	三级指标	权重
四、健全依法维权和化解纠纷机制(26分)	1. 化解矛盾纠纷组织网络体系健全	(2)在矛盾纠纷多发行业、领域普遍建立专业性、行业性人民调解组织,专业性、行业性人民调解组织规范化达标率90%以上	1.5
		(3)人民调解协会建设进一步加强,自我管理、自我服务功能进一步强化	1.5
	2. 社会矛盾纠纷预防化解机制健全	(1)构建网格化矛盾纠纷排查预警机制,网格覆盖率100%	2
		(2)省、市、县三级坚持矛盾纠纷每月分析研判制度,乡镇及专业、行业人民调解组织注重对重大典型个案的剖析	1
		(3)建立重大矛盾纠纷领导包案化解制度	1
		(4)社会矛盾预警机制、利益表达机制、协商沟通机制、救济救助机制健全完善,相关渠道畅通	1
	3. 完善多元化纠纷解决机制,构建人民调解、行政调解、司法调解联动工作体系	(1)推进公调对接,公安派出所、交警大、中队全面推行派驻制人民调解工作室	2
		(2)市县两级法院人民调解工作室建设全覆盖,诉调对接规范和深化	1
		(3)劳动争议、物业、医疗、道路交通、消费等纠纷调解规范	2
		(4)工会、妇联等群团组织在化解矛盾纠纷中的作用充分发挥	2
		(5)调解、仲裁、行政裁决、行政复议、诉讼等有机衔接、相互协调	1
		(6)多种仲裁制度完善、公信力提高	1
	4. 信访纳入法治化轨道	(1)信访法治化的要求基本落实,保障群众合法诉求依照法律规定和程序得到合理合法的结果	2
	5. 建立健全在维护群众利益中具有重大作用的制度体系	(1)国家人民调解和省人民调解条例认真贯彻,人民调解工作经费、人民调解委员会补助经费、人民调解员补贴经费和专职调解员聘任经费纳入当地财政预算	2
		(2)调解矛盾纠纷个案补贴和奖励制度全面建立	2
		(3)人民调解协议的法律效力进一步强化,为当事人申请司法确认创造条件	1

总体而言，"健全依法维权和化解纠纷机制"一级指标下设的二级、三级指标有以下两个方面的特点：第一，指标设计具有创新性。相较于前述《中共中央关于全面推进依法治国若干重大问题的决定》，该部分指标设计更加突出人民调解委员会的作用，强调公安派出所、法院、工会等群团组织在化解矛盾纠纷中应有的职责，并创新性地提出信访法治化的要求。第二，指标设计注重实践，内容全面，科学合理。江苏省设计的指标能够从各个方面对社会矛盾纠纷化解机制相关制度体系进行评估，明确每项任务的具体参加单位，扎实推进全省法治社会建设工作。

五、法治社会建设社会评价

根据江苏省发布的《法治社会建设指标体系（试行）》，可以发现其"法治社会建设社会评价"一级指标下，涵盖了 1 个二级指标及 4 个三级指标（见表 7-5）。其中，二级指标为"社会认可度"，其下设的三级指标分别从公众安全感、人民群众对法治建设的满意度、受援群众对法律援助的满意率以及人民群众对调解工作的满意度四个方面进行评估，并以量化形式提出了要求。除了指标设计具备创新性和注重可量化性，该部分指标的突出特点在于其为采用主观标准的效果评价类指标。不同于前述指标多采用客观标准，如某某平台开通、某某制度建立对法治社会建设过程进行评估的方式，"法治社会建设社会评价"一级指标采用结果导向，通过下设公众安全感和满意度达 95%以上等三级指标，将群众满意度作为检验法治社会建设工作成效的重要指标，为下一阶段法治社会建设实施方案的制定与完善提供指引。

表 7-5　江苏省《法治社会建设指标体系（试行）》(5)

一级指标	二级指标	三级指标	权重
五、法治社会建设社会评价(9 分)	1. 社会认可度	(1)公众安全感达到 95%以上	3
		(2)人民群众对法治建设满意度达 97%以上	3
		(3)受援群众对法律援助的满意率达 83%以上(以第三方机构的评估为准)	1.5
		(4)人民群众对调解工作的满意度达 98%以上	1.5

第二节　法治社会评估指标类型选取

评估指标体系是由表征评估对象各方面特性及其相互联系的多个指

标构成的具有内在结构的综合性有机整体,法治社会评估指标体系也不例外。为了实现法治社会评估指标体系的科学化、规范化,有必要在构建指标体系的过程中始终坚持系统性原则,通过建立多层次的指标子系统,明晰不同层次指标之间以及层次内部各指标之间的逻辑关系,自上而下,从宏观到微观层层深入,客观全面地反映各个指标之间的真实关系。故此,本书试图从系统性视角切入,在对各省法治社会评估实践活动之展开以及相关理论之研究进行充分探讨的基础上,将法治社会评估指标体系划分为不同层次的指标子系统,以此构建法治社会评估指标体系的"理想模式"①。

一、法治社会评估之一级指标的选取

法治社会评估指标体系中的一级指标具备较强的抽象性和概括性,②从指标体系的整体性视角考察,一级指标的设定决定了法治社会评估指标体系的重点与核心,③其引导着整个指标系统的走向,因此,我们在对一级指标进行选取时,须紧紧围绕法治社会建设的核心构成要素展开。

在此背景下,中共中央于2020年12月印发了《法治社会建设实施纲要(2020—2025年)》,该文件是新时代我国大力推进法治社会建设进程的纲领性文件,是"十四五"时期统筹推进法治社会建设的总蓝图、路线图、施工图,其发布对于形成完备的法治社会建设规划体系,构建以法治规划引领法治社会建设新格局,进一步推进法治社会建设作出了根本性的方向指引和任务部署,其对于法治社会评估指标体系中一级指标的选取具有重要的指导意义,④故此,从法治社会评估指标体系建设的理论指引层面考察,我们需要且必须以中央层面的政策为一级指标选取的重要依据。该纲要指出,法治社会建设须从"推动全社会增强法治观念""健全社会领域制度规范""加强权利保护""推进社会治理法治化""依法治理网络空间""加强组织保障"六个方面同步实施,这六个方面实质上涵盖了法治社会建设的核心内容。

① 郭川阳、徐汉明:《党政主导下的地方法治评估实践研究——以湖北法治评估模式为例》,载《法治现代化研究》2017年第3期。

② 参见朱璇、黄大熹:《地方党内法规实施后评估指标体系的构建》,载《理论探索》2020年第4期。

③ 参见彭涛、王宇鹏:《论基层信访考核指标体系的设定》,载《法律科学(西北政法大学学报)》2014年第6期。

④ 参见杨宗科:《习近平法治思想与法治学体系》,载《法律科学(西北政法大学学报)》2022年第2期。

此外，从法治社会评估指标体系的地方实践层面考察。截至2022年6月，本书选取了湖南省、贵州省、福建省、甘肃省、广西壮族自治区、海南省、河南省、湖北省、浙江省、四川省、陕西省、上海市、重庆市、青海省发布的法治社会建设实施方案为分析样本。我们须明确，尽管各省市的实施方案中并未直接指明其包含法治社会评估指标体系的相关内容，但是根据其具体表述以及实施方案本身对于本地区法治社会评估指标体系所具有的政策指导性，实质上就可以从实施方案中得出各省市确定的一级指标。综合对于14个省级行政区发布的实施方案的分析，我们可以从中发现，除广西壮族自治区增加了一项“加强公共法律服务”的一级指标，并且将“加强权利保护”修改为“加强权利保护和义务履行”，浙江省删除了“依法治理网络空间”此部分外，其余12个省级行政区的一级指标在指标数量以及指标内容两个方面几乎完全一致，个别省份仅在具体表述进行了转化，其所表达的实质内容并未改变。

总体上看，以上14个省级行政区发布的法治社会建设实施方案中的一级指标，基本上以中共中央发布的《法治社会建设实施纲要(2020—2025年)》为基础，以该文件所提及的六个方面为主，当然，也并非完全一模一样，个别省份根据自己省域实情，对指标进行了一定程度的增加或删减。本书将各省市制定的所有一级指标的内容及其出现频率进行统一整理，以此为法治社会评估指标体系“理想模式”的构建提供一定的借鉴。具体而言，现存的一级指标共有7项，其中，“推动全社会增强法治观念”一级指标共出现14次；“健全社会领域制度规范”一级指标共出现14次；“加强权利保护”一级指标共出现14次；“推进社会治理法治化”一级指标共出现14次；“依法治理网络空间”一级指标共出现12次；“加强组织保障”一级指标共出现14次；“加强公共法律服务”一级指标共出现1次(见表7-6)。

表7-6　一级指标内容频次分析

一级指标	出现频率/次	具体省份
推动全社会增强法治观念	14	湖南省、贵州省、福建省、甘肃省、广西壮族自治区、海南省、河南省、湖北省、浙江省、四川省、陕西省、上海市、重庆市、青海省
健全社会领域制度规范	14	湖南省、贵州省、福建省、甘肃省、广西壮族自治区、海南省、河南省、湖北省、浙江省、四川省、陕西省、上海市、重庆市、青海省

续表

一级指标	出现频率/次	具体省份
加强权利保护	14	湖南省、贵州省、福建省、甘肃省、广西壮族自治区、海南省、河南省、湖北省、浙江省、四川省、陕西省、上海市、重庆市、青海省
推进社会治理法治化	14	湖南省、贵州省、福建省、甘肃省、广西壮族自治区、海南省、河南省、湖北省、浙江省、四川省、陕西省、上海市、重庆市、青海省
依法治理网络空间	12	湖南省、贵州省、福建省、甘肃省、广西壮族自治区、海南省、河南省、湖北省、四川省、上海市、重庆市、青海省
加强组织保障	14	湖南省、贵州省、福建省、甘肃省、广西壮族自治区、海南省、河南省、湖北省、浙江省、四川省、陕西省、上海市、重庆市、青海省
加强公共法律服务	1	广西壮族自治区

综合以上分析可以发现，以《法治社会建设实施纲要（2020—2025年）》提出的六个方面作为法治评估指标体系中的一级指标，具备理论层面的正当性以及实践层面的可操作性。因此，本书将“推动全社会增强法治观念”“健全社会领域制度规范”“加强权利保护”“推进社会治理法治化”“依法治理网络空间”“加强组织保障”作为一级指标。

二、法治社会评估之二级指标的选取

二级指标是在一级指标的基础上进行细化的结果，其对具体的法治社会建设的相关因素进行评估，并成为法治社会建设过程完善改进的重要参考依据。现阶段，中央层面发布的《法治社会建设实施纲要（2020—2025年）》中对于二级指标的设置有所涉及，同时也鼓励各省级行政区在贯彻落实《法治社会建设实施纲要（2020—2025 年）》的同时，积极发挥主观能动性，在选取二级指标时结合本地的实际情况进行适当改动，目前 14 个已发布法治社会建设实施方案的省级行政区中，有部分省级行政区对于二级指标的选取结合了本地政治、经济以及社会等不同方面的发展情况，二级指标的选取整体上呈现出普遍性和特殊性相结合的特征。故此，本书在分析中共中央发布的《法治社会建设实施纲要（2020—2025 年）》以及各省级行政区所选取的二级指标基础上，将 6 项一级指标下分的各项二级指标分为常规指标以及可选择指标，以构建更加科学合理的二级指标体系。

(一)推动全社会增强法治观念

综合分析 14 个省级行政区发布的法治社会建设实施方案，关于“推动全社会增强法治观念”一级指标下出现的所有二级指标共 9 项，分别是“维护宪法权威”“增强全民法治观念”“健全普法责任制”“健全社会主义法治文化”“深入学习宣传习近平法治思想”“加强中国特色社会主义法律体系宣传”“引导社会主体履行法定义务承担社会责任”“完善普法宣传教育机制”“增强法制宣传教育针对性实效”。

其中，“维护宪法权威”共出现 14 次；“增强全民法治观念”共出现 11 次；“健全普法责任制”共出现 14 次；“健全社会主义法治文化”共出现 14 次；“深入学习宣传习近平法治思想”共出现 8 次；“加强中国特色社会主义法律体系宣传”共出现 1 次；“引导社会主体履行法定义务承担社会责任”共出现 1 次；“完善普法宣传教育机制”共出现 1 次；“增强法制宣传教育针对性实效”共出现 1 次。具体情况如表 7-7 所示。

表 7-7　推动全社会增强法治观念

一级指标	二级指标	出现频率/次	具体省级行政区
推动全社会增强法治观念	维护宪法权威	14	湖南省、贵州省、福建省、甘肃省、广西壮族自治区、海南省、河南省、湖北省、浙江省、四川省、陕西省、上海市、重庆市、青海省
	增强全民法治观念	11	湖南省、贵州省、福建省、甘肃省、广西壮族自治区、海南省、河南省、湖北省、四川省、上海市、重庆市
	健全普法责任制	14	湖南省、贵州省、福建省、甘肃省、广西壮族自治区、海南省、河南省、湖北省、浙江省、四川省、陕西省、上海市、重庆市、青海省

续表

一级指标	二级指标	出现频率/次	具体省级行政区
推动全社会增强法治观念	健全社会主义法治文化	14	湖南省、贵州省、福建省、甘肃省、广西壮族自治区、海南省、河南省、湖北省、浙江省、四川省、陕西省、上海市、重庆市、青海省
	深入学习宣传习近平法治思想	8	湖北省、福建省、甘肃省、河南省、贵州省、浙江省、青海省、陕西省
	加强中国特色社会主义法律体系宣传	1	甘肃省
	引导社会主体履行法定义务承担社会责任	1	浙江省
	完善普法宣传教育机制	1	青海省
	增强法制宣传教育针对性实效	1	青海省

根据不同二级指标出现的频率，本书认为“推动全社会增强法治观念”一级指标下，常规指标包括“维护宪法权威”“增强全民法治观念”“健全普法责任制”“健全社会主义法治文化”4 项。暂无其他可选择指标。

（二）健全社会领域制度规范

综合分析 14 个省级行政区发布的法治社会建设实施方案，关于“健全社会领域制度规范”一级指标下出现的所有二级指标共 5 项，分别是“完善社会重要领域立法”“促进社会规范建设”“加强道德规范建设”“推进社会诚信建设”“推动市场主体诚信建设”。

其中，“完善社会重要领域立法”共出现 14 次；“促进社会规范建设”共出现 14 次；“加强道德规范建设”共出现 14 次；“推进社会诚信建设”共出现 14 次；“推动市场主体诚信建设”共出现 1 次。具体情况如表 7-8 所示。

表 7-8 健全社会领域制度规范

一级指标	二级指标	出现频率/次	具体省份
健全社会领域制度规范	完善社会重要领域立法	14	湖南省、贵州省、福建省、甘肃省、广西壮族自治区、海南省、河南省、湖北省、浙江省、四川省、陕西省、上海市、重庆市、青海省
	促进社会规范建设	14	湖南省、贵州省、福建省、甘肃省、广西壮族自治区、海南省、河南省、湖北省、浙江省、四川省、陕西省、上海市、重庆市、青海省
	加强道德规范建设	14	湖南省、贵州省、福建省、甘肃省、广西壮族自治区、海南省、河南省、湖北省、浙江省、四川省、陕西省、上海市、重庆市、青海省
	推进社会诚信建设	14	湖南省、贵州省、福建省、甘肃省、广西壮族自治区、海南省、河南省、湖北省、浙江省、四川省、陕西省、上海市、重庆市、青海省
	推动市场主体诚信建设	1	湖北省

根据不同二级指标出现的频率，本书认为“健全社会领域制度规范”一级指标下，常规指标包括“完善社会重要领域立法”“促进社会规范建设”“加强道德规范建设”“推进社会诚信建设”4 项。暂无其他可选择指标。

（三）加强权利保护

综合分析 14 个省级行政区发布的法治社会建设实施方案，关于“加强权利保护”一级指标下出现的所有二级指标共 7 项，分别是“健全公众参与重大公共决策机制”“保障行政执法中当事人合法权益”“加强人权司法保障”“为群众提供便捷高效的公共法律服务”“引导社会主体履行法定义务承担社会责任”“加强产权保护”“完善保障制度和机制，维护重点行业消费者合法权益”。

其中，“健全公众参与重大公共决策机制”共出现 14 次；“保障行政执法中当事人合法权益”共出现 14 次；“加强人权司法保障”共出现 14 次；

“为群众提供便捷高效的公共法律服务”共出现14次;“引导社会主体履行法定义务承担社会责任”共出现12次;“加强产权保护”共出现1次;“完善保障制度和机制,维护重点行业消费者合法权益”共出现1次。具体情况如表7-9所示。

表7-9　加强权利保护

一级指标	二级指标	出现频率/次	具体省份
加强权利保护	健全公众参与重大公共决策机制	14	湖南省、贵州省、福建省、甘肃省、广西壮族自治区、海南省、河南省、湖北省、浙江省、四川省、陕西省、上海市、重庆市、青海省
	保障行政执法中当事人合法权益	14	湖南省、贵州省、福建省、甘肃省、广西壮族自治区、海南省、河南省、湖北省、浙江省、四川省、陕西省、上海市、重庆市、青海省
	加强人权司法保障	14	湖南省、贵州省、福建省、甘肃省、广西壮族自治区、海南省、河南省、湖北省、浙江省、四川省、陕西省、上海市、重庆市、青海省
	为群众提供便捷高效的公共法律服务	14	湖南省、贵州省、福建省、甘肃省、广西壮族自治区、海南省、河南省、湖北省、浙江省、四川省、陕西省、上海市、重庆市、青海省
	引导社会主体履行法定义务承担社会责任	12	湖南省、贵州省、福建省、甘肃省、广西壮族自治区、河南省、湖北省、四川省、陕西省、上海市、重庆市、青海省
	加强产权保护	1	海南省
	完善保障制度和机制,维护重点行业消费者合法权益	1	广西壮族自治区

根据不同二级指标出现的频率，本书认为“加强权利保护”一级指标下，常规指标包括“健全公众参与重大公共决策机制”“保障行政执法中当事人合法权益”“加强人权司法保障”“为群众提供便捷高效的公共法律服务”“引导社会主体履行法定义务承担社会责任”5 项。

可选择指标包括“加强产权保护”1 项。笔者认为，“加强产权保护”这一指标出现频率虽较低，但知识产权保护是优化现代治理体系的重要一环，是完善产权保护制度最重要的内容和提高中国经济竞争力最大的激励，建设制度完善、保护严格、运行高效、服务便捷、文化自觉、开放共赢的知识产权强国，加强知识产权保护不仅有利于完善权利保护的整体格局，更为建设创新型国家和社会主义现代化强国提供了坚实保障，因此，有必要将其作为可选择二级指标之一放入指标体系内进行评估。

（四）推进社会治理法治化

综合分析 14 个省级行政区发布的法治社会建设实施方案，关于“推进社会治理法治化”一级指标下出现的所有二级指标共 12 项，分别是“完善社会治理体制机制”“推进多层次多领域依法治理”“发挥人民团体和社会组织在法治社会建设中的作用”“增强社会安全感”“依法有效化解社会矛盾”“纵深推进市域和基层依法治理”“依法维护社会秩序”“依法治理网络空间”“加强民族宗教领域依法治理”“加强生态环境领域依法治理”“加强应急领域依法治理”“深化法治乡村建设实践”。

其中，“完善社会治理体制机制”共出现 14 次；“推进多层次多领域依法治理”共出现 13 次；“发挥人民团体和社会组织在法治社会建设中的作用”共出现 14 次；“增强社会安全感”共出现 13 次；“依法有效化解社会矛盾”共出现 14 次；“纵深推进市域和基层依法治理”共出现 1 次；“依法维护社会秩序”共出现 1 次；“依法治理网络空间”共出现 2 次；“加强民族宗教领域依法治理”共出现 1 次；“加强生态环境领域依法治理”共出现 1 次；“加强应急领域依法治理”共出现 1 次；“深化法治乡村建设实践”共出现 1 次。具体情况如表 7-10 所示。

表 7-10　推进社会治理法治化

一级指标	二级指标	出现频率/次	具体省份
推进社会治理法治化	完善社会治理体制机制	14	湖南省、贵州省、福建省、甘肃省、广西壮族自治区、海南省、河南省、湖北省、浙江省、四川省、陕西省、上海市、重庆市、青海省

续表

一级指标	二级指标	出现频率/次	具体省份
推进社会治理法治化	推进多层次多领域依法治理	13	湖南省、贵州省、福建省、甘肃省、广西壮族自治区、海南省、河南省、湖北省、四川省、陕西省、上海市、重庆市、青海省
	发挥人民团体和社会组织在法治社会建设中的作用	14	湖南省、贵州省、福建省、甘肃省、广西壮族自治区、海南省、河南省、湖北省、浙江省、四川省、陕西省、上海市、重庆市、青海省
	增强社会安全感	13	湖南省、贵州省、福建省、甘肃省、广西壮族自治区、海南省、河南省、湖北省、四川省、陕西省、上海市、重庆市、青海省
	依法有效化解社会矛盾	14	湖南省、贵州省、福建省、甘肃省、广西壮族自治区、海南省、河南省、湖北省、浙江省、四川省、陕西省、上海市、重庆市、青海省
	纵深推进市域和基层依法治理	1	浙江省
	依法维护社会秩序	1	浙江省
	依法治理网络空间	2	浙江省、陕西省
	加强民族宗教领域依法治理	1	青海省
	加强生态环境领域依法治理	1	青海省
	加强应急领域依法治理	1	青海省
	深化法治乡村建设实践	1	上海市

根据不同二级指标出现的频率，本书认为“推进社会治理法治化”一级指标下，常规指标包括“完善社会治理体制机制”“推进多层次多领域依法治理”“发挥人民团体和社会组织在法治社会建设中的作用”“增强社会

安全感”“依法有效化解社会矛盾”5项。

可选择指标包括“加强民族宗教领域依法治理”“加强生态环境领域依法治理”“加强应急领域依法治理”“深化法治乡村建设实践”4项。笔者认为，第一，习近平总书记强调要善于运用法治思维和法治方式处理宗教领域矛盾和问题，加强民族宗教领域依法治理是发挥法治在国家治理现代化中的积极作用的题中应有之义，是推进宗教事务治理体系和治理能力现代化的实践要求，具有重要的理论意义和实践价值，因此有必要将该指标作为可选择指标纳入指标体系中；第二，生态环境治理是关系党的使命宗旨的重大问题，同时也是关系社会民生的重要现实问题，有必要在推进现代化建设的进程中，加强生态环境领域的依法治理，并将其作为可选择二级指标纳入指标体系范畴；第三，应急管理是国家治理体系和治理能力的重要组成部分，全面推进应急管理体系和能力现代化必须坚持全面依法治国基本方略，尤其是经历新冠疫情的考验后，必须重视建立科学运用法治思维、法治方式，在推进依法应急、依法治理上持续发力，检验应急领域依法治理的能力；第四，乡村治理法治化，是乡村治理现代化的重要组成部分，是国家治理能力现代化、实现依法治国、乡村振兴战略目标的重要环节，须在习近平法治思想的指导下，坚持以基层治理为重点推进法治建设，将乡村治理实践水平作为可选择的二级指标进行评估。

（五）依法治理网络空间

综合分析14个省级行政区发布的法治社会建设实施方案，关于“依法治理网络空间”一级指标下出现的所有二级指标共10项，分别是“完善网络管理制度”“培育良好的网络法治意识”“保障公民依法用网安全”“严格依法管网”“引导依法上网”“加强网络道德建设”“形成网络共治合力”“依法加强信息网络管理”“依法加强数据资源安全保护”“依法加强重要信息系统安全保障”。

其中，“完善网络管理制度”共出现12次；“培育良好的网络法治意识”共出现12次；“保障公民依法用网安全”共出现12次；“严格依法管网”共出现4次；“引导依法上网”共出现1次；“加强网络道德建设”共出现1次；“形成网络共治合力”共出现1次；“依法加强信息网络管理”共出现1次；“依法加强数据资源安全保护”共出现1次；“依法加强重要信息系统安全保障”共出现1次。具体情况如表7-11所示。

表 7-11 依法治理网络空间

一级指标	二级指标	出现频率/次	具体省份
依法治理网络空间	完善网络管理制度	12	湖南省、贵州省、福建省、甘肃省、广西壮族自治区、海南省、湖北省、浙江省、四川省、陕西省、上海市、重庆市
	培育良好的网络法治意识	12	湖南省、贵州省、福建省、甘肃省、广西壮族自治区、海南省、河南省、湖北省、浙江省、四川省、陕西省、上海市
	保障公民依法用网安全	12	湖南省、贵州省、福建省、甘肃省、广西壮族自治区、海南省、河南省、湖北省、浙江省、四川省、陕西省、上海市
	严格依法管网	4	湖北省、河南省、重庆市、青海省
	引导依法上网	1	湖北省
	加强网络道德建设	1	重庆市
	形成网络共治合力	1	重庆市
	依法加强信息网络管理	1	青海省
	依法加强数据资源安全保护	1	青海省
	依法加强重要信息系统安全保障	1	青海省

根据不同二级指标出现的频率，本书认为“依法治理网络空间”一级指标下，常规指标包括“完善网络管理制度”“培育良好的网络法治意识”“保障公民依法用网安全”3 项。

可选择指标包括“形成网络共治合力”1 项。尽管该项指标仅出现过 1 次，但笔者认为，社会共治是现代国家治理的一个重要原则，在共建、共治、共享的现代社会治理框架体系和逻辑要素中，与共建、共治分别给出治理之主体和目标的现代化答案不同，共享则旨在解决治理之路径问题。网络社会作为现代社会成员无法回避的生活工作场域，需要且必须强调多主体、多方式协同合作共同治理。一方面，在虚拟现实一体、线上线下互构的网络社会中，无论是社会主体还是社会关系都异常纷繁复杂；另一方面，网络社会的社会存在方面也与以往不同，表现出虚拟化、数字化、全球化互联互通的特征，这要求党委、政府、社会、公众等多元主体，运用法律、道德、技术、政策等多种方式，通过网络之自治、法治、德治、技治等有机融合，以实现良好的网络空间治理效果，因此，有必要将该指标作为可选择二级指标纳入指标体系范畴内。

（六）加强组织保障

综合分析 14 个省级行政区发布的法治社会建设实施方案，关于“加强组织保障”一级指标下出现的所有二级指标共 8 项，分别是“强化组织领导”“加强统筹协调”“健全责任落实和考核评价机制”“加强理论研究和舆论引导”“营造良好氛围”“完善工作机制”“强化工作措施”“加强基层法治机构队伍建设”。

其中，“强化组织领导”共出现 14 次；“加强统筹协调”共出现 11 次；“健全责任落实和考核评价机制”共出现 12 次；“加强理论研究和舆论引导”共出现 13 次；“营造良好氛围”共出现 1 次；“完善工作机制”共出现 1 次；“强化工作措施”共出现 1 次；“加强基层法治机构队伍建设”共出现 1 次。具体情况如表 7-12 所示。

表 7-12　加强组织保障

一级指标	二级指标	出现频率/次	具体省份
加强组织保障	强化组织领导	14	湖南省、贵州省、福建省、甘肃省、广西壮族自治区、海南省、河南省、湖北省、浙江省、四川省、陕西省、上海市、重庆市、青海省
	加强统筹协调	11	湖南省、贵州省、甘肃省、广西壮族自治区、海南省、河南省、湖北省、四川省、陕西省、上海市、重庆市
	健全责任落实和考核评价机制	12	湖南省、贵州省、福建省、甘肃省、河南省、湖北省、浙江省、四川省、陕西省、上海市、重庆市、青海省

续表

一级指标	二级指标	出现频率/次	具体省份
加强组织保障	加强理论研究和舆论引导	13	湖南省、贵州省、甘肃省、广西壮族自治区、海南省、河南省、湖北省、浙江省、四川省、陕西省、上海市、重庆市、青海省
	营造良好氛围	1	福建省
	完善工作机制	1	甘肃省
	强化工作措施	1	广西壮族自治区
	加强基层法治机构队伍建设	1	上海市

根据不同二级指标出现的频率，本书认为“加强组织保障”一级指标下，常规指标包括“强化组织领导”“加强统筹协调”“健全责任落实和考核评价机制”“加强理论研究和舆论引导”4 项，暂无可选择的二级指标。

三、法治社会评估之三级指标的选取

三级指标的选取与二级指标的选取基于同样的原理，即在二级指标尚不能概括所属对象的所有特征的情况下，有必要对二级指标进行进一步细化，在紧紧围绕二级指标的前提下，将其化解成指标体系构建微观层面的具体工作要素以及工作任务，从而形成更加具体、可测量的三级指标。①同时，由于三级指标涉及具体的工作任务，其指标内容往往呈现出明显的区域性、特殊性，因此本书在选取三级指标时，不再过多依据 14 个省级行政区所发布的法治社会建设实施方案，而是在坚持习近平法治思想的指导下，结合法治社会评估一级指标、二级指标以及法治社会建设的具体工作情况，设置相应的三级指标。

具体而言，在设计三级指标时，笔者对指标设计是否必要、是否合法、是否合理、是否具有较强的可操作性、是否具有较高的技术含量、是否能给予地方一定的调整空间以及是否能全面衡量法治社会建设实效水平等进行了综合考量。例如，“推动全社会增强法治观念”一级指标，其二级指标之“维护宪法权威”又细分为 3 个三级指标，具体为：一是，测量全社会学

① 参见来小鹏、张璁璟：《域外知识产权保护评估指标体系及对我国的启示》，载《电子知识产权》2021 年第 8 期。

习、遵守宪法的社会氛围形成情况，包括宪法的宣传教育、宪法精神的弘扬以及增强宪法意识情况等，考察全体成员尊崇、学习、遵守、维护并运用宪法的社会氛围的形成情况；二是，测量国家工作人员开展宪法教育及落实宪法宣誓制度情况，明确每年组织国家工作人员学习宪法文本活动不少于两次，国家工作人员就职时应依照法律规定进行相应宪法宣誓仪式，切实加强对国家工作人员特别是各级领导干部的宪法教育，从而对全社会发挥带头示范作用；三是，测量学生“学宪法讲宪法”活动开展相关情况，强调每年学习不少于两次。总体而言，该二级指标主要围绕全社会学习并遵守宪法的社会氛围形成、国家工作人员学习宪法并落实宪法宣誓制度、宪法入校宣传教育常态化三个方面展开，进而加大宪法宣传贯彻的力度，建立完善宪法宣传教育的长效机制。

又如，“健全社会主义法治文化”二级指标，其又细分为 3 个三级指标，分别为：一是，测量基层法治文化建设情况，主要观察各地青年普法志愿者、文艺团体等组织是否在重大纪念日、重大节日或定期开展法治文化基层性活动，社会法治文化产品是否足够丰富以满足社会成员的需要、法治文化产品质量是否达到较高标准以及社会法治文化覆盖面和影响力是否达到了应有水平。二是，测量法治文化阵地建设情况，主要判断法治文化是否与红色文化、传统文化、各地区特色文化、企业文化以及各行业文化实现了融合发展，广大社会成员是否从内心确立真正的法治观念，从而形成“守法光荣、违法可耻”的社会法治氛围，进而形成遍地开花的繁荣社会法治文化场面。三是，测量具体指导性文件贯彻落实情况，具体考察《关于加强社会主义法治文化建设的意见》等在相关单位是否得到了落实，以促进社会主义法治文化建设。简言之，该二级指标主要围绕社会氛围建设的具体情况、法治文化建设情况、基层法治文化活动开展情况、法治文化阵地建设情况、具体指导性文件贯彻落实情况等方面展开。

一定意义上讲，从以上三个方面设置三级指标有其自身的科学性和合理性，这是因为：(1) 基层法治文化建设。社会成员获取丰富多彩法治文化产品，不仅能满足精神层面的法治需求，且科学先进的法治文化产品在被获取、消费、传播过程中，基于社会成员的群体认同，还会在被持续传播中附加新的法治价值和精神产品。将法治的理念、思想、战略元素自然地融入社会成员的日常生活之中，在全面推进依法治国进程中发挥建设性、先导性和基础性的作用，进而引领、指导社会成员树立规则意识、法治意识，使社会成员发自内心地尊重、信仰并践行法律。(2) 加强法治文化阵地建设。如前所述，法治宣传实体阵地具有宣传效果直观、发挥作用长远的特点，加强法治文化阵地建设，抢抓主动权，发挥出法治文化“润物细无声”的效用,对营造良好的法治环境,助力法治社会建设无疑具有重要意义。(3)贯彻落实法治文化建设指导意见。《关于加强社会主义法治文化建设的意见》是社会主义法治国家建设的重要支撑,深入落实该指导意见,能够助推我国进入依法治国的新阶段、新境界。

其他法治社会评估之一级、二级指标下的三级指标划分原理与设计逻辑基本相同,此处不一一列举。

第三节 法治社会评估指标体系及其权重的具体设置

法治社会评估指标体系是以建设法治社会为目的,体现法治社会内在要求和基础理论,用以判断评价社会领域法治化进程的一种计量、评价结构,并在此基础上规范法治社会的各指标间相互联系、相互依存、相互影响且具有特定功能的量化逻辑结构系统。作为评估法治社会建设成效的依据,法治社会评估指标体系须同时满足可测量、可操作、可量化的要求,以保障其评价、比较、引导、示范和激励等功能的实现。

在设计法治社会评估体系一级、二级和三级指标及其各自权重系数过程中,本书主要采用了德尔菲法,也即通过函询形式进行集体匿名思想交流的专家调查法,辅之以少量的层次分析法等方法,主要是基于以下考量:其一,德尔菲法能够充分收集法治社会评估相关领域专家对于指标及其权重设计的意见,充分利用专家在该领域内的专业理论知识和经验,最大限度提升指标体系及其权重系数设计的专业性和科学性;其二,匿名或背靠背式回收专家意见是德尔菲法的显著特征之一,这种方式能够保证各位专家在发表自己关于法治社会评估指标及其权重设计的意见时不相互干扰,帮助专家独立作出判断、发表意见,避免在一轮回收反馈意见时就出现趋同情况,进而保证法治社会评估指标及其权重设计方案的多样性、全面性;其三,在广泛收集专家意见集思广益的基础上,德尔菲法通过进行多轮专家意见反馈,尽量减少各位专家提供的指标及其权重设计方案中的主观色彩,逐步实现法治社会评估指标体系及其权重设计方案的统一,进而提升法治社会评估指标体系及其权重设计的客观性;其四,由于法治社会评估指标体系及其指标权重设计是一项工程量巨大且烦琐的工作,德尔菲法能够在较短时间内以较低成本收集大量具备专业性的观点,有利于提升法治社会评估指标及其权重设计工作的效率,为后续环节的开展节省时间。

故此,经过综合考量,本书的法治社会评估指标体系以及各指标的权重系数设计使用了德尔菲法,因流程较为繁杂在此不再作具体展示,仅展示使用德尔菲法的运作结果。当然,值得说明的是,德尔菲法也存在一些较为明显的缺点，如专家之间缺乏思想沟通导致其设计评估尺度或标准不在同一层面；缺乏资料数据导致其设计方案是建立在主观观点或感受基础之上，导致其意见不稳定、不协调等，本书考虑到这一问题并合理使用其他权重设置方法对各轮专家反馈回来的意见进行适当调整，在保证指标及其权重设计专业性、科学性的基础上尽最大努力克服德尔菲法的不足之处。总之，基于以上综合考量和德尔菲法的实际运用，同时通过对实证样本的理论分析和相关理论的学术抽离，可将法治社会评估指标体系的基本内容凝练为：推动全社会增强法治观念，健全社会领域制度规范，加强权利保护，推进社会治理法治化，依法治理网络空间，加强组织保障等，进而从指标视角，将法治社会评估指标体系设计为涵盖 6 个一级指标、31 个二级指标和 140 个三级指标共计 200 分的指标体系。

一、推动全社会增强法治观念

"推动全社会增强法治观念"一级指标涵盖 4 个二级指标及 20 个三级指标，共赋分值 30 分。如表 7-13 所示，"推动全社会增强法治观念"一级指标的基本要求是对在法治社会建设过程中维护宪法权威、增强全民法治观念、健全普法责任制以及健全社会主义法治文化状况等进行客观评价。具体如下：

表 7-13　推动全社会增强法治观念指标体系

一级指标	基本要求	二级指标	三级指标	
			序号	名称
推动全社会增强法治观念	对在法治社会建设过程中维护宪法权威、增强全民法治观念、健全普法责任制以及健全社会主义法治文化状况等进行客观评价	1. 维护宪法权威	1	深入宣传宪法，弘扬宪法精神，增强宪法意识，尊崇宪法、学习宪法、遵守宪法、维护宪法、运用宪法的社会氛围形成（3 分）
			2	国家工作人员就职时依照法律规定进行宪法宣誓，每年组织国家工作人员学习宪法文本活动不少于两次（2 分）
			3	学生"学宪法讲宪法"活动持续开展，每年不少于两次（1 分）
		2. 增强全民法治观念	4	深入学习宣传习近平法治思想，各地区各行业各部门每年组织学习至少两次（2 分）
			5	广泛宣传与经济社会发展和人民群众利益密切相关的法律法规，使人民群众自觉尊崇、信仰和遵守法律，每年至少两次（1 分）

续表

一级指标	基本要求	二级指标	三级指标	
			序号	名称
推动全社会增强法治观念	对在法治社会建设过程中维护宪法权威、增强全民法治观念、健全普法责任制以及健全社会主义法治文化状况等进行客观评价	2. 增强全民法治观念	6	广泛开展《民法典》和公共卫生领域法律法规普法工作,使与民生密切相关的法律走到群众身边、走进群众心里,每年至少两次(2分)
			7	引导全社会尊重司法裁判,维护司法权威(1分)
			8	运用日常学法、法治培训、考核评估等促进国家工作人员学法用法制度健全(1分)
			9	全面落实《青少年法治教育大纲》,把法治教育纳入国民教育体系,配齐配强法治课教师、法治辅导员队伍,完善法治副校长制度,健全青少年参与法治实践机制(1.5分)
			10	切实增强企业管理者和职工的法治观念,引导企业树立合规意识(1分)
			11	加强对社会热点案(事)件的法治解读评论,运用新媒体新技术普法,推进"智慧普法"平台建设,传播法治正能量(2分)
			12	法治宣传教育法律法规出台(1分)
		3. 健全普法责任制	13	认真落实"谁执法谁普法"普法责任制,实行普法责任制年度工作报告制度,国家机关普法责任制清单全覆盖,细化普法内容、普法责任、普法措施和普法标准,把案(事)件依法处理的过程变成普法公开课(1.5分)
			14	完善法官、检察官、行政复议人员、行政执法人员、律师等以案释法制度,加强对诉讼参与人、行政相对人、利害关系人等的法律法规和政策宣讲,发挥法律服务队伍在普法宣传中的关键作用,能够利用其自身的专业优势为人民群众提供更加精准、高效的普法宣传服务(3分)
			15	创新运用互联网、新媒体等多种新形式,加强对新出台的法律法规规章的解读(0.5分)

续表

一级指标	基本要求	二级指标	三级指标	
			序号	名称
推动全社会增强法治观念	对在法治社会建设过程中维护宪法权威、增强全民法治观念、健全普法责任制以及健全社会主义法治文化状况等进行客观评价	3. 健全普法责任制	16	健全引导电视台、电台、报社、网站、融媒体中心等媒体自觉履行普法责任的媒体公益普法制度(1分)
			17	培育壮大普法志愿者队伍,形成人民群众广泛参与普法活动的实践格局(1分)
		4. 健全社会主义法治文化	18	法治文化产品丰富,培育法治文化精品,法治文化的覆盖面和影响不断扩大(2分)
			19	大力加强法治文化阵地建设,法治文化与传统文化、红色文化、地方文化、行业文化、企业文化融合发展,相互促进(2分)
			20	认真组织贯彻落实《关于加强社会主义法治文化建设的意见》(0.5分)

第一,测量"维护宪法权威"状况的指标,包括3个三级指标。具体为:一是,测量全社会学习、遵守宪法的社会氛围形成情况,包括深入宣传宪法、弘扬宪法精神以及增强宪法意识等,考察全体成员尊崇、学习、遵守、维护并运用宪法的社会氛围的形成情况,该项三级指标共赋分值3分。二是,测量国家工作人员开展宪法教育及落实宪法宣誓制度情况,明确每年组织国家工作人员学习宪法文本活动不少于两次,国家工作人员就职时应依照法律规定进行宪法宣誓,该项三级指标共赋分值2分。三是,测量学生"学宪法讲宪法"活动开展相关情况,强调每年学习不少于两次,该三级指标共赋分值1分。总体而言,该二级指标主要围绕全社会学习并遵守宪法社会氛围形成、国家工作人员学习宪法并落实宪法宣誓制度、宪法入校宣传教育常态化三个方面展开,共赋分值6分。

第二,测量"增强全民法治观念"状况的指标,包括9个三级指标。具体为:一是,测量组织习近平法治思想学习宣传活动的情况,统计不同地区、行业、部门每年组织学习活动是否不低于两次,该项三级指标共赋分值2分。二是,测量法律法规学习宣传的组织情况,主要观察对与广大人民群众利益相关的法律法规、与经济社会发展紧密联系的法律法规的宣传情况,明确每年进行宣传活动不低于两次,考察民众是否了解、信任、遵守法律法规,该项三级指标共赋分值1分。三是,测量《民法典》及公共卫生相关法律法规普法情况,关注《民法典》普法活动的普遍性、频繁性、覆盖性等,观察组织学习宣传疫病防治、公共卫生事件、野生动物保护等方面相关法律法规的情况,要求每年举行普法活动不低于两次,力求使与民生密切相关的法律走近群众、走到群众的身边、走进他们的心里,该项三级指标共赋分值 2 分。四是,测量全社会对于司法的尊重情况,主要观察对司法裁判、司法程序等的尊重和了解程度,该项三级指标共赋分值 1 分。五是,测量对国家工作人员的考核情况,主要包括对其日常学法、法治培训、考核评估等制度是否健全的考察,以实现国家工作人员学法用法,该项三级指标共赋分值 1 分。六是,测量青少年法治教育和法治实践情况,包括观察对《青少年法治教育大纲》的落实情况,对法治课教师、法治辅导员等队伍的配齐情况,是否把法治教育纳入国民教育体系及其落实的情况,以及对青少年参与法治实践的制度完善等,该项三级指标共赋分值 1. 5 分。七是,测量企业法治意识情况,包括对企业管理者的法治观念和整体企业合规意识的测量,该项三级指标共赋分值 1 分。八是,测量社会舆情法治化情况,包括评判对社会热点的法治解读、新媒体中心对于法治评论的传播情况、流量平台等新媒体新技术在普法环节的应用情况等,该项三级指标共赋分值 2 分。九是,测量法治宣传教育法律法规的起草出台情况,观察整个法治宣传教育活动的系统化、法律化情况,该项三级指标共赋分值 1 分。总体而言,该二级指标主要围绕习近平法治思想的学习宣传、与经济发展和人民群众利益密切相关的法律法规宣传、《民法典》及公共卫生相关法律法规普法宣传、全社会对于司法的尊重、对国家工作人员的考核、青少年法治教育和法治实践、企业法治意识、社会舆情法治化、法治宣传教育法律法规的起草出台情况九个方面展开,共赋分值 12. 5 分。

第三,测量“健全普法责任制”状况的指标,共包括 5 个三级指标。具体为:一是,测量“谁执法谁普法”的落实情况,主要是对国家机关普法责任制清单的覆盖情况、普法责任年度工作报告制度的完善程度的评估考察,通过加强对普法责任的相关考核以及考察各部门单位以及相关责任人是否对普法内容、责任、措施、标准进行了细化,以进一步督促相关责任主体落实普法责任,使每一个案(事)件的依法处理变成有利于人民群众加强了解法律的“公开课”,该项三级指标共赋分值 1. 5 分。二是,测量国家工作人员工作中的普法情况,主要包括对法官、检察官、行政复议人员、行政执法人员以及律师等是否做到“以案释法”的考核,同时也要考察是否对特定案(事)件中诉讼参与人、行政相对人、利害关系人等主体进行了政策制度、法律法规的宣传教育,观察法律服务队伍在普法宣传中是否发挥了关键作用,是否能够利用其自身的专业优势为人民群众提供更加精准、高效的普法宣传服务,该项三级指标共赋分值 3 分。三是,测量运用多种形式解读法律法规规章的情况,主要评估法律法规规章的解读工作是否采取了如新媒体、互联网等新形式,是否充分发挥了新形式在法律解读方面的作用,该项三级指标共赋分值 0.5 分。四是,测量媒体公益普法制度的健全情况,主要评价包括电视台、电台、报社、网站、融媒体中心等在内的大众传媒,自觉履行其应当承担的普法社会义务的公益普法相关制度的建设是否得到了正确的引导以及是否健全等,该项三级指标共赋分值 1 分。五是,测量普法志愿者队伍建设情况,主要观察普法志愿者队伍是否能够按照预期要求广泛建立起来,并通过志愿者的形式,引导各方力量、广大群众广泛地参与到普法中来,并基于此评估是否形成了较为完整的普法活动实践格局,该项三级指标共赋分值 1 分。总体而言,该二级指标主要围绕"谁执法谁普法"的落实、国家工作人员工作中的普法、运用多种形式对新出台的法律法规规章的解读、媒体公益普法制度的健全、普法志愿者队伍建设五个方面展开,共赋分值 7 分。

第四,测量"健全社会主义法治文化"情况的指标,共包括 3 个三级指标。具体为:一是,测量法治文化产品丰富性与质量标准,主要观察社会法治文化产品是否足够丰富以满足社会成员的需要、法治文化产品质量是否达到较高标准以及社会法治文化覆盖面和影响力是否达到了应有水平,该项三级指标共赋分值 2 分。二是,测量法治文化阵地建设情况,主要判断法治文化是否与传统文化、红色文化、各地区特色文化、企业文化以及各行业文化实现了融合发展,广大社会成员是否从内心确立了真正的法治观念,从而形成"守法光荣、违法可耻"的社会法治氛围,进而形成遍地开花的繁荣社会法治文化场面,该项三级指标共赋分值 2 分。三是,测量具体指导性文件贯彻落实情况,具体考察《关于加强社会主义法治文化建设的意见》等是否在相关单位得到了落实,以促进社会主义法治文化建设,该项三级指标共赋分值 0.5 分。总体而言,该二级指标围绕法治文化产品培育、法治文化阵地建设、具体指导性文件贯彻落实等方面展开,共赋分值 4.5 分。

二、健全社会领域制度规范

"健全社会领域制度规范"一级指标涵盖 4 个二级指标及 15 个三级指标,共赋分值 24 分。如表 7-14 所示,"健全社会领域制度规范"一级指标的基本要求是对完善社会重要领域立法、促进社会规范建设、加强道德规范建设、推进社会诚信建设的状况进行客观评价。具体如下：

表 7–14　健全社会领域制度规范指标体系

一级指标	基本要求	二级指标	三级指标	
			序号	名称
健全社会领域制度规范	对完善社会重要领域立法、促进社会规范建设、加强道德规范建设、推进社会诚信建设的状况进行客观评价	1. 完善社会重要领域立法	1	完善教育、劳动就业、收入分配、社会保障、医疗卫生、食品药品、安全生产、道路交通、扶贫、慈善、社会救助等领域和退役军人、妇女、未成年人、老年人、残疾人正当权益保护及疫情防控等方面保障和改善民生的法律法规(3 分)
			2	健全社会组织、城乡社区、社会工作等加强和创新社会治理、弘扬社会主义核心价值观的法律制度(2 分)
		2. 促进社会规范建设	3	社会规范在协调社会关系、约束社会行为、维护社会秩序等方面充分发挥积极作用,推动社会成员自我约束、自我管理、自我规范的居民公约、村规民约、行业规章、社会自治组织章程等社会规范健全(2 分)
			4	深化行风建设,规范行业行为(1 分)
			5	完善社会规范,制定和实施符合法治原则和精神的监督制度,制定自律性社会规范的示范文本(1 分)
		3. 加强道德规范建设	6	倡导助人为乐、见义勇为、诚实守信、敬业奉献、孝老爱亲等美德善行的激励机制完善,形成好人好报、德者有得的正向效应(1 分)
			7	强化道德规范的教育、评价、监督等功能,形成良好的社会风尚和社会秩序,人们培育和践行社会主义核心价值观的自觉性增强(3 分)
			8	开展依法惩处公德失范的违法行为等道德领域突出问题专项教育和治理,摒除滥食野生动物陋习(1.5 分)
			9	捐赠、受赠行为依法规范(1 分)
		4. 推进社会诚信建设	10	提高全体社会成员的诚信意识和信用水平,社会信用体系建成,征信体系社会全覆盖,现有征信体系在失信惩戒机制完善的诚信建设长效机制中完善健全(3 分)

续表

一级指标	基本要求	二级指标	三级指标	
			序号	名称
健全社会领域制度规范	对完善社会重要领域立法、促进社会规范建设、加强道德规范建设、推进社会诚信建设的状况进行客观评价	4. 推进社会诚信建设	11	增强企业社会责任意识,促进企业诚实守信、合法经营的企业社会责任法律制度完善(1分)
			12	鼓励引导失信主体自行纠正违法失信行为的信用修复机制和异议制度建立健全(1分)
			13	强化和规范信用信息归集共享的全国信用信息共享平台和国家企业信用信息公示系统完善(1分)
			14	组织加强诚信理念宣传教育等诚信主题实践活动,完善行业协会商会诚信管理和诚信自律机制,为社会信用体系建设创造良好环境(2分)
			15	信用方面的法律法规健全(0.5分)

第一,测量"完善社会重要领域立法"状况的指标,共包括2个三级指标。具体为:一是,测量社会保障和公共卫生领域的立法完善情况,主要考察社会重点领域如劳动就业、教育、收入分配、医疗卫生、食品药品、安全生产、道路交通、社会救助、慈善、扶贫等重点领域的法律法规建设是否完善,关于保障妇幼老弱、退役军人、残疾人等特殊群体或弱势群体的相关法律法规是否健全等,以实现保障改善民生的社会目标,该项三级指标共赋分值3分。二是,测量社会治理和社会主义核心价值观法律制度体系完善情况,主要观察关于促进社会组织建立、社会工作加强等方面的法律制度是否健全,以及是否契合社会主义核心价值观的要求等,该项三级指标共赋分值2分。总体而言,该二级指标围绕社会保障和公共卫生领域的立法完善、社会治理和社会主义核心价值观法律制度体系完善两个方面展开,共赋分值5分。

第二,测量"促进社会规范建设"状况的指标,共包括3个三级指标。具体为:一是,测量社会规范的具体作用,主要考察现有的社会规范是否发挥了其应有的作用,如村规民约、行业规章、社会自治组织章程等社会软法是否有效促进了社会成员的自我管理、自我约束、自我规范,社会关系是否变得协调、社会行为是否得到了约束以及社会秩序是否被较好维护等,该项三级指标共赋分值2分。二是,测量行业风气的建设情况,主要考察各行业风气是否良好,其行业风范、行业美德、行业行为的相关规范是否健全等,该项三级指标共赋分值1分。三是,测量社会规范监督制度完善情况,主要评价社会规范是否符合法治原则,相关监督制度是否完善,是否制定了自律性社会规范的示范文本,该项三级指标共赋分值1分。总体而言,该二级指标围绕社会规范的具体作用、行业风气的建设、社会规范监督制度完善三个方面展开,共赋分值4分。

第三,测量"加强道德规范建设"具体状况的指标,共包括4个三级指标。具体为:一是,测量社会美德善行奖励机制的完善程度,主要考察现有的激励机制是否能够有效鼓励社会成员积极实施乐于助人、见义勇为、诚实守信、爱岗敬业、孝老爱亲等美德善行,是否有利于促进了"好人有好报"、德者有得等社会正向效应,该项三级指标共赋分值1分。二是,测量良好的社会风尚和社会秩序的形成情况,主要判断现有社会规范的教育、评价、监督等功能是否得到了充分发挥,是否形成了社会成员自觉培育、践行和弘扬社会主义核心价值观的社会氛围,以此促进良好社会风尚的形成,保证社会秩序的稳定,该项三级指标共赋分值3分。三是,测量道德领域突出问题的教育和治理情况,主要考察道德领域中的公德失范等违法行为是否得到了依法惩处,社会公民是否已经摒除了滥食野生动物等社会陋习,对道德领域的突出问题的专项教育和治理工作是否做到位,该项三级指标共赋分值1.5分。四是,测量社会捐赠、受赠行为的法律规范情况,主要评价社会捐赠行为以及受赠行为是否合法有序展开等,该项三级指标共赋分值1分。总体而言,该二级指标围绕社会美德善行奖励机制的完善,良好的社会风尚和社会秩序的形成,道德领域突出问题的教育和治理,社会捐赠、受赠行为的法律规范四个方面展开,共赋分值6.5分。

第四,测量"推进社会诚信建设"状况的指标,共包括6个三级指标。具体为:一是,测量社会诚信体系建设情况,主要考察社会信用体系是否建立完善,是否能够通过如征信体系等制度的建立完善提高全体社会成员的诚信意识和信用水平,现有征信体系在社会实现全部覆盖、推动社会失信惩戒机制完善的系列诚信建设长效机制是否健全,该项三级指标共赋分值3分。二是,测量企业社会责任制度完善情况,主要评价企业的社会责任意识、诚实信用意识以及企业合法经营观念是否通过企业社会责任法律制度的建立完善得到较大程度的增强,该项三级指标共赋分值1分。三是,测量信用修复机制和异议制度的建立健全程度,包括考察社会信用修复机制和社会信用异议制度是否建立完善,发挥制度应有的鼓励引导失信主体自行纠正违法失信行为的作用,该项三级指标共赋分值1分。四是,测量信息公示平台和共享平台建设情况,主要观察全国信用信息共享平台是否建立健全，国家企业信用信息公示系统是否完善，以实现强化和规范信用信息归集共享的目标，该项三级指标共赋分值 1 分。五是，测量社会信用环境建设情况，主要判断相关单位是否定期组织开展诚信理念宣传教育等诚信主题实践活动，是否督促社会诚信理念宣传教育以及是否落实社会诚信主题实践活动，判断各行业协会、商会等社会组织的诚信管理和自律机制是否健全，最终为社会信用体系建设提供良好的环境，该项三级指标共赋分值 2 分。六是，测量信用相关法律法规健全情况，主要评估关于加强社会信用建设等方面的法律法规是否健全，能否为形成良好的社会诚信氛围提供必要的法律保障，该项三级指标共赋分值 0. 5 分。总体而言，该二级指标围绕社会诚信体系建设情况、企业社会责任制度完善情况、信用修复机制和异议制度建立健全、信息公示系统和共享平台建设、社会信用环境建设、信用相关法律法规健全六个方面展开，共赋分值 8. 5 分。

三、加强权利保护

“加强权利保护”一级指标涵盖 6 个二级指标及 27 个三级指标，共赋分值 40 分。如表 7-15 所示，“加强权利保护”一级指标的基本要求是对健全公众参与重大公共决策机制，加强产权保护，保障行政执法中当事人合法权益，加强人权司法保障，为群众提供便捷高效的公共法律服务，引导社会主体履行法定义务、承担社会责任的状况进行客观评价。具体如下：

表 7-15　加强权利保护指标体系

一级指标	基本要求	二级指标	三级指标	
			序号	名称
加强权利保护	对健全公众参与重大公共决策机制，加强产权保护，保障行政执法中当事人合法权益，加强人权司法保障，为	1. 健全公众参与重大公共决策机制	1	完善涉及公民、法人和其他组织权利或者增加其义务的社会规范（3 分）
			2	建设保障法律职业者在重大公共决策中发挥作用的相关制度机制（2 分）
			3	现有的制度机制健全，发挥其应有的保障企业、职工合法权益，提高企业、职工、行业协会商会等参与社会重大公共决策的水平（1 分）
		2. 加强产权保护	4	现有的法律法规或政策保护自然人、法人和非法人组织的投资行为，以及其投资行为带来的收益及其他合法财产，实现鼓励社会积极创造财富（2 分）

续表

一级指标	基本要求	二级指标	三级指标	
			序号	名称
加强权利保护	群众提供便捷高效的公共法律服务，引导社会主体履行法定义务、承担社会责任的状况进行客观评价	2. 加强产权保护	5	通过定期专项治理行动等方式，涉及政府产权的相关经济纠纷得到妥善的处理(1分)
			6	现有的征收征用条例制定科学合理，在依法征收私人和法人财产时，保护被征收人的权利(1分)
			7	在知识产权领域，信用分类监管机制以及失信惩戒机制等建立健全，发挥其促进知识产权创造、运用和管理服务能力提高的作用，推动知识产权领域的创新发展(1分)
			8	产权保护协调工作机制和督察评估建立健全，并将知识产权的保护作为社会信用示范、文明城市创建以及营商环境建设的重要内容(2分)
		3. 保障行政执法中当事人合法权益	9	相关执法人员在实施执法行为时，符合法律法规，契合尊重和维护人民群众合法权益的根本遵循(1分)
			10	关系群众重大利益的重点领域的监督评价机制建立健全(1分)
			11	产权保护统筹协调工作机制建立健全，涉及公民、法人或其他组织权利，或增加其义务的相关行政规范性文件、行政许可决定、行政处罚决定、行政强制决定以及行政征收决定等政府信息公开(2分)
		4. 加强人权司法保障	12	涉及民生的具体案件得到妥善的处理(2分)
			13	建立健全的消费者权益保护集体诉讼制度，为消费者集体诉讼提供制度保障(1分)
			14	律师制度健全，能够满足人民群众对律师制度的需求(2分)
			15	诉讼参与人诉讼权利制度得到强化，非法证据排除规则以及案件纠错机制等有效防范和纠正冤假错案的相关制度得到贯彻和执行(2分)

续表

一级指标	基本要求	二级指标	三级指标	
			序号	名称
加强权利保护	对健全公众参与重大公共决策机制，加强产权保护，保障行政执法中当事人合法权益，加强人权司法保障，为群众提供便捷高效的公共法律服务，引导社会主体履行法定义务、承担社会责任的状况进行客观评价	4. 加强人权司法保障	16	相关执行工作长效机制健全，保障胜诉当事人及时实现其合法权益(1分)
			17	检察机关对民事诉讼活动、行政诉讼活动以及刑事诉讼活动的履行法律监督职责(1分)
			18	人民群众充分参与到司法调解、司法听证等司法活动中来，人民陪审员制度和人民监督员制度落实到实务工作中(2分)
			19	大数据、云计算以及人工智能等新型科技创新工具与司法工作深度融合(1分)
		5. 为群众提供便捷高效的公共法律服务	20	现代公共法律服务体系已经基本形成，确保该体系能够覆盖城乡(2分)
			21	欠发达地区的专业法律服务人才、社会工作者以及志愿者培养的相关政策得到政府扶持(2分)
			22	我国的法律援助制度和国家司法救助制度完善，保障特殊群体和弱势群体基本公共法律服务权益(1分)
			23	公共法律服务实体平台、热线平台以及网络平台完善，公共法律服务与科技创新手段实现深度融合(1分)
		6. 引导社会主体履行法定义务、承担社会责任	24	社会成员具备规则意识程度，依法履行其应有的义务，自觉维护社会的公序良俗，促进公民理性地表达自我诉求(2分)
			25	企业和其他组织在履行法定义务或承担社会责任时，相关引导体系完善(1分)
			26	相关政策对企业的引领作用，推动企业与社会之间建立起积极良好关系(1分)
			27	社会组织的责任履行标准制定(1分)

第一，测量“健全公众参与重大公共决策机制”状况的指标。其包括3个三级指标，具体为：一是，测量权利义务相关法律依据完善程度，该指标

主要考察涉及公民、法人和其他组织权利或者增加其义务的社会规范，均可以在现有的法律、行政法规中找到依据，避免非法损害公民合法权利或增加其义务的行为的发生，该项三级指标共赋分值 3 分。二是，测量保障法律职业者在重大公共决策中发挥作用的相关制度机制的建设情况，主要评估关于保障法律顾问、公职律师等法律职业者利用自身专业优势，发挥其对于重大公共决策的积极作用的相关制度建设是否落实，该项三级指标共赋分值 2 分。三是，测量涉企法规和参与机制健全程度，主要考察现有的制度机制是否健全，是否能发挥其应有的保障企业、职工合法权益，提高企业、职工、行业协会商会等参与社会重大公共决策的水平的作用，该项三级指标共赋分值 1 分。总体而言，该项二级指标主要围绕权利义务相关法律规范、决策中法律职业者激励机制、涉企法规和参与机制的健全三个方面展开，共赋分值 6 分。

第二，测量“加强产权保护”状况的指标。其包括 5 个三级指标，具体为：一是，测量产权人合法财产保护情况，主要考察现有的法律法规或政策能否保护自然人、法人和非法人组织的投资行为，以及其投资行为带来的收益及其他合法财产，实现鼓励社会积极创造财富的目的，重点考察当前制度能否为中小投资者的投资行为提供安全感，加强对中小投资者的保护，该项三级指标共赋分值 2 分。二是，测量涉及政府产权纠纷治理行动的开展，该指标主要观察涉及政府产权的相关经济纠纷是否通过定期专项治理行动等方式得到妥善的处理，以保护国家财产，该项三级指标共赋分值 1 分。三是，测量征收征用条例的完善程度，主要评估现有的征收征用条例制定得是否科学合理，在依法征收私人和法人财产时，能否保护被征收人的权利，使其得到合理的补偿，该项三级指标共赋分值 1 分。四是，测量知识产权信用机制的健全程度，主要观察在知识产权领域，信用分类监管机制以及失信惩戒机制等是否建立健全，发挥其促进知识产权创造、运用和管理服务能力提高的作用，最终推动知识产权领域的创新发展，该项三级指标共赋分值 1 分。五是，测量产权保护协调工作机制和督察评估的建设情况，主要考察产权保护协调工作机制和督察评估是否建立健全，并将知识产权的保护作为社会信用示范、文明城市创建以及营商环境建设的重要内容，评估知识产权领域内的专项执法行动是否定期开展，该项三级指标共赋分值 2 分。总体而言，该项二级指标主要围绕产权人合法财产保护、涉及政府产权纠纷治理行动、征收征用条例的完善、知识产权信用机制的健全、产权保护协调工作机制和督察评估的建立健全五个方面展开，共赋分值 7 分。

第三,测量“保障行政执法中当事人合法权益”状况的指标。其包括3个三级指标,具体为:一是,测量执法过程中人民至上理念贯彻情况,主要考察相关执法人员在实施执法行为时,其执法程序、执法方式是否符合法律法规,是否契合尊重和维护人民群众合法权益的根本遵循,该项三级指标共赋分值1分。二是,测量民生重点领域监督机制建设的情况,主要评价人民群众对涉及公共卫生、生态环境、食品药品、劳动保障、野生动物保护以及安全生产等关系群众重大利益的重点领域的监督评价机制是否建立健全,以此实现对这些重点领域在执法力度、执法效果等方面的监管,提高执法水平,该项三级指标共赋分值1分。三是,测量政务诚信和营商环境建设情况,主要评估产权保护统筹协调工作机制是否建立健全,将产权保护列为专项治理、信用示范、城市创建、营商环境建设等重要内容,考察涉及公民、法人或其他组织权利,或增加其义务的相关行政规范性文件、行政许可决定、行政处罚决定、行政强制决定以及行政征收决定等,与公民、法人或其他组织利益有密切关系的政府信息是否依法予以公开,以维护其合法权益,该项三级指标共赋分值2分。总体而言,该项二级指标主要围绕执法过程中人民至上理念贯彻、民生相关领域执法力度和效果、政务诚信和营商环境建设等方面展开,共赋分值4分。

第四,测量“加强人权司法保障”状况的指标。其包括8个三级指标,具体为:一是,测量涉民生案件查办情况,该指标主要评价涉及民生的具体案件是否得到妥善的处理,以保障人民群众的合法权益,该项三级指标共赋分值2分。二是,测量消费者权益保护集体诉讼制度建立健全情况,主要观察是否建立了健全的消费者权益保护集体诉讼制度,为消费者集体诉讼提供制度保障,该项三级指标共赋分值1分。三是,测量律师制度的完善情况,该指标主要考察现有的律师制度是否健全,是否能够满足人民群众对律师制度的需求,该项三级指标共赋分值2分。四是,测量诉讼权利制度完善情况,主要观察诉讼参与人诉讼权利制度是否得到了强化,非法证据排除规则以及案件纠错机制等有效防范和纠正冤假错案的相关制度是否得到了贯彻落实和执行,以确保诉讼参与人能够依法行使其应有权利,保护自身的合法权益,该项三级指标共赋分值2分。五是,测量司法执行工作机制的健全,主要评价相关执行工作长效机制是否健全,以便顺利开展司法执行工作,保障胜诉当事人及时实现其合法权益,该项三级指标共赋分值1分。六是,测量诉讼活动的法律监督情况,主要考察检察机关对民事诉讼活动、行政诉讼活动以及刑事诉讼活动的法律监督职责是否履行,以促进司法公正,该项三级指标共赋分值1分。七是,测量人民群众司法参与程度,主要观察人民群众是否充分参与到司法调解、司法听证等司法活动中来,人民陪审员制度和人民监督员制度是否真正落实到实务工作中,以提高人民群众在司法活动中的参与水平,该项三级指标共赋分值2分。八是,测量现代化科学技术与司法工作融合程度,该指标主要评价大数据、云计算以及人工智能等新型科技创新工具与司法工作深度融合的程度,以实现建立健全集约高效、多元解纷、便民利民、智慧精准、开放互动、交融共享的"互联网+诉讼"模式的现代化诉讼服务体系,提高司法工作的效率,该项三级指标共赋分值1分。总体而言,该项二级指标主要围绕涉民生案件查办、消费者权益保护集体诉讼制度、律师制度、诉讼权利制度、司法执行工作机制、对诉讼活动的法律监督、人民群众的司法参与以及现代化科学技术与司法工作的融合八个方面展开,共赋分值12分。

第五,测量"为群众提供便捷高效的公共法律服务"状况的指标。其包括4个三级指标,具体为:一是,测量现代公共法律服务体系建立情况,主要考察现代公共法律服务体系是否已经基本形成,并确保该体系能够覆盖城乡,做到便捷高效和均等普惠等,以保证人民群众对于获得法律帮助的需求能够及时得到满足,该项三级指标共赋分值2分。二是,测量法律服务推广状况,主要考察欠发达地区的专业法律服务人才、社会工作者以及志愿者培养的相关政策是否得到政府扶持,"互联网+"等新型法律服务方式是否在欠发达地区得到大力推广运用,村(居)法律顾问制度是否健全,是否发挥了满足基层群众对法律服务需求的作用,以实现促进城市优质法律服务资源向农村辐射,有效缓解欠发达地区的法律服务专业力量不足的状况,该项三级指标共赋分值2分。三是,测量法律救济措施的完善情况,主要评价我国的法律援助制度和国家司法救助制度是否健全,相关制度规范是否完善,能否发挥其保障特殊群体和弱势群体基本公共法律服务权益的作用,健全所有社会群体的权利救济渠道和方式,该项三级指标共赋分值1分。四是,测量现代科学技术与公共法律服务融合状况,该指标主要考察公共法律服务实体平台、热线平台以及网络平台是否建立健全,公共法律服务是否与科技创新手段实现了深度融合,以建成覆盖全业务、全时空的公共法律服务网络,该项三级指标共赋分值1分。总体而言,该项二级指标主要围绕现代公共法律服务体系建立、法律服务推广、法律救济措施的完善、现代科学技术与公共法律服务的融合四个方面展开,共赋分值6分。

第六,测量“引导社会主体履行法定义务、承担社会责任”状况的指标。其包括4个三级指标,具体为:一是,测量全民责任意识的形成,主要评价社会成员是否具备规则意识,倡导契约精神,公民、法人和其他组织是否依法行使宪法法律规定的权利,以及是否依法履行其应有的义务,自觉维护社会的公序良俗,通过评估以上内容促进公民理性地表达自我诉求,自觉履行自身的法定义务、社会责任、家庭责任,该项三级指标共赋分值2分。二是,测量企业法定义务履行情况,主要考察企业和其他组织在履行法定义务或承担社会责任时,是否得到了应有的引导,以保证社会能够健康有序地运行,该项三级指标共赋分值1分。三是,测量营商环境的政策指引效果,主要评价相关政策对企业的引领作用是否得到了充分发挥,引导企业更好履行社会责任,最终创建良好的环境,推动企业与社会之间建立起积极良好关系,该项三级指标共赋分值1分。四是,测量社会组织的责任履行状况,主要考察社会组织是否建立了完善的社会责任标准体系,对于积极建立标准体系、履行社会责任的社会组织,应对其投入相对更多的社会资源,该项三级指标共赋分值1分。总体而言,该项二级指标主要围绕全民责任意识的形成、企业法定义务的履行、营商环境的政策指引、社会组织的责任履行四个方面展开,共赋分值5分。

四、推进社会治理法治化

“推进社会治理法治化”一级指标涵盖9个二级指标及52个三级指标,共赋分值66分。如表7-16所示,“推进社会治理法治化”一级指标的基本要求是对完善社会治理体制机制,推进多层次多领域依法治理,发挥人民团体和社会组织在法治社会建设中的作用,增强社会安全感,加强民族宗教领域依法治理,加强生态环境领域依法治理,加强应急领域依法治理,深化法治乡村建设实践,依法有效化解社会矛盾纠纷的状况进行客观评价。具体如下:

表7-16　推进社会治理法治化指标体系

一级指标	基本要求	二级指标	三级指标	
			序号	名称
推进社会治理法治化	对完善社会治理体制机制,推进多层次	1. 完善社会治理体制机制	1	完善党委领导、政府负责、民主协商、社会协同、公众参与、法治保障、科技支撑的社会治理体系,共建共治共享的社会治理格局基本形成(2.5分)

续表

一级指标	基本要求	二级指标	三级指标	
			序号	名称
推进社会治理法治化	多领域依法治理,发挥人民团体和社会组织在法治社会建设中的作用,增强社会安全感,加强民族宗教领域依法治理,加强生态环境领域依法治理,加强应急领域依法治理,深化法治乡村建设实践,依法有效化解社会矛盾纠纷的状况进行客观评价	1. 完善社会治理体制机制	2	地方党委在本地区发挥总揽全局、协调各方领导作用的机制健全,政府社会治理考核问责机制完善(1分)
			3	引领和推动社会力量参与社会治理,建设人人有责、人人尽责、人人享有的社会治理共同体,确保社会治理过程人民参与、成效人民评判、成果人民共享(1分)
		2. 推进多层次多领域依法治理	4	市域治理创新,市级层面实名登记、知识产权保护等相关配套制度的建设,如期开展市域社会治理现代化的试点工作,法治成为市域社会治理的主要方式(1分)
			5	深化城乡社区依法治理,在党组织的领导下实现政府治理和社会调节、居民自治良性互动(1分)
			6	区县职能部门、政府或街道办事处等按照减负赋能原则,制定落实社区治理方面的权责清单(1分)
			7	健全村级议事协商制度,村级事务"阳光工程"有效实施,完善党务、村务、财务"三公开"制度,定期梳理村级事务公开清单(2分)
			8	基层单位和基层群众性自治组织依法治理,《城市居民委员会组织法》和《村民委员会组织法》修改完善。学校、企业以及医院等基层单位的保障业务和相关管理活动各项制度全面推进(2分)
			9	广泛开展行业依法治理,行业标准完善、合法合规审查到位、法治化治理方式得到落实,实现防范化解风险及时和法律监督有效的法治化治理方式(1分)
		3. 发挥人民团体和社会组织	10	人民团体在党的领导下,依据宪法和法律的规定,组织其成员通过各种途径和方式参与管理国家、社会事务,管理社会经济文化事业(1分)

续表

一级指标	基本要求	二级指标	三级指标	
			序号	名称
推进社会治理法治化	对完善社会治理体制机制,推进多层次多领域依法治理,发挥人民团体和社会组织在法治社会建设中的作用,增强社会安全感,加强民族宗教领域依法治理,加强生态环境领域依法治理,加强应急领域依法治理,深化法治乡村建设实践,依法有效化解社会矛盾纠纷的状况进行客观评价	在法治社会建设中的作用	11	促进社会组织健康有序发展,推进社会组织明确权责、依法自治。对加大培育社会组织力度,重点培育商会类、科技类、公益慈善类重点行业协会以及服务类社会组织发挥作用(2分)
			12	坚持党对社会组织的领导,加强社会组织中党的建设,政府为社会组织提供必要的资源和政策支持,以确保社会组织发展的正确政治方向(2分)
			13	行业协会商会发挥自律作用,行业自律组织建立(1分)
			14	推动和支持社区志愿组织发展,开展志愿服务标准化建设(1分)
			15	政府购买公共服务机制完善,促进社会组织在提供公共服务中发挥更大作用(0.5分)
		4. 增强社会安全感	16	制定社会安全体系的总体设计和战略规划,《关于加快推进社会治理现代化开创平安中国建设新局面的意见》贯彻落实,平安中国的建设机制、协调机制、责任分担机制完善,平安中国建设的指标体系及考核标准体系健全(2分)
			17	"互联网+公共安全"计划制订、落实(1分)
			18	推动扫黑除恶等重点问题的治理常态化,对破坏野生动物资源、暴力恐怖、暴力伤害医务人员、高科技犯罪、网络犯罪以及黄赌毒黑拐骗等严重违法犯罪实施严厉打击和惩治,对破坏交通安全、危害食品药品安全、影响生产安全等严重威胁社会安全的问题加强治理(2分)
			19	社会心理服务体系、社会心理疏导机制、危机干预机制、预防机制建立健全,基层社会心理服务工作站以及心理工作者、社会工作者等社会心理服务人才队伍健全完备,对重点人群如精神障碍患者、留守儿童、贫困人口和妇女儿童等的人文关怀加强,保持社会整体的心理健康(2分)

续表

一级指标	基本要求	二级指标	三级指标	
			序号	名称
推进社会治理法治化	对完善社会治理体制机制，推进多层次多领域依法治理，发挥人民团体和社会组织在法治社会建设中的作用，增强社会安全感，加强民族宗教领域依法治理，加强生态环境领域依法治理，加强应急领域依法治理，深化法治乡村建设实践，依法有效化解社会矛盾纠纷的状况进行客观评价	4. 增强社会安全感	20	“青少年维权岗”“青少年零犯罪零受害社区(村)”等预防青少年犯罪的基层工作加强(0.5分)
		5. 加强民族宗教领域依法治理	21	《民族区域自治法》全面贯彻实施，民族区域自治地方配套法规建设完善，保障自治地方依法行使自治权，坚持各民族在法律面前一律平等的基本原则(1分)
			22	以铸牢中华民族共同体意识为主线，深化“三个离不开”“五个认同”教育，《国家通用语言文字法》的宣传教育加强(1分)
			23	以涉少数民族为重点，鲜明开展反分裂、反渗透等斗争活动，以法治形式实施少数民族宗教工作，制止非法的宗教活动(3分)
			24	依法妥善处理各类涉民族、涉宗教案(事)件，避免引起民族纠纷，以促进民族团结、宗教和睦，最终实现社会和谐(1分)
			25	依法处理非法民间调解、利用调解工作谋取私利等违法行为，杜绝“赔命价”“赔血价”等现象发生(1分)
			26	培育既能懂法用法，又了解有关工作，理解“群众语言”的宗教普法工作队伍，完善宗教教职人员学法用法制度，将党的方针政策和《宗教事务条例》等国家法律法规贯彻到平时的宣传教育中去，“尊法学法守法用法示范寺观教堂”创建工作持续开展，法治宣传进寺院示范基地的培育情况以及相应的评级工作展开(2.5分)
			27	相关部门、单位在“保护合法、制止非法、遏制极端、抵御渗透、打击犯罪”基本原则的指引下，对宗教活动领域重点问题进行依法治理，杜绝存在法外之人、法外之地和法外之教(1分)

续表

一级指标	基本要求	二级指标	三级指标	
			序号	名称
推进社会治理法治化	对完善社会治理体制机制,推进多层次多领域依法治理,发挥人民团体和社会组织在法治社会建设中的作用,增强社会安全感,加强民族宗教领域依法治理,加强生态环境领域依法治理,加强应急领域依法治理,深化法治乡村建设实践,依法有效化解社会矛盾纠纷的状况进行客观评价	6.加强生态环境领域依法治理	28	把坚持生态保护作为第一选择,牢固树立习近平总书记提出的“绿水青山就是金山银山”的理念,国土空间开发保护制度健全,生态补偿制度制定完善,“三线一单”生态环境分区管控要求严格落实(2分)
			29	生态环境法律法规宣传在全社会范围展开,增强全体社会成员保护环境、爱护自然的意识(1分)
			30	积极推进建成国家公园示范区,相关法规体系健全完善(1分)
			31	坚持山水林田湖草系统治理,建立落实“河长制”“湖长制”“林长制”“草长制”等制度(1分)
			32	加强人居环境整治和饮水源保护,推进水土综合治理(1分)
			33	严厉打击毁坏草场林木,非法捕杀、收购、运输、出售濒危珍贵野生动物及制品,非法开采矿产资源等行为(1分)
			34	党政领导干部责任追究制度严格落实,生态环境损害赔偿持续推进,依法及时有效查处、纠正生态违法行为(1分)
			35	生态环境保护督察和综合行政执法队伍建设加强,执法能力提高,生态环境执法工作加强(0.5分)
		7.加强应急领域依法治理	36	定期宣传安全领域,如公共卫生、疫情防控、消防安全以及安全生产等领域的法律法规,全社会的安全防范意识提升,实现从源头上防控重大安全隐患出现的目标(2分)
			37	相关部门单位对灾害综合风险的研判水平提升,减少各类自然灾害对人民群众合法财产的破坏(1分)

续表

一级指标	基本要求	二级指标	三级指标	
			序号	名称
推进社会治理法治化	对完善社会治理体制机制,推进多层次多领域依法治理,发挥人民团体和社会组织在法治社会建设中的作用,增强社会安全感,加强民族宗教领域依法治理,加强生态环境领域依法治理,加强应急领域依法治理,深化法治乡村建设实践,依法有效化解社会矛盾纠纷的状况进行客观评价	7. 加强应急领域依法治理	38	应急部门间的协作联动水平,以及专项应急预案和部门应急预案的编制、更新工作及时进行,领导干部和国家工作人员面对突发情况的依法决策和依法处置能力提升(2分)
			39	矿山、建筑施工等极易发生安全事故的特殊领域中,行政执法的力度和水平提升,生产经营单位的主体责任贯彻落实,及时排查事故隐患,减少因非法生产经营建设行为造成的人民群众在生命和财产方面的损失(1分)
			40	应急时期的法律服务及时满足群众需求,为困难企业和群众等提供必要的法律帮助,减少应急时期的社会矛盾纠纷(0.5分)
		8. 深化法治乡村建设实践	41	领导干部坚持以法治思维和法治方式进行乡村治理,以实现建立美丽家园、绿色田园、幸福乐园的目标(1分)
			42	乡村干部群众行为符合法律法规的要求以及村民自治章程和村规民约的规范,逐渐养成依法决策、依法办事的良好习惯(1分)
			43	"法律明白人"培养工程顺利贯彻实施,"法治带头人"的培育工作按照预期进行,助力实现乡村治理法治化的目标(1分)
			44	村级议事协商活动定期开展,形式多样,探索村民小组协商和管理的有效方式,组织村民参与到村级公共事务、重大民事问题的讨论中(1分)
			45	深化村级重大事项决策"四议两公开"制度实践(1分)
			46	推进农村巡察工作,依法依规整治惠农补贴、集体资产管理、土地征收等领域侵害人民利益的不正之风和腐败问题(0.5分)

续表

一级指标	基本要求	二级指标	三级指标	
			序号	名称
推进社会治理法治化	对完善社会治理体制机制,推进多层次多领域依法治理,发挥人民团体和社会组织在法治社会建设中的作用,增强社会安全感,加强民族宗教领域依法治理,加强生态环境领域依法治理,加强应急领域依法治理,深化法治乡村建设实践,依法有效化解社会矛盾纠纷的状况进行客观评价	9. 依法有效化解社会矛盾纠纷	47	坚持和发展新时代“枫桥经验”,畅通和规范群众诉求表达渠道、利益协调渠道以及权益保障渠道,仲裁委员会应积极参与基层社会纠纷解决工作,实现仲裁早日融入基层社会治理的目标(1.5分)
			48	诉讼与信访分离制度贯彻落实,深入推进依法分类处理信访诉求(1分)
			49	人民调解、行政调解、司法调解联动工作体系完善,实现三大调解之间的高效衔接,律师调解经费保障机制建立完善(2分)
			50	县级地区在矛盾多发领域建立有助于纠纷高效解决的“一站式”工作机制(1分)
			51	农村土地承包经营纠纷调解仲裁以及劳动人事争议调解仲裁工作依法进行(1分)
			52	行政机关在行政复议、行政调解以及行政裁决工作中的工作水平提升,纠纷化解率显著提高(1分)

第一,测量“完善社会治理体制机制”状况的指标。其包括3个三级指标:一是,测量社会治理体系的完善程度,包括党委方面、政府方面、民主协商方面、社会协同方面、公众参与方面、法治保障方面以及科技支撑方面,基于此进一步衡量共建共治共享的社会治理格局的建设情况,该项三级指标共赋分值2.5分。二是,测量保障地方党委发挥领导作用的机制的建设情况,包括保障党委总揽全局、协调各方领导作用的各种机制以及政府社会治理考核问责机制等,该项三级指标共赋分值1分。三是,测量社

会治理共同体的建设情况，强调评价社会各方力量参与社会治理的情况，是否建成人人尽责、人人享有的社会治理共同体，确保社会治理的广泛参与，该项三级指标共赋分值 1 分。总体而言，该项二级指标主要围绕社会治理体系的完善、保障地方党委发挥领导作用机制的建设以及社会治理共同体的建设三个方面展开，共赋分值 4.5 分。

第二，测量“推进多层次多领域依法治理”状况的指标。其包括 6 个三级指标：一是，测量市域社会治理的创新情况，主要包括市级层面实名登记、知识产权保护等相关配套制度的建设，是否如期开展市域社会治理现代化的试点工作，让法治成为市域社会治理的主要方式，该项三级指标共赋分值 1 分。二是，测量城乡社区依法治理的情况，主要包括观察在党组织领导下是否实现了政府治理和社会调节及城乡社区居民自治形成良性互动，该项三级指标共赋分值 1 分。三是，测量社区治理方面的权责清单的制定和落实情况，主要包括区县的相关职能部门以及政府或街道办事处等是否按照减负赋能原则制定落实清单，该项三级指标共赋分值 1 分。四是，测量村级治理制度体系的建设情况，主要包括评价村级议事协商制度是否健全，考察村级事务“阳光工程”的实施情况，观察党务、村务、财务“三公开”制度是否完善，村级事务的公开清单是否定期进行梳理，该项三级指标共赋分值 2 分。五是，测量各基层单位和基层群众性自治组织依法治理的情况，主要包括如学校、企业以及医院等基层单位的保障业务完善和相关管理活动的制度推行情况，村民委员会、居民委员会等基层性群众性自治组织的组织法的修改完善情况，该项三级指标共赋分值 2 分。六是，测量行业依法治理的情况，主要包括行业标准是否完善、合法合规审查是否到位、法治化治理方式是否得到落实，以此实现风险的化解防范和有效的法律监督，该项三级指标共赋分值 1 分。总体而言，该项二级指标主要围绕市域社会治理的创新、城乡社区依法治理、社区治理方面的权责清单的制定和落实、村级治理制度体系的建设、基层单位和基层群众性自治组织的依法治理以及行业依法治理六个方面展开，共赋分值 8 分。

第三，测量“发挥人民团体和社会组织在法治社会建设中的作用”状况的指标。其包括 6 个三级指标：一是，测量各类人民团体参与国家、社会事务管理的情况，主要包括观察人民团体是否始终坚持党的领导，在党的领导下依据宪法和法律的规定组织其成员通过各种途径和方式参与管理国家、社会事务，管理社会经济文化事业等，该项三级指标共赋分值 1 分。二是，测量各类社会组织培育力度和健康发展的情况，主要包括观察各类社会组织是否明确其自身的权利和义务，是否在其组织内实行依法治理以发挥其在社会中的应有作用,如对商会类、科技类、公益慈善类重点行业协会以及服务类社会组织是否进行了重点培育,该项三级指标共赋分值2分。三是,测量党对社会组织的领导和推动情况,主要包括评估各类社会组织是否自觉加强党的建设、服从党的领导,以保证社会组织在发展过程中是否始终坚持朝着正确的政治方向前进,观察政府是否为社会组织提供必要的资源支持和政策支持,是否开展志愿服务标准化的建设等,该项三级指标共赋分值2分。四是,测量行业协会商会自律作用的发挥情况,主要包括是否建立相关行业自律组织,以此对行业自身进行自我治理、自我约束等,该项三级指标共赋分值1分。五是,测量社区志愿组织在社会治理中发挥作用的情况,主要包括促进社会协同,促进公众通过志愿服务的方式参与到社会治理中来,该项三级指标共赋分值1分。六是,测量保障政府购买公共服务相关机制的完善情况,主要是现有的机制是否能够配合政府较为顺畅地购买公共服务,以此发挥各类社会组织在政府购买公共服务时的助力作用,该项三级指标共赋分值0.5分。总体而言,该项二级指标主要围绕各类人民团体参与国家社会、事务管理,社会组织培育力度和健康发展,党对社会组织的领导和推动,行业协会商会自律,社区志愿组织社会治理以及政府购买公共服务相关机制等六个方面展开,共赋分值7.5分。

第四,测量"增强社会安全感"状况的指标。其包括5个三级指标:一是,测量平安中国建设新局面的意见和相关机制的贯彻落实情况,主要评价是否从整体性视角制定社会安全体系的总体设计和战略规划,考察平安中国的建设机制、协调机制以及责任分担机制,以及平安中国建设的指标体系及考核标准体系是否健全,以此保证为社会治理法治化、现代化的实现提供安全的社会环境,该项三级指标共赋分值2分。二是,测量"互联网+公共安全"行动计划的落实情况,主要包括是否创新了平安中国建设的工作机制,将互联网与平安中国建设工作结合起来,采取多方面措施打击、惩治暴力恐怖犯罪等威胁社会安全的活动,该项三级指标共赋分值1分。三是,测量扫黑除恶等重点问题的治理情况,主要观察是否对破坏野生动物资源、暴力恐怖、暴力伤害医务人员、高科技犯罪、网络犯罪以及黄赌毒黑拐骗等严重违法犯罪实施严厉打击和惩治,对破坏交通安全、危害食品药品安全、影响生产安全等严重威胁社会安全的问题加强治理,以预防类似严重违法犯罪行为的发生,该项三级指标共赋分值2分。四是,测量社会心理服务相关机制的建设情况,主要包括社会心理服务体系、社会心理疏导机制、危机干预机制和预防机制是否健全,是否建立基层社会心理服务工作站,以及是否培育相关的心理工作者、社会工作者等社会心理服务人才队伍,尤其是要加强对一些重点人群如精神障碍患者、留守儿童、贫困人口和妇女儿童等的人文关怀,保持社会整体的心理健康,该项三级指标共赋分值 2 分。五是,测量预防青少年犯罪的基层工作情况,主要包括基层是否建立“青少年维权岗”“青少年零犯罪零受害社区(村)”等预防青少年犯罪,该项三级指标共赋分值 0.5 分。总体而言,该项二级指标主要围绕平安中国建设新局面的意见和相关机制的贯彻落实、“互联网+公共安全”行动计划的落实、扫黑除恶等重点问题的治理情况、社会心理服务相关机制的建设、预防青少年犯罪的基层工作等五个方面展开,共赋分值 7.5 分。

第五,测量“加强民族宗教领域依法治理”状况的指标。其包括 7 个三级指标:一是,测量《民族区域自治法》的贯彻实施情况,主要评价民族区域自治地方的配套法规建设是否完善,以保障自治地方能够依法行使自治权,坚持各民族在法律面前一律平等的基本原则,该项三级指标共赋分值 1 分。二是,测量各族人民中华民族共同体意识的水平,主要评价各族人民是否进行“三个离不开”“五个认同”教育,《国家通用语言文字法》的宣传教育是否得到加强,该项三级指标共赋分值 1 分。三是,测量民族宗教的法治建设情况,主要观察是否以涉少数民族为重点,鲜明开展反分裂、反渗透、反自焚的斗争活动,以法治形式实施少数民族宗教管理工作,制止非法的宗教活动,该项三级指标共赋分值 3 分。四是,测量涉民族、涉宗教案(事)件的处理情况,主要包括在现行民族政策的引导下,依法妥善处理各类涉民族、涉宗教案(事)件,避免引起民族纠纷,以促进民族团结、宗教和睦,最终实现社会和谐,该项三级指标共赋分值 1 分。五是,测量非法民间调解等问题的处理情况,主要观察非法民间调解、利用调解工作谋取私利等违法行为是否依法得到处理,杜绝“赔命价”“赔血价”等现象的发生,该项三级指标共赋分值 1 分。六是,测量宗教教育人员及信众的法治教育情况,主要评价是否培育了既能懂法用法,又了解有关工作,理解“群众语言”的宗教普法工作队伍,观察宗教教职人员学法用法制度是否完善,是否将党的方针政策和《宗教事务条例》等国家法律法规贯彻到平时的宣传教育中去,最终实现宗教树立国家意识、法律意识、公民意识的目标,观察“尊法学法守法用法示范寺观教堂”创建工作是否持续开展,法治宣传进寺院示范基地的培育情况以及相应的评级工作展开,该项三级指标共赋分值 2.5 分。七是,测量宗教活动领域重点问题的治理情况,主要观察相关部门、单位是否在“保护合法、制止非法、遏制极端、抵御渗透、打击犯罪”基本原则的指引下,对宗教活动领域重点问题进行依法治理,杜绝存在法外之人、法外之地和法外之教,该项三级指标共赋分值1分。总体而言,该项二级指标主要围绕《民族区域自治法》的贯彻实施,中华民族共同体意识,民族宗教的法治建设,涉民族、涉宗教案(事)件的处理,非法民间调解等问题的处理,宗教教育人员及信众的法治教育,宗教活动领域重点问题的治理七个方面展开,共赋分值10.5分。

第六,测量"加强生态环境领域依法治理"状况的指标。其包括8个三级指标:一是,测量生态文明治理制度体系现代化建设程度,主要评价相关部门、单位在日常工作中是否把坚持生态保护作为第一选择,是否牢固树立习近平总书记提出的"绿水青山就是金山银山"的理念,国土空间开发保护制度是否健全,生态补偿制度制定是否完善等,同时要严格落实"三线一单"生态环境分区管控的要求,该项三级指标共赋分值2分。二是,测量生态环境法律法规宣传情况,主要评价生态环境法律法规宣传是否在全社会范围展开,增强全体社会成员保护环境、爱护自然的意识,该项三级指标共赋分值1分。三是,测量国家公园示范区的建设情况,主要观察是否建成国家公园示范区,同时相关的法规体系是否得到相应的完善,该项三级指标共赋分值1分。四是,测量山水林田湖草系统治理的水平,主要评价该地区是否通过建立落实"河长制""湖长制""林长制""草长制"等制度,对生态环境进行系统治理,该项三级指标共赋分值1分。五是,测量水土综合治理的水平,主要观察是否对人居环境进行必要的整治,是否保护饮水源以保证对水土方面的生态工作进行综合治理,该项三级指标共赋分值1分。六是,测量打击生态环境相关犯罪行为力度的情况,主要包括对毁坏草场林木,非法捕杀、收购、运输、出售濒危珍贵野生动物及制品,非法开采矿产资源等行为的惩治,该项三级指标共赋分值1分。七是,测量生态环境损害责任追究制度的落实情况,主要观察党政领导干部是否对生态环境保护工作负责,严格落实责任追究制度,通过推进生态环境损害赔偿,依法及时有效查处、纠正生态违法行为,该项三级指标共赋分值1分。八是,测量生态环境保护督察和综合行政执法队伍建设情况,主要考察执法能力是否提高,生态环境执法工作是否加强,该项三级指标共赋分值0.5分。总体而言,该项二级指标主要围绕生态文明治理制度体系的现代化建设、生态环境法律法规宣传、国家公园示范区、山水林田湖草系统治理、水土综合治理、打击生态环境相关犯罪行为、生态环境损害责任追究制度以及生态环境保护督察和综合行政执法队伍建设八个方面展开,共赋分值8.5分。

第七，测量“加强应急领域依法治理”状况的指标，包括5个三级指标。具体为：一是，测量安全相关法规宣传教育情况，主要考察安全领域，如公共卫生、疫情防控、消防安全以及安全生产等领域的法律法规，是否得到必要的、定期的宣传，通过考察全社会的安全防范意识提升情况，实现从源头上防控重大安全隐患出现的目标，该项三级指标共赋分值2分。二是，测量自然灾害综合风险监测预警情况，主要评价相关部门、单位对灾害综合风险的研判水平是否得到了提升，以便减少各类自然灾害对人民群众合法财产的破坏，该项三级指标共赋分值1分。三是，测量应对突发事件的处理能力，主要考察应急部门间的协作联动水平，以及专项应急预案和部门应急预案的编制、更新工作是否及时进行，领导干部和国家工作人员面对突发情况的依法决策和依法处置能力是否得到提升，该项三级指标共赋分值2分。四是，测量特殊生产领域管理情况，主要考察矿山、建筑施工等极易发生安全事故的领域中，其行政执法的力度和水平是否得到提升，生产经营单位的主体责任是否得到贯彻落实，以便及时排查事故隐患，减少因非法生产经营建设行为造成的人民群众在生命和财产方面的损失，该项三级指标共赋分值1分。五是，测量应急时期法律服务情况，主要观察应急时期的法律服务是否能够及时满足群众需求，为困难企业和群众等提供必要的法律帮助，减少应急时期的社会矛盾纠纷，该项三级指标共赋分值0.5分。总体而言，该项二级指标主要围绕安全相关法规的宣传教育、自然灾害综合风险监测预警、应对突发事件的处理能力、特殊生产领域管理、应急时期法律服务五个方面展开，共赋分值6.5分。

第八，测量“深化法治乡村建设实践”状况的指标，包括6个三级指标。具体为：一是，测量乡村治理运用法治思维的情况，主要考察相关领导干部在进行乡村治理时，是否坚持以法治思维和法治方式进行治理，以实现建立美丽家园、绿色田园、幸福乐园的目标，该项三级指标共赋分值1分。二是，测量乡村干部群众法治意识，主要评价乡村干部群众的行为是否符合法律法规的要求以及村民自治章程和村规民约的规范，并通过这种方式逐渐养成依法决策、依法办事的良好习惯，该项三级指标共赋分值1分。三是，测量“法律明白人”制度实施情况，主要考察“法律明白人”培养工程是否得到贯彻实施，“法治带头人”的培育工作是否按照预期进行，以此助力实现乡村治理法治化的目标，该项三级指标共赋分值1分。四是，测量乡村民主协商情况，主要评价村级议事协商活动是否定期开展，是否做到形式多样，通过探索村民小组协商和管理的有效方式，更好地组织村民参与到村级公共事务、重大民事问题的讨论中来，该项三级指标共赋分值1分。

五是，测量“四议两公开”制度实施情况，主要评价村党委组织领导进行的乡村民主决策活动的组织水平，该项三级指标共赋分值1分。六是，测量农村巡察工作开展情况，主要观察侵害农民利益的不正之风和腐败问题是否通过农村巡察工作的开展，得到必要的整治，该项三级指标共赋分值0.5分。总体而言，该项二级指标主要围绕乡村治理运用法治思维、乡村干部群众法治意识、“法律明白人”制度落实、乡村民主协商情况、“四议两公开”制度实施、农村巡查工作开展六个方面展开，共赋分值5.5分。

第九，测量“依法有效化解社会矛盾纠纷”状况的指标，包括6个三级指标。具体为：一是，测量基层矛盾纠纷化解能力，主要评价群众诉求表达渠道、利益协调渠道以及权益保障渠道是否畅通、是否规范化，仲裁委员会是否积极参与基层社会纠纷的解决工作，实现仲裁早日融入基层社会治理的目标，以此促进社会矛盾纠纷多元化预防调处化解综合机制的完善，该项三级指标共赋分值1.5分。二是，测量信访实施情况，主要考察诉讼与信访分离制度是否得到贯彻落实，以便实现推进依法分类处理信访的目标，该项三级指标共赋分值1分。三是，测量人民调解实施情况，主要观察人民调解、行政调解、司法调解联动工作体系是否完善，是否实现三大调解之间的高效衔接，评价律师在调解中的作用，考察律师调解经费保障机制是否建立完善等，该项三级指标共赋分值2分。四是，测量“一站式”纠纷解决机制的建立情况，主要考察县级地区在矛盾多发领域是否建立有助于纠纷高效解决的“一站式”工作机制，该项三级指标共赋分值1分。五是，测量调解仲裁工作情况，主要评价农村土地承包经营纠纷调解仲裁以及劳动人事争议调解仲裁工作是否依法进行，以保障当事人的合法权益，该项三级指标共赋分值1分。六是，测量行政机关化解纠纷情况，主要考察行政机关在行政复议、行政调解以及行政裁决工作的工作水平是否提升，以提升行政机关化解纠纷的能力，该项三级指标共赋分值1分。总体而言，该项二级指标主要围绕基层矛盾纠纷化解能力、信访实施情况、人民调解实施情况、“一站式”纠纷解决机制建立、调解仲裁工作、行政机关化解纠纷六个方面展开，共赋分值7.5分。

五、依法治理网络空间

“依法治理网络空间”一级指标涵盖4个二级指标及15个三级指标，共赋分值25分。如表7-17所示，“依法治理网络空间”一级指标的基本要求是对完善网络法律制度、形成网络共治合力、培育良好的网络法治意识、保障公民依法安全用网的状况进行客观评价。具体如下：

表 7-17　依法治理网络空间指标体系

一级指标	基本要求	二级指标	三级指标	
			序号	名称
依法治理网络空间	对完善网络法律制度、形成网络共治合力、培育良好的网络法治意识、保障公民依法安全用网的状况进行客观评价	1. 完善网络法律制度	1	实现将现有法律法规延伸至网络空间的目的,减少法外空间的存在(1分)
			2	网络安全领域配套的法律法规建立健全,新技术研发应用的规范引导以及网络安全管理制度完善(3分)
			3	网络领域预防未成年人犯罪的相关法律法规制定(1分)
			4	跨境电商制度完善和对于国际网络规则与标准落实,同时对国际网络规则与标准的制定提出宝贵改进建议(2分)
		2. 形成网络共治合力	5	网络安全责任制落实(1分)
			6	保障网络安全相关机制,如网络安全风险报告机制、研判处置机制、安全事件的应急处理机制,以及网络安全检查制度健全(2分)
			7	网络应急管理和值班制度以及基层网络安全应急指挥中心建立健全(1分)
		3. 培育良好的网络法治意识	8	社会主义核心价值观、中华文化新媒体传播等工程实施状况,以及对于网络有害信息高速拦截与处理(2分)
			9	建设完善互联网信息服务领域严重失信"黑名单"制度和惩戒机制(1分)
			10	评价中国好网民和网络公益工程(2分)
		4. 保障公民依法安全用网	11	广大网民树立正确的网络安全观,降低自身遇到网络风险的可能性(1分)
			12	网络管理部门和网信企业能够明确其应当承担的网络安全责任(2分)
			13	网络安全和信息化执法、网络违法犯罪监控和查处能力建设(2分)
			14	保护网络空间内的通信秘密、商业秘密、个人隐私以及合法权益(3分)
			15	安全领域的信息共享机制健全,积极参与国际打击互联网违法犯罪活动(1分)

第一,测量"完善网络法律制度"状况的指标,包括 4 个三级指标。具体为:一是,测量现有法律法规在网络空间的适用情况,主要考察是否能通过立改废释并举等方式,实现将现有法律法规延伸至网络空间的目的,减少法外空间的存在,该项三级指标共赋分值 1 分。二是,测量网络安全领域的配套规定与标准体系的完善情况,主要考察网络安全领域配套的法律法规,如关键隐私信息安全保护、数据安全管理、网络抗干扰性防护网建设、信用监控体系、知识产权保障体系审查等制度是否建立健全,新技术研发应用的规范引导以及网络安全管理制度是否完善,该项三级指标共赋分值 3 分。三是,测量网络保护未成年人的法律法规完善情况,主要考察网络领域预防未成年人犯罪的相关法律法规的制定情况,以此实现对未成年人的网络保护,通过制度保障的形式,最大限度减少未成年人犯罪,该项三级指标共赋分值 1 分。四是,测量对跨境电子商务经营者的规范情况,主要考察跨境电商制度是否完善和对于国际网络规则与标准的落实情况,同时对国际网络规则与标准的制定提出宝贵改进建议,实现对跨境电子商务经营者规范化管理的目的,该项三级指标共赋分值 2 分。总体而言,该二级指标主要围绕现有法律法规在网络空间的适用、网络安全领域配套规定与标准体系的建立健全、未成年人网络保护、规范跨境电子商务经营者行为四个方面展开,共赋分值 7 分。

第二,测量"形成网络共治合力"状况的指标,包括 3 个三级指标。具体为:一是,测量网络安全责任的落实情况,主要考察网络安全责任制是否得到贯彻落实,以便帮助网络管理部门和网络企业明确自身应当承担的网络安全责任,该项三级指标共赋分值 1 分。二是,测量网络安全机制的完善情况,主要评价保障网络安全相关机制,如网络安全风险报告机制、研判处置机制、安全事件的应急处理机制,以及网络安全检查制度是否健全,以便加强对网络安全的维护,该项三级指标共赋分值 2 分。三是,测量对网络安全的监测情况,主要考察互联网安全监测指挥平台是否建立,网络应急管理和值班制度以及基层网络安全应急指挥中心是否建立健全,以便实现共同治网的目标,该项三级指标共赋分值 1 分。总体而言,该二级指标主要围绕网络安全责任落实、网络安全机制的完善、网络安全监测三个方面展开,共赋分值 4 分。

第三,测量"培育良好的网络法治意识"状况的指标,包括 3 个三级指标。具体为:一是,测量互联网内容建设情况,主要考察社会主义核心价值观、中华文化新媒体传播等工程是否得到贯彻实施,以及对于网络有害信息高速拦截与处理,以实现促进互联网内容创新的目标,该项三级指标共赋分值 2 分。二是,测量网络诚信建设情况,主要考察互联网信息服务领域严重失信“黑名单”制度和惩戒机制是否建设完善等,网络社会诚信机制的建设是否达到了应有水准,该项三级指标共赋分值 1 分。三是,测量网民网络法治意识培育情况,主要评价中国好网民和网络公益工程是否得到深入实施,是否发挥了这类工程应有的引导文明、理智上网等功能,重点测量青少年在网络中是否得到安全用网和理性上网的意识培养,该项三级指标共赋分值 2 分。总体而言,该二级指标主要围绕互联网内容建设、网络诚信建设、网络法治意识培育三个方面展开,共赋分值 5 分。

第四,测量“保障公民依法安全用网”状况的指标,包括 5 个三级指标。具体为:一是,测量网络安全观的树立情况,主要考察广大网民是否树立了正确的网络安全观,降低自身遇到网络风险的可能性,该项三级指标共赋分值 1 分。二是,测量网络安全责任制落实情况,主要评价网络安全责任制是否得到了贯彻落实,以便网络管理部门和网信企业能够明确其应当承担的网络安全责任,该项三级指标共赋分值 2 分。三是,测量网络违法行为监控与查处机制建设情况,主要考察网络安全和信息化执法联动机制,及对网络金融犯罪、网络诽谤、网络诈骗、网络色情、攻击窃密等违法犯罪行为的监控与查处能力建设情况。该项三级指标共赋分值 2 分。四是,测量对网络空间合法权益的保护情况,主要考察网络空间内的通信秘密、商业秘密、个人隐私以及合法权益是否得到了必要的保护,该项三级指标共赋分值 3 分。五是,测量信息共享机制的完善情况,主要观察网络安全领域的信息共享机制是否健全,是否积极参与国际打击互联网违法犯罪活动,以助力保障国内、国际双重网络安全工作,该项三级指标共赋分值 1 分。总体而言,该项二级指标主要围绕网络安全观树立、网络安全责任制落实、网络违法行为监控与查处机制完善、网络空间合法权益保护、信息共享机制完善五个方面展开,共赋分值 9 分。

六、加强组织保障

“加强组织保障”一级指标涵盖 4 个二级指标及 11 个三级指标,共赋分值 15 分。如表 7-18 所示,“加强组织保障”一级指标的基本要求是对强化组织领导、加强统筹协调、健全责任落实和考核评价机制、加强理论研究和舆论引导的状况进行客观评价。具体如下:

表 7-18　加强组织保障指标体系

一级指标	基本要求	二级指标	三级指标	
			序号	名称
加强组织保障	对强化组织领导、加强统筹协调、健全责任落实和考核评价机制、加强理论研究和舆论引导的状况进行客观评价	1. 强化组织领导	1	贯彻落实地方各级党委在推进本地区法治社会建设工作中的领导责任，以推动法治社会建设过程中的重点难点问题的解决(3分)
			2	充分发挥党委在推进本地区法治社会建设中的领导核心作用，定期听取有关工作汇报，及时研究解决有关重大问题(1分)
		2. 加强统筹协调	3	坚持法治社会与法治国家、法治政府建设相协调，坚持法治社会建设与新时代经济社会发展、人民日益增长的美好生活需要相适应(1分)
			4	地方各级党委法治建设议事协调机构加强对本地区法治社会建设的统筹谋划，形成上下协调、部门联动的工作机制(1分)
			5	充分调动全社会各方力量采取多种形式参与法治社会建设，进一步发挥公民、企事业单位、人民团体、社会组织等在推进法治社会建设中的积极作用，形成法治社会建设最大合力(2分)
		3. 健全责任落实和考核评价机制	6	对法治社会建设的督促落实机制建立健全，确保党中央关于法治社会建设各项决策部署落到实处(1分)
			7	考核评价对法治社会建设的重要推动作用充分发挥，制定法治社会建设评价指标体系(1分)
			8	群众满意度测评制度建立健全，将群众满意度作为检验法治社会建设工作成效的重要指标(1分)
		4. 加强理论研究和舆论引导	9	中国特色社会主义法治理论与实践研究的能力加强，为法治社会建设提供必要的理论支撑以及智力支持(1分)
			10	高等学校、科研院所等智库作用充分发挥，大力打造法治社会建设理论研究基地(2分)
			11	法治社会建设白皮书按照预期要求发布，发挥其对于法治社会建设的指导作用(1分)

第一,测量“强化组织领导”状况的指标。其包括2个三级指标,具体为:一是,测量党委领导责任落实情况,主要评价地方各级党委在推进本地区法治社会建设工作中的领导责任是否得到贯彻落实,以推动法治社会建设过程中的重点难点问题的解决,该项三级指标共赋分值3分。二是,测量充分发挥党委推进本地区法治社会建设中的领导核心作用,将法治建设纳入地区发展总体规划和年度工作计划,定期听取法治建设中的工作汇报,及时研究解决有关重大问题的情况,该项三级指标共赋分值1分。总体而言,该项二级指标主要围绕地方党委领导责任落实、基层党组织参与度两个方面展开,共赋分值4分。

第二,测量“加强统筹协调”状况的指标。其包括3个三级指标,具体为:一是,测量“三位一体”建设协调推进情况,主要考察法治社会与法治国家、法治政府建设工作是否形成了相互协调的良好局面,法治社会建设与新时代经济社会发展、人民日益增长的美好生活的需要是否已经相适应,该项三级指标共赋分值1分。二是,测量党委工作统筹机制,主要观察地方各级党委法治建设议事协调机构在对本地区法治社会建设实施统筹谋划工作时,是否形成上下协调、高效有序、部门联动的工作机制,该项三级指标共赋分值1分。三是,测量社会多元主体参与法治社会建设状况,主要考察全社会各方力量采取多种形式参与法治社会建设的积极性是否得到充分的调动,以此实现进一步发挥公民、企事业单位、人民团体、社会组织等在推进法治社会建设中的积极作用,形成法治社会建设最大合力的目标,该项三级指标共赋分值2分。总体而言,该项二级指标围绕“三位一体”建设协调推进、党委工作统筹机制、社会多元主体参与法治社会建设三个方面展开,共赋分值4分。

第三,测量“健全责任落实和考核评价机制”状况的指标。其包括3个三级指标,具体为:一是,测量法治社会建设政策落实情况,主要评价法治社会建设的督促落实机制是否建立健全并贯彻落实,以实现党中央关于法治社会建设各项决策部署落到实处的工作目标,该项三级指标共赋分值1分。二是,测量法治社会建设评价情况,主要考察考核评价对法治社会建设的重要推动作用是否得到充分发挥,法治社会建设评价指标体系以及考核标准体系是否按照要求建立,该项三级指标共赋分值1分。三是,测量法治社会建设群众满意度,主要观察群众满意度测评制度是否建立健全,是否将群众满意度作为检验法治社会建设工作成效的重要指标,该项三级指标共赋分值1分。总体而言,该项二级指标围绕法治社会建设政策落实、法治社会建设评价、法治社会建设群众满意度三个方面展开,共赋分值 3 分。

第四,测量“加强理论研究和舆论引导”状况的指标。其包括 3 个三级指标,具体为:一是,测量中国特色社会主义法治理论和实践研究的状况,主要评价中国特色社会主义法治理论与实践研究的能力是否得到加强,能够为法治社会建设提供必要的理论支撑以及智力支持,该项三级指标共赋分值 1 分。二是,测量法治社会建设研究基地建设状况,主要评价高等学校、科研院所等智库作用是否得到充分发挥,法治社会建设理论研究基地的建设是否达到目前所需要的水平,该项三级指标共赋分值 2 分。三是,测量法治社会建设规划指引状况,主要考察法治社会建设白皮书是否按照预期要求发布,发挥其对于法治社会建设的引导作用,该项三级指标共赋分值 1 分。总体而言,该项二级指标围绕中国特色社会主义法治理论和实践研究、法治社会建设研究基地以及法治社会建设规划指引三个方面展开,共赋分值 4 分。

第八章　法治社会评估实施的基本遵循

第一节　法治社会评估实施的基本原则

法治社会评估实施是法治社会评估活动的重要一环,法治社会评估的指导思想虽然并不直接体现在法治社会评估实施的具体活动内容中,但其却贯穿在法治社会评估实施的方方面面,不仅指导法治社会评估实施的全过程,也是确立其基本原则的直接依据。在法治社会评估的指导思想之下确定的法治社会评估实施的基本原则,既是指引具体法治社会评估实施、推动法治社会评估活动发展的强力剂,也是法治社会评估实施不可或缺的重要内容。

一、坚持党对法治社会评估的领导

坚持党的领导是我国法治社会评估实施的重要基本原则,这是由我国的国家性质决定的。我国《宪法》规定:"中华人民共和国是工人阶级领导的、以工农联盟为基础的人民民主专政的社会主义国家。"中国共产党是中国工人阶级的先锋队,是中国特色社会主义事业的领导核心,其领导和支持人民当家作主并通过宪法和法律的形式统一党的正确主张和人民共同意志,是治国理政领导者。在推动法治社会评估实施的全过程中,党起到统揽全局、全面筹划、兼顾各方、协调发展的作用。因此,在法治社会评估实施实践的全过程中,必须坚持以党的领导为基本原则,确保法治社会评估在正确的轨道上实施,使其发挥应有的效用,推动法治社会建设并提高社会治理法治化水平。坚持党的领导最核心的是坚持党的政治领导、方针政策领导。这要求法治社会评估实施必须遵守中国共产党关于法治社会评估的重要思想和政策方针,并能动地将这些内容细化到具体的实践活动中。一方面,需要将这些指导思想和政策方针落实为法律法规的规定,使其作为全社会都必须遵循的法治社会建设的活动准则,从而调动全社会的力量推动并保障法治社会评估的实施。另一方面,法治社会评估的实施也要结合党中央的关联政策,立足法治中国建设,推进法治国家、法治政府、法治社会一体建设,构建法治社会评估体系,促进评估实施,提高社会治理法治化、自治化、智能化、专业化水平,坚持和完善共建共治共享社会。

二、坚持人民利益至上

人民利益至上，坚持以人民利益为宗旨是法治社会评估实施的重要基本原则。党中央在发布法治社会建设的相关文件时，始终指明要“以人民为中心”，切实考虑人民的利益，将人民的利益放在首位，同时也要依靠人民的力量治理国家，促进社会的自治化发展。为了人民、依靠人民是中国共产党坚持以人民为中心的发展思想的核心内容。唯有始终坚持人民利益高于一切的宗旨，一切为了人民、紧紧依靠人民，我们党才能永远立于不败之地。这要求法治社会评估实施必须坚持人民利益至上，以人民利益为出发点和落脚点。具体而言，法治社会评估实施坚持以人民利益至上包括以下几个方面的内容：其一，我国是人民当家作主的国家，必须要将人民的利益放在首位。以人民为中心是党和国家在进行法治社会建设时始终强调的要素。因此，法治社会建设是否做到了以人民为中心、人民利益至上就成为法治社会评估所需要评价的内容。其二，只有法治社会评估的实施做到了人民利益至上，法治社会评估的结果才能最真实地反映人民的利益需求是否得到了满足。其三，不仅法治社会建设、推进社会自治化的发展要依靠人民，法治社会评估的实施也需要依靠人民群众。一方面需要统计人民对于法治社会建设的评价，另一方面需要依靠人民来推动法治社会评估的实施。总的来说，在实施法治社会评估时，须将人民利益至上作为法治社会评估实施的出发点和落脚点，使之成为法治社会评估实施的关键考量因素，始终做到法治社会评估实施为了人民和法治社会评估实施依靠人民。

三、坚持从法治社会建设实际出发

坚持实事求是、从国情出发是法治社会评估实施所必须坚持的基本原则。改革开放以来，我国法治社会建设顺应时代潮流，既从“以经济建设为中心”的国情和“全球化”的世情出发，关注中国经济高速发展成为世界第二大经济体以及中国特色社会主义法治体系建成的实际情况，又借鉴西方国家法治社会建设的先进技术和治理成果，出台了一系列社会领域的法律法规，以保障法治社会建设的推进。坚持从实际出发要求法治社会评估实施要与时俱进。党的十八大以来，对全面推进法治社会建设作出了重要战略部署，强调“建立科学的法治建设指标体系和考核标准”①。因此，法治

① 《中共中央关于全面深化改革若干重大问题的决定》，2013 年 11 月 12 日。

社会评估实施要紧跟时代脚步，领悟党中央关于法治社会建设的重要精神，坚持在新发展理念的指引下，从法治社会建设的实际出发，充分考虑各方面因素，配合法治社会评估指标体系和考核标准的相关内容，深刻剖析一系列社会变化因素，始终以我国社会治理法治化、自治化、智能化、专业化水平目标的实现为出发点，坚持实事求是，把握法治社会评估实施的时代性，科学地开展法治社会评估实施活动。

四、坚持法制统一

坚持法制统一作为法治社会评估实施的基本原则，既是遵守和践行由宪法确定的基本法治社会建设内容和思想精神的具体表现，也是由我国经济社会发展实际和法治社会建设实际决定的。我国《宪法》规定："国家维护社会主义法制的统一和尊严。一切法律、行政法规和地方性法规都不得同宪法相抵触。"因此，包括法治社会评估在内的一切法治社会建设活动与理论都必须遵循这一具有宪法地位的基本法治精神，必须坚持法制统一指导思想。同时，我国是统一的单一制国家，这也决定了法治社会评估的实施必须坚持社会主义法制统一的基本原则。法治社会评估实施坚持法制统一的基本指导思想主要包括以下几个方面：首先，在法治社会评估与宪法的关系上，所有法治社会评估的活动都应当在宪法的框架下进行，都不得违背宪法，与宪法相抵触。其次，在法治社会评估实施的法律体系内部，对不同位阶的法律规定遵守、适用和执行情况展开评估，包括低位阶法律不得与高位阶的法律相抵触，保持法治社会评估实施内部的有序衔接和规范统一。最后，在与法治社会评估实施的同位阶法律的关系上，同一位阶的法律规定之间要保持有效衔接与规范统一。法治社会评估的实施需要多方面的力量共同推进，是基于不同的维度而展开的，因此，需要同位阶的法律规范彼此之间做到有效衔接，进而保障法制统一基本原则的落地生根。

第二节　法治社会评估实施的基本要求

实施法治社会评估，不仅要以坚持党的领导、坚持人民利益至上、坚持从实际出发与坚持法制统一为基本原则指导各项工作，而且应规划好各项工作所应达到的水平、程度，从而既能确保法治社会评估的实施能够有条不紊地进行，又能够将法治社会评估指标体系与考核标准的功效发挥到极致。

法治社会评估实施涉及多个层面的内容,同时也牵扯到多方主体的参与。因此,为充分表述法治社会评估实施的基本要求,确保法治社会评估在实施过程中能够充分发挥出法治社会评估指标体系和考核标准的描述、预警、督促等功能价值,笔者从以下几个视角切入,以期全面分析法治社会评估实施的基本要求。

一、法治社会评估的目标须保持先进性

从计划管理层面考察,目标是人们在各种活动中所预期和追求的客观标准或主观上的超前反映,其既是行动的目的又是成功的尺度,任何活动均是在其指引下完成的,目标的优劣往往决定活动整体的实施进度以及最终成效,因此,一切活动的目标都应具有先进性,法治社会评估也不例外。法治社会评估目标的先进性主要体现在以下两个方面:第一,先进性要求法治社会评估在设立目标时应当始终坚持高标准、严要求。中共中央发布的《法治社会建设实施纲要(2020—2025 年)》中指出:“法治社会是构筑法治国家的基础,法治社会建设是实现国家治理体系和治理能力现代化的重要组成部分。”这明确了法治社会建设在我国整体法治事业中的重要地位。因此,作为法治社会建设配套制度的法治社会评估须认真贯彻落实党中央指导思想,重视法治社会评估的目标确立环节,以到 2035 年基本实现社会主义现代化的总目标为基本依据,根据法治社会建设及其评估的现实情况,制定既科学合理又能保证法治社会评估高质量推进的目标,保证评估的先进性。第二,先进性要求法治社会评估目标应当具有适当的挑战性。传统目标模型认为,目标的特点会影响激励水平和工作绩效,其认为设定挑战性目标事实上会对整个活动的推进产生不同方面的激励效果。① 基于这一理论模型,为保持长期先进性,法治社会评估有必要设定具有适当挑战性的目标,鼓励评估工作人员走出舒适区,思考并创新法治社会评估过程中法治资源配置方案、评估环节以及具体工作流程、方式等,最终实现提升法治社会评估效能的目的,当然,这也需要相应激励机制的配套与完善。

二、法治社会评估的推进须契合国家层面战略需求

法治社会建设是我国整体法治建设中的重要一环,党的十八届四中全会、党的十九大都对法治社会建设作出重要指示,对我国法治社会建设作

---

① 参见杨力:《从基础司改到综配司改:“内卷化”效应纾解》,载《中国法学》2020 年第 4 期。

出了全面部署并将法治社会建设纳入深化依法治国的国家战略中。此外,《法治社会建设实施纲要(2020—2025年)》也明确指出,“健全责任落实和考核评价机制。建立健全对法治社会建设的督促落实机制,确保党中央关于法治社会建设各项决策部署落到实处。充分发挥考核评价对法治社会建设的重要推动作用,制定法治社会建设评价指标体系”。在此背景下,法治社会评估作为推进法治社会建设的重要工具,不仅应对法治社会理论内涵以及法治社会建设实践具有精准的解释力,①还应对法治社会的未来发展产生一定的积极影响,这要求法治社会评估须直面目前法治社会建设存在的理论龃龉与现实困境,立足于我国“法治国家、法治政府和法治社会三位一体同时推进”的战略需求,将党中央在法治社会建设领域提出的总体要求以及在推动全社会增强法治观念、健全社会领域制度规范、加强权利保护、推进社会治理现代化、依法治理网络空间以及加强组织保障方面的战略思想融入法治社会评估的全部过程和各个方面,尤其是融入法治社会评估指标体系的构建中去,保证法治社会评估在其推进过程中始终体现习近平法治思想之法治社会及其评估理论,契合国家层面对法治社会建设的战略需求。

三、法治社会评估的职责分工须具体清晰

法治社会评估是一项系统性工程,涉及多个主体以及社会各个领域,情况复杂。因此,法治社会评估的顺利推进需要多方面的努力,通过建立和完善不同主体、不同部门之间的协同机制,提升法治社会评估组织机构设定的科学性、部门分工的明确性以及不同主体分配工作的合理性,明确法治社会评估各主体的职责分工,避免因评估过程中的相互推诿对评估结果造成不良影响。具体而言,应明确法治社会评估中最基本的三类主体的分工:

第一,社会组织负责主持法治社会评估活动。社会组织拟定评估方案、制订评估计划、指导评估各个环节的工作并对评估结果进行总结反馈,其是法治社会评估活动中最关键的主体,承担着法治社会评估的主要职责,直接决定着法治社会评估的基本走向。

第二,行政机关负责保障法治社会评估的进行。虽然社会组织作为法治社会评估实施的主导力量相较于行政机关更具有公平性、科学性,更有

---

① 参见王利明:《构建〈民法典〉时代的民法学体系——从“照着讲”到“接着讲”》,载《法学》2022年第7期。

利于发挥法治社会评估的查纠功能,但行政机关也是法治社会评估实施不可或缺的力量,通过利用行政机关在信息收集能力、资源统筹能力以及国家强制力等方面的优势,发挥其对法治社会评估的保障作用。

第三,社会公众主要负责对法治社会评估进行监督。社会公众依法对法治社会建设及其评估活动进行监督,通过听证会等方式监督社会组织以及行政机关是否履行职责。当然,以上各主体的职责分工仅是一种理想模式,或者说是法治社会评估未来应当转型的方向,目前,法治社会评估仍处于初级阶段的政府主导型模式,其职责分工须相应地进行转移。

四、法治社会评估的实施须有明确的时间期限

从管理学的层面考察,任何活动均须在限定的时间内完成,即在确定活动的总体目标的同时,必须确定该活动实施的具体时间限制,这有利于快速集中精力,为后续工作的实施完成排除障碍。法治社会评估是一项复杂且烦琐的综合性活动,其实施更须确定固定的时间期限,具体原因主要有以下两点:

第一,从法治社会建设层面考察。法治社会建设本身是一项长期性工作,但是由于不同时期我国整体法治建设任务侧重点不同,经济、政治、社会乃至文化发展水平不同,不同阶段法治社会建设的主要内容和工作重点存在一定的差异,阶段性特征明显。相应地,法治社会评估也具有阶段性特征,这要求法治社会评估的实施须明确时间期限,在固定时间内及时、全面、完整地对本阶段法治社会建设水平进行评估,保证法治社会评估结果的有效性和及时性,避免出现评估结果滞后于法治社会建设的实际情况的现象。

第二,从法治社会评估层面考察。明确法治社会评估的时间期限,有助于从整体上推动法治社会评估实践的进程。一方面,确定期限能够起到一定的激励作用,帮助评估工作人员集中精力完成本职工作,在高效率状态中稳步推动评估活动的实施。另一方面,法治社会评估的各个环节是环环相扣的,评估指标体系这一工作环节的完成度会直接影响考核标准设置环节能否顺利进行,确定的时间期限则能保证上一环节的工作按时完成,为下一环节的工作排除障碍。

因此,从上述两个层面考察,我们必须做好法治社会评估的时间管理工作,为评估的实施确定期限。

第九章　法治社会评估的实施展开

法治社会评估是以评估指标体系为依据的程序化评价过程，其必须有计划、有步骤地进行，才能达到预期评估效果。总的来看，法治社会评估的实施展开可以从目标、程序和结果运用三个层面展开。①

第一节　法治社会评估的目标

一、法治社会评估目标的确立

目标管理（management by objectives）是指以目标为导向，以人为中心，以成果为标准，使组织和个人取得最佳业绩的现代管理方法，其亦称为“成果管理”。具体是指在目标团队全体成员的参与下，自上而下确定工作目标并在工作中实行“自我控制”，从而保证目标的实现。

美国管理学家杜拉克在 1954 年提出目标管理概念时就指出，“企业的目的和任务必须转化为目标”，法治社会评估也不例外。法治社会评估不单纯是一种法治活动，其当然涵盖管理学的内容，需要遵循管理学之目标管理的一般逻辑。在某种意义上，评估目标的设定是法治社会评估的起点，体现某一特定阶段法治社会建设的基本目标和重点任务，是法治社会评估的总抓手。在确立评估目标时，可将其分为法治社会评估的长期目标、短期目标和现实目标。长期目标是指“未来较长时期内（10 年左右）所要达到的要求和理想状态”，根据《法治社会建设实施纲要（2020—2025 年）》的规定，我国法治社会评估的长期目标应当为 2035 年基本建成法治社会；短期目标是指“未来较短时期内（5 年左右）所要努力的方向”，根据《法治社会建设实施纲要（2020—2025 年）》的规定，我国法治社会评估的短期目标为：到 2025 年，完成“八五”普法规划，使得法治观念深入人心，社会领域制度规范基本健全，社会主义核心价值观融入法治社会建设和治理中，公民、法人和其他组织的合法权益得到切实周全的保护，社会治理法治

① 参见徐汉明、张新平：《社会治理法治建设指标体系的设计、内容及其评估》，载《法学杂志》2016 年第 6 期。

化水平显著提高,形成符合国情、体现时代特征、人民群众满意的法治社会建设生动局面,为 2035 年基本建成法治社会奠定坚实基础;现实目标是指法治社会建设过程中“目前要解决的重点、关键问题”。[①] 法治社会评估方案应当以长期目标为基本遵循,以短期目标为总抓手,以现实目标为具体指导,科学合理设置评估目标。

二、法治社会评估目标的制定

管理学认为,目标的制定须遵循整体性、激励性和灵活性原则,具体到法治社会评估目标的制定中,其应满足如下要求:首先,整体性原则要求法治社会评估制定的目标要符合社会发展整体利益,以适应法治社会建设需要为前提,使法治社会评估活动中各个部门、各个环节和每个评估工作人员的具体目标与评估总目标做到有机结合、协调一致、保持完整。其次,激励性原则要求法治社会评估目标在制定时应当适当高于现阶段法治社会建设实际水平和能力,这样才能保证法治社会评估目标的激励作用的发挥。当然,激励性原则并不意味着将法治社会评估目标制定得极高,须在保证具有实现的可能性的基础上,在一定限度内践行激励性原则。最后,灵活性原则是指由于法治社会建设的外部环境和内部条件是不断变化的,因此法治社会评估在制定目标时应根据客观条件的变化以及新形势的要求,及时调整与更正法治社会评估目标。值得注意的是,制定法治社会评估目标的灵活性原则同样需要体现平衡的艺术,在保证目标制定基本稳定的前提下进行适当的灵活调整。总的来说,法治社会评估目标是评估全过程实施的总依据,法治社会评估目标的制定应基于我国整体法治社会建设的实际水平及中央层面出台的关于法治社会建设的文件,如《法治社会建设实施纲要(2020—2025 年)》等,在借鉴其他评估活动目标的基础上,通过适当拔高、调整制定法治社会评估目标。

三、法治社会评估目标的展开

法治社会评估目标的展开与目标的确立、制定是一个动态整体,三个环节之间相互联系、不可分割,在某种程度上,法治社会评估目标的展开作为目标环节的最后一道程序,直接影响后续法治社会评估实施工作,因此应当认真落实。具体而言,法治社会评估目标的展开过程实质上是将评估

---

① 参见龙方、曾福生:《中国粮食安全的战略目标与模式选择》,载《农业经济问题》2008 年第 7 期。

的总体目标从上到下进行层层落实的过程，即按照管理组织系统逐级进行。其大致等同于评估目标的分解，更确切地说，是将法治社会评估的整体评估目标在横向、纵向层面分别进行分解：纵向层面的分解要求评估总目标与不同层次的分目标基本方向一致，内容上下贯通不存在冲突；横向层面的分解则要求同一层次的评估目标既简明扼要，又能保证内容上的协调平衡，如“完善社会矛盾纠纷化解机制”与“提高社会成员法治意识”，二者作为横向层面不同的分目标不能存在冲突，而应相互补充呼应。此外，法治社会评估目标的展开过程应注重目标协商，对法治社会建设产生重大影响的评估目标应发动广大群众讨论，通过协商讨论将法治社会评估系统的整体目标转化为各级和个人的分目标，这不仅能够加深群众对于法治社会建设的理解，为各层面目标的协商分解创造良好条件，而且有利于将民主管理原则贯彻到法治社会评估目标制定的过程中，可以说，达成逐级目标协商和发动群众参加目标的讨论是贯彻民主管理原则一种切实有效的方法。

第二节　确定法治社会价值基准

“价值基准”是一种法的价值标准，①其不仅体现法的基本精神，更引领着法治社会评估的基本走向，正如有论者称，“实质法治价值的匮乏会导致法治评估丧失识别和评判法治正当性的道德力量”②，因此在进行法治社会评估时，首先需要确定法治社会蕴含的价值目标，进而细化出体现这类价值要素的评估内容，③认真筛选、确定法治社会价值基准。

一、统筹良法善治的基本价值要素

确定法治社会价值基准，首先须明确法治社会建设过程中具体包含哪些需要遵循的价值要素，也即统筹现有的法治社会符合良法善治原则的基本价值要素，为法治社会价值基准的确定提供可选择的空间。从目前来看，法治社会的基本价值要素体现在法治社会建设过程中，其贯穿于法治社会评估的各个环节和整个过程，是一个较为广泛的范畴，因此评估工作

---

① 参见甘强：《论经济法调整利益的价值基准》，载《中南大学学报（社会科学版）》2010 年第 3 期。

② 李朝、王华菊：《中国法治评估指标体系的价值基准》，载《中国社会科学院研究生院学报》2014 年第 6 期。

③ 参见钱弘道等：《法治评估及其中国应用》，载《中国社会科学》2012 年第 4 期。

人员须从法治社会建设实践中提取并统筹法治社会包含的价值要素。例如，政府将构建权利公平、机会公平和规则公平等社会公平保障制度体系作为法治社会建设的重要内容，以公允地协调社会成员之间的利益关系为基本原则，体现了公平是法治社会建设中必须遵循的重要价值要素，应当从法治社会建设实践中抽离出这一价值要素，将其作为法治社会评估价值基准的备选项；又如，在坚持公平正义的价值要素的基础上，权利保护也是法治社会建设的基本价值要素之一，这体现在我国法治社会建设以权利为本位，注重完善公民的权利保障体系，注重对新的社会形态下公民新兴权利的保障等；再如，党的二十大报告指出“发展全过程人民民主，保障人民当家作主……人民民主是社会主义的生命，是全面建设社会主义现代化国家的应有之义”，由此可见，民主政治同样也是我国建设法治社会的重要价值要素。此外，自由、平等、秩序等价值要素也体现在法治社会的建设过程中。法治社会评估工作人员应当对这些价值要素进行统筹，发挥其应有的对于法治社会评估的引领作用。并且，随着我国法治社会建设的持续深入推进，法治社会价值要素将呈现出更加开放、更加多元的趋势，其均须被纳入统筹范围中。

二、基于一般性和本土性原则选择基本价值基准

在统筹我国法治社会建设在事实层面包含哪些价值要素后，评估工作人员须基于一般性和本土性原则选择部分价值要素作为法治社会评估的基本价值基准，一般性原则要求选择的法治社会价值要素既能体现法治社会建设相关法律规范的特征，又能彰示法治社会实现进路的性质；①本土性原则要求法治社会评估工作人员在选择价值要素作为评估价值基准时，应当考虑到自身语境之特殊性，综合本地法治社会建设的实际情况、经验做法、习惯规则、本土资源以及法治社会建设的短板等各种地方特殊因素，进而选择符合地方特色、具有一定配适性的法治社会评估价值基准。如经济欠发达地区在实施法治社会评估活动时，由于其各方面如经济乃至社会资源并不充足，其在建设法治社会的过程中更应注意社会公平正义价值的实现；反之，在经济较为发达的地区，因其经济发展水平高、经济基础好，法治社会建设则更加注重高层次的上层建筑方面的价值，如个人权利的保护、民主政治等价值，相应地，法治社会评估活动在选择其价值基准时

---

① 参见陈金钊、宋保振：《法的一般性对法治中国建设的意义》，载《南京社会科学》2016 年第 1 期。

也应当更侧重这一方面。简言之,不同地区的法治社会评估尚处于发展和完善阶段,其评估价值基准的确定也应当基于一般性和本土性原则,从众多法治社会价值要素中选择与本地法治社会建设实际情况更加契合的部分,并将其确定为法治社会评估的价值基准,以指导法治社会评估活动后续环节的开展。

三、注重价值基准与规范要素的匹配与转化

法治社会价值基准是维系法治社会评估整体系统的基点,是评估活动的关键组成部分,建设法治社会的前提便是明确具体的价值基准,不以法治社会价值基准为基本导向的法治社会评估犹如“无根之水、无本之木”。但是需要注意的是,尽管法治社会价值基准对于法治社会评估具有相当重要的指导意义,但是其归根结底仍是一种抽象存在,因此评估人员在确定法治社会价值基准后,应当注意法治社会评估抽象价值基准与法治社会评估具体的概念结构以及指标体系这类规范要素的匹配与转化问题,将价值基准体现的宣示性的鲜明内容融入概念和指标中,以切实发挥法治社会评估价值基准的指导作用。如将公平正义价值进一步转化到指标体系中,有助于实现条件公平、过程公平、结果公平等不同公平类型的具体制度机制建设指标等;权利保护价值可以转化为一般主体权利保障机制建设水平指标、特殊群体权利保障机制建设水平指标等,也可转化为具体的宗教信仰自由权利、社会经济权利以及文化教育权利等方面的指标。总之,不能将法治社会价值基准视为高高在上的“空中楼阁”,而是应将其转化、融入具体的规范要素中去,此部分在后续确定法治社会概念结构以及设计指标体系环节中有更加详细的介绍。

第三节　界定法治社会概念结构

法治社会评估是一套精密的量化法治系统,仅确定抽象的法治社会价值远不足以在实践层面推进法治社会评估,须在确定法治社会价值基准的基础上,进一步界定法治社会的内涵结构,正如有学者所说,“一项无概念的科学项目是不可能实现的,量化法治始终也绕不过定义法治”①,深入法治社会建设实际,可以从中抽象、概括,凝练出法治社会的基本概念和总体特征,为后续指标的设置提供便利。

① 李朝:《量化评估中的“法治概念”与“概念化”》,载《河北法学》2017 年第 5 期。

一、准确把握法治社会概念的“薄厚”程度

在传统法治评估理论研究中，美国学者塔玛纳哈提出将法治概念分为“薄法治”和“厚法治”两类，法治概念的发展描述为从“薄”到“厚”的过程，“薄”法治强调严格遵守法律制度，主张者有富勒、拉兹、菲尼斯等著名法学家；而其中的“厚”就是将实质法治中包含的内容纳入其中，如人格尊严、实质的平等和福利等，代表者主要有德沃金。法治社会评估与法治评估间具有密切联系，其均须经过概念界定这一重要环节，且由于“法治社会”在某种程度上为“法治”所包含，因此“法治社会”的概念同样因其具备的抽象性、多元性和复杂性等特征可分为“薄法治社会”和“厚法治社会”两类。具体而言，“薄法治社会”概念可能更多强调具体的法治社会制度或机制建设以及遵守情况，如“薄法治社会”概念中可能包含社会领域的制度规范健全、公众参与重大决策机制完善、群众诉求表达渠道、利益协调渠道以及权益保障渠道畅通且规范化等内容，也即其概念“薄”在侧重于法治社会存在的易衡量、可视化的现实形式；“厚法治社会”概念则与之相反，其包含了“某些超越性的实质价值”，①换言之，其更多是法治社会所追求价值理念或其应具备的价值要素，如基本人权的保障与实现、公民权利的落实以及社会公平正义等。从某种程度上讲，“厚法治社会”概念与上一环节“确定法治社会价值基准”较为相似，均强调寻找法治社会应当具有的抽象且具有高度指导意义的价值层面的事物，但不论“确定法治社会价值”程序出现在哪一步骤，都反映出其对于法治社会评估，尤其是法治社会评估指标体系构建具有十分重要的意义。

对法治社会概念薄厚程度的把握直接影响评估中法治社会概念的确定，进而影响后续法治社会评估指标体系的具体内容，“薄概念”适合充当评估的概念框架，②评估指标体系的构建相对简单，有利于推动评估程序的快速进行，但也存在可能使评估流于形式的风险；“厚概念”能够保证法治社会评估从整体上遵循良好正确的价值取向，有利于切实评估法治社会的建设现状，但其抽象性也导致了评估程序缺乏可操作性，难以实施。故此，在界定法治社会概念结构时，首先须对法治社会概念的薄厚程度形成一种大致把握，在“薄厚”之间寻求相对平衡，在保证法治社会概念结构不偏离基本价值的基础上，尽量实现概念的具体化、可操作化。

---

① 参见钱弘道、杜维超：《法治评估模式辨异》，载《法学研究》2015年第6期。

② 参见刘艺：《论我国法治政府评估指标体系的建构》，载《现代法学》2016年第4期。

二、凝练综合性的法治社会概念结构

法治社会是一个动态发展的概念，其从1959年首次以抽象的政治法律概念出现至今经历了多个演进阶段，尽管目前对于法治社会统一概念尚无定论，但可以肯定的是法治社会必然是一个极为丰富且多元的概念，正如前文中提及学界对于法治社会概念存在“一元论”“三元论”“四元论”的主张，有的侧重强调法治社会应当达致全体社会成员行为法治化的理想状态，①有的则认为法治社会更多体现在完善的社会规则系统，②还有的认为法治社会最终应当包含社会治理法治化的状态，③无论是从历史发展的角度观察法治社会概念的演进历程，还是从学界现有的研究总结法治社会的概念的具体内容，法治社会的内涵必然十分复杂。忽视法治社会概念的多元复杂性，仅从某一方面或某一特定视角审视法治社会并给其下单一定义会直接导致评估指标的贫瘠和单薄，进而难以实现通过综合、全面且系统的指标体系评估法治社会建设实效的功能。此外，由于法治社会评估是一般性和本土性相结合的评估活动，不同地区法治社会的建设维度以及建设方向均有所区别，过于单一扁平的法治社会概念会使地方特色难以有选择和施展的空间。因此，在界定法治社会概念结构时，应当结合政治立场的正确性、理论的科学性以及实践的可操作性等对既有的关于法治社会概念的研究观点进行统筹整合，从中凝练出较为系统、全面和正确的法治社会概念。

在凝练法治社会概念结构时，可将其分为宏观和微观两部分来进行，也即宏观层面法治社会总体内涵结构和微观层面法治社会内部要素的概念结构。在一般情况下，我们所指称的界定法治社会概念结构，是指宏观层面对于“法治社会”这一名词概念进行界定，但是法治社会评估中法治社会内部要素的概念结构的明确对于评估人员正确分解概念，实现其向规范要素的转化具有关键作用，因此凝练界定法治社会内部要素的概念结构同样非常重要。具体而言，一是法治社会总体内涵结构，要求全面界定法治社会具体包含哪些维度，如“法治观念的增强”“健全社会领域制定规范”等要素；二是法治社会内部要素的概念结构，也即要求明确构成法治社

① 参见肖丹、袁方成：《元治理视域下“一核多元”治理体系构建路径研究》，载《中共天津市委党校学报》2019年第2期。

② 参见叶静漪、李少文：《新时代中国社会治理法治化的理论创新》，载《中外法学》2021年第4期。

③ 参见刘艳红：《网络时代社会治理的消极刑法观之提倡》，载《清华法学》2022年第2期。

会概念各个要素的具体内涵,如前述“法治观念的增强”,《河南省法治社会建设实施方案(2021—2025年)》将其界定为深刻学习领会习近平法治思想、维护宪法权威、提升全民法治素养、弘扬社会主义法治文化以及全面落实普法责任制五个方面。

三、对法治社会概念进行操作化处理

“概念是从各个事实中抽象出其共同特征,并赋予其意义后形成的权威性范畴”①,法治社会概念反映法治社会的本质和一般特征,其是认识层面和价值层面的共同结果,在法治社会评估活动中占据核心地位。但概念作为抽离出法治社会的共同特征,其指向作用也是抽象模糊的,尤其是在法治社会概念包含价值性要素的情况下,这种抽象性和模糊性则表现得更加明显。如法治社会概念包含实现社会公平正义价值性要素,但这更多是价值观念形式或抽象评价性概念的简单叠加,是如同“空中楼阁”般符号化意义的存在,②这种规范层面的理论构建难以转化为可量化、可评估的法治社会评估指标,更不能与具体的评估指标体系实现有效衔接,这使其对于评估活动的指导作用难以得到完全发挥,作用相当有限。因此,在界定法治社会概念结构时,须适当侧重于界定法治社会的“操作化概念”,通过若干个独立又相互联系的要素来表征和解释法治社会,以反映法治社会各个方面的性质、规模和种类,为法治社会评估指标体系的建立提供现实的可能性,也即将概念“转化为可观察的社会事实,并据此开发具体指标”。③ 正如有学者曾指出,“操作化过程就是沟通抽象的理论概念与具体经验事实的一座桥梁”④,只有在界定法治社会概念结构时就注意到可操作性问题,法治社会评估才能做到抽象与具体的吻合。

第四节　制定并使用法治社会评估指标及考核标准

法治社会评估指标体系和考核标准是法治社会评估中的主体部分和关键环节,其是将法治社会概念进行操作化后形成的具有内在逻辑联系的统一有机整体。本书在第七章设计的法治社会评估指标体系方案是一种

① 姜敏:《刑法预防性立法:罪型图谱和法治危机消解》,载《政法论坛》2021年第6期。

② 参见朱新原:《〈资本论〉语境中社会公平正义观及当代价值——以经济活动环节为理论进路》,载《湖北经济学院学报(人文社会科学版)》2023年第5期。

③ 参见杜维超:《国际法治评估中的技术政治及中国立场》,载《法学》2021年第2期。

④ 风笑天:《社会研究方法》,中国人民大学出版社2013年版,第86页。

具有普适性、全面性和理论性的理想型统一标准，具体到每次法治社会评估实践中，相关评估主体须坚持全面与特色相结合、客观与主观相结合、科学与简便相结合、实用性与适用性相结合以及可计量与可比较相结合等基本原则，①基于法治社会价值基准及概念结构因地制宜地制定一级指标、细化二级、三级指标并确定其考核标准。

一、基于法治社会价值基准及概念结构制定一级指标

法治社会评估指标体系包含一级指标、二级指标和三级指标，其是通过上级指标层层递进、逐渐细化形成的指标体系。法治社会评估指标体系中的一级指标反映了法治社会建设的基本要件，把握着法治社会评估指标体系的基本方向，对于整体指标体系的构建具有重要意义，因此，制定法治社会评估一级指标时通常应统筹考虑多方面内容：首先，尊重宪法层面的基本原则。宪法是我国的根本法，具有最高的法律效力，一切规范和行为均不能与宪法相抵触，法治社会评估作为我国法治事业建设的重要组成部分，其在制定一级指标时同样应当服从宪法、尊重宪法，同时，宪法也为法治社会评估一级指标的设立提供了正当性依据，如宪法中的人民主权原则、尊重和保障人权原则以及权力的监督制约原则等均为法治社会评估一级指标的设立提供了可选择的方向。其次，须结合法治社会的价值基准和概念结构。确定法治社会的价值基准和概念结构是制定法治社会评估指标体系的前置环节，前文已经多次提到，两者对于指标体系尤其是一级指标的确立具有重要意义，并且法治社会概念结构的操作化处理也已经为一级指标的制定提供了较为便利的条件，为各部分要素的指标化提供了有利前提，如法治社会概念结构中包含“社会公平正义得到彰显”这一维度，那么便可基于此将概念转化为具有操作性的一级指标，即“社会公平正义的实现程度”，评估人员应当在融贯法治社会价值基准的基础上，结合经过操作化处理后的法治社会概念确定一级指标，以保证一级指标在价值层面和规范层面的客观性、合理性。此外，实践层面中国务院等发布的关于推动法治社会建设的各类规范性文件，以及各省市制定的法治社会评估指标体系一级指标也具有较强的参考意义，本书设计的法治社会评估指标体系也充分参考了江苏、湖南等省市的法治社会评估实践，保证评估指标体系的实际有效性。

---

① 参见徐汉明、张新平：《社会治理法治建设指标体系的设计、内容及其评估》，载《法学杂志》2016 年第 6 期。

二、科学合理细化二级、三级指标

法治社会评估二级、三级指标是对一级指标的分解，通过对上级指标层层细化最终构建客观、全面且有机统一的法治社会评估指标体系。在一定意义上，指标细化是法治社会评估量化工作得以推进的关键，也是保证法治社会评估活动落地的重点，因此，须保证指标细化的科学性和合理性。

具体而言，首先，评估人员须明确上级指标的概念、结构及内涵，这是由于指标细化工作实质上就是将宏观指标分解为多个可被直接观测或量化的具体指标，这要求评估人员应当对上级指标包含哪些概念要素形成系统性的正确认知，基于此将理论性的概念结构“投射”至现实层面的法治社会建设实践中，以便于寻找能够客观反映上级指标水平的制度、机制或其他法治社会建设细节，并将其确定为下一级指标，保证二级、三级指标的科学性，如本书在设计二级、三级指标时，将“推动全社会增强法治观念”一级指标投射至法治社会建设实践中，可从宪法权威维护情况、全民法治观念增强情况、普法责任制健全情况以及社会主义法治文化建设状况等方面进行客观评价，相应地，这些便可作为二级指标进行进一步细化工作。其次，应当注意对细化后的指标进行梳理并合理分类。法治社会评估指标的细化乃至整体法治社会评估指标体系构建工作的科学性与其指标间是否呈体系化之间具有密切联系，由许多杂乱无章指标堆砌而成的法治社会评估指标体系不仅难以反映上级指标的实效水平及其之间的逻辑关系，也会因为缺乏可参照的相似指标难以赋予其合理的权重，直接影响法治社会评估活动的推进，因此评估人员应当对二级、三级指标进行性质的判断、分类，保证指标层层细化后构建的法治社会评估指标体系是科学的、系统的。最后，评估人员应当坚持具体问题具体分析的原则，在进行指标细化工作时，结合本地法治社会建设的具体情况和侧重点对二级、三级指标进行优化调整，提升法治社会评估结果的效度。此外，建立初步的法治社会评估指标体系后，须进行分析、鉴别以及判断，运用可比性原则、可获得性原则等对指标进行选择、删除或保留，最后得出可实际应用的法治社会评估指标体系。

三、综合考量设置法治社会评估指标体系考核标准

法治社会评估考核标准是法治社会评估指标体系的“依据、标准和尺度”，其与指标体系形成一一对应的逻辑关系，通过考核标准来度量法治社会评估各个指标乃至整体法治社会建设的程度和水平，其具体包括确定权

重和评分标准两个方面，各个指标的权重系数反映了其在指标体系中的重要程度，而法治社会评估结果又与各指标的权重存在明显的相关性，因此要实现评估结果的客观性和正确性，评估工作人员应当综合考虑各个指标在价值层面、结构层面乃至社会层面之于法治社会的作用，结合实际情况综合运用德尔菲法、层次分析法等权重设置方法设置各指标权重，避免单纯使用某种单一权重设置方法，如仅专家独立分配权重的情形或单纯由统计人员独立分配权重的情形，①最大限度提升指标权重设置的科学性。同时，评分标准也须综合考虑各种因素，通常可采用指数法等方法。

第五节　收集筛选信息

信息的收集与筛选直接影响法治社会评估结果的信度与效度，须依据法治社会评估指标体系的各项指标内容，运用科学的统计方法实施此项工作。

一、丰富信息收集方式

完整的信息收集过程可以分为四大部分：搜索—提炼—集成—整理，因此信息收集的第一步就是从收集方式、渠道着手，全面收集信息，从不同主体、不同领域获取不同性质的信息资料，如主观信息和客观信息、数字信息和文字信息等。目前信息的收集方法通常可采用现场观察法、公众调查问卷法、专家问卷法、资料查阅法、个案分析法、实验研究法、延伸调查法等。当然，常见的几种信息收集方式都各有所长。例如，资料查阅法是通过对文献的收集和摘取，获得关于调查对象信息的方法。这种方法能突破时空的限制，具有资料可靠、成本低等优点。又如，专家问卷法，即以专家作为索取信息的对象，依靠其知识和经验，通过调查研究，对问题作出判断和评估。最大优点是简便直观且具有专业性。因而，我们更应该灵活运用各种形式的信息收集方式，全方面了解问题，收集信息。同时，法治社会评估的信息收集方法应体现其特殊性，即更注重收集社会的评价信息。处于信息舆论更加聚集的人工智能及大数据时代，②法治社会评估可以采用问卷、访谈、电话访问、互联网信息传送等方式收集公众以及专家的评价信

① 参见曲艳红：《民族地区量化法治评估存在的问题及发展进路》，载《学术探索》2019 年第 7 期。

② 参见张新平、金梦涵：《人工智能时代舆情治理的转型与创新》，载《情报杂志》2021 年第 10 期。

息。随着科技日新月异发展，未来会有许多新型信息收集方式，如人工智能、数据爬取等，法治社会评估活动应当及时更新其信息收集方式，在体现其时代性、进步性的同时保证其能全面收集信息。

二、收集多方数据信息

法治社会的实现是多方参与、共同建设的结果，因而法治社会评估也是一种综合性、系统性的评估，其评估信息数据应当尽可能全面以保证评估结果的客观公正。法治社会评估数据信息的全面除了从丰富信息收集方式着手外，更为重要的是从多方收集不同类型的数据信息。通常而言，多方指的是不同的主体，法治社会评估数据信息的多方来源是指各类可以为法治社会评估提供必要数据信息的来源主体，评估人员应当秉持开放心态，注重从多方收集法治社会评估所需要的信息数据。事实上，法治社会评估信息数据来源众多，但大致可将其主要数据信息来源分为三方，即政府主体、社会公众主体、第三方主体，不同的信息来源主体所提供的数据信息在形式上、内容上以及实际作用中均有所区别。如关于政府主体提供的关于法治社会建设的数据信息，其是从官方建设目标出发，各地政府陆续开展指标体系建设，为法治社会评估工作做出了巨大贡献，尤其是在信息收集方面，能够持续性进行数据收集和评估反馈，并通过专门性的组织和专业性的人员从事该项工作，在保证公正性和独立性的前提下真正掌握客观情况。较之前者，从民众角度收集信息，能够更多地关注个人利益，信息直观且真实，其广度是任何一方主体所不能比拟的。而在信息内容安全风险的复杂性、对抗性和隐蔽性等特点不断加强的背景下，第三方主体显得尤为重要，它的优势体现在独立性、专业性、有效性上，不但能弥补政府外部监管力量不足，而且可以有效避免信息庞杂导致的评估结论不准确的发生。① 总之，多方收集法法治社会数据信息，整合提炼多方信息，是法治社会评估的重中之重。

三、剔除筛选无效、错误信息

信息筛选的意义体现在两个方面：一方面要满足法治社会评估的信息需求，全面且准确；另一方面也应符合法治评估的定位，具有一定的针对性。法治评估是一项主观与客观相结合的复杂过程，也难免会存在诸如评

---

① 参见周毅：《第三方主体参与网络信息内容治理及其基本策略研究》，载《情报理论与实践》2023年第7期。

估者的个人偏好和研究旨趣、评估数据收集的真实性和可靠性存疑等诸多因素的影响和制约,导致评估结果出现偏差和公信力不足。[①] 而在信息处理过程中不可避免地也会包含一些因拒绝调查、遗漏调查事项等信息缺失抑或信息失实问题所造成的异常信息,错误信息的产生是多重因素共同作用的结果,这类错误或虚假的信息会导致法治社会评估结果出现偏差,影响评估结果的信度与效度,因此须将这类无效信息筛选出来,以保证研究分析结果的严谨性,可以综合采用删除样本、单独插补、多重插补等方式对此类信息进行修正。[②] 当然在此之前,对于错误信息的识别控制也是不容忽视的一个重要前提。

四、对信息数据进行标准化处理并得出结果

为实现法治社会评估,须对收集、筛选后的信息数据及其可比性进行量纲处理,也即数据标准化处理,可综合运用数学、经济学、统计学、运筹学等多学科技术进行处理,以避免信息失真,保证信息要素结构完善,信息数据真实可比,进而得出可靠的法治社会评估结果。在对信息进行标准化处理过程时,须遵循以下基本原则:(1)客观性原则,保证数据源自法治社会实践,体现法治社会建设原本面貌,禁止进行选择性加工,防止信息失真;(2)关联性原则,保证信息与法治社会评估各指标间具有关联性;(3)完整性原则,保证信息的各要素齐全、结构完善,避免挂一漏万;(4)代表性原则,收集整理的信息要体现实践中法治社会建设的真实水平或公众的主流判断,禁止以偏概全。经过以上环节,可综合得出法治社会评估的最终结果,目前也有部分学者认为要对评估结果进行效度和信度的检验,但鉴于此项工作尚不成熟,暂不将评估结果的检验单独作为法治社会评估的程序。

第六节　法治社会评估的结果运用

经过完整的法治社会评估程序的运作后,我们可以得到一个相对科学、客观的以数值形式呈现出来的法治社会评估结果,须充分利用这一结果,有效发挥这一评估结果对法治社会建设的推动作用。具体而言,法治

① 参见康兰平:《中国法治评估量化方法研究的龃龉与磨合》,载《东北师大学报(哲学社会科学版)》2019年第1期。

② Michaela Saisana & Andrea Saltelli, *Rankings and Ratings: Instructions for Use*, 3 Hague Journal on the Rule of Law 251(2011).

社会评估结果的运用主要包含以下步骤：客观评价、总结经验与不足以及后续法治社会建设工作的优化。

一、对法治社会评估结果进行客观评价

以数值形式呈现的法治社会评估结果并非评估活动的终点，更重要的是通过整体性的评估结果以及各项法治社会评估指标的得分，分析现阶段法治社会建设的实际效果以及存在的具体问题，把握评估结果信息所反馈出的法治社会建设状况和水平，并对其进行客观陈述和价值判断，对相关法律制度制定实施提出意见和政策建议，其中，政策建议既可针对社会领域法律制度本身，也可针对法治社会建设过程；既可针对总体目标，也可针对实施手段；既可针对立法机关，也可针对执法、司法机关。此外，还应涉及对评估过程、评估方法等一些主要问题的说明，实现对评估结果的客观评价。值得注意的是，评价主体在撰写法治社会评估报告时，要选择适当的术语、叙事方式与详尽程度，尽可能避免个人的“前理解”，尽量对客观信息保持中立，仅采用逻辑判断来陈述客观事实，做到“价值中立”（value neutrality），同时要有效传达数值结果传递出来的信号，尽可能保持法治社会评估结果信息材料的完整性和结果分析的科学性，确保评估报告的客观、真实、全面、可靠，实现报告的参考、解释与咨询性价值，发挥评估报告传导新的知识增量、新的行动建议与启发进一步研究的功能。

二、总结法治社会建设经验与不足

根据对法治社会评估结果的客观陈述和价值判断，对比分析该阶段不同地区的评估结果，明确各地区法治社会建设评估结果的等次，并根据法治社会评估报告所包含的信息，将数值形式的评估结果转化为具体的法治社会建设实际情况，总结该阶段不同地区法治社会建设的优秀经验。具体而言，主要包括以下两点：一是通过分析不同地区评估结果数值的差异，凝练法治社会建设的经验与不足。一方面，可从评估得分较高的地区总结出其成功经验，帮助其他得分相对较低的地区明确工作重点，改进治理策略；另一方面，评估得分较低的地区的失败经验也为其他地区提供警示作用，避免其他地区在后续的法治社会建设过程中走入相同的误区。二是通过对比分析同一地区不同阶段的法治社会评估结果，可以及时检验该地区法治社会建设策略的有效性，既能不断优化法治社会建设策略，也能防止其建设偏离既定轨道，提高法治社会治理效能。当然，值得注意的是，因为我国不同地区发展程度的差异，在学习其他地区法治社会建设经验时还要

注意本地区的基本情况,因地制宜地制定法治社会建设策略。

三、优化法治社会建设后续工作

法治社会评估的最终目的是明确法治社会建设的实际效果,为一国或一地的法治社会建设情况提供反馈意见,事实上,其评估结果的实际应用价值主要体现在两个方面:一是对法治社会建设的优化作用,二是对法治社会评估指标体系的优化作用。

第一,法治社会评估结果能以数值形式为政策制定者、科研机构、实务部门和社会公众指明我国在法治社会建设过程中存在的不足与短板,呈现出法治社会建设过程中遇到的理论问题与实践问题,发挥法治社会评估在法治社会建设中警报器、指示灯的作用,督促有关部门在后续的法治社会建设工作中,针对法治社会建设中存在的突出问题精准施策,有的放矢,优化法治社会建设工作。换言之,法治社会评估结果分值可明确指出法治社会建设中的问题以及取得的成绩,在准确描述法治社会建设状况以及存在的实际问题的基础上,能够为科学评价法治化水平提供客观依据,使决策者对法治建设的总体状况、结果和影响等有全面、客观的认识和把握,进而引导决策者和职能部门适时调整工作方向和方案,弥补不足,改进工作。此外,法治社会评估结果还能衡量法治社会建设责任主体的工作成效,通过强化对评估结果的应用,设置责任追究、督促整改和矫正惩戒等反馈机制,将法治社会建设实绩作为其职务任免、职级升降、交流任用、奖励惩处等的重要依据,提高法治社会评估责任主体的法治意识和运用法治思维处理事务的能力,充分发挥法治社会建设后续工作中的"关键少数"作用。

第二,法治社会评估既是对法治社会建设的实况进行描述评价的工具,又是定量法治的有力手段,其不仅可以准确描述法治社会建设状况以及存在的实际问题,还可以通过将全面的法治社会评估指标体系得出的评估结果与法治社会建设的实际情况进行比较,分析现存法治社会评估指标体系及考核标准的不足之处,进而填补漏洞实现法治社会评估指标体系及考核标准的优化。

第十章　法治社会评估的未来展望

本书勾勒了法治社会评估理论的大概框架，构建了理想状态下的法治社会评估指标体系及考核标准，法治社会评估的基本轮廓已经成型，与此同时，随着法治社会评估实践日趋增多，其理论研究和实践探索都逐渐走向成熟。但是，这并不意味着我国法治社会评估没有继续发展的空间，从目前法治社会评估实践面临的问题来看，可从加强法治社会评估中新型技术的应用以及完善法治社会评估实施的配套措施两方面进一步促进法治社会评估发展。

第一节　加强法治社会评估中新型技术工具的应用

中共中央办公厅、国务院办公厅于2016年7月印发的《国家信息化发展战略纲要》指出，“持续深化电子政务应用，着力解决信息碎片化、应用条块化、服务割裂化等问题，以信息化推进国家治理体系和治理能力现代化”。法治社会评估作为加强法治社会建设，促进社会治理能力现代化的重要工具也不例外，法治社会评估在运作过程中涉及大量信息数据的收集、筛选与整理，其数据的庞杂性、处理程序的烦琐性等使大量人力物力财力资源都消耗在了信息数据的处理环节，这为法治社会评估工作带来了不少难题。人工智能时代的到来为这一问题的解决提供了有利条件，通过将大数据、算法以及云计算等前沿技术与法治社会评估融合，有效提高了法治社会评估的效率，并提高其评估结果的精准性。因此，加强法治社会评估中新型技术的应用既是有效提升法治社会评估效能的必然选择，又是国家治理体系和治理能力现代化语境下的应有之义。

一、建立以大数据技术为核心的法治社会评估信息数据库

法治社会评估究其本质是一套量化系统，其与信息数据有极为密切的联系，建立以大数据技术为核心的法治社会评估信息数据库不仅能完善现有的数据收集机制，还能加强对信息数据的分析工作，实现法治社会评估相关数据管理工作的现代化、智能化以及可视化。具体来说，法治社会评估信息数据库的作用主要体现在信息数据收集以及信息数据共享两个

方面。

第一，传统的法治社会评估信息数据收集方法主要包括社会调查、问卷调查以及政府提供客观数据等，这些收集方法存在及时性较差、覆盖范围窄以及披露程度参差不齐等问题，且往往过于被动，即便信息数据的收集工作已经晚于预期完成时间，评估工作人员也只能继续被动等待，后续评估环节也相应推迟，严重影响了法治社会评估的实施效率。建立以大数据等人工智能技术为核心的评估信息数据库则能有效解决这一问题，大数据技术在小红书、微博和抖音等信息共享平台主动收集信息，利用智能化算法技术从海量信息中抓取“社会法治意识”“社会治理法治化”等与法治社会建设有关的部分，并将法治社会建设相关时事热点下社会公众的意见、态度或发表的言论统一收集起来，通过“文字语言处理、数据库系统综合分析”①等技术，进行算法分类，从而获取法治社会评估所需要的相关信息数据，并将这些数据进行整合归纳，进而建立起专业的法治社会评估信息数据库，即运用大数据及算法工具，从海量的互联网信息中挖掘出法治社会评估所需要的关键信息，再通过智能化分析将信息数据化并基于此构建完整的信息数据库，为法治社会评估的实施及时提供充足的信息数据资源。

可以说，建立评估信息数据库不仅从根本上解决了收集数据的被动性问题，更极大扩展了信息数据的收集范围，且利用智能化算法抓取的信息数据与法治社会建设的各方面有直接联系，无效信息的数量大大减少，收集的信息数据质量提升，维度也得到了一定程度的拓展，法治社会评估的结果自然更加准确。

第二，法治社会评估信息数据库的建立有利于数据的共享。“大数据时代要求政府不断推动数据共享”②，法治社会评估作为政府推进法治社会建设的重要工具同样如此。目前，我国的法治社会评估以政府为主导，涉及政府内部多个相对独立的部门，除此之外还包括政府之外其他多元主体的参与。通常情况下，这些主体之间不会进行直接交流，多数是独立收集提交数据信息，这很可能会导致数据信息之间的重叠或矛盾，影响信息数据的处理效率。基于此，法治社会评估信息数据的沟通、交流就变得尤为重要，法治社会评估信息数据库遵循“物理分散、逻辑集中”的处理原则，通过建立常态化的信息数据报送机制，将各类信息数据定期统一输

① 张新平、金梦涵：《人工智能时代舆情治理的转型与创新》，载《情报杂志》2021 年第 10 期。

② 陈玲玲、杨思怡：《大数据在法治政府评估实践中的应用、问题及对策》，载《渭南师范学院学报》2020 年第 10 期。

入信息数据库中,[1]这种运作机制使无论是政府部门提供的关于法治社会建设的各项客观数据,还是从网络或其他来源获得的各种主观信息资源,都能在评估信息数据库这一统一开放平台上进行共享,从而实现各种数据信息的跨部门、全过程沟通。简言之,信息数据库的建立能有效解决法治社会评估中各类信息数据提供主体沟通不畅的问题,通过发挥法治社会信息数据库作为统一共享的开放平台的作用,加强政府各部门以及其他主体之间的信息交流,打破传统的“数据信息壁垒”,避免“信息数据孤岛”的出现。

二、构建法治社会评估预警模型

我国法治社会评估乃至其他法治评估工作几乎都是结果导向型,所谓“结果导向”,通常是指以最终结果作为评价某项活动或工作的基础评价方法,工作过程或方法并不那么重要。[2] 就法治社会评估而言,其“结果导向”就意味着以评估结果驱动法治社会建设过程中各项工作的改进,只有在评估最终环节得出以数值形式呈现的评估结果后,才能“对症下药”,集中解决法治社会建设中存在的问题。不可否认,这种“结果导向型”的法治社会评估有其固有优势,如有效提升评估的工作效率、集中精力解决重要问题等,但其不足之处也相当明显:首先,因法治社会建设始终处于不断的发展变动状态,法治社会评估结果具有较为明显的时效性,单纯依赖评估结果对法治社会建设工作进行完善很可能会导致问题处理的滞后性,如在为期一年的法治社会评估工作中,“健全社会领域制度规范”这一指标的评估结果不甚良好,依照结果导向型的基本原则,须针对这一问题进行专门改进。但事实很有可能是,在评估长达一年的周期中,社会领域制度规范的完善程度已经得到了提升,评估结果反映出来的问题已经解决,法治社会评估结果因时效性不足丧失了其意义。其次,法治社会评估的“结果导向”可能会导致部分领导干部过于看重评估结果,为了得到较为优异的法治社会评估结果不择手段,加剧评估领域“面子工程”等情况的出现,评估结果的真实性、可靠性大大降低,其公信力也将大打折扣。因此,须对“结果导向型”的法治社会评估进行适当调整。

现阶段,法治社会评估以“结果导向型”作为基本运作机制,其最终目的仍是“以评促建”,解决法治社会建设工作中存在的问题。但相比之

---

① 参见苏海雨、王学辉:《大数据时代法治政府评估创新应用》,载《天津行政学院学报》2019 年第 2 期。

② 参见张国军:《国家治理中的法治困境及其出路》,载《西南政法大学学报》2015 年第 5 期。

下,“过程导向型”法治社会评估实质上是一种效率更高、见效更快的模式,大数据、人工智能算法等新型技术工具则为“过程导向型”法治评估的实现提供了一种可能,通过运用算法分析整合法治社会评估信息数据库中的大量数据,采用“逻辑推理、趋势外推、回归分析、时间序列、马尔科夫链”①等方式建立数据信息趋势研判机制,增强对法治社会建设各项信息数据的预测分析能力。在此基础上,利用大数据等人工智能技术对法治社会建设各方面工作的发展进程、趋势特点和内在规律等进行科学把握,以此确定法治社会建设各项工作的正常状态和目标水平,设计预期标准模型,进而构建包含阶段、数量、质量和内容等多维度的法治社会评估实时监测和预警机制,对法治社会评估中的各项指标进行常态化监测,一旦有指标数值表征显著低于模型中同一指标的正常水平,即启动预警机制,在评估实施过程中就对该项工作进行纠正或完善,直至恢复正常水平。可以说,这种以大数据、人工智能算法等技术为核心的评估监测和预警模型不仅解决了评估结果时效性不足的问题,也填补了先前评估模式对于法治社会建设趋势研判能力不足、数据预处理缺失等漏洞,有力推动了法治社会评估从“结果导向型”向“过程导向型”转变。

需要明确的是,法治社会评估既不能固守传统的评估模式,也不能“唯大数据论”或“唯算法论”,过度依赖工具,丧失自我思考的能力不仅不能发挥新型技术工具对法治社会评估的积极作用,反而会落入“本末倒置”的技术陷阱中。概言之,大数据、人工智能算法等新型技术工具只能作为法治社会评估的手段,从新型技术工具分析处理的结果中推导结论,但下一步法治社会建设相关工作的决策、部署等仍要由人作出,通过平衡工具与使用者之间的关系,实现法治社会评估中工具效用的最大化。

第二节　法治社会评估实施的配套措施完善

仅有完整的法治社会评估程序并不意味着法治社会评估能够有效运作实施,相应配套措施的完善是法治社会评估得以规范化、流程化运作的关键。针对这一问题,笔者从建立健全评估追责体系、建立专门的法治社会评估部门、完善监察审计机制和塑造监督文化氛围四个层面,保障法治社会评估实施的顺畅推进。

---

① 张新平、金梦涵:《人工智能时代舆情治理的转型与创新》,载《情报杂志》2021 年第 10 期。

一、建立健全评估追责体系，加强对法治社会评估实施的监督

法治社会评估是一项复杂的系统工程，其实施不仅要求具备成熟、完整的运作程序，更要求评估实施过程中各部门、各单位乃至个人严格按照规定履行职责，可以说，法治社会评估能否有效运作的关键在人，正如有论者称，“合理的制度要借助人的严格与善意的执行方能发挥作用”①。然而，现有的法治社会评估乃至传统的法治评估基本上忽视了这一点，大多只关注到根据评估结果反映出来的问题，对评估制度或程序进行适当的调整或修正，并没有形成系统性的针对法治社会评估实施过程的评估监督追责体系，这种追责机制的缺失会在一定程度上导致相关责任部门或个人行为的不规范性或不严谨性，使法治社会评估的实施过于随意，评估结果也会大打折扣。

因此，为切实加强对法治社会评估实施过程中相关部门以及各责任人的监督，有效提升法治社会评估实施运作的规范程度，保障法治社会评估的顺利进行，有必要在党中央精神的指引下，依据《中国共产党纪律处分条例》、《行政机关公务员处分条例》以及《监察法》等文件建立法治社会评估追责制度，这是法治社会评估实施配套措施的重点，与法治社会评估关系重大。具体来说，法治社会评估追责体系是指追踪法治社会评估实施过程中，领导以及相关责任部门、单位或个人履行职责的情况，对尽职尽责的单位或个人进行奖励，对渎职失职的进行追究。换言之，法治社会评估追责体系要解决的是法治社会评估过程中，相关部门、单位或个人是否做到了按规定办事，是否做到了执规必严、违规必究的问题，这不仅要求追责体系内容合理、程序规范，而且要求执行严格、奖惩分明。

须特别指出的是，尽管法治社会评估追责体系属于“行政监督”的范畴，通常针对法治社会评估实施过程中国家机关单位以及工作人员，但这并不意味着评估中的非公职责任组织或个人不受该追责体系的约束，对于这部分群体，也可参照适用法治社会评估追责体系中的相关规定进行追责。总之，法治社会评估追责体系是配套措施中的重要部分，有必要建立健全法治社会评估追责体系，将追责机制贯穿法治社会评估实施过程的始终，填补法治社会评估在追责体系方面的漏洞，加强对法治社会评估实施的保障。

---

① 闫映全：《“高效”而非“公正”：行政复议改革方向的选择》，载《福建行政学院学报》2018 年第 5 期。

二、建立专门的法治社会评估部门，保证法治社会评估的顺利实施

目前，从国内已有的法治社会评估实践来看，我国的法治社会评估工作基本上仍由政府部门主持，各省市负责法治社会评估工作的具体部门尚未统一，如江苏省《法治社会建设指标体系（试行）》由江苏省司法厅及江苏省法宣办联合制定印发，《河南省法治社会建设指标体系（试行）》由河南省依法治省委员会办公室印发。此外，在市级法治社会评估实践中，甘肃省金昌市和嘉峪关市委印发的《金昌市法治社会建设指标体系（试行）》《嘉峪关市法治社会建设指标体系》均由市委全面依法治市委员办公室制定。由此可见，我国法治社会评估的主持工作部门的演变大致分为两个阶段：第一个阶段以江苏省为例，法治社会评估工作采取的是多部门联合工作机制，但这种工作机制极易产生相互推诿、资源协调能力较弱等问题，并非最佳方案，正如有学者所说，“这表面上体现了对相关问题的重视，但有时却可能恰恰暴露了没有哪一个部门能够真正对该问题负责”①。基于此，法治社会评估工作主持部门进入第二个阶段，即近几年各省市陆续进行机构改革后，法治社会评估基本上均由改革后的依法治省（市）委员会办公室主持工作。

事实上，法治社会评估工作需有一个明确的主持部门，将法治社会评估统筹于规范的工作机制中。为此，有两种路径可供我们选择：一是依据现有行政规制体系，将主持法治社会评估的工作职责划归行政职能与此最相符合的部门或机构；二是突破现有行政规制体系，设立一个新的行政部门即法治社会评估部门，专门负责法治社会评估的日常工作。前述河南省、嘉峪关市以及金昌市实质上选择的是第一种路径，将法治社会评估的工作职责划归于与法治社会评估工作较为密切的依法治省（市）委员会办公室，这不失为一种较为稳妥的选择。但笔者认为，虽然目前我国法治社会评估工作仍处于发展的初始阶段，法治社会评估理论与实践仍在不断摸索之中，其评估工作的分配、评估流程的确定以及各环节的具体安排也较为粗糙简单，但随着法治社会建设的不断深入，法治社会评估工作也将愈加精细化、规范化和制度化，其专业性的特征将愈加明显。依法治省（市）委员会办公室作为省（市）的议事协调机构，往往承担着如统筹规划立法工作、省政府规章的解释、立法后评估工作、全面依法治国、依法治省（市）

---

① 李洪雷：《论互联网的规制体制——在政府规制与自我规制之间》，载《环球法律评论》2014 年第 1 期。

重大问题的政策研究,协调有关方面提出全面依法治省(市)规划建议,负责有关重大决策部署督察工作等多项综合性工作,类似于“兜底性”工作部门,若长期由该部门主持法治社会评估工作,后期可能会出现法治社会评估工作资源供给不足、评估工作人员调配困难以及无暇管理等问题,阻碍法治社会评估工作的优化。因此,出于前瞻性考虑,从目前相关实践以及法治社会评估的未来发展趋势考察,突破现有行政规制体系,设立一个新的行政部门即法治社会评估部门,专门负责法治社会评估工作无疑是更好的选择。

法治社会评估部门的主要工作职责包括以下几方面:第一,研究法治社会及其评估的相关政策,负责法治社会评估的重大决策部署工作;第二,建立高效的资源统筹工作机制,统筹包括法治资源、人才资源等在内的各种社会资源,为法治社会评估的顺利推进提供充足资源保障;第三,明确法治社会评估各环节的主要负责机构、组织或个人,清晰划分各自职责;第四,建立内部协调工作机制,加强法治社会评估工作中各环节的相互协调,保证工作的顺利对接,形成评估工作合力;第五,根据法治社会评估的结果,督促相关部门进行工作改进等,除此之外,法治社会评估的其他工作也由该部门专项负责,在此不再赘述。总而言之,法治社会评估是法治社会建设工作的关键组成部分,于法治社会乃至整个法治国家的建设均有重要意义,有必要设置专门的法治社会评估部门专项负责法治社会评估工作,以保证评估的专业性,弥补评估管理工作体系的不足。

当然,单独设立专门的法治社会评估部门与我国大力推进的新一轮大部制改革不太契合,现实中也存在职能交叉、多头管理等问题,其实现的可能性较小。但需要指出的是,本书仅是从完善法治社会评估的角度提出的一种设想,换言之,设立专门的法治社会评估机构只是一种理想模式,具体实践中应当如何选择,还须结合实际情况来考虑。

三、完善监察审计体制,辅助对法治社会评估实施的监督

审计监督,是指在国家行政组织内部设立专门机构,依法对国家行政机关及其企事业单位的财政财务收支活动、经济效益和遵纪守法情况进行监督,其是行政监督范畴下一项重要的经济监督制度。现阶段,法治社会评估基本上仍处于由政府主导的阶段,评估获取资金的渠道来自政府,评估预算执行、决算以及资金的使用管理均属于审计机关的审计对象,因此,完善的监察审计机制同样是约束权力、保障法治社会评估实施的有效机制,对于规范法治社会评估实施过程中有关部门、单位以及个人的行为

具有重要的意义。且审计机制与法治社会评估追责体系存在一定联系，审计机制的强制性使被审计的单位不得拒绝、拖延、谎报，审计结果具备权威性，可直接作为被追责的依据，进而启动追责程序，这就与评估追责体系相衔接，形成了一个较为完整的监督链条。

目前，在我国的审计体制下，审计机关受到同级政府和上级审计机关的双重领导，这不可避免地决定了审计机关在对同级政府主导下的法治社会评估实施过程进行审计时，会受到来自同级政府的压力。因此，将审计部门从同级政府的领导中抽离出来，由上级审计机关直接进行法治社会评估实施过程中的审计工作，有利于更好地实现审计部门的监督。此外，要突出展现法治社会评估实施中审计监督的特色，确立与评估直接相关的监督内容，把握法治社会评估实施活动中审计工作的规律性。同时，要建立高素质的法治社会评估审计监督队伍，要求每位审计人员熟悉法治社会评估的工作流程，竭力掌握相关的经济理论知识，为法治社会评估的主管部门或单位提供高质量、深层次的审计监督报告。

四、塑造监督文化氛围，优化对法治社会评估实施的监督

“一个社会的文化氛围，比任何政治环境的影响力都要更深更广”，对法治社会评估实施的监督工作仅依靠硬性的体制机制是不够的，如果说法治社会评估追责体系和评估审计体制对法治社会评估实施产生的是立竿见影的直接影响，那么良好的社会监督氛围对法治社会评估的实施产生的则是一种潜移默化、“润物细无声”的间接影响。可以说，社会监督文化存在与否，很大程度上决定了法治社会评估能否顺利推行。因此，培养社会监督氛围是完善法治社会评估配套措施的应有之义。

首先，塑造社会监督文化氛围，须树立起民主善政的政府文化。法治社会评估实施过程的主要监督对象是政府机关及其工作人员，政府文化是否摒弃传统的“官本位”思想，是否意识到“水能载舟，亦能覆舟”，是否真正将“为人民服务”的理念贯彻到法治社会评估实施的过程中，直接关乎法治社会评估监督文化氛围的形成。换言之，只有政府文化凸显人民主权，强调发展协商民主，积极转变政府职能，人民群众才能敢监督，整体的社会监督文化氛围才能形成，法治社会评估的实施才能接受更加全面深入的监督。

其次，塑造社会监督文化氛围，须唤醒公民的监督意识。事实上，随着我国经济水平的不断提高，部分经济发达地区公民的社会监督意识已经觉醒并越来越强烈，但是这仍处于塑造建设文化氛围的初级形态，距离塑造

全民监督文化氛围还很遥远。因此,须在全国范围内通过宣传、讲座等多种形式,让公民意识到其在法治社会评估实施中拥有的监督权利,以及这种权利受到侵害时的救济措施,以此逐渐培养公民参与对法治社会评估实施过程监督工作的意识,发挥全体社会成员乃至整个社会对法治社会评估实施的监督作用。

最后,塑造社会监督文化氛围,有必要创新监督方式,提升监督实效。对法治社会评估实施传统的监督方式主要包括法律监督、行政监督、民主监督等,存在方式单一、主观性较强、时效性较差等问题。因此,创新对法治社会评估实施的监督方式,探索"互联网+监督"的新型监督模式,不仅能够有效解决传统监督方式存在的问题,还能鼓励更多网民了解法治社会评估的具体流程和工作安排,对法治社会评估实施过程存在的问题发表意见和建议,行使民主监督权利,进而推动网络舆论的形成,使虚拟的网络变成现实监督的平台。可以说,以"互联网+"为代表的新型监督形式的出现是时代的进步,更是塑造社会全民监督文化氛围的重要方式。

结　语

我国已迈入法治国家、法治政府、法治社会一体建设的新阶段。这其中，法治社会是构筑法治国家的基础，法治社会建设是实现国家治理体系和治理能力现代化的重要组成部分，因此，对法治社会评估的理论与进路进行系统深入研究，无疑具有重要的学术价值和实践意义。实际上，《法治社会建设实施纲要（2020—2025 年）》已对法治社会评估的主要内容作出了纲领性规定。

法治社会评估是时代赋予我们的重要理论命题。本书的主要目的是通过建立科学完备的法治社会评估指标体系和考核标准，不断提高我国法治社会建设质量和水平，助推我国社会治理体系和治理能力的法治化现代化。本书以实践为依据，在“坚持法治国家、法治政府、法治社会一体建设”的语境下，对选取样本进行学术分析、理论抽离，试图探索构建具有鲜明中国特色的法治社会评估系统。不同于传统的研究进路，本书并未只专注于对法治社会评估指标体系及考核标准的研究，而是在对法治社会评估整体的理论演进、理论构成以及实践流程进行科学梳理和全面总结的基础上，从局部与整体、理论与实践、主观与客观、普适与特色等多个视角对法治社会评估指标体系及考核标准的性质进行剖析，进而构建包含推动全社会增强法治观念、健全社会领域制度规范、加强权利保护、推进社会治理法治化、依法治理网络空间以及加强组织保障 6 个一级指标在内的科学指标体系及考核标准。

法治社会评估本来就是一个复杂的系统工程，本书无意也无力面面俱到。从一定意义上讲，本书涉及的法治社会评估指标体系、考核标准和评估程序的设计，以及评估结果的客观性、全面性、精准性等，都有待实践验证，值得理论和实务持续关注和深入探究。实际上，“只要制度化和一体化是社会的基本要求，法律的灵活性和不断地进行修改就会仍然一如既往”①。本书所追求的法治社会评估制度的科学性愿景总是相对的，尽管力图将实证与论证结合起来，以实现破解法治社会评估的科学性实操性难

① ［美］E. A. 霍贝尔：《初民的法律——法的动态比较研究》，周勇译，中国社会科学出版社 1993 年版，第 314 页。

题的宏大目标，但无论是实证分析样本的全面性、准确性，还是理论的严密性和科学性，都不可能“完美”。也正因如此，不断对法治社会评估命题进行更深层次的理论探讨，进行更广范围的实践调研，并基于两者的有机融合，探讨制定兼具理论合理性和实践可操作性的法治社会评估指标体系和考核标准等制度体系，以构建法治社会评估的中国道路、中国理论和中国话语，不仅十分必要且至关重要。

概言之，研究没有止境，实践也没有止境，世界每时每刻都在发生变化，法治社会评估一定会随着理论与实践的纵深扩张而不断向前。因此，无论是实践问题的存在还是理论探索的不足，都将为下一步的继续深入研究指明方向，如获取更多更权威、更新鲜、更全面的实践数据，通过选择试点进行推行以及完善，将理论指导转化为评估实践，在实践和理论的互动中发展完善等。无论如何，法治社会评估指标体系、考核标准及其相关理论与制度的构建，是一个不断优化完善的过程，本书更多的是抛砖引玉。在未来，相信法治社会评估命题会且必将被更多人关注，且一定会随着我国法治社会建设实践和法治评估理论的不断深入日臻完善，进而助推中国特色社会主义法治社会之信仰法治、公平正义、保障权利、守法诚信、充满活力、和谐有序的建成。

主要参考文献

一、译著类

1.［德］哈贝马斯:《在事实与规范之间——关于法律和民主法治国的商谈理论》,童世骏译,生活·读书·新知三联书店2003年版。

2.［德］黑格尔:《法哲学原理》,范扬、张企泰译,商务印书馆1961年版。

3.［德］马克斯·韦伯:《经济与社会》(上卷),［德］约翰内斯·温克尔曼整理,林荣远译,商务印书馆1997年版。

4.［法］卢梭:《社会契约论》,李平沤译,商务印书馆2011年版。

5.［法］米歇尔·福柯:《规训与惩罚》,刘北成、杨远婴译,生活·读书·新知三联书店2012年版。

6.［法］让-皮埃尔·戈丹:《何谓治理》,钟震宇译,社会科学文献出版社2010年版。

7.［古罗马］西塞罗:《国家篇·法律篇》,沈叔平、苏力译,商务印书馆1999年版。

8.［古希腊］亚里士多德:《政治学》,吴寿彭译,商务印书馆1981年版。

9.［美］B.盖伊·彼得斯:《政府未来的治理模式》,吴爱明、夏宏图译,中国人民大学出版社2014年版。

10.［美］E.博登海默:《法理学:法律哲学与法律方法》,邓正来译,中国政法大学出版社1998年版。

11.［美］安瓦·沙主编:《发展中国家的地方治理》,刘亚军、周翠霞译,清华大学出版社2010年版。

12.［美］理查德·波斯纳:《法律的经济分析》,蒋兆康译,中国大百科全书出版社1997年版。

13.［美］弗朗西斯·福山:《大断裂:人类本性与社会秩序的重建》,唐磊译,广西师范大学出版社2015年版。

14.［美］弗朗西斯·福山:《国家建构:21世纪的国家治理与世界秩序》,黄胜强、许铭原译,中国社会科学出版社2007年版。

15. [美]孔飞力:《他者中的华人:中国近现代移民史》,李明欢译,江苏人民出版社2016年版。

16. [美]罗斯科·庞德:《法律与道德》,陈林林译,中国政法大学出版社2003年版。

17. [美]罗斯科·庞德:《通过法律的社会控制》,沈宗灵译,商务印书馆2010年版。

18. [美]詹姆斯·N. 罗西瑙主编:《没有政府的治理——世界政治中的秩序与变革》,张胜军、刘小林等译,江西人民出版社2001年版。

19. [英]哈特:《法律的概念》,张文显等译,中国大百科全书出版社1996年版。

20. [英]霍布斯:《利维坦》,黎思复、黎廷弼译,商务印书馆1985年版。

21. [英]卡尔·波普尔:《开放社会及其敌人》(第2卷),郑一明等译,中国社会科学出版社1999年版。

二、中文类

1. 张剑平、肖北庚:《论法治建设"一体三面"的解构与融通》,载《河北法学》2017年第11期。

2. 胡建淼:《习近平新时代中国特色社会主义思想对依法治国基本方略的全面深化》,载《国家行政学院学报》2018年第1期。

3. 杨建:《法治社会的内在逻辑》,载《东南大学学报(哲学社会科学版)》2020年第1期。

4. 江国华:《习近平法治思想中的辩证法》,载《社会科学研究》2022年第2期。

5. 王利军:《论法治评估功能的定位》,载《法学杂志》2019年第6期。

6. 李朝:《法治评估的类型构造与中国应用——一种功能主义的视角》,载《法制与社会发展》2016年第5期。

7. 崔亚龙:《论民法典时代的法治社会建设》,载《西部学刊》2021年第23期。

8. 伍德志:《论法治评估的"伪精确"》,载《法律科学(西北政法大学学报)》2020年第1期。

9. 谭玮、郑方辉:《法治社会指数:评价主体与指标体系》,载《理论探索》2017年第5期。

10. 陶中怡:《区域法治社会建设指标体系的价值定位与实践探索——

以江苏省为例》,载《山东行政学院学报》2021 年第 5 期。

11. 江必新、王红霞:《法治社会建设论纲》,载《中国社会科学》2014 年第 1 期。

12. 陈柏峰:《中国法治社会的结构及其运行机制》,载《中国社会科学》2019 年第 1 期。

13. 孟涛:《法治的测量:世界正义工程法治指数研究》,载《政治与法律》2015 年第 5 期。

14. 徐汉明:《论法治建设指标体系的特性与功能》,载《法学评论》2016 年第 1 期。

15. 邱佛梅:《"一体化"导向的法治政府评价与法治社会评价比较研究》,华南理工大学 2019 年博士学位论文。

16. 周恒:《论法治建设先导区域概念的法治社会内涵》,载《政法学刊》2021 年第 5 期。

17. 胡志明:《法治中国建设中的法治社会建设研究》,载《法制与社会》2021 年第 17 期。

18. 卢野、陈一:《法治社会建设视域下的法治意识评估——对象、内容和原则》,载《西华大学学报(哲学社会科学版)》2021 年第 6 期。

19. 蔡宝刚:《论催生法治社会的社会权力引擎》,载《求是学刊》2016 年第 2 期。

20. 屈茂辉、曾明:《法治社会的基本构成与新时代我国法治社会建设的基本路径》,载《湖湘论坛》2019 年第 6 期。

21. 陈金钊:《论法律信仰——法治社会的精神要素》,载《法制与社会发展》1997 年第 3 期。

22. 袁曙宏:《坚持法治国家、法治政府、法治社会一体建设》,载《人民日报》2020 年 4 月 21 日,第 9 版。

23. 陆涵之:《治权视域下的法治国家、法治政府、法治社会一体建设——法治全场域全流程的联动集成》,载《四川行政学院学报》2021 年第 3 期。

24. 张文显:《中国法治 40 年:历程、轨迹和经验》,载《吉林大学社会科学学报》2018 年第 5 期。

25. 徐汉明、张新平:《网络社会治理的法治模式》,载《中国社会科学》2018 年第 2 期。

26. 万方亮:《有限理性视角下法治评估的模式重构及逻辑遵循》,载《行政法学研究》2020 年第 4 期。

27. 曾赟:《法治评估的有效性和准确性——以中国八项法治评估为检验分析对象》,载《法律科学(西北政法大学学报)》2020年第2期。

28. 李昌庚:《中国法治评估的困惑与出路》,载《学海》2018年第1期。

29. 王浩:《论我国法治评估功能的类型化》,载《河北法学》2018年第12期。

30. 黄辉:《法治评估的范畴:内涵、价值和类型》,载《江西社会科学》2018年第4期。

31. 郁建兴、关爽:《从社会管控到社会治理——当代中国国家与社会关系的新进展》,载《探索与争鸣》2014年第12期。

32. 刘旭东、庞正:《"法治社会"命题的理论澄清》,载《甘肃政法学院学报》2017年第4期。

33. 李飞、庞正:《在网格化社会治理中推进法治社会建设》,载《法治现代化研究》2020年第6期。

34. 叶静漪、李少文:《新时代中国社会治理法治化的理论创新》,载《中外法学》2021年第4期。

35. 黄文艺、李奕:《论习近平法治思想中的法治社会建设理论》,载《马克思主义与现实》2021年第2期。

36. 庞正:《法治社会和社会治理:理论定位与关系厘清》,载《江海学刊》2019年第5期。

37. 江必新:《习近平法治思想对法治基本价值理念的传承与发展》,载《政法论坛》2022年第1期。

38. 周恒:《论互联网社交在法治社会建设中的功能》,载《河北法学》2020年第4期。

39. 朱振:《国家治理法治化进程中的包容性秩序观》,载《法制与社会发展》2022年第3期。

40. 徐祥民、张慧颖:《习近平法治思想中的法治社会建设路径论》,载《湖湘法学评论》2022年第1期。

41. 郭晔:《全面依法治国新时代的法治规范渊源》,载《法制与社会发展》2022年第2期。

42. 李雅云:《习近平新时代中国特色社会主义法治思想的重大创新》,载《法治研究》2018年第3期。

43. 付鉴宇:《论法治社会建设中的科技支撑功能及其实现》,载《广西社会科学》2021年第6期。

44. 江必新、戢太雷:《习近平法治社会建设理论研究》,载《法治社会》

2022 年第 2 期。

45. 龙静云、吴涛:《论法治社会的道德规范建构》,载《华中师范大学学报(人文社会科学版)》2018 年第 2 期。

46. 张鸣起:《论一体建设法治社会》,载《中国法学》2016 年第 4 期。

47. 杨宗科:《习近平法治思想与法治学体系》,载《法律科学(西北政法大学学报)》2022 年第 2 期。

48. 来小鹏、张瑀璟:《域外知识产权保护评估指标体系及对我国的启示》,载《电子知识产权》2021 年第 8 期。

49. 张新平、金梦涵:《人工智能时代舆情治理的转型与创新》,载《情报杂志》2021 年第 10 期。

50. 张文显:《法理学》,高等教育出版社、北京大学出版社 2011 年版。

51.《习近平法治思想概论》编写组编:《习近平法治思想概论》,高等教育出版社 2021 年版。

52. 习近平:《论坚持全面依法治国》,中央文献出版社 2020 年版。

53. 陈立新:《社会指标与社会协调发展》,湖南大学出版社 2005 年版。

54. 全国人大常委会办公厅、中共中央文献研究室编:《人民代表大会制度重要文献选编》(四),中国民主法制出版社 2015 年版。

55. 习近平:《论坚持全面依法治国》,中央文献出版社 2020 年版。

56. 钱弘道等:《法治评估及其中国应用》,载《中国社会科学》2012 年第 4 期。

57. 占红沣、李蕾:《初论构建中国的民主、法治指数》,载《法律科学(西北政法大学学报)》2010 年第 2 期。

58. 赵昕:《可以量化的正义:衡量法治水平的十六项"法治指数"》(上),载《人民法院报》2010 年 6 月 18 日,第 5 版。

59. 张保生、郑飞:《世界法治指数对中国法治评估的借鉴意义》,载《法制与社会发展》2013 年第 6 期。

60. 鲁楠:《世界法治指数的缘起与流变》,载《环球法律评论》2014 年第 4 期。

61. 李蕾:《法治的量化分析——法治指数衡量体系全球经验与中国应用》,载《时代法学》2012 年第 2 期。

62. 仇立平:《上海法治建设指标体系的理论和构想》,载《社会》2003 年第 8 期。

63. 袁曙宏:《关于构建我国法治政府指标体系的设想》,载《国家行政学院学报》2006 年第 4 期。

64. 王公义:《建设法治城市　量化衡量指标——在中国·昆明"法治城市·制度创新"论坛上的演讲》,载《中国司法》2009 年第 1 期。

65. 王朝霞:《法治评估与法治创新——基于浙江余杭实践的讨论》,载《广西民族大学学报(哲学社会科学版)》2013 年第 4 期。

66. 张文显:《论中国特色社会主义法治道路》,载《中国法学》2009 年第 6 期。

67. 徐汉明、张新平:《提高社会治理法治化水平》,载《人民日报(理论版)》2015 年 11 月 23 日,第 7 版。

68. 莫纪宏:《国家治理体系和治理能力现代化与法治化》,载《法学杂志》2014 年第 4 期。

69. 徐汉明、林必恒等:《论法治建设指标体系和考核标准的科学构建》,载《法制与社会发展》2014 年第 1 期。

70. 徐汉明:《论现代社会治理法的法律地位——社会治理法应当是独立的法部门》,载《社会科学家》2015 年第 9 期。

71. 王称心、蒋立山主编:《现代化法治城市评价——北京市法治建设状况综合评价指标体系研究》,知识产权出版社 2008 年版。

72. 吴越菲:《地域性治理还是流动性治理？城市社会治理的论争及其超越》,载《华东师范大学学报(哲学社会科学版)》2017 年第 6 期。

73. 何雪松、袁园:《全球城市的流动性与社会治理》,载《华东师范大学学报(哲学社会科学版)》2017 年第 6 期。

74. 郭道晖:《公民的政治参与权与政治防卫权》,载《广州大学学报(社会科学版)》2008 年第 5 期。

75. 侯健:《群体性表达事件的法律治理》,载《法商研究》2010 年第 3 期。

76. 李华:《群众路线与中国现代国家建构》,复旦大学 2012 年博士学位论文。

77. 李学举:《我国基层群众自治制度地位的重大提升》,载《求是》2008 年第 3 期。

78. 刘旺洪:《国家与社会:法哲学研究范式的批判与重建》,载《法学研究》2002 年第 6 期。

79. 刘泽华:《从臣民意识向公民意识的转变》,载《炎黄春秋》2009 年第 4 期。

80. 陆平辉:《宪法权利本质论、价值论与实践论》,载《现代法学》2004 年第 1 期。

81. 罗干:《政法机关在构建和谐社会中担负重大历史使命和政治责任》,载《求是》2007 年第 3 期。

82. 彭宗超:《公共治理视野中的中国听证制度改革》,载《公共管理评论》2004 年第 1 期。

83. 乔晓阳:《关于立法法规定的座谈会、论证会、听证会》,载《吉林人大》2001 年第 8 期。

84. 曲建华:《简论中国特色社会主义人民群众观》,天津师范大学 2010 年博士学位论文。

85. 荣剑:《马克思的国家和社会理论》,载《中国社会科学》2001 年第 3 期。

86. 孙柏瑛:《我国公民有序参与:语境、分歧与共识》,载《中国人民大学学报》2009 年第 1 期。

87. 汪太贤:《论法律权利的构造》,载《政治与法律》1999 年第 5 期。

88. 汪习根、武小川:《论社会管理创新的法治路径——以全国试点城市宜昌为分析样本》,载《社会治理法治前沿年刊》2012 年特刊。

89. 王锡锌:《参与式治理与根本政治制度的生活化——"一体多元"与国家微观民主的建设》,载《法学杂志》2012 年第 6 期。

90. 付子堂、常安:《民生法治论》,载《中国法学》2009 年第 6 期。

91. 付子堂、张善根:《地方法治建设及其评估机制探析》,载《中国社会科学》2014 年第 11 期。

92. 夏勇:《权利哲学的基本问题》,载《法学研究》2004 年第 3 期。

93. 谢晖:《法治的道路选择:经验还是建构?》,载《山东社会科学》2001 年第 1 期。

94. 谢晖:《全球化、社会转型和中国法制模式的选择》,载《河南省政法管理干部学院学报》2007 年第 1 期。

95. 熊秋红:《司法公正与公民的参与》,载《法学研究》1999 年第 4 期。

96. 徐顽强等:《志愿者参与社会管理的维度分析及路径框架》,载《江西社会科学》2013 年第 4 期。

97. 许鑫:《微博时代的公众参与新模式——以郭美美事件为例》,载《兰州学刊》2012 年第 2 期。

98. 杨成:《村民自治权的性质辨析》,载《求实》2010 年第 5 期。

99. 杨海坤:《群体性事件有效化解的法治路径》,载《政治与法律》2011 年第 11 期。

100. 俞可平:《社会主义市民社会:一个新的研究课题》,载《天津社会科学》1993 年第 4 期。

101. 郁建兴:《马克思的市民社会概念》,载《社会学研究》2002 年第 1 期。

102. 谢文燕:《基于区域经济发展的社会治理方式变革思考——以河北省廊坊市为例》,“对接京津——雄安新区与京津冀协同发展”会议论文,2017 年 4 月于廊坊。

103. 胡仙芝:《公众参与制度化是我国社会治理法治化的必由之路》,载《理论研究》2015 年第 3 期。

104. 王莹、王义保:《社会公共安全治理中公众参与的模式与策略》,载《城市发展研究》2015 年第 2 期。

105. 潘强:《社会管理有待转型为社会治理》,载《中国改革报》2015 年 2 月 11 日,第 5 版。

106. 陈骏:《社会协同　公众参与　法治保障——人民法院指导人民调解工作的实践观察》,载《光华法学》2014 年第 1 期。

107. 尹文嘉、王惠琴:《社会治理创新视域下的公众参与:能力、意愿及形式》,载《广西师范学院学报(哲学社会科学版)》2014 年第 2 期。

108. 刘红叶:《治理视野下公众参与社会管理的途径探索》,载《前沿》2012 年第 7 期。

109. 张良:《论新兴社会阶层国家治理参与的法治促进》,载《中共贵州省委党校学报》2015 年第 4 期。

110. 蒋立山:《中国法治道路初探》(上),载《中外法学》1998 年第 3 期。

111. 蒋立山:《中国法治道路问题讨论》(下),载《中外法学》1998 年第 4 期。

112. [英]格里·斯托克:《作为理论的治理:五个论点》,华夏风译,载《国际社会科学杂志(中文版)》1999 年第 1 期。

113. 丁国强:《参与国家治理社会管理　法治是“主心骨”》,载《人民法院报》2012 年 11 月 23 日,第 2 版。

114. 方军:《治道与治理:探讨公众参与县乡政府社会管理问题的两个维度》,载《河南社会科学》2012 年第 5 期。

115. 田千山:《从“单一治理”到“共同治理”的社会管理——兼论公众参与的路径选择》,载《广西社会主义学院学报》2011 年第 5 期。

116. 刘德宏:《创新社会治安综合治理的公众参与机制》,载《中外企业家》2011 年第 18 期。

117. 刘军、李三虎:《科技治理:社会正义与公众参与》,载《学术研究》2010 年第 6 期。

118. 齐冠华:《论社会治安综合治理之公众参与》,华东政法学院 2007 年硕士学位论文。

119. 刘建:《公众参与全球崇尚的公权运行模式》,载《法制日报》2005 年 9 月 10 日,第 2 版。

120. 王瑞龙、向朝霞:《论法治从社会公众的被动受治转变为积极参与》,载《湖南省社会主义学院学报》2002 年第 4 期。

121. 中共中央文献研究室编:《十三大以来重要文献选编》(中),人民出版社 1991 年版。

122. 北京大学公众参与研究与支持中心:《中国行政透明度观察报告(2011~2012)》,法律出版社 2013 年版。

123. 蔡定剑主编:《公众参与——欧洲的制度和经验》,法律出版社 2009 年版。

124. 何显明:《群体性事件的发生机理及其应急处置——基于典型案例的分析研究》,学林出版社 2010 年版。

125. 付子堂:《论建构法治型社会管理模式》,载《法学论坛》2011 年第 2 期。

126. 胡元聪:《我国法律激励的类型化分析》,载《法商研究》2013 年第 4 期。

127. 邓正来:《国家与社会——中国市民社会研究》,北京大学出版社 2008 年版。

128. 窦玉沛主编:《社会管理与社会和谐》,中国社会出版社 2005 年版。

129. 郭道晖:《法的时代精神》,湖南出版社 1997 年版。

130. 李佃来:《公共领域与生活世界——哈贝马斯市民社会理论研究》,人民出版社 2006 年版。

131. 李汉林主编:《中国社会发展年度报告(2012)》,中国社会科学出版社 2012 年版。

132. 李龙主编:《法理学》,人民法院出版社、中国社会科学出版社 2003 年版。

133. 李图强:《现代公共行政中的公民参与》,经济管理出版社 2004 年版。

134. 万军:《社会建设与社会管理创新》,国家行政学院出版社 2011

年版。

135. 王锡锌主编:《公众参与和中国新公共运动的兴起》,中国法制出版社 2008 年版。

136. 吴志明主编:《大调解——应对社会矛盾凸显的东方经验》,法律出版社 2010 年版。

137. 云南参与性发展协会:《参与性:拓展与深化》,中国社会科学出版社 2006 年版。

138. 张维迎:《信息、信任与法律》,生活 · 读书 · 新知三联书店 2003 年版。

139. 张维迎:《博弈论与信息经济学》,上海三联书店、上海人民出版社 2004 年版。

140. 刘绍明:《教育、法制、监督并重——中国特色预防腐败体系研究》,载《湘潭师范学院学报(社会科学版)》2003 年第 6 期。

141. 张志君:《当代中国社会保障制度研究的可喜成果——〈中国特色的社会保障〉评介》,载《学习与探索》1997 年第 3 期。

142. 麦佶妍:《论中国特色科学政绩评价体系的构建》,载《广西社会科学》2012 年第 6 期。

143. 景跃进:《村民自治与中国特色的民主政治之路》,载《天津社会科学》2002 年第 1 期。

144. 黄文艺:《法治中国的内涵分析》,载《社会科学战线》2015 年第 1 期。

145. 黄东海:《地方财政条件约束下的民事司法偏好——以清代州县为中心》,载《南京大学法律评论》2014 年第 2 期。

146. 高月:《浅析少数民族民间调解——以少数民族民间民事纠纷为例》,载《赤峰学院学报(汉文哲学社会科学版)》2014 年第 6 期。

147. 陈成文、刘辉武、程珩:《论加强社会工作与提升社会治理能力》,载《社会工作》2014 年第 2 期。

148. 李栋:《讼师在明清时期的评价及解析》,载《中国法学》2013 年第 2 期。

149. 李晟、郑毓枫:《我国古代多元纠纷解决机制的法律文化解读及启示》,载《赤峰学院学报(汉文哲学社会科学版)》2011 年第 12 期。

150. 龙明礼:《和谐社会视野下行政性 ADR 的价值》,载《人民论坛》2011 年第 24 期。

151. 王普、朱来峰:《中国传统调解制度的语境化分析》,载《行政与法》2011 年第 6 期。

152. 张康之:《论后工业化进程中的社会治理变革路径》,载《南京社会科学》2009 年第 1 期。

153. 马春雷:《探索解决社会转型时期社会治理中的几个突出难点问题》,载《中国浦东干部学院学报》2009 年第 1 期。

154. 常敏:《社会治理中的多元组织协同机制研究——基于杭州的实证分析》,载《浙江学刊》2009 年第 3 期。

155. 葛玮:《公众崛起:社会治理的新环境》,载《理论学刊》2009 年第 6 期。

156. 蔡四平:《市域社会经济发展状况的评价方法研究》,载《财经理论与实践》2005 年第 4 期。

三、外文类

1. Michaela Saisana & Andrea Saltelli, *The Joint Research Centre Audit on the WJP Rule of Law Index*, the WJP Rule of Law Index (2010).

2. Juan C. Botero & Alejandro Ponce, *Measuring the Rule of Law*, The World Justice Project-Working Papers Series, No. 001(2011).

3. *The World Justice Project*, WJP Rule of Law Index (2014).

4. Raymond A. Bauer(ed.), *Social Indicators*, M. I. T. Press.

5. Castells M., *The Internet Galaxy: Reflections on the Internet, Business, and Society*, Oxford University Press on Demand(2002).

6. Daniel Kaufmann & Aart Kraay, *Governance Indicators: Where Are We, Where Should We Be Going?*, The World Bank Research Observer, Vol. 23, No. 1(2008).

7. Enroth H., *Governance: The art of governing after governmenta-lity*, European Journal of Social Theory, Vol. 17, No. 1(2014).

8. Eva Sorensen & Jacob Torfing, *Theories of Democratic Network Governance*, Public Administration, Vol. 86, No. 3(2008).

9. Falque-Pierrotin I, Baup I. Forum des droit sur l'internet: an example from France, in Moller C, Amouroux A. eds., Governing the Internet: Freedom and Regulation in the OSCE Region, Vienna: OSCE(2007).

10. Francis Fukuyama, *What Is Governance?*, Government, Vol. 26, No. 3(2013).

11. Hesiod & Erga, *Works and Days*, trans. by A. W. Mair, Oxford

(1908).

12. J. Milliken & K. Kraus, *State Failure, State Collapse, and State Reconstruction: Concepts, Lessons and Strategies*, Development and Change, Vol. 33, No. 5(2002).

13. Jennifer Brick Murtazashavili, *Afghanistan: A Vicious Cycle of State Failure*, Governance, Vol. 29, No. 2(2016).

14. Joel Reidenberg, *Lex Informatica, the Formulation of Information Policy Rules through Technology*, 76 Texas Review 553-593(1998).

15. K Kelly, *Out of Control: the New Biology of Machines, Social Systems and the Economic World*, Basic Books(1995).

16. Kooiman & Van Vliet, *Governance and Public Management*, in K. Eliassen and J. kooiman eds., Managing Public Organisations, 2nd ed., London: Sage.

17. Mark Whitehead, *In the Shadow of Hierarchy: Meta-Governance, Policy Reform and Urban Regeneration in the West Midlands*, Area 3 (2003).

18. Michaela Saisana & Andrea Saltelli, *Rankings and Ratings: Instructions for Use*, 3 Hague Journal on the Rule of Law 251-252(2011).

19. Oliver Wendell Holmes, *The Common Law*, Harvard University Press (1963).

20. P H Ang, *International Regulation of Internet Content: Possibilities and limits*, in W Drake eds., Governing Global Electronic Networks: International Perspectives on Policy and Power, M. I. T. Press(2008).

21. Paperwork Reduction Act of 1980, Public Law, No. 96-511.

后　记

当时间抑或场景程式化地来到这“最后一记”，意味着聚焦某一主题展开的研究学习之旅暂告结束，也意味着一段与文字为伍的黑白时光已然成为过往。

因此，“后记”是作者的“最后陈述”，也是一种回望和告别。

当然，告别并不意味着结束。快节奏的现代生活和内卷化的世界，使现代化社会的个体无一幸免被改变。从宏大的价值观念、政治制度乃至世界秩序，到微小的吃穿住行，现代化的叙事结构和塑造方式，无处而不在，无人可脱逃。

以研究者为例，在追逐学术志业的道路上，或飞驰敲击键盘，或埋首书山凝神拍案，或在思维碰撞中淬炼思索。一边探寻建构理想制度和美好世界，一边也在现代化的现实世界中“随波逐流”。

诚然，社会总是在个体和集体的互相“建构”中，日益交融趋同并渐进向前，进而迈向“多彩”且“发达”的现代化。

正因如此，文明总在生动的实践、安静的文字、抽象的理论以及强大的思想伟力中，滚滚向前。

本书是关于法治社会评估的“理论思考”与“理想追逐”，与宏大的现代化叙事以及文明推进的距离“如此遥远”，也“如此接近”。

法治社会评估的求索之旅虽暂告段落，但“过站不停”，关于法治的道路、制度、理论以及理想的征程永无止境。

感谢关心支持本书出版的诸位师友，感谢法律出版社为本书作“嫁衣裳”的高级策划董昱、翁潇潇编辑，感谢一路相伴或曾经同行的志同道合者们。

星辰闪烁，向所有为浩瀚天空撒下光芒之种者致敬！

张新平

于岳麓山下中南大学法学院

2024 年 7 月 13 日

2024 年 10 月 15 日修订